中国高等教育学会2023年度高等教育科学研究规划课题重点项目

高校冰雪运动专业教材数字化转型升级的困境与对策研究

GAOXIAO BINGXUE YUNDONG ZHUANYE JIAOCAI
SHUZIHUA ZHUANXING SHENGJI DE KUNJING YU DUICE YANJIU

蔡国梁 武俸羽 魏亚茹 ◎ 著

中国纺织出版社有限公司

图书在版编目（CIP）数据

高校冰雪运动专业教材数字化转型升级的困境与对策研究 / 蔡国梁，武俸羽，魏亚茹著 . -- 北京：中国纺织出版社有限公司，2025. 5. -- ISBN 978-7-5229-2666-7

Ⅰ . G86

中国国家版本馆 CIP 数据核字第 2025GV9772 号

责任编辑：闫 婷　　责任校对：高 涵　　责任印制：王艳丽

中国纺织出版社有限公司出版发行
地址：北京市朝阳区百子湾东里 A407 号楼　邮政编码：100124
销售电话：010—67004422　传真：010—87155801
http：//www.c-textilep.com
中国纺织出版社天猫旗舰店
官方微博 http：//weibo.com/2119887771
三河市宏盛印务有限公司印刷　各地新华书店经销
2025 年 5 月第 1 版第 1 次印刷
开本：710×1000　1/16　印张：19.75
字数：376 千字　定价：98.00 元

凡购本书，如有缺页、倒页、脱页，由本社图书营销中心调换

前　　言

随着冰雪运动在全球范围内的蓬勃兴起，我国高校冰雪运动专业肩负着培养高素质专业人才的重任，为冰雪运动产业的持续发展注入源源不断的动力。在当今数字化时代浪潮下，教育领域正发生着深刻变革，高校教材数字化转型升级成为必然趋势，冰雪运动专业教材亦不例外。国家教育数字化战略的推进，更是为高校教材数字化转型指明了方向，冰雪运动专业教材数字化转型势在必行。

然而，这一转型之路并非一帆风顺。在实际探索过程中，诸多困境逐渐显现。技术层面，数字化平台建设面临标准不一、资源开发受阻、兼容性差等难题；教学方面，教师数字化教学能力有待提升，传统教学模式与数字化教材衔接不畅，教学评价体系难以适配；版权领域，数字教材版权归属复杂，侵权风险高，管理机制不健全。这些问题严重制约了高校冰雪运动专业教材数字化的进程。

本专著旨在深入剖析这些困境，从技术、教学、版权等多个维度探讨切实可行的对策，力求构建完善的数字化教材体系，促进数字化教材与教学深度融合，健全数字教材版权保护与管理机制。展望未来，探索构建冰雪运动专业教材数字化转型的教育生态，为持续推进高校冰雪运动专业教材数字化提供策略建议，以期为冰雪运动专业教育发展贡献智慧与力量。

本专著是在"中国高等教育学会2023年度高等教育科学研究规划课题重点项目"（课题名称：高校冰雪运动专业教材数字化转型升级的困境与对策研究，课题编号：23TY0221）的资助下完成的。参加撰写的成员有：蔡国梁（撰写内容为第四章第二节、第四章第三节、第五章，共130千字）、武俸羽（撰写内容为第二章第三节、第三章、第四章第一节，共131千字）、魏亚茹（撰写内容为第一章、第二章第一节、第二章第二节，共115千字）。

在撰写的过程中，我们得到了哈尔滨体育学院冬季奥林匹克学院的热情帮助和大力支持。研究生柴瑞杰、张致玮、陈相源、方洁茹、郭晓莉、杨作智、徐百胜、康子龙、刘颖慧、于梓骏、刘涛、宋子涵、刘文雅、王伟恺等在收集和整理资料方面做了大量的工作。在此，一并致以衷心的感谢。

由于作者专业水平有限，书中难免存在不足之处，敬请各位专家和广大读者批评、指正。

蔡国梁
2025年1月

目 录

第一章 冰雪运动专业教材数字化转型的背景与意义 … 1
第一节 冰雪运动的发展趋势与人才需求 … 1
一、冰雪运动在国内外的兴起与普及 … 1
二、高校冰雪运动专业人才培养的重要性 … 13
第二节 教材数字化转型的教育技术推动因素 … 23
一、信息技术在教育领域的应用现状 … 23
二、数字化教学资源的优势与类型 … 29
第三节 高校教材数字化转型的政策导向与战略意义 … 39
一、国家教育数字化战略对教材建设的要求 … 39
二、高校教材数字化转型对冰雪运动专业的特殊意义 … 42

第二章 高校冰雪运动专业教材数字化现状研究 … 47
第一节 现有冰雪运动专业教材的种类与内容分析 … 47
一、传统纸质教材的结构与知识点分布 … 47
二、数字化教材的初步探索形式与案例 … 52
第二节 教材数字化应用的调查方法与实施 … 58
一、问卷调查设计与样本选取 … 58
二、访谈提纲与访谈对象确定 … 73
第三节 调查结果统计与分析 … 86
一、师生对冰雪运动教材数字化的认知程度研究 … 86
二、数字化教材在教学实践中的使用频率与效果 … 89
三、现有数字化教材存在的问题反馈 … 93
四、现有数字化教材技术层面问题剖析 … 96
五、现有数字化教材内容层面问题剖析 … 97

第三章 高校冰雪运动专业教材数字化转型升级的困境剖析 … 103
第一节 技术困境：数字化平台与资源建设难题 … 103

一、冰雪运动专业教材数字化技术标准不统一 …………… 103
　　二、数字化资源开发的技术瓶颈与成本限制 ……………… 107
　　三、教材数字化平台的兼容性与稳定性问题 ……………… 114
　第二节　教学困境：数字化教材与教学融合障碍 …………… 122
　　一、教师数字化教学能力的不足与培训需求 ……………… 122
　　二、数字化教材与传统教学模式的衔接困难 ……………… 128
　　三、教学评价体系难以适应教材数字化转型 ……………… 138
　第三节　版权困境：数字教材的版权保护与管理困境 ……… 147
　　一、冰雪运动数字教材版权归属的复杂性 ………………… 147
　　二、版权侵权风险与防范措施的缺失 ……………………… 154
　　三、版权管理机制在数字化环境下的不适应性 …………… 160

第四章　高校冰雪运动专业教材数字化转型升级的对策探讨 …… 175
　第一节　技术突破策略：构建完善的数字化教材体系 ……… 175
　　一、制定统一的冰雪运动教材数字化技术规范 …………… 175
　　二、加大数字化资源开发的技术投入与合作 ……………… 185
　　三、优化教材数字化平台的功能与服务 …………………… 192
　第二节　教学改革策略：促进数字化教材与教学深度融合 …… 197
　　一、开展教师数字化教学能力培训与提升计划 …………… 197
　　二、创新基于数字化教材的教学方法与模式 ……………… 204
　　三、建立与数字化教材相适应的教学评价指标体系 ……… 217
　第三节　版权保障策略：健全数字教材版权保护与管理机制 …… 227
　　一、明确冰雪运动数字教材版权归属与授权规则 ………… 227
　　二、加强版权侵权监测与法律维权力度 …………………… 235
　　三、构建数字化教材版权管理的长效机制 ………………… 244

第五章　高校冰雪运动专业教材数字化转型升级的未来展望 …… 257
　第一节　技术发展趋势对教材数字化的影响预测 …………… 257
　　一、新兴技术在教材中的应用前景 ………………………… 257
　　二、技术进步促进教材内容呈现与交互方式的变革 ……… 262
　第二节　冰雪运动专业教材数字化转型的教育生态构建 …… 270
　　一、教材数字化与冰雪运动教育产业链的协同发展 ……… 270
　　二、数字化教材在促进冰雪运动文化传承与创新中的作用 …… 275

第三节　持续推进高校冰雪运动专业 ··· 279
　　一、建立政策支持与资金保障的长效机制 ····································· 279
　　二、高校、企业与社会各方的合作与协同创新机制 ························· 293

参考文献 ·· 307

第一章　冰雪运动专业教材数字化转型的背景与意义

第一节　冰雪运动的发展趋势与人才需求

一、冰雪运动在国内外的兴起与普及

(一) 国外冰雪运动的兴起历程

北欧地区在国外冰雪运动的起源中占据着极为重要的地位。挪威广袤的冰原与漫长的冬季为冰雪运动的萌发提供了天然温床。远古时期，挪威先民在冰天雪地中为了生存与出行，逐渐摸索出滑雪的技能。他们利用简陋的滑雪工具在雪地中穿梭，进行狩猎与迁徙活动。他们在这种基于生存需求的实践中不断积累经验，使滑雪技术得以逐步改进与传承。随着时间的推移，滑雪不再仅仅是生存手段，而开始向娱乐与竞技方向转变。挪威民间开始出现各种滑雪竞赛，人们对滑雪装备的制作也越发精细，从最初简单的木板与皮革捆绑，发展到对滑雪板材质、形状以及固定装置等多方面的优化设计。

瑞典与芬兰等北欧国家同样深受冰雪环境的影响。瑞典在滑冰运动方面有着独特的发展历程。其境内众多的湖泊在冬季结冰后成为天然的滑冰场地。民众在冰面上自由滑行，逐渐形成了不同风格的滑冰技巧与玩法。一些地区开始组织小型的滑冰聚会与比赛，促进了滑冰技术的交流与传播。芬兰则在冰雪运动的文化传承方面表现突出。芬兰的传统冰雪活动与当地的民俗文化紧密相连，某些特定节日会有盛大的冰雪庆祝仪式，其中包含了多种冰雪运动元素，如冰上舞蹈、雪地拔河等。这些活动不仅丰富了民众的生活，也使得冰雪运动在民间深深扎根。

阿尔卑斯山区的瑞士、奥地利等国，是高山滑雪运动的重要发源地。瑞士的雪山巍峨耸立，为高山滑雪提供了绝佳的地形条件。当地居民在与雪山长期相处的过程中，掌握了在陡峭山坡上滑雪的技巧。最初，这种滑雪主要是出于穿越山谷、运送物资等实际目的，但随着生活条件的改善，高山滑雪逐渐演变为一种极具挑战性与刺激性的运动项目。奥地利在滑雪文化的塑造上独具匠心。滑雪小镇遍布全国，这些小镇不仅拥有世界一流的滑雪设施，还保留着浓厚的传统滑雪文化氛围。在这些小镇里，从儿童到老人都热衷于滑雪运动，滑雪成为人们生活中不可或缺的一

部分。

传统冰雪强国的形成是一个漫长而复杂的过程。在北欧地区，挪威、瑞典等国凭借早期在冰雪运动起源阶段的深厚积累，率先建立起较为完善的冰雪运动训练体系与赛事组织机制。他们注重对青少年冰雪运动人才的培养，从学校教育到专业俱乐部训练，形成了一套完整的人才选拔与培养链条。这些国家在冰雪运动科研方面也投入巨大，不断探索运动技术、装备研发及运动医学等领域的创新，为冰雪运动的持续发展提供了坚实的理论与技术支持。

在阿尔卑斯山区的瑞士与奥地利，高山滑雪运动的高度发展及滑雪文化的广泛传播，使两国在国际冰雪运动舞台上占据重要地位。两国以优质的滑雪场地资源吸引了世界各地的滑雪爱好者与专业运动员前来交流与训练。通过举办各类国际滑雪赛事，进一步提升了其在冰雪运动领域的影响力与知名度。这些传统冰雪强国在冰雪运动的早期起源阶段所积累的丰富经验、形成的独特文化以及构建的完善体系，为全球冰雪运动的发展奠定了坚实的基础，也成为后来者学习与借鉴的典范，在世界冰雪运动的历史长河中留下了浓墨重彩的一笔，对冰雪运动在世界范围内的兴起与传播产生了极为深远的引领与推动作用。

（二）现代冬奥会对国外冰雪运动普及的推动作用

自现代冬奥会诞生以来，每一届冬奥会的举办城市都在冰雪运动设施建设方面投入了巨大的精力与资源。以法国夏慕尼为例，作为首届冬奥会的举办地，当时为了满足赛事的需求，夏慕尼积极筹备建设了一系列专业的冰雪运动设施。其中，专门的滑雪赛道依山而建，这些赛道在设计上充分考虑了不同项目的特点与难度要求，从适合初学者的缓坡初级道到极具挑战性的高级速降赛道一应俱全。滑冰场的建设也采用了当时较为先进的制冷技术与场地规划理念，确保冰面的质量与平整度，为花样滑冰、速度滑冰等项目提供了理想的比赛场地。雪橇滑道的建造更是一项复杂的工程，它需要精确的地形测量与设计，以保证运动员在高速滑行过程中的安全与竞技性。这些设施在冬奥会结束后，并没有被闲置，而是成为当地民众参与冰雪运动的重要基础设施。夏慕尼的居民们充分利用这些设施，积极参与滑雪、滑冰、雪橇等冰雪运动项目。许多家庭会在周末或节假日前往滑雪赛道，父母带着孩子学习滑雪技巧，享受冰雪运动带来的乐趣。滑冰场也成了年轻人聚会与社交的场所，他们在这里举办滑冰派对，进行花样滑冰表演与竞赛，极大地丰富了业余生活。

再看加拿大温哥华，在举办冬奥会之前，温哥华就已经拥有一定数量的冰雪运动设施，但为了达到冬奥会的高标准与高要求，温哥华对原有的设施进行了大规模的升级改造，并新建了许多现代化的场馆。惠斯勒滑雪胜地新建了多条高水准的滑雪赛道与缆车系统，这些赛道不仅为冬奥会的高山滑雪比赛提供了绝佳的场地，而且在赛后吸引了大量来自世界各地的滑雪爱好者前来体验。温哥华市内的滑冰场馆也进行了翻新，扩大了观众席容量，增加了配套设施，使得更多的民众能够近距离观赏滑冰赛事，也为民众提供了更好的滑冰训练与娱乐环境。冬奥会举办期间，温哥华的民众积极参与冬奥会相关的各种活动，许多志愿者在赛事服务过程中深入了解了冰雪运动，激发了他们对冰雪运动的热情。冬奥会结束后，温哥华的冰雪运动设施继续发挥着作用，各类冰雪运动培训班、俱乐部如雨后春笋般涌现，吸引了不同年龄段的民众参与，无论是儿童还是老年人，都能在这些设施中找到适合自己的冰雪运动项目，推动了冰雪运动在温哥华地区的广泛普及。

冬奥会的赛事传播借助现代媒体技术，将冰雪运动的魅力展现给了全球不同国家和地区的观众，极大地激发了人们对冰雪运动的兴趣。在欧洲，德国作为一个体育强国，在冬奥会赛事传播的影响下，冰雪运动的参与度得到了显著提升。通过电视直播，德国民众能够在家中舒适地观看冬奥会的各项精彩赛事，冰球比赛的激烈对抗、花样滑冰的优美舞姿以及跳台滑雪的惊险刺激。这些精彩的画面吸引了众多德国民众的目光，尤其是青少年群体。许多德国青少年在观看冬奥会后，对冰雪运动产生了浓厚的兴趣，纷纷报名参加当地的冰雪运动俱乐部。德国的冰球运动在冬奥会的推动下发展迅速，越来越多的青少年加入冰球训练队伍，各地的冰球联赛也日益火爆，观众人数不断增加。

在亚洲，日本是一个深受冬奥会赛事传播影响的国家。日本民众对花样滑冰项目情有独钟，每一届冬奥会的花样滑冰比赛都会吸引大量日本观众的关注。通过媒体的全方位报道，日本民众对花样滑冰运动员的训练过程、比赛技巧以及背后的故事有了更深入的了解。这种深入的了解进一步激发了日本民众对花样滑冰的热爱，许多家长鼓励自己的孩子学习花样滑冰，日本的花样滑冰培训机构数量大幅增长，培养出了一批优秀的花样滑冰选手，在国际赛场上取得了优异的成绩。冬奥会的赛事传播也让日本民众对其他冰雪运动项目有了更多的认识，滑雪、雪车等项目在日本的参与人数也逐渐增多，一些原本以夏季运动为主的地区也开始建设冰雪运动设施，开展冰雪运动项目的推广与培训工作。

在北美洲，美国作为一个具有多元文化的国家，冬奥会的赛事传播覆盖了各个地区的不同群体。美国的体育媒体对冬奥会进行了全面而深入的报道，从赛事预告、比赛直播到赛后分析与运动员专访，让美国民众全方位地了解冬奥会。在西部山区，冬奥会的滑雪赛事激发了当地居民对高山滑雪和越野滑雪的热情，许多人利用当地丰富的山地资源，积极参与滑雪运动。在东部地区，冰球运动一直有着深厚的群众基础，冬奥会的冰球比赛更是让冰球运动的热度居高不下。美国的学校也积极响应冬奥会的热潮，将冰雪运动纳入体育课程体系，组织学生观看冬奥会比赛，开展冰雪运动主题的校园活动，培养学生对冰雪运动的兴趣与爱好，为冰雪运动在美国的持续发展奠定了坚实的基础。

现代冬奥会通过举办城市的冰雪运动设施建设与赛事传播这两大重要途径，在国外不同国家和地区有效地推动了冰雪运动的普及与发展。无论是在欧洲、亚洲还是北美洲，冬奥会都成为激发民众参与冰雪运动热情的重要催化剂，为全球冰雪运动的发展注入了强大的动力，促进了冰雪运动文化在世界范围内的广泛传播与深入交流，使冰雪运动逐渐成为一种全球性的体育文化，吸引着越来越多的人投身其中，感受冰雪运动的独特魅力与无限活力。

（三）国内冰雪运动的发展轨迹

东北地区因其独特的地理位置与气候条件，冬季漫长且寒冷，拥有丰富的冰雪资源，成为我国早期冰雪运动的重要发源地。在开展形式上，民间自发的冰雪活动极为丰富多样。

1. 滑雪运动

滑雪运动在东北民间有着深厚的根基。在东北的山林地区，百姓们为了在冬季的山林中出行、狩猎以及运输物资，逐渐掌握了滑雪技巧。早期的滑雪工具简单而实用，多是用木板自制而成，在木板底部绑上兽皮以增加摩擦力，控制滑行速度，使人们能够在山林间的雪道上穿梭。这种基于生存需求的滑雪活动，在一定程度上促进了滑雪技术的传承与发展。

2. 滑冰运动

滑冰也是在东北地区广受欢迎的冰雪活动。东北地区的河流、湖泊在冬季都会结成厚厚的冰层，这为滑冰提供了天然的场地。民众们自制冰鞋，起初只是在冰刀底部简单地绑上木板，后来逐渐发展出更为精致的冰鞋制作工艺。人们在冰面上进行竞速等活动，一些村落还会组织小型的滑冰比赛，吸引众多村民参与。

3. 冰上雪橇

冰上雪橇也是常见的冰雪活动形式。利用雪橇在冰面上运输货物或载人，雪橇的制作材料多为木材，其结构设计适应冰面的滑行特点，能够在冰面上快速、平稳地滑行。

东北地区早期冰雪活动的特点鲜明。首先，具有浓郁的实用性与民间性。这些冰雪活动大多源于百姓的日常生活与劳作需求，是人们适应自然环境的一种方式。无论是滑雪用于山林作业，还是滑冰、雪橇用于冰面交通与运输，都体现了冰雪运动与生活的紧密联系。其次，地域特色显著。东北的冰雪活动与当地的地理环境、民俗文化相互交融。在一些少数民族聚居地区，冰雪活动还会融入民族传统元素，满族的冰嬉活动就有着独特的仪式与规则，反映了满族人民对冰雪的热爱与独特的文化内涵。最后，传承性强。长辈们将滑雪、滑冰等技巧传授给晚辈，使冰雪运动在东北地区能够代代相传、持续发展，即便在当时较为艰苦的生活条件下，也没有中断其传承的脉络。

随着近代西方体育文化的传入，我国的冰雪运动赛事开始逐渐萌芽。在20世纪初期，一些沿海城市以及东北地区的大城市首先受到影响。哈尔滨由于特殊的地理位置与历史背景，成为近代开展冰雪运动赛事的前沿地区之一。当时的哈尔滨有众多外国侨民，他们带来了西方的冰雪运动文化与赛事组织经验。一些外国侨民社团开始组织冰球比赛、花样滑冰表演等活动。这些活动吸引了部分当地民众的关注，逐渐在哈尔滨形成了一定的冰雪运动赛事氛围。冰球比赛在当时的哈尔滨具有较高的观赏性，比赛场地多为室外的天然冰场，参赛队伍既有外国侨民组成的球队，也有一些由当地热爱冰球运动的年轻人组成的队伍。花样滑冰表演则展示了西方先进的花样滑冰技巧与艺术表现力，为国内的冰雪运动爱好者提供了学习与借鉴的机会。在东北地区的其他城市如沈阳、长春等地，近代冰雪运动赛事也开始崭露头角。一些学校开始举办校内的冰雪运动会，设置了滑冰、滑雪等项目的比赛。这些校内赛事虽然规模较小，但为冰雪运动在青少年群体中的推广起到了积极的作用。学生们在参与赛事的过程中，不仅提高了冰雪运动技能，还培养了竞争意识与团队合作精神。一些社会体育组织也开始尝试组织地区性的冰雪运动赛事，邀请不同城市的队伍或选手参加，促进了冰雪运动在东北地区的交流与发展。

在沿海城市上海，近代冰雪运动赛事也有一定的发展。上海的一些外国租界内建设了室内滑冰场，这些滑冰场除了供外国侨民娱乐外，也开始举办一些小型的滑冰比赛与表演活动。虽然参与人群相对有限，但这些活动在一定程度上传播了冰雪运动文化，让更多的国人感受到冰雪运动的魅力。近代冰雪运动赛事在国内的萌芽，为中华人民共和国成立后冰雪运动的进一步发展奠定了初步的基础，开启了我国冰雪运动从民间自发活动向有组织的赛事体系发展的进程，尽管在当时的社会环境下，其发展规模与影响力有限，但却有着不可忽视的开创性意义，为我国冰雪运动的后续发展点燃了星星之火，在我国冰雪运动的历史长河中留下了重要的印记，也为后来冰雪运动在全国范围内的兴起与普及提供了宝贵的经验与借鉴。

中华人民共和国成立后，国家高度重视冰雪运动的发展，着手组建专业冰雪运动队，这成为我国冰雪运动迈向现代化、专业化的关键一步。东北地区凭借其得天独厚的冰雪资源与前期的冰雪运动基础，率先组建起多支专业冰雪运动队。黑龙江省组建了专业的滑冰队与滑雪队。滑冰队在成立初期，选拔了一批身体素质优秀、具有一定滑冰天赋的运动员。队伍组建后，便开始构建系统的训练体系，训练内容涵盖了速度滑冰、花样滑冰等多个项目。教练团队通过研究国际先进的训练方法与技术，结合国内运动员的特点，制定出一套适合我国运动员的训练方案。在速度滑冰训练方面，注重运动员的体能训练，包括长跑、力量训练等基础体能项目，以增强运动员的耐力与爆发力。针对速度滑冰的技术动作如起跑、滑行姿势、弯道技术等进行精细化训练。花样滑冰队则侧重于对运动员的艺术表现力与技术难度的提升。邀请国内知名的舞蹈老师与音乐专家，为运动员进行舞蹈编排与音乐选择方面的指导，以提高花样滑冰表演的艺术感染力。在技术训练上，对跳跃、旋转等难度动作进行反复练习与打磨，从基础的单跳、双跳到高难度的三周跳、四周跳，逐步提升运动员的技术水平。吉林省同样积极组建专业冰雪运动队，其冰球运动队的组建在国内具有重要影响力。组建冰球运动队时，吉林省注重运动员的选拔范围，不仅从省内的体育院校、青少年体育俱乐部中选拔优秀人才，还积极与其他省份进行人才交流与合作。在训练体系构建上，采用了"请进来，走出去"的策略。一方面，邀请国外知名冰球教练来队指导，传授先进的冰球战术理念与训练方法。这些教练带来了国际上流行的训练模式，高强度的对抗训练、战术配合演练等，使我国冰球运动员能够接触到世界前沿的冰球训练理念。另一方面，选派优秀运动员与教练到国外冰球强国进行学习与交流，参加国际冰球赛事与训练营，让运动员在实战中积累经验，提高竞技水平。

随着时间的推移，我国专业冰雪运动队的训练体系不断完善与发展。在训练设施方面，国家加大投入，建设了一批现代化的冰雪运动训练基地。这些基地配备了先进的滑冰场、滑雪场、体能训练中心等设施。滑冰场采用了世界领先的制冰技术，确保冰面质量达到国际比赛标准。体能训练中心则引进了各种高科技的训练设备，包括运动生物力学分析仪器、体能监测设备等，能够对运动员的训练效果进行精准评估与分析，为训练方案的调整提供科学依据。在教练团队建设上，不仅注重国内教练的培养与选拔，还积极引进国外优秀教练人才，形成了一支国际视野与国内实践经验相结合的高水平教练队伍。教练们通过不断学习与研究国际冰雪运动的发展趋势并不断创新训练技术，将其融入我国运动员的日常训练中，推动了我国专业冰雪运动队的竞技水平不断提升。

中华人民共和国成立后，群众性冰雪运动在北方地区逐步得到推广与普及，成为北方冬季体育文化生活的重要组成部分。在黑龙江省的哈尔滨市，每到冬季，松花江畔就成为群众冰雪运动的欢乐海洋。当地政府积极组织开展群众性冰雪活动，其中最具代表性的当数冰雪大世界的举办。冰雪大世界集冰雪艺术展示、冰雪娱乐项目于一体。巨大的冰雕建筑吸引了无数游客与市民前来观赏，而园内设置的各种冰雪娱乐设施，包括冰滑梯、冰上自行车、雪地摩托等项目，则让人们能够亲身参与到冰雪运动中来。这些项目简单易学，适合不同年龄段的人群。无论是儿童在冰滑梯上的欢笑，还是年轻人在雪地摩托上的激情驰骋，都展现出群众性冰雪运动的活力与魅力。哈尔滨市还举办了市民冰雪运动会，设置了多个群众性冰雪运动项目的比赛，包括大众滑冰比赛、家庭滑雪接力赛等。这些比赛吸引了众多市民报名参加，激发了群众参与冰雪运动的热情与积极性。吉林省的长春市在群众性冰雪运动推广方面也有着独特的举措。长春净月潭滑雪场在冬季面向广大市民开放，并提供丰富的滑雪课程与服务。针对初学者，滑雪场开设了基础滑雪培训班，由专业教练进行指导，教授滑雪的基本姿势、刹车技巧、转弯技术等。许多从未接触过滑雪的市民通过这些培训班，逐渐掌握了滑雪技能，爱上了滑雪运动。长春市还在公园、社区等场所建设了小型的冰雪运动场地，如冰球场、滑冰场等，方便市民就近参与冰雪运动。社区组织的冰雪运动活动也丰富多彩，如社区冰球比赛，各个社区组织自己的冰球队，进行友谊赛与淘汰赛。这种社区层面的冰雪运动活动，不仅增强了居民的身体素质，还促进了社区居民之间的交流与互动，营造了良好的社区体育文化氛围。

北方其他地区也积极响应群众性冰雪运动的推广号召。在内蒙古自治区的一些城市，冬季的赛马场在积雪覆盖后，就变成了天然的冰雪运动场。当地民众在这里举办冰雪那达慕大会，除了传统的赛马项目在雪地上进行外，还增加了滑雪射箭、雪地摔跤等具有民族特色的冰雪运动项目。这些项目将蒙古族的传统体育文化与冰雪运动相结合，吸引了大量牧民与游客参与。新疆维吾尔自治区的阿勒泰地区凭借壮丽的雪山资源，群众性滑雪运动蓬勃发展。当地政府积极改善滑雪场地设施，修建了多条适合不同水平滑雪者的雪道，并组织了滑雪登山节等活动，吸引了众多国内外滑雪爱好者前来体验。群众性冰雪运动在北方地区的推广与普及，不仅丰富了北方人民的冬季生活，提高了人民群众的身体素质，还传承与弘扬了北方地区的冰雪文化与民俗传统，为我国冰雪运动的全面发展奠定了坚实的群众基础，促进了冰雪运动在全社会范围内的传播与发展，让更多的人感受到冰雪运动的独特魅力与价值。

北京冬奥会申办成功后，我国迎来了冰雪运动场馆建设的黄金时期，各地积极规划并投入大量资源，致力于打造现代化、多样化的冰雪运动场地设施，以满足人民群众日益增长的冰雪运动需求。在东北地区，黑龙江省借助其深厚的冰雪运动底蕴与丰富的自然资源，进一步加大了冰雪运动场馆建设力度。哈尔滨作为黑龙江省的省会城市，新建了多个具有国际水准的滑冰场与滑雪场。其中，某大型室内滑冰场采用了先进的制冰技术，冰面质量可与国际顶级赛事场地相媲美，且配备了完善的观众席、运动员休息区以及配套的商业服务设施，不仅能够承接国内外高水平的滑冰赛事，还为广大市民与游客提供了优质的滑冰体验场所。亚布力滑雪场也进行了大规模的扩建与升级改造，新增了多条不同难度级别的雪道，包括适合初学者的缓坡雪道与极具挑战性的高级速降雪道。雪场还完善了缆车系统、造雪设备以及滑雪教学设施，成为集竞技训练、大众滑雪、旅游度假于一体的综合性滑雪胜地，吸引了大量国内外滑雪爱好者前来一展身手。吉林省同样在冰雪运动场馆建设方面取得了显著成就。长春市的某室内滑雪场以其独特的建筑设计与先进的运营理念备受瞩目。该滑雪场采用了智能化的雪道管理系统，可根据不同时间段的客流量自动调整雪道的开放数量与难度设置，提高了雪场的运营效率与用户体验。雪场内还设有专门的儿童滑雪乐园，配备了安全系数较高的小型滑雪设备与专业的儿童滑雪教练，为青少年儿童提供了一个安全、有趣的滑雪启蒙场所。吉林市的滑冰馆在原有基础上进行了翻新改造，增加了冰球场地与花样滑冰表演场地，为冰球运动与花样滑冰运动在当地的发展提供了有力的硬件支持，促进了冰雪运动项目的多元化发展。

除东北地区外，华北地区的北京市与河北省在冬奥会的带动下，也建设了一批标志性的冰雪运动场馆。北京的国家速滑馆"冰丝带"堪称建筑与科技完美结合的典范。其独特的外观造型犹如一条飘舞的丝带，不仅具有极高的美学价值，更在建筑结构与环保节能方面展现出卓越的创新理念。"冰丝带"内部的冰面采用了世界领先的二氧化碳跨临界直冷制冰技术，能够精准控制冰面温度与硬度，为速度滑冰运动员创造出绝佳的比赛条件。场馆内配备了先进的赛事转播系统、观众互动设施以及智能化的场馆管理系统，使其成为一座集竞技比赛、文化展示、大众健身于一体的现代化综合性体育场馆。河北省的崇礼地区作为冬奥会雪上项目的主要举办地之一，新建与改造了多个大型滑雪场，包括万龙滑雪场、太舞滑雪场等。这些滑雪场在雪道设计、造雪技术、缆车运力以及配套服务设施等方面均达到了世界一流水平，为冬奥会的成功举办提供了坚实的保障，也为后冬奥时代我国冰雪运动的持续发展奠定了雄厚的基础。

在边疆地区，冰雪运动场馆建设也呈现出蓬勃发展的态势。新疆维吾尔自治区凭借其壮丽的雪山资源，建设了一批具有地域特色的滑雪场，如阿勒泰滑雪场等，吸引了众多国内外滑雪爱好者前来体验天山脚下的冰雪魅力。内蒙古自治区的一些城市也因地制宜，建设了室内滑冰场与室外冰雪乐园，为当地民众提供了丰富多彩的冰雪运动场所，促进了冰雪运动在边疆地区的普及与发展。

北京冬奥会申办成功后，冰雪运动进校园、进社区活动在全国范围内广泛开展，取得了显著的成效，为冰雪运动的普及培养了大量的潜在人才，营造了浓厚的冰雪运动社会氛围。在校园方面，全国各地的学校积极响应号召，将冰雪运动纳入体育教育课程体系。东北地区的一些学校率先开展了冰雪运动特色课程。黑龙江省的某中学与当地的滑雪场合作，每周组织学生前往滑雪场进行实地滑雪教学。学校配备了专业的滑雪教练，根据学生的年龄与身体素质制订了科学合理的教学计划，从滑雪基础理论知识的讲解到实际的滑雪技巧训练，如犁式滑降、犁式转弯等，循序渐进地培养学生的滑雪技能。在滑冰教学方面，吉林省的某小学利用校内的小型滑冰场，开设了花样滑冰与速度滑冰课程。学校邀请专业的花样滑冰运动员来校进行表演与示范，激发了学生对花样滑冰的兴趣。通过组织校内的滑冰比赛，如班级速度滑冰接力赛等,增强了学生的竞争意识与团队合作精神。华北地区的学校也积极探索冰雪运动进校园的模式。北京市的多所学校开展了冰雪运动社团活动,学生们可以根据自己的兴趣选择参加冰球社团、花样滑冰社团或滑雪社团等。学校为社团提供了专业的训练设备与场地支持,定期邀请专业教练进行指导。某中学的冰球社团在教练的精心指导下,参加了北京市的青少年冰球联赛,取得了优异的成绩,不仅提升了学生的冰球竞技水平,还扩大了学校的体育文化影响力。河北省的一些学校则借助崇礼冬奥会场馆的地缘优势,组织学生前往场馆参观学习,开展冰雪运动体验活动,让学生亲身感受冬奥会的魅力与冰雪运动的激情。

在社区方面,各地社区积极组织冰雪运动活动,丰富了居民的业余文化生活。在黑龙江省的哈尔滨市,多个社区在冬季组织了社区冰雪运动会。运动会设置了冰上拔河、冰上接力赛跑、家庭花样滑冰表演等趣味项目,吸引了社区居民的广泛参与。这些项目既具有娱乐性,又具有一定的竞技性,增进了社区居民之间的感情交流与互动合作。吉林省的一些社区与当地的冰雪运动俱乐部合作,开展冰雪运动公益培训活动。社区居民可以免费参加滑冰、滑雪等项目的基础培训课程,学习冰雪运动的基本技巧与安全知识。通过这些培训活动,许多原本对冰雪运动不了解或不感兴趣的居民开始参与冰雪运动,提高了社区居民的冰雪运动参与度。在全国其他地区,冰雪运动进社区活动也开展得有声有色。新疆维吾尔自治区的某社区利用社区广场的空地,在冬季浇筑了临时滑冰场,组织居民开展冰上舞蹈、冰球射门比赛等活动。这些活动将冰雪运动与当地的民族文化相结合,展现出独特的冰雪运动魅力。内蒙古自治区的一些社区举办了冰雪那达慕大会,除了传统的蒙古族体育项目外,还增加了雪地摩托、滑雪圈等现代冰雪运动项目,吸引了不同年龄段的居民参与,营造了欢乐祥和的社区冰雪运动氛围。

北京冬奥会申办成功后的冰雪运动热潮,无论是在冰雪运动场馆的大规模建设方面,还是在冰雪运动进校园、进社区的广泛开展与成效方面,都为我国冰雪运动的长远发展奠定了坚实的基础,极大地推动了冰雪运动在全国范围内的普及与提升,使冰雪运动逐渐成为我国全民健身运动的重要组成部分,让更多的人感受到了冰雪运动带来的快乐与健康,为我国冰雪运动事业的持续繁荣注入了强大的动力与活力。

(四)冰雪运动普及的现状与特点

1. 冰雪运动在国外普及的现状与特点

(1) 年龄分布。

在国外,冰雪运动的普及呈现出多样化的特征,首先体现在参与冰雪运动人口的年龄分布上。在北欧国家挪威、瑞典和芬兰,冰雪运动几乎贯穿了人们的一生。人们从幼年时期就开始接触简单的冰雪娱乐活动,像在自家后院的雪地上滑雪橇或者在结冰的小池塘上尝试滑冰。随着年龄增长,他们逐渐参与更为专业和系统的冰雪运动训练。青少年时期，学校和俱乐部提供了丰富的冰雪运动课程与竞赛机会，使许多年轻人热衷于冰球、高山滑雪等项目。这时期的冰雪运动不仅是一种体育锻炼，更是一种社交和团队协作的重要方式。到了成年阶段，冰雪运动依然是他们生活中不可或缺的部分，无论是在工作日后的休闲时光，还是在周末与家人朋友的聚会中，前往滑雪场或者滑冰场都是人们常见的选择。而在老年群体中，越野滑雪、休闲滑冰等较为舒缓的冰雪运动项目备受青睐，这些项目有助于他们保持身体健康和社交互动。

（2）性别分布。

传统上一些冰雪运动项目如冰球、跳台滑雪等男性参与者较多，但近年来女性参与冰雪运动的比例呈现出显著的上升趋势。以美国为例，在过去几十年间，女性参与滑雪运动的人数增长迅速。这得益于多方面因素，包括社会观念的转变、针对女性的冰雪运动推广活动以及专门为女性设计的冰雪运动装备的出现。在加拿大，女子冰球运动得到了大力发展，从基层的青少年女子冰球队到职业的女子冰球联赛，吸引了大量女性参与其中，她们在冰球场上展现出的竞技水平和体育精神丝毫不逊色于男性。

（3）地域分布。

高纬度和高海拔地区的国家或地区往往有着更高的冰雪运动参与率。阿尔卑斯山区周边的瑞士、奥地利和法国，由于拥有得天独厚的山地滑雪资源，滑雪运动极为普及。当地居民从小就生活在雪山环绕的环境中，滑雪成为他们生活的一种常态。在加拿大和俄罗斯等国土广袤且北部地区气候寒冷的国家，冰雪运动在其北部省份或地区的普及程度非常高。在加拿大的不列颠哥伦比亚省和魁北克省，冬季的滑雪场和滑冰场总是人头攒动，无论是城市还是乡村，都有着浓厚的冰雪运动氛围。而在一些低纬度国家或地区，虽然自然冰雪条件相对有限，但人工制冷技术的使用和室内冰雪场馆的建设，使冰雪运动也在逐步发展。日本的一些南部城市，通过建设室内滑雪场和滑冰场，吸引了大量市民参与冰雪运动，使得冰雪运动的地域分布更为广泛。

（4）运营模式。

国外的冰雪运动俱乐部与社团组织在冰雪运动的普及过程中扮演着极为重要的角色，其运营模式呈现出多元化和专业化的特点。在运营模式上，许多冰雪运动俱乐部采用会员制。以德国的滑雪俱乐部为例，会员缴纳一定的年费后，便可享受俱乐部提供的一系列服务。俱乐部一般拥有自己的滑雪场或与周边滑雪场建立合作关系，会员可以优先使用雪道、租赁滑雪装备，并获得专业教练的指导。俱乐部还会定期组织内部的滑雪比赛、培训课程和社交活动。培训课程涵盖了从初学者到高级滑雪者的不同水平层次，根据会员的需求和技能水平进行分组教学，确保每个会员都能得到合适的训练。法国的花样滑冰俱乐部，除了提供常规的滑冰场地租赁和教练服务外，还注重对会员艺术素质的培养。俱乐部会邀请舞蹈老师、音乐专家为会员进行艺术指导，帮助他们在花样滑冰表演中更好地展现艺术魅力。社团组织则更多地侧重于冰雪运动的推广与普及工作。在瑞士，有许多地方性的冰雪运动社团组织，它们与当地政府、学校和企业合作，开展各种冰雪运动推广活动。在学校开展冰雪运动启蒙课程，向学生介绍冰雪运动的基本知识和技能，激发学生对冰雪运动的兴趣。社团组织还会开展社区冰雪运动会，设置一些趣味性的冰雪运动项目，如家庭滑雪接力赛、冰上拔河等，吸引社区居民参与，提高冰雪运动在社区的知名度和影响力。在奥地利，一些冰雪运动社团组织会与旅游机构合作，开发冰雪旅游项目，将冰雪运动与旅游观光相结合。游客可以在欣赏阿尔卑斯山美景的同时，参与滑雪、滑冰等冰雪运动，这种模式不仅促进了冰雪运动的推广，还带动了当地旅游业的发展。

这些俱乐部和社团组织在冰雪运动普及中发挥着多方面的重要作用。首先，它们为冰雪运动爱好者提供了一个交流和学习的平台。会员们可以在俱乐部里结识志同道合的朋友，分享冰雪运动的经验和乐趣，互相学习和提高。俱乐部和社团组织的专业教练团队能够为不同水平的参与者提供系统的培训和指导，帮助他们提升冰雪运动技能，吸引更多人参与冰雪运动。其次，通过组织各类赛事和活动，营造了浓厚的冰雪运动氛围，激发了人们的竞争意识和参与热情。最后，俱乐部和社团组织在冰雪运动文化的传承与发展方面也有着不可替代的作用。它们保留和弘扬了当地的冰雪运动传统，如一些古老的滑雪技巧、冰雪运动习俗等，使得冰雪运动文化得以代代相传，丰富了当地的体育文化内涵，进一步推动了冰雪运动在国外的广泛普及与深入发展，成为国外冰雪运动蓬勃发展的重要支撑力量。

2. 冰雪运动在国内普及的现状与特点

在国内，由于地理、气候、经济以及体育文化传统等多种因素的综合影响，不同省市的冰雪运动普及程度呈现出明显的差异。

（1）东北地区。

东北地区作为我国冰雪运动的传统优势区域，其普及程度相对较高。黑龙江省凭借丰富的冰雪资源与深厚的冰雪运动底蕴，在冰雪运动普及方面走在前列。哈尔滨、齐齐哈尔等城市拥有众多专业的冰雪运动场馆与设施，包括大型滑雪场、滑冰场等。这些场馆不仅承办国内外高水平赛事，也面向普通民众开放，为大众参与冰雪运动提供了便利条件。在冬季，街头巷尾随处可见参与冰雪活动的市民，家庭集体前往滑雪场、滑冰场度过休闲时光已成为一种常见的生活方式。同时，黑龙江省的学校也积极开展冰雪运动课程与校园活动，从小培养学生对冰雪运动的兴趣，形成了较为完善的冰雪运动教育体系。吉林省同样在冰雪运动普及上表现出色。长春、吉林等城市的冰雪运动氛围浓厚，以长白山、松花湖等为代表的大型滑雪场吸引了大量国内外游客与本地滑雪爱好者。吉林市的冰上运动项目普及度较高，速度滑冰、花样滑冰等项目在群众中有广泛的基础。省内多所高校开设了冰雪运动相关专业，为冰雪运动的人才培养与技术研发提供了有力支持，进一步推动了冰雪运动在当地的深入发展。

（2）华北地区。

华北地区的部分省市在冰雪运动普及程度上呈现出较快的增长态势。北京市作为我国的首都与国际化大都市，借助举办冬奥会的契机，大力推广冰雪运动。大量现代化的冰雪运动场馆拔地而起，如国家速滑馆"冰丝带"等。通过开展"冰雪进校园""冰雪进社区"等活动，广泛普及冰雪运动知识与技能。学校与社区积极组织冰雪运动赛事与体验活动，激发了广大市民尤其是青少年对冰雪运动的热情，使冰雪运动逐渐成为市民冬季健身娱乐的重要选择。河北省的张家口市因承办冬奥会雪上项目，在冰雪运动基础设施建设与普及推广方面取得了显著成效。崇礼地区的滑雪场群已成为国内外知名的滑雪胜地，带动了周边地区冰雪运动的发展，当地居民参与冰雪运动的比例大幅提升，冰雪旅游、冰雪培训等相关产业也蓬勃发展。

（3）南方省市。

在一些南方省市，冰雪运动普及程度相对较低。由于自然冰雪条件的限制，冰雪运动场馆数量较少且分布不均衡。尽管近年来一些城市通过建设室内冰雪场馆来弥补这一不足，如上海、广州等地，但由于运营成本较高、冰雪运动文化底蕴相对薄弱等因素，参与冰雪运动的人群相对有限。在这些地区，冰雪运动更多地集中在商业性的娱乐体验层面，尚未形成广泛的群众基础与完善的人才培养体系。一些南方城市的室内滑雪场，主要顾客群体为在节假日进行体验消费的青少年学生以及部分追求新鲜刺激的年轻人群体，而在中老年人群中的普及程度极低。

（4）青少年群体。

青少年群体是冰雪运动普及与发展的关键力量，在我国冰雪运动发展战略中具有极为重要的地位，其既蕴含着巨大的发展潜力，也面临着诸多挑战。

从发展潜力来看，青少年对新鲜事物充满好奇心与探索欲，冰雪运动独特的魅力能够吸引他们积极参与。随着我国经济的发展与家庭生活水平的提高，家长越来越重视孩子的综合素质培养与体育锻炼，愿意为孩子参与冰雪运动提供经济支持与时间保障。近年来，"冰雪进校园"活动在全国范围内广泛开展，许多学校开设了冰雪运动课程或社团活动，让青少年有机会接触并学习冰雪运动技能。在东北地区的一些学校，冬季的体育课会安排滑冰、滑雪教学，学生们在专业教练的指导下，逐渐掌握冰雪运动的基本技巧，培养了对冰雪运动的兴趣。而且，青少年时期是身体机能快速发展与运动技能形成的关键时期，参与冰雪运动有助于提高他们的身体素质、协调性、平衡感与团队协作能力。一些具有冰雪运动天赋的青少年通过系统训练，有望成为优秀的冰雪运动专业人才，为我国冰雪运动的竞技水平提升贡献力量。

冰雪运动在青少年群体中的发展也面临着不少挑战。首先，冰雪运动的专业性较强，对场地、器材与教练的要求较高，而在一些地区，尤其是冰雪资源相对匮乏的南方地区，专业的冰雪运动场地与器材数量有限，且建设与维护成本高昂，难以满足广大青少年的需求。即使在有冰雪资源的地区，部分学校的冰雪运动设施也相对简陋，缺乏安全保障措施。专业冰雪运动教练短缺更是制约青少年冰雪运动发展的重要因素。优秀的冰雪运动教练不仅需要具备扎实的专业技能，还需要掌握青少年身心发展规律与教学方法。但目前我国冰雪运动教练队伍在数量与质量上都存在较大缺口，导致一些学校的冰雪运动课程教学质量不高，无法为青少年提供科学、系统的训练指导。其次，冰雪运动存在一定的安全风险，如滑雪过程中的摔倒、碰撞等，这使得部分家长对孩子参与冰雪运动存在顾虑。最后，学业压力也是影响青少年参与冰雪运动的一大因素。在当前的教育环境下，青少年面临着繁重的学业任务，课余时间较少，难以保证足够的时间参与冰雪运动训练与比赛。

国内冰雪运动普及在不同省市间存在差异，在青少年群体发展中有潜力也有挑战。只有充分认识并应对这些现状，才能更好地推动我国冰雪运动的全面普及与可持续发展，让冰雪运动在更广泛的人群中生根发芽，绽放光彩，为我国体育强国建设注入强大动力。

二、高校冰雪运动专业人才培养的重要性

（一）满足冰雪运动发展的专业人才需求

冰雪运动在近年来得到了快速发展，随着北京冬奥会的成功举办，冰雪运动在国内的热度提升。冰雪运动的发展需要大量专业人才的支持，包括教练员、运动员、裁判员、场地运营管理人员等。高校作为人才培养的重要基地，承担着为冰雪运动培养专业人才的重要任务。通过培养专业人才，可以为冰雪运动的发展提供有力的人才保障，推动冰雪运动在我国的持续发展。冰雪运动在全球范围内的蓬勃发展，已成为体育领域中一道亮丽的风景线。其发展态势不仅体现在参与人数的持续增长，更体现在产业规模的不断扩大以及竞技水平的稳步提升等多个方面。在这一发展进程中，专业人才的重要性越发凸显。高校作为人才培养的关键阵地，承担着培养专业人才以满足冰雪运动发展需求的重任，其作用不可替代。

1. 教练员

在冰雪运动的竞技层面，对专业人才的需求极为迫切且多样化。优秀的教练员是培养高水平运动员的核心力量。他们需具备深厚的专业知识体系，包括但不限于运动生理学、运动生物力学、运动营养学以及专项运动技术的精细剖析等领域。通

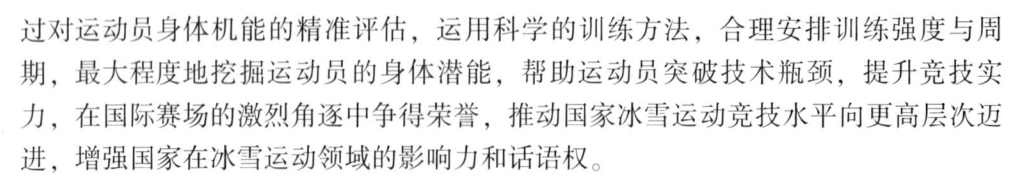

过对运动员身体机能的精准评估,运用科学的训练方法,合理安排训练强度与周期,最大程度地挖掘运动员的身体潜能,帮助运动员突破技术瓶颈,提升竞技实力,在国际赛场的激烈角逐中争得荣誉,推动国家冰雪运动竞技水平向更高层次迈进,增强国家在冰雪运动领域的影响力和话语权。

2. 裁判员

裁判员作为赛事公正裁决的关键人物,其专业素养直接关系到比赛的公平性与权威性。他们必须对各类冰雪运动项目的竞赛规则进行深入钻研,达到精通无误的境界。还要具备敏锐的观察力,能够在高速运动的比赛场景中迅速捕捉运动员的动作细节,准确判断其是否符合规则要求,并果断做出公正客观的裁决,确保比赛的顺利有序进行,维护冰雪运动竞技环境的纯洁性和公正性。为运动员提供一个公平竞争的舞台,促进冰雪运动竞技水平的健康发展。

3. 社会体育指导员

随着人们生活水平的提高和健康意识的增强,冰雪运动逐渐从专业竞技领域走向大众生活。这一趋势催生了大众对冰雪运动指导人才的需求。社会体育指导员在普及冰雪运动知识和技能方面发挥着关键作用。他们需掌握扎实的冰雪运动基本技术,包括滑雪、滑冰的基础动作规范、安全防护要点以及教学方法技巧等,能够针对不同年龄、不同身体素质的人群,制定个性化的教学方案,以耐心、专业的态度引导大众正确参与冰雪运动,帮助初学者克服恐惧心理,掌握基本技能,提升大众参与冰雪运动的热情和信心,降低运动损伤风险,扩大冰雪运动的群众基础,促进冰雪运动在全社会的广泛普及和持续发展。

4. 旅游策划人员

冰雪旅游作为冰雪运动产业的重要组成部分,发展势头迅猛。旅游策划人员在此过程中扮演着重要角色。他们应具备丰富的旅游规划知识和对冰雪文化的深刻理解,能够深入挖掘当地的冰雪自然资源、民俗文化特色以及历史文化底蕴,将其巧妙融合,设计出独具魅力、丰富多彩的冰雪旅游线路和产品,满足不同游客群体的多样化需求。从追求刺激的年轻游客到注重休闲体验的家庭游客,从热爱文化探索的游客到钟情于高端定制旅游的游客,都能在其策划的旅游产品中找到心仪的选择,从而吸引更多游客前来体验冰雪旅游的独特魅力,提升冰雪旅游目的地的知名度,推动当地冰雪旅游产业的繁荣发展。

5. 景区服务人员

景区服务人员则需具备专业的服务技能和应急处理能力。在面对寒冷的气候条件和复杂的冰雪环境时,他们要能够熟练应对游客在游览过程中遇到的各种问题,包括游客的防寒保暖指导、冰雪运动设备的正确使用演示、突发疾病或意外事故的紧急救援等,确保游客在冰雪旅游过程中的人身安全和舒适体验,以优质的服务质量树立良好的景区口碑，提升游客的满意度和忠诚度，为冰雪旅游产业的可持续发展奠定坚实基础。

6. 研发设计人员

冰雪装备制造产业的发展对于冰雪运动的整体提升具有重要支撑作用。研发设计人才是推动产业创新发展的关键驱动力。他们需要紧跟国际科技发展前沿，掌握先进的材料科学、工程力学、人体工程学以及智能制造等领域的专业知识，能够结合运动员在实际训练和比赛中的需求反馈，以及消费者对于装备舒适性、安全性和功能性的追求，运用创新思维和先进技术手段，设计出高性能、高品质、轻量化、智能化的冰雪运动装备，具有卓越减震性能和操控稳定性的滑雪板、贴合度高且防护性能优良的冰鞋、保暖透气且具备时尚设计元素的滑雪服等，以满足市场对于高端冰雪装备的需求，提升我国冰雪装备在国际市场上的竞争力和市场份额。

7. 生产工艺工程师

生产工艺工程师则肩负着将设计理念转化为实际产品的重要使命。他们需精通各类生产制造工艺，包括先进的模具制造技术、精密的装配工艺、严格的质量检测流程等，通过优化生产流程、提高生产效率、确保产品质量的稳定性和一致性，实现冰雪装备的高效、优质生产，为冰雪装备制造企业降低生产成本、提高经济效益提供有力保障，促进整个冰雪装备制造产业的健康发展。

8. 市场营销人员

冰雪赛事运营是展示冰雪运动魅力、推动产业发展的重要平台。市场营销人员在赛事运营中发挥着关键作用。他们需要深入了解市场动态和消费者心理，制定精准有效的市场营销策略，通过多种渠道和手段，如社交媒体推广、线下活动宣传、与品牌赞助商的合作等，提升赛事的知名度和影响力，吸引更多的观众、赞助商和媒体关注，实现赛事的商业价值最大化，为赛事的成功举办提供坚实的经济保障，也为冰雪运动的推广和普及营造良好的社会氛围。赛事组织人员需具备出色的组织协调能力和丰富的赛事管理经验。他们要负责赛事的整体规划和细节安排，包括赛事日程的合理编排、比赛场地的精心布置、参赛队伍和人员的组织协调、后勤保障工作的周密部署等，确保赛事在各个环节都能够有条不紊地进行，为运动员、教练员、裁判员以及观众提供一个高效、便捷、舒适的赛事环境，保障赛事的顺利举办和圆满成功，提升赛事的品牌形象和国际声誉，推动冰雪赛事运营产业的持续发展。

冰雪运动在竞技、大众普及以及产业发展等多个方面的快速发展，对专业人才提出了全方位、多层次的需求。高校凭借其丰富的教育资源、专业的师资队伍和系统的教学体系，有能力也有责任针对这些需求，开设相关专业课程，制定科学合理的人才培养方案，加强实践教学环节，培养出一大批适应冰雪运动发展需求的高素质专业人才，为冰雪运动的繁荣发展提供坚实的人才支撑，助力我国冰雪运动事业在国际舞台上绽放更加耀眼的光彩，实现从冰雪大国向冰雪强国的转变。

(二) 提升高校体育教育的多元化

高校体育教育的目标是培养全面发展的高素质人才。冰雪运动作为一项新兴的体育项目，具有独特的魅力和价值。将冰雪运动纳入高校体育教育体系，可以丰富高校体育教育的内容，提升体育教育的多元化水平。学生通过参与冰雪运动，可以锻炼身体、培养意志品质、提高团队合作能力等。冰雪运动专业人才的培养也可以为高校体育教育的改革和创新提供新的思路和方向。在当今高等教育的发展进程中，高校体育教育的多元化趋势日益显著，而冰雪运动专业人才的培养在这一进程中扮演着关键角色，具有不可忽视的重要性。高校体育教育的目标不仅仅是增强学生的身体素质，更在于培养学生的综合素质，包括意志品质、团队协作精神、创新思维以及对多元文化的理解和包容。冰雪运动作为一项独特的体育项目，以其鲜明的季节性、挑战性和趣味性，为高校体育教育注入了新的活力和元素，极大地丰富了体育教育的内涵和形式。

1. 丰富课程设置

从课程设置的角度来看，冰雪运动专业课程的引入拓宽了高校体育教育的课程广度。传统的高校体育课程往往集中在一些常见的球类、田径类等项目，而冰雪运动涵盖了滑冰、滑雪、冰球、花样滑冰等多个细分领域，每个领域都有着独特的技术要领、规则和文化背景。高校开设冰雪运动相关课程，包括冰雪运动基础理论、冰雪运动技能训练、冰雪赛事组织与裁判等，能够让学生接触到与以往不同的体育知识和技能体系，满足学生多样化的学习兴趣和需求。对于那些对冬季运动充满好奇和向往的学生来说，这为他们提供了一个系统学习和深入探索的平台，使他们能够在冰雪的世界中挑战自我、发掘潜能，拓宽了个人的体育视野和知识边界。

2. 创新教学方法

在教学方法上，冰雪运动的教学过程促进了高校体育教育方法的创新与多元化。由于冰雪运动的特殊性，其教学环境相对复杂，需要考虑到寒冷的气候条件、特殊的场地设施以及运动本身的风险性。这就要求教师采用更加灵活多样、针对性强的教学方法。在滑雪教学中，教师可能会先通过多媒体教学手段让学生了解滑雪的基本技巧和安全注意事项，然后在模拟滑雪场地进行基础动作的练习，最后再到实际的滑雪场进行实地教学和指导。这种理论与实践相结合、逐步递进的教学方法，不仅适用于冰雪运动教学，也为其他体育项目的教学提供了有益的借鉴，推动了高校体育教师不断探索和创新教学方法，以更好地满足学生的学习需求并提高教学效果。

3. 加强实践教学

实践教学环节是高校体育教育的重要组成部分，而冰雪运动为实践教学提供了丰富的资源和独特的体验。高校与周边的冰雪运动场馆、俱乐部等建立合作关系，为学生提供实习和实践的机会。学生可以参与冰雪赛事的组织策划、场馆的运营管理、冰雪运动的推广普及等实际工作，将所学的理论知识应用到实践中，提高自己的实践能力和解决实际问题的能力。在这个过程中，学生还能够接触到社会各界的人士，包括冰雪运动爱好者、专业运动员、教练员、裁判员以及体育产业从业者等，了解到冰雪运动在社会中的广泛影响力和产业发展现状，拓宽自己的社交圈子和职业视野，为未来的职业发展打下坚实的基础。

4. 营造校园文化氛围

从校园文化建设的角度来看，冰雪运动专业人才的培养有助于营造富有特色的校园体育文化氛围。冰雪运动所蕴含的挑战极限、坚韧不拔、团队合作等精神价值，可以通过举办冰雪运动赛事、社团活动、文化讲座等形式在校园中传播和弘扬。高校举办的冰雪运动会，可以吸引众多学生参与，激发学生的竞争意识和团队荣誉感，增强学生对校园的归属感和认同感。以冰雪运动为主题的社团活动，如冰雕艺术创作社团、冰雪摄影社团等，为学生提供了展示个人才华的平台，丰富了学生的课余文化生活，促进了校园文化的多元化发展。

5. 促进学生身心健康发展

在促进学生身心健康方面，冰雪运动具有独特的作用。冰雪运动大多在户外寒冷的环境中进行，这对学生的身体素质提出了更高的要求，能够锻炼学生的耐寒能力、平衡能力、协调能力和肌肉力量等。在参与冰雪运动的过程中，学生需要克服寒冷、疲劳、恐惧等困难和挑战，这有助于培养学生坚强的意志品质和心理素质。与其他体育项目相比，冰雪运动的刺激性和趣味性更强，能够让学生在紧张的学习之余放松身心，缓解压力，提高心理健康水平，促进学生的全面发展。

6. 加强对外交流合作

冰雪运动的开展还有利于加强高校之间以及高校与社会的交流与合作。高校之间可以通过举办冰雪运动联赛、学术交流活动等形式，分享冰雪运动教学、训练和科研的经验和成果，促进高校冰雪运动教育水平的共同提高。高校与社会的合作则可以为冰雪运动的发展提供更多的资源和支持，包括企业赞助、社会捐赠、政府政策扶持等，也为学生提供了更多的实践机会和就业渠道，实现高校体育教育与社会需求的紧密结合，推动冰雪运动在全社会的普及和发展。

高校冰雪运动专业人才的培养对于提升高校体育教育的多元化水平具有重要意义。通过丰富课程设置、创新教学方法、加强实践教学、营造校园文化氛围、促进学生身心健康发展以及加强对外交流合作等多个方面的作用，冰雪运动为高校体育教育注入了新的活力和内涵，推动高校体育教育向更加多元化、特色化、高质量的方向发展，为培养具有综合素质和创新精神的新时代大学生做出积极贡献。

(三) 促进区域经济发展

冰雪运动的发展可以带动相关产业的发展，包括冰雪旅游、冰雪装备制造、冰雪赛事运营等。高校培养的冰雪运动专业人才可以为这些产业的发展提供专业支持，促进区域经济的发展。张家口市作为2022年冬奥会的举办地之一，高校冰雪专业人才的培养对于当地经济社会发展具有重要意义。高校可以结合当地区域经济发展的特点，培养具有冰雪体育知识的应用型人才，为区域经济发展作出贡献，促进区域经济发展。

在当今经济社会的发展格局中，冰雪运动产业已成为推动区域经济发展的重要力量，而高校冰雪运动专业人才的培养在这一进程中发挥着关键作用，其重要性不言而喻。随着人们生活水平的提升以及对健康休闲生活方式的追求，冰雪运动市场需求呈现出持续增长的态势。高校通过培养冰雪运动专业人才，为区域经济发展注入了新的活力和动力。从产业关联的角度来看，冰雪运动产业具有较强的带动性，涉及多个相关产业领域，形成了一条完整的产业链。高校培养的专业人才在这条产业链的各个环节中都扮演着重要角色，成为促进区域经济发展的重要因素。

1. 冰雪旅游产业

在冰雪旅游产业方面，高校培养的旅游管理、市场营销等专业人才能够充分利用当地的冰雪资源优势，结合区域特色文化，开发出具有吸引力的冰雪旅游产品和线路。他们可以对冰雪旅游目的地进行精准定位和品牌塑造，通过有效的市场推广策略，吸引大量游客前来观光体验。针对不同年龄、不同消费层次的游客群体，设计出包括冰雪观光、滑雪度假、冰雪民俗文化体验等多样化的旅游套餐，满足游客的个性化需求，提升旅游目的地的知名度和美誉度，吸引更多的旅游投资和消费，带动当地餐饮、住宿、交通等相关服务业的繁荣发展，为区域经济增长创造更多的机遇和收入来源。

2. 冰雪赛事运营产业

冰雪运动赛事的举办对于区域经济的拉动作用也十分显著，而高校培养的赛事运营、体育管理等专业人才是赛事成功举办的关键保障。这些人才能够负责赛事的策划、组织、宣传推广以及赛事资源的整合与开发。他们可以吸引国内外优秀的运动员和参赛队伍参与赛事，提升赛事的竞技水平和观赏性，吸引大量观众和媒体的关注，进而带动赛事周边产品销售、广告赞助、转播权收入等商业价值的提升。赛事的举办还能够促进当地基础设施建设的完善，如交通、住宿、体育场馆等方面的升级改造，这些基础设施的改善不仅满足了赛事的需求，也为区域经济的长期发展奠定了坚实的基础，提升了区域的整体竞争力和吸引力。

3. 冰雪装备制造产业

冰雪装备制造产业作为冰雪运动产业的重要支撑，同样依赖于高校培养的专业技术人才。高校的机械工程、材料科学、工业设计等相关专业为冰雪装备制造企业输送了大量具备专业知识和创新能力的人才。这些人才能够运用先进的技术和理念，研发设计出高性能、高品质、具有创新性的冰雪运动装备，满足市场对冰雪装备的不断升级的需求。从滑雪板、冰鞋、滑雪服等传统装备的改良升级，到智能穿戴设备、虚拟现实滑雪模拟器等新兴冰雪装备的研发制造，高校人才的技术支持和创新思维推动了冰雪装备制造产业的发展，提高了产业的附加值和市场竞争力，使区域在冰雪装备制造领域占据一席之地，促进了区域经济的产业结构优化和升级，带动了相关上下游产业的协同发展，形成了产业集群效应，创造了更多的就业机会和经济效益。

4. 冰雪教育培训产业

高校冰雪运动专业人才培养还能够促进区域内冰雪运动教育培训产业的发展。随着冰雪运动的普及，越来越多的人希望学习和掌握冰雪运动技能，这就催生了对专业冰雪运动教育培训服务的需求。高校培养的冰雪运动教育、体育教育等专业人才可以投身于各类冰雪运动培训机构，担任教练、培训师等职务，为不同年龄段、不同水平的学员提供系统、专业的冰雪运动培训课程。这些培训机构的发展不仅能够满足社会大众对冰雪运动技能学习的需求，还能够创造可观的经济效益，也为高校毕业生提供了广阔的就业渠道，形成了人才培养与产业发展的良性循环，进一步推动了区域经济的发展。

5. 冰雪科研创新研究

高校冰雪运动专业人才培养过程中所开展的科研活动也能够为区域经济发展提供智力支持。高校教师和学生针对冰雪运动产业发展中的关键问题，在冰雪场地建设与维护技术、冰雪运动训练方法创新、冰雪旅游资源开发与保护等方面开展的科学研究，其研究成果可以转化为实际的生产力和经济效益。研发出更加节能环保的造雪技术和设备，不仅能够降低冰雪运动场地的运营成本，还能够推动相关环保产业的发展；探索出更加科学有效的冰雪运动训练方法，可以提高运动员的训练水平和竞技成绩，提升区域在冰雪运动领域的影响力，吸引更多的体育赛事和人才资源向该区域聚集，为区域经济发展带来更多的机遇和活力。

高校冰雪运动专业人才的培养通过在冰雪旅游、赛事运营、装备制造、教育培训以及科研创新等多个方面发挥作用，有力地促进了区域经济的发展。在当前经济发展的新形势下，加强高校冰雪运动专业人才培养，优化人才培养模式，提高人才培养质量，对于充分发挥冰雪运动产业对区域经济的带动作用，推动区域经济的可持续发展具有重要的战略意义和现实价值，为区域经济的繁荣发展提供了坚实的人才保障和智力支撑。

（四）增强国家体育实力

冰雪运动是国际体育竞技的重要项目之一。培养优秀的冰雪运动专业人才，可以提高我国在冰雪运动领域的竞技水平，增强国家体育实力。高校可以通过优化人才培养方案、加强师资队伍建设、提高教学质量等方式，为国家培养更多的优秀冰雪运动人才。高校还可以积极开展国际交流与合作，引进先进的冰雪运动技术和理念，提升我国冰雪运动的国际竞争力。在全球体育竞争日益激烈的当下，国家体育实力已成为衡量一个国家综合国力的重要维度之一。高校冰雪运动专业人才培养对于增强国家体育实力具有不可替代的关键作用，其重要性体现在多个层面，深刻影响着国家冰雪运动的整体发展格局。

1. 竞技体育

优秀的冰雪运动专业人才是提升国家在国际赛场上竞争力的核心要素。高校作为人才培养的重要基地，通过系统、科学的教育教学体系，为冰雪运动竞技领域输送了大量高水平的运动员、教练员和裁判员等专业人才。在运动员培养方面，高校能够整合体育学、运动人体科学、营养学等多学科资源，为运动员提供全方位的培养方案。借助先进的训练设施和科学的训练方法，高校可以精准挖掘运动员的潜力，提升其专项技术水平和体能素质。通过对运动员生理机能的精准监测和分析，制定个性化的训练计划，使训练效果达到最大化，提高运动员在国际赛事中的竞技表现，为国家争得荣誉，提升国家在冰雪运动竞技领域的国际地位和影响力。教练员在运动员的成长过程中起着关键的引领作用。高校培养的冰雪运动专业教练员具备深厚的专业知识和丰富的实践经验，他们不仅掌握先进的训练理念和方法，还能够深入研究国内外冰雪运动的发展趋势和技术特点，为运动员提供针对性的指导。这些教练员能够根据运动员的个体差异因材施教，制定科学合理的训练策略，帮助运动员突破技术瓶颈，提升比赛中的战术运用能力和心理素质，打造出一支支具有强大竞争力的冰雪运动队伍，在国际大赛中斩获奖牌，为国家体育实力的提升贡献力量。裁判员的专业素养和公正执法是冰雪运动竞技赛事公平、公正进行的重要保障。高校培养的专业裁判员经过严格的培训和考核，对各类冰雪运动项目的竞赛规则有着精准的把握和深刻的理解。他们在国际赛事中公正、准确地执裁，维护了比赛的正常秩序和公平竞争环境，确保了赛事的公信力和权威性，使得国家在国际体育舞台上树立了良好的形象，为国家体育实力的增强提供了有力支持。

2. 群众体育

在群众体育方面，高校冰雪运动专业人才培养对于普及冰雪运动、提高全民身体素质具有重要意义。高校通过开展冰雪运动相关课程、社团活动以及举办各类冰雪运动赛事和推广活动，培养了大量的冰雪运动社会体育指导员和志愿者。这些专业人才深入到社区、学校、企事业单位等基层组织，传播冰雪运动知识和技能，激发了广大民众对冰雪运动的兴趣和热情，吸引了越来越多的人参与冰雪运动。冰雪运动的广泛开展，不仅提高了全民的身体素质和健康水平，还营造了浓厚的冰雪运动氛围，为冰雪运动的可持续发展奠定了坚实的群众基础，从整体上提升了国家体育实力的根基。

3. 科研创新

高校在冰雪运动科研领域的人才培养也为国家体育实力的增强提供了强大的智力支持。高校的科研人员专注于冰雪运动的基础理论研究、技术创新研究以及运动训练方法的优化研究等方面。他们通过深入研究冰雪运动的力学原理、生理生化机制、心理训练方法等，为冰雪运动的发展提供了理论依据和技术支撑。例如，在滑雪技术的生物力学研究方面，科研人员通过对运动员滑行过程中的动作姿态、力量分布等进行分析，提出了更加科学合理的技术动作改进方案，帮助运动员提高滑行效率和稳定性，进而提升竞技成绩。这些科研成果不仅应用于高水平运动员的训练实践，也为广大冰雪运动爱好者提供了科学的指导，推动了整个冰雪运动水平的提升，为国家体育实力的增强提供了源源不断的动力。

4. 国际交流

在国际体育交流与合作中，高校冰雪运动专业人才也发挥着重要作用。随着全球化的深入发展，冰雪运动领域的国际交流日益频繁。高校培养的具有国际视野和跨文化交流能力的专业人才，能够积极参与国际冰雪运动学术交流、赛事组织与合作等项目。他们在国际舞台上展示我国冰雪运动的发展成果和特色文化，吸收借鉴国外先进的冰雪运动发展经验和技术理念，促进了我国冰雪运动与国际接轨，提升了我国在国际冰雪运动领域的话语权和影响力，进一步增强了国家的体育实力。

高校冰雪运动专业人才培养通过在竞技体育、群众体育、科研创新以及国际交流等多个方面的协同发展，全方位地增强了国家体育实力。在未来的发展中，应进一步加大对高校冰雪运动专业人才培养的支持力度，优化人才培养模式和机制，培养出更多高素质、高水平的冰雪运动专业人才，为国家体育事业的繁荣发展和体育强国建设提供坚实的人才保障，使我国在全球冰雪运动的舞台上展现出更加强大的体育实力和国家形象。

（五）传承和弘扬冰雪文化

冰雪运动不仅是一项体育活动，还蕴含着丰富的文化内涵。高校冰雪运动专业人才的培养可以促进冰雪文化的传承和弘扬。学生在学习冰雪运动的过程中，可以了解冰雪运动的历史、文化和精神，增强对冰雪运动的热爱和认同感。高校还可以通过开展冰雪文化活动、举办冰雪文化讲座等方式，传播冰雪文化，提高社会对冰雪运动的认知度和关注度。冰雪文化作为人类文化宝库中的一颗璀璨明珠，承载着丰富的历史、民俗、艺术和精神内涵。在当今时代，高校冰雪运动专业人才培养在传承和弘扬冰雪文化方面发挥着至关重要且不可替代的作用，其重要性体现在多个维度，对于冰雪文化的延续与发展意义深远。

1. 冰雪文化的历史传承

从历史文化传承的角度而言，高校是知识的汇聚地和传承者，冰雪运动专业人才在学习过程中深入接触冰雪运动的历史脉络。他们研究冰雪运动在不同地域、不同时期的起源、发展与演变，了解其背后所蕴含的社会、经济、文化因素。追溯古代北方民族在冰天雪地中的渔猎、交通等活动是如何逐渐演变成现代的冰雪运动项目，探究冰雪文化在不同朝代的宫廷娱乐和民间习俗中的表现形式。通过系统的学习和研究，这些专业人才成为冰雪文化历史的守护者，他们将所掌握的知识传授给更多的人，使得冰雪文化的历史长河得以延续，让后人能够知晓冰雪文化的深厚底蕴和源远流长，避免其在时间的长河中被遗忘或淡化。

2. 民俗文化的挖掘

在民俗文化领域，冰雪运动与各地民俗紧密相连。高校冰雪运动专业人才在参与实践和研究过程中，深入挖掘冰雪民俗文化的精髓。东北地区的冰灯节、新疆阿勒泰地区的古老滑雪传统等，这些民俗文化活动蕴含着当地人民的智慧、情感和生活方式。专业人才通过参与民俗文化活动的组织、研究和宣传，将这些独特的民俗文化展示给大众，让更多人了解到冰雪民俗文化的魅力和价值。他们能够将民俗文化元素融入现代冰雪运动的推广中，使冰雪运动不仅仅是一项体育活动，更是一种承载着地域特色和民族情感的文化符号，促进民俗文化在现代社会中的传承与发展，保持文化的多样性和独特性。

3. 艺术文化的创新

艺术文化也是冰雪文化的重要组成部分。高校培养的冰雪运动专业人才，尤其是那些具备艺术素养和创意能力的人才，为冰雪艺术文化的繁荣作出贡献。他们参与冰雪雕塑、冰雪绘画、冰雪摄影等艺术创作，将冰雪的自然之美与人类的艺术创造力相结合。在冰雪雕塑创作中，他们运用精湛的技艺和独特的创意，将冰雪雕琢成各种栩栩如生、富有文化内涵的形象，展现出冰雪文化的艺术魅力。通过举办冰雪艺术展览、文化节等活动，将这些冰雪艺术作品呈现给大众，激发人们对冰雪文化的审美情感和艺术追求，提升大众对冰雪文化的认知和欣赏水平，丰富了冰雪文化的艺术表达形式和内涵。

4. 精神文化的传播

从精神文化层面来看，冰雪运动所蕴含的挑战自我、坚韧不拔、团结协作等精神价值是冰雪文化的核心所在。高校冰雪运动专业人才在训练和比赛中深刻体会并践行这些精神品质。他们在面对寒冷的气候、复杂的场地条件和高强度的训练比赛压力时，不断挑战身体和心理的极限，培养出坚韧的毅力和顽强的斗志。在团队项目中，如冰球、花样滑冰团体赛等，他们学会与队友密切配合、相互信任，共同追求胜利，领悟到团结协作的力量。这些专业人才成为冰雪文化精神的传播者，通过自身的言行举止和榜样力量，将冰雪文化的精神内涵传递给广大民众，激励更多人在生活和工作中勇敢面对困难，追求卓越，培养积极向上的人生态度和价值观，使得冰雪文化的精神力量在社会中得以广泛传播和弘扬。

5. 冰雪文化的教育推广

高校还通过开展冰雪文化教育活动，如举办冰雪文化讲座、学术研讨会、编写冰雪文化教材等方式，将冰雪文化知识纳入教育体系中。这使得更多的学生，不仅仅是冰雪运动专业的学生，能够接触和了解冰雪文化，培养他们对冰雪文化的兴趣和热爱。这些学生毕业后，将成为冰雪文化的传播者和践行者，将冰雪文化的种子播撒到社会的各个角落，进一步扩大冰雪文化的影响力和覆盖面，促进冰雪文化在全社会的传承与弘扬。

6. 冰雪文化的国际交流

在国际文化交流的舞台上，高校冰雪运动专业人才也扮演着重要角色。随着冰雪运动在全球范围内的普及和发展，国际冰雪文化交流日益频繁。高校培养的具有国际视野和跨文化交流能力的专业人才，能够积极参与国际冰雪文化交流活动，展示我国独特的冰雪文化魅力，吸收借鉴其他国家的冰雪文化精华。他们在国际冰雪赛事、文化展览、学术交流等活动中，讲述中国冰雪文化的故事，传播中国冰雪文化的声音，促进了中外冰雪文化的交流与融合，提升了我国冰雪文化在国际上的知名度和影响力，为冰雪文化的全球传播和发展作出贡献。

高校冰雪运动专业人才培养通过对冰雪文化的历史传承、民俗文化的挖掘、艺术文化的创新、精神文化的传播以及教育推广和国际交流等多个方面的努力，全方位地传承和弘扬了冰雪文化。在未来的发展中，应更加重视高校冰雪运动专业人才在冰雪文化传承与弘扬中的作用，加大培养力度，优化培养模式，为冰雪文化的繁荣发展提供坚实的人才保障，让冰雪文化在新时代绽放出更加耀眼的光芒，成为人类文化宝库中永恒的瑰宝。

第二节　教材数字化转型的教育技术推动因素

一、信息技术在教育领域的应用现状

（一）在线教育平台的蓬勃发展

1. 大型综合性在线教育平台

大型综合性在线教育平台在当今教育领域展现出了极为强大的影响力，其功能与服务涵盖了多个重要方面，为教育教学活动带来了全新的模式与体验。在课

程资源的整合与分类方面，这类平台犹如一座巨大的教育资源宝库，汇聚了来自全球各地、涵盖各个学科领域以及不同教育层级的海量课程。从基础教育阶段的语文、数学、外语等核心科目，到高等教育中的专业课程如工程学、医学、计算机科学等，再到各类职业技能培训课程以及兴趣爱好培养课程，几乎无所不包。平台通过一套精细且智能的分类体系，使得用户能够迅速且精准地定位到自己所需的课程资源。以学科分类为例，不仅有传统的大的学科门类划分，还进一步细分到具体的分支学科和专业方向。在计算机科学领域，能够细分到编程语言、算法设计、人工智能、数据结构等众多子领域。还会依据课程的难度级别进行分级，从适合初学者的入门课程，到面向有一定基础学员的进阶课程，再到针对专业人士或深入研究者的高级课程，层次分明。平台还会按授课语言、课程时长、课程形式等多种因素进行分类。对于语言类课程，会有中文授课、英文授课以及多语言授课等不同选项；按照课程时长可分为短时间的专题课程、中等时长的学期课程以及长时间的系列课程；从课程形式上又可分为直播课程、录播课程以及混合式课程等。通过这样多维度的分类方式，无论是学生、教师还是其他自学者，都能在平台上高效地找到契合自己需求的课程内容，极大地提高了教育资源的可获取性与利用效率。

直播教学与互动功能是大型综合性在线教育平台的又一核心亮点。直播教学彻底打破了传统教育在时间与空间上的束缚，让学习能够跨越地域限制，实现实时的远程授课与学习互动。在直播过程中，教师借助高清摄像头、专业麦克风以及稳定的网络传输技术，能够将教学内容生动地展示在学员面前。在科学实验课程的直播中，教师可以通过摄像头清晰地展示实验仪器的操作过程、实验现象的发生与变化，配合详细的语音讲解，使学员如身临其境般地观察和学习实验内容。平台为直播教学配备了丰富多样的互动工具，有力地促进了师生之间以及学员之间的交流互动。在线提问是最常见的互动方式之一，学员在直播过程中若有任何疑问，可以随时在提问区输入问题，教师能够及时看到并给予解答，这种即时反馈机制有效地解决了学员在学习过程中的疑惑，保证了学习的连贯性与有效性。弹幕留言功能则为学员提供了一种更加自由、便捷的交流方式，学员在观看直播时发送弹幕表达自己的观点、想法或提问，不仅可以与教师互动，还能与其他学员进行交流互动，形成一种良好的学习社区氛围。部分先进的平台还支持分组讨论功能，教师可以根据教学需要将学员分成若干小组，在直播过程中开展小组讨论活动。在商务谈判课程的直播教学中，教师可以设置模拟商务谈判场景，将学员分组后分别扮演不同角色进行谈判练习，小组内成员通过平台的语音或文字交流工具进行讨论协商，制定谈判策略，然后在全班范围内进行展示和交流。这种分组讨论功能不仅培养了学员的团队协作能力，还提高了他们在实际情境中运用知识解决问题的能力。还有一些平台具备虚拟课堂环境模拟功能，通过虚拟现实（VR）或增强现实（AR）技术，为学员营造出更加逼真的课堂氛围。在语言学习课程中，学员仿佛置身于真实的语言交流场景中，如国外的街头、餐厅、学校等，与虚拟的人物进行对话练习，增强了学习的沉浸感与趣味性。

学习进度跟踪与学习效果评估机制是大型综合性在线教育平台保障教学质量与学员学习成效的关键环节。平台借助先进的信息技术手段，能够全方位、精准地记录学员在学习过程中的每一个行为数据。从学员登录平台开始学习的时间、学习的课程内容、在每个知识点上停留的时长，到参与互动的情况、提问的次数、回答问题的正确率、参与讨论的活跃度等，再到完成作业、参加考试的成绩等数据，都被详细地记录下来。基于这些海量的学习行为数据，平台运用数据分析算法与模型，为学员生成个性化的学习进度报告。这份报告以直观的图表、数据对比等形式呈现学员在学习过程中的优势与不足。通过学习时长的分布分析，可以了解学员在哪些课程或知识点上花费的时间较多，可能意味着这些内容较难理解或学员较为感兴趣；通过作业和考试成绩的分析，可以明确学员对各个知识板块的掌握程度，找出薄弱环节。在学习效果评估方面，平台构建了一套科学、全面的评估体系。除了传统的作业与考试之外，还会综合考虑学员在课程学习中的互动表现、项目完成情况等多方面因素。在一些实践性较强的课程中，如计算机编程课程，学员需要完成一些编程项目，平台会对项目的代码质量、功能实现、创新性等方面进行评估，将其纳入学习效果的综合评价之中。评估结果会及时反馈给学员，还会提供针对性的学习建议与改进方向。对于学习进度较慢或在某些知识领域存在明显不足的学员，平台会智能推荐相关的复习资料、补充课程或学习方法指导，帮助学员调整学习策略，提高学习效率。如果学员在数学课程的某个章节的学习效果不佳，平台可能会推荐一些针对该章节的专项练习课程、知识点讲解视频或辅导资料，引导学员进行有针对性的复习和巩固，提升整体学习效果，确保学员在平台上能够获得高质量、个性化的教育服务，促进教育公平与教育质量的提升。

2. 专业性在线教育平台

专业性在线教育平台专注于特定学科领域或行业领域，具有鲜明的特色与独特的优势，为专业人才的培养与专业知识的传播提供了有力支撑。特定学科领域课程的深度与广度是专业性在线教育平台的显著特点。以医学专业平台为例，其课程不仅涵盖了基础医学知识如人体解剖学、生理学、病理学等，还深入到临床医学的各个细分领域，如内科、外科、妇产科、儿科等。在课程深度上，对于每个知识点都会进行详细深入的讲解，结合临床案例分析、最新研究成果解读等方式，帮助学习者透彻理解专业知识。在讲解某种疾病的治疗方法时，会详细介绍不同治疗方案的原理、适用范围、优缺点以及临床实践中的应用情况，还会探讨该领域的前沿研究方向与未来发展趋势，使学习者能够站在学科前沿，掌握最先进的专业知识与技能。行业专家入驻与实践案例分享是专业性在线教育平台的重要优势。这些平台往往邀请行业内的知名专家、学者、资深从业者作为授课教师或课程顾问。他们凭借丰富的实践经验与深厚的专业造诣，能够为学习者提供最具权威性与实用性的教学内容。在课程教学过程中，专家们会大量分享自己在实际工作中遇到的案例，通过对这些案例的详细剖析，让学习者了解专业知识在实际场景中的应用技巧与应对策略。在金融专业平台上，金融分析师会分享自己在股票投资分析、风险管理等方面的实战案例，讲解如何运用金融模型与数据分析工具进行投资决策，如何应对市场波动与风险挑战等，使学习者能够将理论知识与实践操作紧密结合起来，提高自己的专业实践能力。

大型综合性在线教育平台与专业性在线教育平台在信息技术的支撑下，各自以独特的功能与优势，丰富了教育资源的供给，创新了教学方式与学习模式，为不同层次、不同需求的学习者提供了更加便捷、高效、个性化的学习途径，有力地推动了教育领域的数字化进程与教育公平的实现，在全球教育变革的浪潮中发挥着不可或缺的重要作用。

（二）多媒体资源在教学中的广泛应用

1. 知识点讲解视频

视频教学资源在现代教学中呈现出丰富多样的应用形式，对教学效果的提升起到了极为关键的作用。知识点讲解视频是视频教学资源的常见形式之一。这类视频通常针对某一具体的知识点进行深入剖析，通过生动形象的画面、清晰准确的解说以及直观的演示，将抽象的知识转化为易于学生理解的内容。在数学教学中，对于复杂的几何图形概念，视频可以动态展示图形的构建过程、旋转变化以及各种性质特征，配合教师的详细讲解，让学生更直观地理解空间关系和数学原理。在物理教学中，实验现象的视频展示能够弥补因实验条件限制或课堂时间不足而无法现场演示的缺憾。对于一些微观物理现象如电子的衍射实验，视频可以通过模拟动画和真实实验数据的结合，清晰地呈现出电子在晶体中的衍射过程，使学生能够亲眼看见微观世界的奇妙现象，加深对物理理论的理解。

2. 案例分析视频

案例分析视频在教学中也有着独特的价值。它以实际案例为基础，将理论知识与现实情境紧密结合。在商业管理教学中，通过展示知名企业的成功案例或失败教训视频，如苹果公司的产品创新策略、诺基亚公司的衰落历程等，引导学生运用所学的市场营销、战略管理等知识进行分析探讨。学生可以从案例中学习到企业在不同市场环境下的决策思路、资源配置方法以及应对竞争的策略，培养自身的分析问题和解决问题的能力。在医学教学中，临床病例视频能够让学生接触到各种真实的疾病症状、诊断过程和治疗方案。通过观看心脏病患者的病历视频，学生可以了解到从患者入院的症状表现、各项检查指标的分析，到医生制定治疗方案以及后续治疗效果的跟踪等全过程，使学生在未进入临床实习阶段就能积累丰富的临床经验，更好地将医学理论知识应用于实践。

3. 教学短视频

教学短视频在碎片化学习时代发挥着重要作用。随着现代生活节奏的加快，学生的学习时间变得更加碎片化。教学短视频应运而生，它将教学内容精简浓缩，以短小精悍的形式呈现。在语言学习中，短视频可以聚焦于一个单词、一个短语或一个简单的语法点，通过情景对话、趣味动画等形式进行展示，让学生在短时间内快速掌握语言知识要点。一些英语学习短视频会以日常生活场景为背景，如在餐厅点餐、在机场候机等，展示相关的英语表达方式，并配以标准的发音示范和中文解释，方便学生随时随地进行学习。在历史文化教学中，短视频可以讲述一个历史事件、介绍一位历史人物或展示一种文化习俗。例如，通过一个几分钟的短视频介绍秦始皇统一六国的过程、讲述李白的生平事迹或展示中国传统节日——春节的习俗，使学生能够利用碎片化时间了解丰富的历史文化知识，拓宽知识面。

(三) 教育信息化基础设施建设

1. 校园网络的建设

校园网络的升级与覆盖是教育信息化基础设施建设的关键环节，其对于高校教学、科研、管理以及师生的学习与生活都有着深远且多维度的影响。在高速无线网络在校园教学区域的全覆盖方案方面，随着移动智能终端在校园的广泛普及，师生对于随时随地接入网络的需求日益增长。为满足这一需求，校园网络建设需采用先进的无线网络技术，符合 Wi-Fi 6 等标准。通过在教学区域合理部署无线接入点，确保网络信号的稳定与强度均匀分布。在教学楼，须根据教室布局、楼层结构以及学生人数密度等因素进行精准规划。在大型阶梯教室，由于空间较大且人员集中，需要增加无线接入点的数量并优化其摆放位置，以避免信号死角与拥堵现象。对于实验室区域，因涉及大量科研设备与数据传输，网络须具备高带宽与低延迟特性，以保障实验数据的实时传输与设备的远程控制精准性。校园网络的全覆盖方案还须考虑不同区域的使用高峰时段差异，课间休息时教学楼网络使用量会大幅增加，而图书馆在课余时间及考试周期间则会迎来网络使用高峰，通过智能的流量分配与负载均衡技术，可有效应对这些变化，确保整个校园网络在各个时段都能高效运行。

校园网络安全防护体系的构建与管理至关重要。校园网络承载着大量的教学资源、科研数据以及师生的个人信息，一旦遭受网络攻击，将会引发严重的后果。首先，在网络边界防护上，需部署防火墙、入侵检测系统与入侵防御系统等设备。防火墙可基于设定的规则对网络流量进行过滤，阻止外部非法访问与恶意攻击流量进入校园网络。入侵检测系统则能够实时监测网络流量，发现异常行为并及时发出警报，入侵防御系统进一步在检测到攻击时主动采取措施进行阻断。在内部网络安全管理方面，须实施用户身份认证与授权机制。师生需通过合法的账号、密码或其他身份认证方式如指纹识别、人脸识别等登录校园网络，根据其身份与角色被授予相应的网络访问权限，教师可访问教学资源库与科研数据库，而学生则只能访问与其学习相关的资源。还须定期对校园网络进行安全漏洞扫描与修复，及时更新网络设备的固件与软件版本，防范因系统漏洞而引发的安全风险。加强对师生的网络安全意识教育，通过举办网络安全知识讲座、培训课程等方式，提高师生对网络安全威胁的认识与防范能力，使其在日常网络使用中遵循安全规范，不随意点击不明链接、不使用弱密码等。

网络带宽的动态分配与优化策略也是校园网络升级与覆盖中的重要考量因素。校园内不同的网络应用对于带宽的需求差异较大。在教学方面，在线直播教学、高清视频教学资源播放等需要较大的下行带宽以保证视频的流畅播放，也需要一定的上行带宽用于师生间的互动交流提问、答题等。科研工作中，数据密集型科研项目如基因测序数据传输、大规模仿真计算数据交互等则需要极高的网络带宽且对网络延迟要求极低。而在日常的校园管理与服务中，校园门户系统访问、邮件系统使用等则相对占用较少的带宽。为了满足这些不同应用的需求，校园网络须采用动态带宽分配技术。通过智能的流量识别与分类系统，对不同类型的网络流量进行标记与区分，然后根据预设的策略为各类流量分配不同的带宽资源。在教学时间段，优先保障在线教学相关流量的带宽需求，当网络带宽较为充裕时，适当增加其他非关键应用的带宽分配，而在科研任务繁忙时段，为科研数据传输预留足够的高带宽通道。采用缓存技术对一些常用的教学资源、网站内容等进行本地缓存，减少重复访问时对网络带宽的占用，提高网络资源的利用率。建立网络性能监测与分析系统，实时监控校园网络的带宽使用情况、延迟、丢包率等关键指标，根据监测结果及时调整带宽分配策略，优化网络性能，确保校园网络始终处于高效稳定地运行状态，为教育教学活动的顺利开展以及校园信息化建设的全面推进提供坚实可靠的网络支撑。

2. 智能教室的建设

智能教室作为教育信息化基础设施建设的重要组成部分，正逐渐改变着传统的教学模式，为教学活动带来诸多便利与创新。交互式电子白板在智能教室中扮演着核心角色，它实现了传统黑板与现代多媒体技术的有机融合。其具备书写功能，教师可以像在普通黑板上写字一样用特制的电子笔进行书写，书写的字迹清晰流畅，而且不同颜色的笔迹能方便切换，便于区分重点内容。书写的内容能够即时保存，这对于课后复习、分享教学笔记等都极具价值。在讲解数学公式推导过程时，教师一步步书写的详细步骤都可留存下来，供学生后续回顾巩固，避免了传统黑板书写内容无法长久保存的弊端。多媒体教学一体机更是集成了多种功能。它集电脑、投影仪、音响等设备于一体，能直接播放各类教学视频、音频以及展示教学课件。在播放教学视频时，其高清的显示效果和优质的音响输出，能够生动地呈现出视频中的画面与声音细节，让学生更真切地感受教学内容。例如，在生物课上用一体机播放动植物生长过程的纪录片，一体机清晰的画面可以展示出细胞的分裂、植物的发芽开花等微观和宏观的精彩瞬间，配合准确的旁白解说，使学生仿若置身于真实的自然观察场景之中。这两者功能整合后，产生了强大的协同效应。教师可以在电子白板上操作多媒体教学一体机中的内容，实现批注、放大、缩小、拖动等交互动作。在语文古诗词教学中，教师可以先利用一体机展示诗词原文及配图，然后在电子白板上对诗词中的重点字词进行批注讲解，还能随时调出相关的诗词赏析视频，一边播放一边在白板上标记要点，让学生从多个维度理解诗词的内涵与意境。教师能通过一体机连接校园网络或互联网，实时获取最新的教学资源，补充到课堂教学中，极大地丰富了教学素材，拓宽了学生的知识面。

智能教室能够实现对灯光的智能控制，根据不同的教学场景调整灯光的亮度、颜色等参数。在进行多媒体教学展示，如播放视频、展示图片等时，灯光可以自动调暗，减少环境光对屏幕显示效果的干扰，让学生更清晰地看到画面内容。而在学生进行书写、阅读等学习活动时，灯光又能适时调亮，提供充足且适宜的光照条件，保护学生的视力。在绘画课上，当学生观察画作细节时，灯光可聚焦在画作上并调亮合适的亮度，便于学生看清色彩搭配、笔触纹理等，利于培养他们的观察力和审美能力。

智能教室通过这些配备与应用，全方位地优化了教学环境，丰富了教学手段，增强了教学互动，为教育教学活动在数字化时代的高质量发展奠定了坚实基础，也成为推动高校冰雪运动专业教材数字化转型等各类学科教学变革的有力支撑。

二、数字化教学资源的优势与类型

（一）数字化教学资源的优势

1. 教学资源的便捷性

在当今数字化时代，网络平台成为数字化教学资源的重要载体，其使得教学资源能够突破时间与空间的限制，实现随时访问。众多教育机构、高校以及专业的教育科技公司纷纷搭建了各类网络教学平台，这些平台上汇聚了海量的教学资源。以知名在线教育平台为例，其涵盖了从基础教育到高等教育各个阶段、各个学科领域的课程资料、教学视频、练习题等资源。对于高校学生而言，无论身处校园内的宿舍、图书馆，还是在校外的家中甚至是在旅途中，只要具备网络连接条件，即可登录平台访问所需资源。一名学习冰雪运动专业的学生，在假期回家期间想要深入研究某一冰雪运动技术的理论知识，他可以直接通过手机或电脑登录相关专业课程平台，搜索并打开对应的课程章节，查看详细的文字讲解、图表分析以及专家教授的讲解视频，就如同将整个专业知识宝库随身携带。这种随时访问的特性极大地便利了学生的自主学习，使学习不再局限于传统的课堂教学时间与地点，学生能够根据自己的学习节奏和需求灵活安排学习计划。

数字化教学资源的另一大便捷性体现为多终端设备的适配性。随着科技的飞速发展，人们拥有的智能终端设备种类日益丰富，包括智能手机、平板电脑、笔记本电脑、台式电脑等。数字化教学资源能够良好地适配这些不同类型的终端设备，确保学生和教师可以在自己熟悉和方便使用的设备上获取和使用资源。

对于智能手机这一普及率极高的终端设备来说，许多教育类应用程序（APP）专门针对手机屏幕尺寸和操作特点进行了优化设计。以冰雪运动教学APP为例，其界面简洁直观，功能模块清晰，学生可以在手机上轻松浏览课程目录、观看教学短视频、参与在线讨论等。在滑雪场实地学习时，学生可以利用手机随时查阅某个动作的技术规范视频，或者与教练通过手机APP进行实时交流互动，及时解决学习中遇到的问题。平板电脑以其较大的屏幕尺寸和便携性，在数字化教学资源的应用中也发挥着重要作用。在阅读电子教材或查看复杂的图表、图像资料时，平板电脑能够提供更为清晰舒适的视觉体验。教师可以使用平板电脑在课堂上展示教学课件，通过手写笔功能进行批注讲解，其操作的便捷性与灵活性类似于传统的纸质教材与黑板教学的结合，却又具备数字化资源的丰富性与动态性。

笔记本电脑和台式电脑由于其强大的性能和较大的存储容量，更适合处理一些复杂的教学任务，如运行大型的虚拟仿真实验软件、进行专业的数据分析等。对于冰雪运动专业的高年级学生，在进行冰雪运动力学分析、冰雪场地设计等课程学习时，往往需要借助电脑上安装的专业软件来完成复杂的计算与模拟任务。而这些数字化教学资源无论是在 Windows 系统还是 Mac 系统的电脑上，都能够稳定运行，能够根据电脑屏幕的不同分辨率和显示比例进行自适应调整，确保用户在不同设备上都能获得一致的使用体验。这种多终端设备的适配性使数字化教学资源能够融入人们学习与工作的各个场景中，真正实现了学习无处不在、无时不有，极大地提高了教学资源的利用效率，促进了教育教学活动的广泛开展与深入进行，为高校冰雪运动专业教材数字化转型奠定了坚实的基础，推动了教育教学模式的创新与变革。

2. 丰富多样的互动形式

数字化教学资源为学生提供了丰富多样的互动形式，极大地改变了传统教学中单向知识传递的模式，使学习过程变得更加主动和富有活力。其中，在线问答与讨论区是常见且有效的互动形式。在各类数字化教学平台上，针对每一门课程或特定的教学内容，都设有专门的在线问答板块和讨论区。在高校冰雪运动专业的数字化课程平台中，当学生学习冰雪运动训练理论时，若对某一训练方法的应用存在疑问，可随时在问答区发布问题。教师或其他专业人员会在较短时间内给予解答，这种即时反馈机制有助于学生快速消除知识盲点。而讨论区则鼓励学生之间就某一主题展开深入探讨。在关于冰雪赛事组织与管理的课程学习中，学生们可以在讨论区分享自己对不同赛事商业模式的理解，交流国内外知名冰雪赛事的成功经验与不足之处。通过这种互动，学生们能够从多角度看待问题，拓宽思维视野，同时也培养了学生的团队合作精神和沟通能力。多媒体互动资源教学视频中的交互元素也显著提升了学生与资源的互动效果。现代的教学视频不再是单纯的播放式，而是融入了诸多互动功能。以冰雪运动技能教学视频为例，视频中会设置暂停点，在关键动作环节要求学生进行模仿练习，并通过摄像头记录自己的动作，然后与视频中的标准动作进行对比分析。有些视频还会在特定位置设置选择题或填空题，考查学生对刚刚讲解知识的掌握程度，只有回答正确才能继续观看后续内容。这种互动式视频能够有效吸引学生的注意力，提高学习的专注度，让学生在学习过程中更加主动地思考和实践，更好地掌握知识与技能。

还有虚拟仿真实验或训练场景中的互动操作，对于冰雪运动专业学生而言具有极高的实践价值。在冰雪运动生物力学虚拟仿真实验中，学生可以通过鼠标、手柄等设备与虚拟环境中的人体模型、冰雪场地、运动器材等进行交互操作。他们可以调整运动员的姿势、发力角度、运动速度等参数，观察在不同条件下冰雪运动过程中的力学变化，如摩擦力、向心力、冲击力等对运动表现的影响。这种沉浸式的互动体验不仅能让学生更加深入地理解抽象的理论知识，还能提高他们的实践操作能力和问题解决能力，为今后从事冰雪运动相关的教学、训练、科研等工作奠定坚实基础。

3. 个性化与精准教学

数字化教学资源借助先进的技术手段能够根据每名学生的特点和学习情况生成个性化学习路径，实现精准教学。在数据收集与分析方面，数字化教学平台通过记录学生的学习行为数据，如学习时长、课程点击顺序、答题准确率、重复学习的知识点等信息，构建起学生的学习行为画像。以某高校冰雪运动专业学生学习滑雪技术课程为例，平台会详细记录该学生在观看不同难度滑雪教学视频时的停留时间、是否多次观看某个特定动作的示范视频、在线测试中关于滑雪技术原理和规则的答题情况等数据。基于这些海量数据的分析，平台能够精准地了解学生的学习进度、知识掌握程度、学习风格以及学习兴趣点等多方面信息。

个性化学习路径的应用还体现在学习资源的动态调整上。随着学生学习过程的推进，平台会根据学生不断变化的学习情况实时更新学习路径。当学生在某一阶段的学习中对之前薄弱的知识点有了明显提升后,平台会自动调整后续的学习内容,增加一些更具挑战性的学习任务,如综合性的冰雪运动训练方案设计或复杂的赛事风险管理案例研究等,确保学生始终处于适度的学习压力和高效的学习状态之中。这种个性化学习路径的生成与应用能够充分满足不同学生的学习需求,提高学习效率和学习质量,使每名学生都能在数字化教学资源的支持下实现自身最大程度的发展,为高校冰雪运动专业人才的培养提供更加科学、精准的教育模式,有力地推动了冰雪运动专业教育的创新与进步。

4. 多种媒体形式的整合

数字化教学资源的一大显著优势在于其能够整合多种媒体形式,以全方位、多角度的方式呈现教学内容,满足不同学习者的需求与学习风格偏好。文字资源作为传统且基础的教学信息载体,在数字化教学中依然占据重要地位。数字化的教材、教学文档、学术论文等以电子文本形式呈现,具备易于编辑、存储、检索和分享的特点。高校冰雪运动专业的电子教材可详细阐述冰雪运动的历史发展、理论基础、技术动作规范等内容,学生可以方便地在电子设备上进行阅读、标注重点、做笔记,并能快速查找特定的知识点,这比传统纸质教材在使用便捷性上有了极大提升。

VR 和 AR 技术的应用进一步拓展了数字化教学资源的媒体形式整合。在冰雪运动教学中,VR 技术可以创建逼真的冰雪运动场景,学生仿佛置身于真实的滑雪场或滑冰场,能够在虚拟环境中获得滑雪、滑冰等运动体验,增强对空间感、速度感和运动技巧的感知。AR 技术则可以将虚拟的冰雪运动信息叠加在现实场景中,在实际的滑雪场中,通过手机或智能眼镜等设备,学生可以看到虚拟标注的雪道难度等级、最佳滑行路线以及安全提示等信息,提升学习的趣味性和实用性。

5. 不同难度层次与知识维度的整合

数字化教学资源能够依据教学目标和学习者的差异,提供广泛分布于不同难度层次与知识维度的内容,实现教学的精准适配与全面覆盖。从难度层次来看,数字化教学资源涵盖了从基础入门到高级进阶乃至专业研究级别的内容。对于冰雪运动专业的初学者,有大量旨在建立基础知识框架和基本技能的资源。简单的冰雪运动历史文化介绍、基础的身体平衡与协调训练方法、初级冰雪运动装备的认知与使用等内容,以通俗易懂的方式呈现,帮助学生顺利踏入冰雪运动知识与技能学习的大门。随着学习进程的推进,资源难度逐渐提升,涉及专业技术的深入剖析、战术策略的制定与应用、高级训练方法与康复手段等。针对高水平冰雪运动员的训练计划制定,需要综合考虑运动员的身体状况、运动表现数据、赛事目标等多方面因素。数字化教学资源可以提供丰富的案例分析、专家经验分享以及基于数据驱动的训练模型构建方法,帮助学生和教练掌握这一复杂且专业的领域知识。而对于那些从事冰雪运动科研或专业学术研究的人员，数字化教学资源库中还包含了前沿的科研成果、学术论文、实验数据等，为他们深入探索冰雪运动的科学原理、技术创新与发展趋势提供支持。在知识维度方面，数字化教学资源全面覆盖了冰雪运动专业的各个学科领域与知识板块：①理论知识层面，包括冰雪运动的生理学基础、人体在寒冷环境下的生理机能变化、运动对身体各系统的影响；②运动力学原理，冰雪运动中的摩擦力、向心力、空气阻力等对运动轨迹和速度的作用；③冰雪运动的历史、文化、社会学等人文社科知识，包括冰雪运动在不同国家和地区的发展历程、文化内涵以及对社会发展的影响等。实践技能方面，资源涉及各种冰雪运动项目的技术动作规范、训练方法、教学指导技巧以及赛事组织与管理等内容。在滑雪项目中，从基本的站立姿势、滑行技巧到复杂的跳跃、回转动作的教学资源一应俱全；在赛事组织方面，涵盖了赛事筹备流程、场地规划、运动员报名管理、竞赛规则制定与裁判执法等全方位的知识与实践指导。数字化教学资源还注重跨学科知识的融合，将冰雪运动与体育教育、运动康复、体育经济与管理等相关学科知识相互渗透，培养学生的综合素养和跨学科思维能力，使学生能够在更广阔的知识背景下理解和应用冰雪运动专业知识，适应现代冰雪运动产业多元化发展的需求。

数字化教学资源通过多种媒体形式的整合以及不同难度层次与知识维度的分布，构建起了一个丰富多样、立体全面的教学资源体系，为高校冰雪运动专业的教学与学习提供了强有力的支持，极大地促进了教学效果的提升与专业人才的培养，也为冰雪运动专业教材数字化转型提供了坚实的资源基础与发展动力。

（二）数字化教学资源的类型

1. 电子教材

电子教材在数字化教学资源体系中占据着核心地位，具有诸多独特的功能特点。首先，电子教材具备强大的交互功能。与传统纸质教材的单向知识传递不同，电子教材能够实现与读者的双向互动。在高校冰雪运动专业的电子教材中，对于一些复杂的冰雪运动技术动作，如花样滑冰的跳跃动作，电子教材可以嵌入动画演示，学生点击相应图标即可观看动作的详细分解过程，可以随时暂停、回放，深入研究每个动作细节。电子教材还可以设置链接，将相关的理论知识、历史背景、训练方法等内容串联起来，形成一个知识网络。当学生阅读到某一特定技术动作时，点击链接可快速跳转到该动作的力学原理讲解页面，或者查看历史上著名花样滑冰运动员运用此动作的经典赛事视频片段，帮助学生全方位、多层次地理解知识。

电子教材具有便捷的检索功能。在纸质教材中查找特定知识点往往需要花费大量时间翻阅书页，而电子教材则能够通过关键词搜索、目录索引等多种方式迅速定位到所需内容。以冰雪运动赛事管理的电子教材为例，学生若想了解关于赛事赞助合同的相关内容，只需在搜索栏输入"赛事赞助合同"，电子教材便会快速显示出包含该关键词的章节、段落甚至具体的句子，还能列出与之相关的其他知识点链接，如赛事赞助的市场推广策略、赞助回报评估方法等，极大地提高了学习效率。电子教材支持个性化学习设置。学生可以根据自己的学习进度、学习习惯和学习需求对电子教材进行个性化定制。学生可以调整文字大小、字体样式、背景颜色等，以适应不同的阅读环境和视觉偏好。在学习过程中，学生还可以对重点内容进行标注、添加笔记，电子教材会自动保存这些标注和笔记，并可随时查看、整理。有些电子教材还具备学习进度跟踪功能，记录学生阅读过的章节、停留时间较长的页面等信息，为学生提供学习分析报告，帮助学生了解自己的学习情况，发现学习中的薄弱环节，有针对性地调整学习计划。关于电子教材的更新机制，其具有高效、及时的特点。在数字化时代，知识更新换代迅速，尤其是像冰雪运动这样不断发展的领域，新的技术、训练方法、赛事规则等不断涌现。电子教材的编写团队能够通过网络平台快速收集最新的信息，并及时对教材内容进行更新。当国际滑冰联盟对花样滑冰的评分规则做出调整时，相关冰雪运动专业的电子教材编写者可以迅速将新规则解读、变化分析以及对运动员训练和比赛策略的影响等内容整合到电子教材中，并推送给使用该教材的师生。更新后的电子教材可以通过在线平台自动提醒用户下载新版本，或者直接在用户打开教材时进行在线更新，确保师生能够获取到最前沿的知识内容，使教学与科研始终与行业发展同步。

2. 电子课件

电子课件的设计制作是一个综合性的过程，需要考虑多方面因素。在内容设计上，电子课件要紧密围绕教学目标和教学大纲，对教学内容进行系统梳理和合理组织。以冰雪运动专业的电子课件为例，对于冰雪运动概论课程的电子课件，要从冰雪运动的起源、发展历程、分类、特点等方面进行全面阐述。在阐述过程中，要注重内容的逻辑性和连贯性，避免信息的堆砌。可以先从古代冰雪运动的起源讲起，通过图片、文字描述等方式展示早期人类在冰雪环境中的活动形式，然后逐步过渡到现代冰雪运动的兴起与发展，介绍各个重要历史节点和标志性事件，如第一届冬奥会的举办等，使学生能够清晰地了解冰雪运动的发展脉络。

在视觉设计方面，电子课件要注重色彩搭配、排版布局和图形图像的运用，以提高课件的美观性和吸引力。色彩搭配要协调舒适，避免过于刺眼或暗淡的颜色组合。在冰雪运动技术教学的电子课件中，可以采用与冰雪相关的冷色调为主色调，如蓝色、白色等，营造出冰雪运动的氛围。排版布局要合理，文字与图片、图表等元素要相互协调，避免页面过于拥挤或空旷。图形图像的运用要恰当，能够准确地表达教学内容。在讲解滑雪板的结构时，插入高清的滑雪板结构示意图，标注出各个部件的名称和功能，比单纯的文字描述更直观易懂。

在交互设计上，电子课件要添加适当的交互元素，增强学生的参与感和学习兴趣。可以设置提问环节，在讲解完一个知识点后，弹出相关的选择题或简答题，让学生即时作答，检验学生对知识的掌握程度。还可以设置超链接，链接到相关的拓展阅读材料、视频资源或在线讨论区，丰富学生的学习途径。在讲解冰雪运动赛事组织时，设置超链接到一些著名赛事的官方网站或赛事组织的案例分析视频，让学生能够深入了解赛事组织的实际操作流程和细节。

电子课件的应用场景十分广泛。在课堂教学中，教师可以利用电子课件进行授课演示。通过投影仪将电子课件展示在大屏幕上，教师可以按照预先设计好的教学流程，依次展示教学内容，配合讲解、提问、讨论等教学活动，使教学过程更加生动有趣、高效有序。在冰雪运动训练理论课程的课堂教学中，教师可以利用电子课件展示不同训练方法的对比分析图表、著名运动员的训练计划案例等，引导学生进行思考和讨论。在学生自主学习方面，电子课件可以作为学生课后复习和预习的重要工具。学生可以在课后自行打开电子课件，回顾课堂上所学的知识，查看教师的讲解笔记和重点标注，还可以通过课件中的交互元素进行自我检测和知识拓展。电子课件还可以用于远程教学和在线培训。在冰雪运动专业的网络课程或远程培训项目中，电子课件可以作为核心教学资源，供分布在不同地区的学员下载学习，实现教育资源的共享和教育公平的促进。

3. 教学视频

教学视频可依据其内容与功能分为多种类型。讲解型教学视频是较为常见的一种，其核心在于对知识概念、理论体系进行详细阐释。在高校冰雪运动专业中，针对冰雪运动的生理学基础课程，讲解型教学视频可深入剖析人体在寒冷环境下进行冰雪运动时的生理机能变化。制作这类视频时，首先要求讲解者具备扎实的专业知识和清晰的表达能力，能够将复杂的专业术语和抽象的理论转化为通俗易懂的语言。视频画面多以教师讲解的画面为主，可适时切换到相关的图表、示意图以辅助说明，展示人体血液循环系统在低温环境下的调节机制图表，增强视觉效果，帮助学生理解。

演示型教学视频则侧重于展示实际操作过程。在冰雪运动技术教学方面，像滑雪的基本姿势与动作技巧教学视频，需要在真实的滑雪场环境中进行拍摄。拍摄过程要运用多角度镜头，全方位展示教练或示范者的动作细节，正面拍摄展示整体姿势，侧面拍摄突出腿部与身体的协调动作，背面拍摄呈现动作的连贯性与节奏感。视频还应具备慢动作回放功能，便于学生精准观察关键动作环节，如滑雪板的转弯起始动作、重心转移的瞬间等。

案例分析型教学视频聚焦于真实的冰雪运动案例。对某一大型冰雪赛事的组织与运营案例进行分析的视频，需要收集该赛事从筹备、举办到后续评估的全过程资料，包括赛事场地规划的实景画面、运动员参赛的精彩瞬间、工作人员组织协调的工作场景等。在制作过程中,要对这些资料进行精心剪辑,按照案例分析的逻辑顺序依次呈现,先介绍赛事背景与目标,再分析筹备过程中的关键决策与问题解决方法,最后总结赛事成果与经验教训,在视频中适时插入专家的点评与分析,引导学生深入思考。

情景模拟型教学视频旨在创设特定的冰雪运动情景,以增强学生的代入感与实践能力。在冰雪运动损伤急救教学中,可模拟运动员在滑雪场受伤的情景,从事故发生的现场环境、受伤运动员的表现到救援人员的应急处理步骤等进行全面展示。制作此类视频时,要注重情景的真实性与细节的完整性,包括现场的冰雪状况、其他人员的反应等都要合理呈现,要对急救处理过程中的关键操作进行特写镜头展示,并配以详细的旁白讲解,让学生仿佛身临其境,掌握实际应对技能。

4. 教学动画

教学动画在冰雪运动专业知识讲解中有着不可替代的独特作用。对于一些抽象的冰雪运动科学原理,教学动画能够将其形象化呈现。以冰雪运动中的力学原理为例,如冰刀与冰面之间的摩擦力分析,通过动画可以直观地展示冰刀在滑行过程中与冰面微观层面的相互作用,将看不见的摩擦力以动态的、可视化的方式展现出来,包括冰刀对冰面的压力、冰面分子的变化以及摩擦力如何影响滑行速度与方向等,帮助学生深刻理解这一抽象概念,而单纯依靠文字或静态图片很难达到此效果。

在冰雪运动技术动作的规范教学方面,教学动画可进行精准地动作分解与演示。花样滑冰的跳跃动作,动画可以将起跳、腾空、旋转、落冰等各个环节以慢动作、多角度的形式清晰呈现,能够突出每个动作环节的身体姿态要求、肌肉发力顺序以及动作之间的衔接要点。学生可以反复观看动画,细致地观察每个动作细节,对照自身练习情况进行调整与改进,这种精准性与可重复性是真人示范难以完全实现的。

教学动画还能够对冰雪运动的历史发展与文化内涵进行生动展现。在讲述冰雪运动的起源与演变时,动画可以构建古代冰雪活动的场景,从原始人类在冰雪环境中的简单生存活动到古代部落间的冰雪竞技雏形,再到现代冰雪运动项目的逐渐形成,以连续的动画情节将这一漫长的历史过程生动地呈现出来,让学生更直观地感受冰雪运动文化的传承与发展脉络,激发学生对冰雪运动历史文化的兴趣与探究欲望,促进其对冰雪运动专业知识的全面理解与掌握,提升冰雪运动专业教学的质量与效果,为高校冰雪运动专业教材数字化转型提供有力的资源支持与教学手段创新。

5. 虚拟仿真实验

虚拟仿真实验在高校冰雪运动专业教学中有着广泛的应用领域。在冰雪运动技术训练教学方面,它发挥着极为重要的作用。在滑雪技术训练的虚拟仿真实验中,学生可以在虚拟的滑雪场环境里进行各种滑雪技巧的练习。通过设定不同的雪道坡度、雪质状况以及风速等参数，学生能够体验到在多种实际场景下的滑雪感觉，可以反复尝试不同的技术动作，如犁式滑降、平行式转弯等，而无须担心在真实滑雪场中可能面临的受伤风险以及场地、时间限制等问题。这种虚拟训练方式有助于学生快速掌握滑雪技术动作的要领，提高技术水平的熟练度。

在冰雪运动装备研发与测试领域，虚拟仿真实验同样大显身手。以冰雪运动中的高性能滑雪板研发为例，研发人员可以利用虚拟仿真技术构建滑雪板在不同雪地条件下受力、形变以及与人体运动协同的模型。通过模拟滑雪板在高速滑行过程中的各种力学参数变化，包括摩擦力、压力分布、弹性形变等，研发人员能够在虚拟环境中对滑雪板的结构设计、材料选择等进行优化测试。这不仅可以大幅缩短研发周期，减少研发成本，还能够在实际生产制造之前对滑雪板的性能有更为精准的预测，提高研发的成功率与产品质量。

在冰雪运动赛事组织与管理教学中，虚拟仿真实验也有着独特的应用价值。学生可以借助虚拟仿真平台模拟举办一场完整的冰雪赛事，从赛事的前期策划、场地布置、运动员报名管理到赛事期间的赛程安排、裁判执法、观众服务以及赛事后期的数据分析与总结等环节都可以进行全方位的模拟操作。通过这种方式，学生能够深入了解冰雪赛事组织与管理的各个流程与细节，提高他们的实践操作能力与应对突发情况的能力。在模拟赛事的过程中，学生可以设置一些突发状况，如恶劣天气导致比赛延期、运动员受伤后的应急处理与赛事调整等，然后观察自己所制定的应对方案的效果，不断积累赛事组织与管理的经验。

6. 虚拟仿真场景

虚拟仿真场景在高校冰雪运动专业教学中具有独特的体验价值。在冰雪运动文化与历史教学方面，虚拟仿真场景能够生动地再现不同历史时期的冰雪运动场景。通过构建古代北欧冰雪部落的生活场景，学生可以身临其境地看到古代人们在冰雪环境中进行的狩猎、滑雪出行以及简单的冰雪竞技活动，还可以观察到古代冰雪运动器材的制作过程、使用方法以及当时的比赛规则与文化习俗，这种沉浸式的体验能够让学生更加深刻地感受到冰雪运动文化的源远流长与丰富内涵，而不仅仅是通过书本上的文字与图片来了解历史。在冰雪运动赛事观赏与分析教学中，虚拟仿真场景可以让学生仿佛置身于著名的冰雪赛事现场。学生可以进入虚拟的冬奥会赛场，从观众的视角全方位地观看比赛的精彩瞬间，感受赛场的热烈氛围与紧张节奏。学生还可以切换到裁判、教练、运动员等不同角色的视角，深入了解赛事的各个环节与背后的故事。从裁判的视角，学生可以学习到比赛规则的具体应用与判罚标准；从教练的视角，学生可以观察到教练在比赛过程中的战术布置与指挥决策；从运动员的视角，学生可以体会到运动员在比赛中的心理状态、技术发挥以及应对压力的方式等。这种多角色、全方位的体验能够极大地拓宽学生的视野，提高他们对冰雪赛事的理解与分析能力。

在冰雪运动技能训练教学中，虚拟仿真场景为学生提供了更为真实、有效的训练体验。以冰球训练为例，学生可以在虚拟的冰球场上与虚拟的队友和对手进行对抗训练。虚拟场景中的冰球运动员形象逼真，他们的技术动作、战术配合以及反应速度等都可以根据不同的训练需求进行设置与调整。学生在这种虚拟对抗训练中，能够更好地锻炼自己的冰球技术、团队协作能力以及比赛应变能力。虚拟仿真场景还可以对学生的训练表现进行实时反馈与评估。在学生完成一次射门动作后，系统可以立即分析出射门的速度、角度、力量以及准确性等参数，并与优秀运动员的标准数据进行对比，为学生提供详细的反馈报告，指出其优点与不足之处，还可以提供针对性的训练建议，帮助学生不断改进自己的技术动作，提高训练效果。虚拟仿真场景还能够激发学生的学习兴趣与学习动力。由于其具有高度的沉浸感与趣味性，学生在参与虚拟仿真场景教学时往往会表现出更高的积极性与主动性。与传统的枯燥的理论教学和单一的实地训练相比，虚拟仿真场景能够让学生在轻松愉快的氛围中学习知识与技能，提高学生的学习满意度和学习持久性，为高校冰雪运动专业教学质量的提升提供了有力的支持，此外，虚拟仿真场景还推动了冰雪运动专业教材数字化转型中教学资源的创新与发展。虚拟仿真资源在冰雪运动专业教学中具有诸多优势。①能够提升教学安全性，在冰雪运动中，一些项目如高山滑雪、速度滑冰等具有一定的危险性，学生在学习和训练过程中容易受伤。而虚拟仿真资源可以让学生在虚拟环境中进行训练和实践，避免了因操作不当或意外情况导致的身体伤害，为学生提供了一个安全的学习环境。②增强教学体验感，虚拟仿真资源能够构建出逼真的冰雪运动场景，让学生仿佛身临其境，感受到冰雪运动的真实氛围和乐趣，激发学生的学习兴趣和积极性，提高学习效果，学生可以通过虚拟角色与虚拟场景中的元素进行互动，在虚拟滑雪场景中控制滑雪板的方向和速度，在虚拟滑冰场景中完成各种动作和技巧，这种沉浸式的交互体验能够让学生更好地掌握冰雪运动的技能和知识。③突破时空限制，传统的冰雪运动教学受到季节、场地、设备等因素的限制，学生只能在特定的时间和地点进行学习和训练。而虚拟仿真资源可以随时随地进行访问和使用，学生可以在任何时间、任何地点通过网络进入虚拟仿真系统进行学习，不受时空限制，提高了学习的灵活性和自主性。④丰富教学内容与资源，虚拟仿真资源可以整合多种媒体形式，包括文字、图片、音频、视频、动画等，将抽象的冰雪运动知识和复杂的技术动作以更加直观、形象的方式呈现给学生，帮助学生更好地理解和掌握。可以提供大量不同难度层次和知识维度的教学资源，满足不同学生的学习需求和能力水平，实现个性化教学。对于初学者，可以提供基础的教学视频和简单的虚拟训练场景；对于有一定基础的学生，可以提供更高级的技术讲解和复杂的比赛模拟场景等。⑤降低教学成本，冰雪运动教学需要大量的专业设备和场地，如滑雪场、滑冰场、滑雪板、冰鞋等，建设和维护成本较高。而虚拟仿真资源可以在一定程度上替代部分实物教学资源，减少了对昂贵设备和场地的依赖，降低了教学成本。⑥提升教学反馈与评估效果，虚拟仿真系统可以实时记录学生的操作过程和学习数据，包括动作的准确性、速度、力度等，并根据预设的评价标准对学生的学习效果进行自动评估和反馈，让学生及时了解自己的学习情况和不足之处，以便进行有针对性的改进。教师可以通过系统生成的详细数据报告，全面了解学生的学习进度和掌握程度，为教学策略的调整和优化提供依据，提高教学质量和效果。

第三节　高校教材数字化转型的政策导向与战略意义

一、国家教育数字化战略对教材建设的要求

随着信息技术的飞速发展，国家教育数字化战略已成为推动教育现代化的重要举措，其对高校教材建设提出了一系列新的要求，涵盖了内容、形式、技术、管理与服务等多个关键方面，旨在提升教材的质量与适用性，满足新时代教育教学的需求，推动教育公平与创新发展。

（一）内容数字化与精准化

从知识传播的角度来看，内容数字化为冰雪运动知识的广泛传播提供了便利。传统纸质教材受限于印刷、发行等环节，其更新速度较慢，且传播范围有限。而数字化的冰雪运动教材能够借助互联网平台，突破时空限制，快速地将最新的冰雪运动知识、技术和研究成果传递到世界各地。国际上最新的滑雪技巧研究成果，通过数字化教材可以在短时间内被国内的高校师生、运动员以及冰雪运动爱好者所获取，使他们能够及时学习到前沿知识，紧跟国际冰雪运动发展的步伐。

冰雪运动专业教材的内容数字化与精准化是适应时代发展和教育教学需求的必然趋势。通过数字化手段丰富知识传播方式，根据不同层次和专业方向的需求实现精准化编写，并借助技术手段推动个性化教学和提升教材质量，将为冰雪运动专业教育的发展注入新的活力，培养出更多高素质、专业化的冰雪运动人才，促进冰雪运动在国内外的进一步普及和发展，推动整个冰雪运动产业的繁荣与进步。

（二）形式多样化与互动性

数字化战略促使教材形式向多样化方向发展，打破传统单一的文字排版模式。除了常见的电子文档形式，还包括互动式电子书、在线课程平台配套教材、VR/AR

教材等多种形式。互动性是数字化教材的重要特征之一，教材应设计丰富的互动环节，如在线测试、问答交流、小组讨论区等，鼓励学生积极参与学习过程，增强学生与教材、学生与教师以及学生之间的互动交流。以高校语言类教材为例，通过在线对话模拟、语音识别与评测等互动功能，为学生提供更多的语言实践机会，提升语言运用能力，使学习过程更加生动有趣、富有成效。随着信息技术的飞速发展，冰雪运动专业教材在形式上呈现出多样化与互动性的显著特征，这不仅深刻改变了知识的传授方式，也极大地提升了学习者的参与度和学习体验，为冰雪运动专业教育注入了新的活力，有力地推动了冰雪运动在国内外的兴起与普及。

从形式多样化来看，传统的纸质教材在呈现冰雪运动知识时往往受到版面和媒介的限制，而数字化转型使得教材形式变得丰富多元。电子教材成为基础的数字化形式，它不仅方便携带和存储，还能通过超链接、目录导航等功能，让学习者快速定位到所需的知识内容，提高学习效率。一本关于冰雪运动赛事组织的电子教材，可以将赛事筹备的各个环节，如场地安排、人员调配、赛程规划等内容分别设置为独立的章节，并通过超链接的方式将相关的案例、法规政策、实际操作指南等拓展资料与之关联，学习者只需点击相应的链接，就能获取更详细、深入的信息，拓宽知识视野。

（三）技术融合与创新性

教育数字化战略要求教材建设充分融合现代信息技术，体现创新性。一方面，利用大数据技术分析学生的学习行为和学习数据，为教材的编写和优化提供依据，实现教材的个性化推荐和定制。根据学生在在线学习平台上的答题情况、学习时长、浏览内容等数据，分析学生的学习薄弱环节和兴趣点，为其有针对性地补充教材内容或学习资源。另一方面，借助人工智能技术实现智能辅导、自动批改等功能，提高教学效率。智能辅导系统可以根据学生的提问，自动提供相关知识点的讲解和解答思路，帮助学生及时解决学习中遇到的问题，培养学生的自主学习能力。在冰雪运动专业教材的发展进程中，技术融合与创新已成为推动其数字化转型升级以及冰雪运动在国内外兴起与普及的关键力量。这不仅体现在现代信息技术与教材编写、教学实践的深度结合，更体现在由此催生的一系列创新教学模式和学习体验，为冰雪运动教育带来了全新的机遇和变革。

（四）教师培训的内容与方式

在高校冰雪运动专业蓬勃发展的进程中，教师培训与能力提升的持续发展策略至关重要，其关乎教育质量的稳步提升以及专业的长远进步，需从多个维度进行深入规划与实施。建立定期且系统的培训计划是关键。高校应制定年度、学期教师培训日程表，涵盖短期集中培训和长期分阶段培训项目。每学期安排两周的集中培训，聚焦数字化教学工具更新、冰雪运动最新训练方法等内容；每年组织一次为期三个月的分阶段培训,涉及专业知识深化、教学方法创新实践等领域,确保教师持续接触新知识、新技能,不断更新教育理念和教学方法,适应冰雪运动专业快速发展的需求,为长期教学能力提升奠定基础。

(五) 版权的保护

随着教材数字化进程的加速,版权保护与规范化管理显得尤为重要。国家教育数字化战略要求建立健全教材的版权保护机制,明确教材作者、出版者、使用者等各方的权利和义务,防止侵权行为的发生。加强对数字教材版权的技术保护,采用数字水印、加密技术等手段,确保教材的知识产权得到有效保护。规范教材的数字化出版流程和质量标准,保证数字教材的质量和合法性。出版单位应严格审核教材的内容质量、技术标准以及版权信息,确保数字教材符合国家相关法律法规和教育教学要求,为教育数字化的健康发展提供保障。

在冰雪运动专业教材数字化转型升级的进程中,版权保护与规范化是确保教材建设健康、可持续发展的重要基石。这不仅涉及教材创作者、出版者以及使用者等各方的合法权益,也关系到整个冰雪运动教育领域知识传播的秩序和质量,对于冰雪运动在国内外的兴起与普及有着深远的影响。

(六) 平台建设与兼容性

为了更好地实施教育数字化战略,高校教材建设需要依托功能完善、稳定可靠的数字化平台。这些平台应具备资源存储、管理、分发、交互等多种功能,能够支持多种格式的教材资源上传和下载,满足不同用户的使用需求。平台的兼容性也至关重要,要确保数字教材能够在不同的操作系统、终端设备(电脑、平板、手机等)上流畅运行,为师生提供便捷、无缝的学习体验。建设统一的高校教材数字化平台,整合各类教材资源,并与学校的教学管理系统、在线学习平台等进行对接,实现数据的互联互通,方便教师教学和学生学习,提高教育教学的整体效率和质量。在冰雪运动专业教材数字化转型升级的进程中,平台建设与兼容性是至关重要的环节,它们直接关系到数字化教材的可用性、推广性以及可持续发展能力,对于冰雪运动在国内外的兴起与普及起着关键的支撑作用。

(七) 教师培训与能力提升

国家教育数字化战略下的教材建设对教师的能力提出了新的要求,教师培训与能力提升成为关键环节。教师需要掌握数字化教材的编写、使用和教学方法,具备运用信息技术进行教学设计、教学实施和教学评价的能力。教育部门和高校应组织开展相关的教师培训活动,包括数字化教材编写培训、信息技术应用培训、在线教学方法培训等,帮助教师适应教育数字化的发展趋势,提高教师的数字化教学素养和能力水平。只有教师能够熟练运用数字化教材进行教学,才能充分发挥数字化教材的优势,提高教学质量,培养出适应新时代需求的高素质人才。在冰雪运动专业教材数字化转型升级的进程中，教师作为教学活动的组织者和引导者，其培训与能力提升起着举足轻重的作用。教师对数字化教材的熟悉程度、运用能力以及教学方法的创新能力，直接影响着学生的学习效果和冰雪运动专业人才的培养质量。

在高校冰雪运动专业蓬勃发展之际，教师培训与能力提升显得尤为关键，其必要性体现在多个层面，深刻影响着专业人才的培养质量和冰雪运动教育事业的长远发展。随着时代的快速变迁，冰雪运动领域的知识与技术持续更新演进。新的训练方法不断涌现，基于大数据分析的个性化训练方案逐渐成为主流，这要求教师能够深入理解并传授这些前沿方法；赛事规则也在频繁调整，教师必须精准把握最新规则，以便在教学中为学生提供准确的指导；运动装备技术更是日新月异，从高性能的滑雪板到智能化的冰上训练辅助器材，教师需要了解这些装备的原理和应用，才能使学生紧跟行业发展步伐。倘若教师未接受及时的培训，其知识储备将滞后于行业发展，在教学中只能传授陈旧的内容，无法满足学生对新知识、新技术的渴望，更难以培养出适应现代冰雪运动市场需求的专业人才，阻碍高校冰雪运动专业与行业实际的有效对接。

（八）学生数字素养培育

教材建设不仅要关注知识的传授，还要注重学生数字素养的培育。国家教育数字化战略要求高校教材在设计和使用过程中，融入数字素养教育的内容，培养学生的信息意识、信息获取与处理能力、数字内容创作能力、网络安全意识等。在计算机基础课程教材中，增加关于数字隐私保护、网络诈骗防范、数字资源合理利用等方面的内容，引导学生正确使用数字技术和数字教材，提高学生的数字素养和信息安全意识，使学生能够在数字化环境中健康、高效地学习和成长。在当今数字化时代，随着高校冰雪运动专业教材逐步迈向数字化转型升级，学生数字素养的培育显得尤为关键。这不仅是适应教材形式变化的必然要求，更是契合冰雪运动在国内外蓬勃兴起与普及的发展趋势，对于培养高素质的冰雪运动专业人才具有重要意义。

学生数字素养涵盖多个维度，这些维度与冰雪运动专业教育紧密相连，相互促进。首先，信息获取与筛选能力是基础。在冰雪运动领域，信息呈爆炸式增长，学生需从海量的网络资源、数据库、学术期刊以及各类数字化平台中精准定位与专业相关的内容，包括最新的冰雪运动赛事规则变化、先进的训练方法、前沿的运动装备技术等。这要求学生掌握有效的搜索技巧和信息筛选策略，能够辨别信息的可靠性、权威性和时效性，以便为专业学习提供有力支持。

二、高校教材数字化转型对冰雪运动专业的特殊意义

（一）打破时空束缚，开启移动学习新篇章

在传统教育模式下，冰雪运动专业的教学深受时间与空间的限制。纸质教材作

为知识的主要承载物，学生必须在特定的教室环境、规定的上课时间内，围绕教材展开学习。这意味着一旦离开教室，教材携带不便，知识获取便戛然而止。而高校教材数字化转型彻底改变了这一困境，为冰雪运动专业学生带来前所未有的学习便利。

数字化教材依托先进的信息技术，能够完美适配各类移动终端，无论是智能手机、平板电脑，还是轻便的电子阅读器，学生只需轻轻一点，便能随时随地开启知识探索之旅。以冰雪运动专业的实践课程为例，当学生身处户外冰场，进行花样滑冰、速度滑冰或是冰球等项目的训练时，难免会遇到技术动作上的难题。此时，若依靠纸质教材，学生几乎无法在冰面上即时查阅资料以解决问题。但数字化教材却能让学生迅速掏出手机，在冰场边稍作休息的片刻，调出对应的教学视频。视频中，专业教练会以慢动作、多角度的方式，细致拆解每一个动作要领，从起滑姿势、滑行轨迹到发力节点，全方位展示标准动作示范。学生可以对照自身表现，快速找出差距，及时调整训练方向，真正实现训练实践与理论学习的无缝衔接。

（二）内容动态更新，紧跟冰雪前沿动态

冰雪运动作为极具活力与创新性的体育领域，处于飞速发展之中。新的运动装备层出不穷，先进的训练技术日新月异，竞赛规则也在不断调整优化。在这样的背景下，传统纸质教材的更新滞后性愈发凸显，往往一本教材出版数年之后，其中的诸多内容便已与现实脱节。

与之形成鲜明对比的是，数字化教材具备与生俱来的动态更新优势，能够紧密贴合冰雪运动的前沿发展动态。从装备技术革新层面来看，随着科技的迅猛发展，冰雪运动装备不断升级换代。新型的碳纤维滑雪板，凭借其更轻、更强的材质特性，大幅提升了滑雪者的操控性能；智能温控的滑雪服，能够根据外界环境温度与人体运动状态自动调节保暖程度，为滑雪者提供更舒适的穿着体验。这些新技术、新产品一经问世，数字化教材可以迅速将相关信息纳入教材内容体系。通过高清图片展示、详细技术参数解读以及实地测评视频分享，让学生第一时间了解最新装备的优势与使用方法，为日后投身专业实践或从事相关研发工作奠定坚实基础。

在竞赛规则方面，数字化教材同样展现出卓越的时效性。以国际滑联对花样滑冰评分规则的调整为例，近年来，为了进一步提升花样滑冰项目的艺术性与竞技性，评分细则在动作完成质量、节目内容构成、艺术表现加分等多个维度都有显著变化。数字化教材的编辑团队能够实时跟踪这些规则变更，及时更新教材中的对应章节。不仅详细阐释新规则下每一个得分点的具体要求，还会结合最新一届冬奥会、世锦赛等顶级赛事中的经典案例进行深入剖析。学生通过研读这些更新后的内容，能够精准把握竞赛规则的脉搏，在训练与比赛筹备过程中有的放矢，确保自身技术动作与艺术表现完美契合新规则导向，始终站在花样滑冰专业学习的前沿

阵地。

(三) 助力个性化学习，挖掘学生多元潜能

冰雪运动专业涵盖多个细分方向，学生们在入学前便怀揣着不同的兴趣爱好与学习目标。有的学生对花样滑冰的艺术表现力情有独钟，梦想日后能在冰面上演绎出令人陶醉的经典节目；有的学生则痴迷于速度滑冰的风驰电掣，立志打破赛道纪录；还有的学生热衷于冰球运动的团队协作与激烈对抗，期望成为一名优秀的冰球运动员。面对学生如此多元化的需求，传统"一刀切"式的教学模式与单一的纸质教材难以满足。

数字化教材凭借强大的智能技术支撑，能够充分收集学生学习过程中的各类数据，如课程浏览时长、知识点重复学习次数、作业完成质量、阶段性测试成绩等。基于这些丰富的数据样本，数字化教材运用复杂的智能算法，为每一位学生量身定制专属的学习成长路径。对于热爱花样滑冰表演艺术方向的学生，教材系统会自动推送更多关于舞蹈编排基础、音乐选择技巧、艺术风格塑造等拓展性学习资料。这些资料不仅包含深入浅出的理论讲解，还有大量世界顶级花样滑冰选手的表演案例分析，从俄罗斯学派的优雅大气到日本选手的细腻柔美，全方位启发学生的艺术灵感。学生可以根据自身节奏，深入探索这些个性化内容，逐步打磨属于自己的独特表演风格。

高校教材数字化转型在教学革新维度为冰雪运动专业带来了革命性的变化，从打破时空限制到实现内容动态更新，再到助力个性化学习，全方位重塑了专业教学的生态环境，为培养高素质的冰雪运动专业人才提供了坚实保障。

(四) 构建跨学科知识体系，培育复合型人才

冰雪运动产业在当今时代蓬勃发展，其涵盖范围早已超越了单纯的体育运动范畴，深度融入旅游、传媒、科技、生态等多个领域，呈现出多产业交叉融合的显著特征。传统的冰雪运动专业教育，若仅依赖单一的纸质教材，往往侧重于运动技能传授，难以全面覆盖产业发展所需的多元知识架构，致使培养出的人才在应对复杂多变的市场需求时稍显乏力。

高校教材数字化转型为破解这一困境开辟了全新路径。数字化教材凭借其强大的信息整合与呈现能力，能够将原本分散于不同学科领域的知识有机融合，为冰雪运动专业学生搭建起一座跨学科学习的桥梁。以冰雪旅游开发课程为例，一本优质的数字化教材不仅会详细阐述传统的冰雪运动项目教学内容，如高山滑雪、越野滑雪等项目的技术动作规范、教学方法技巧，还会巧妙嵌入旅游规划、景区运营管理、生态环境保护、市场营销以及冰雪文化传播等多个章节的知识要点。

在讲解冰雪旅游景区规划时，教材通过高清图片、虚拟全景展示以及详细的文字说明，向学生呈现世界各地知名冰雪旅游胜地的布局设计，从雪道分布、配套设

施建设到游客服务中心选址，全方位剖析规划背后的考量因素。同时，引入旅游学、地理学相关理论知识，让学生明白如何依据当地自然地理条件、旅游市场需求以及交通区位优势，打造独具特色且吸引力强的冰雪旅游项目。

（五）强化实践技能塑造，无缝对接职场

冰雪运动作为一项实践性极强的专业领域，对学生的实际操作能力、赛场应变能力以及团队协作能力有着极高要求。传统的课堂教学结合纸质教材的模式，尽管能够为学生奠定一定的理论基础，但在实践技能培养方面存在天然短板，学生毕业后往往需要较长时间适应职场环境，难以迅速融入工作岗位。

高校教材数字化转型为强化冰雪运动专业学生的实践技能提供了创新性解决方案，其中 VR 和 AR 技术的深度嵌入堪称一大亮点。以冰壶教学为例，在传统教学中，学生主要通过观看教练示范、实地参与训练来掌握冰壶投掷技巧、战术布局以及团队协作要领。然而，由于场地、器材、训练时间等诸多因素限制，学生实际操作机会有限，且很难在短时间内反复模拟不同比赛场景进行针对性训练。

（六）点燃创新火种，驱动产业创新发展

在当今全球竞争日益激烈的背景下，创新成为推动冰雪运动产业持续发展的核心动力。高校作为人才培养与知识创新的高地，肩负着为冰雪运动产业注入创新活力的重任。传统的教育模式与纸质教材在一定程度上限制了学生创新思维的激发与培养，而数字化教材的出现为打破这一桎梏带来希望。

数字化环境为学生营造了开放、互动、自主探索的学习氛围，极大地激发了学生的创新思维火花。以冰雪运动产品研发为例，数字化教材中的在线论坛、创意分享板块成为学生们思想碰撞的活跃阵地。学生们围绕冰雪运动装备智能化升级、冰雪赛事观赛体验优化、冰雪旅游产品个性化定制等热门议题畅所欲言。有的学生受智能手环在健康监测领域广泛应用的启发，提出开发针对冰雪运动员的实时健康监测与运动表现分析手环的创意设想。在论坛交流过程中，来自不同专业背景的学生纷纷贡献智慧，电子工程专业的学生提供硬件设计思路，计算机专业的学生负责软件开发算法，冰雪运动专业的学生则结合运动实际需求提出功能优化建议。

（七）多媒体演绎，鲜活展现冰雪文化内涵

冰雪文化源远流长，承载着人类在寒冷地域与冰雪共生的历史记忆，蕴含着丰富的民俗、艺术、历史等多种元素。在传统纸质教材时代，受限于媒介形式，冰雪文化的呈现往往趋于平面、抽象，难以让学生真切领略其深邃魅力。高校教材数字化转型则借助前沿多媒体技术，将冰雪文化从沉睡的文字中唤醒，使其以鲜活生动的面貌呈现在学生眼前。

以讲述东北传统冰雪民俗"冰嬉"为例，数字化教材摒弃了单纯文字叙述的枯燥方式，开启了一场全方位的文化展示之旅。首先映入眼帘的是清代宫廷冰嬉图的高清扫描图片，细腻的笔触、绚丽的色彩将当年皇家冰嬉盛典的宏大场面完美还原。图中的八旗健儿们身着鲜艳服饰，在冰面上飞驰，或表演花样滑冰技巧，或进行冰上射箭、速滑竞赛，每一个人物形象都栩栩如生，学生仿若穿越时空，目睹古人的冰上风采。

（八）借助社交网络，放大冰雪文化声量

在当今互联网时代，社交网络成为信息传播的高速通道，拥有改变舆论走向、塑造流行文化的强大力量。高校冰雪运动专业教材的数字化转型巧妙借助这一趋势，让冰雪文化突破校园围墙，走向更广阔的大众视野，引发全民对冰雪运动的关注热潮。

数字化教材中的精彩内容，如令人惊叹的冰雪运动技巧讲解视频、扣人心弦的冰雪赛事回顾片段、趣味十足的冰雪文化科普文章等，都被设计成易于分享的格式。学生只需轻点手机屏幕，便能将这些宝藏内容一键转发至朋友圈、微博、抖音等热门社交账号，瞬间点燃社交网络中的冰雪话题热度。

（九）立足国际交流，提升专业国际地位

随着全球化进程加速，冰雪运动在世界范围内蓬勃发展，国际交流与合作成为高校冰雪运动专业迈向更高水平的必由之路。高校教材数字化转型为冰雪运动专业搭建起一座稳固的国际交流桥梁，助力提升其在国际舞台上的话语权与地位。

数字化教材积极引入国外先进的冰雪教学资源与学术研究成果，拓宽学生国际视野。通过与国际知名冰雪运动院校、科研机构合作，教材整合了全球前沿的训练方法、教学理念以及技术创新应用案例。例如，在滑雪教学章节，引入瑞士、奥地利等阿尔卑斯山地区国家先进的高山滑雪教学体系，详细介绍其独特的分级教学模式、雪道设计与维护技术，以及如何根据不同年龄段、技能水平学员定制个性化教学方案。学生接触到这些国际一流的教学资源后，能够对比发现自身学习与训练中的不足，借鉴国外先进经验优化自身知识结构，紧跟世界冰雪运动教育发展潮流。

第二章 高校冰雪运动专业教材数字化现状研究

第一节 现有冰雪运动专业教材的种类与内容分析

一、传统纸质教材的结构与知识点分布

（一）传统纸质教材的基本结构

1. 教材的总体框架与章节设置

传统纸质教材是高校冰雪运动专业教育中的主要教学资源之一。其内容安排与结构设置往往受到学科发展、教学目标及实际教学需求的影响，通常包括基础理论知识、技能训练、赛事规则、安全与伤害预防等方面的内容。传统纸质教材的构成不仅需要具备理论性和实践性，还应具备系统性和连贯性，确保学生在学习过程中能够掌握必要的基础知识并形成完整的技能体系。

教材的基本构成通常包括以下几个部分：前言与导论部分、理论知识部分、技能与技术训练部分、安全与伤害预防部分、赛事规则与裁判部分以及附录部分等下面详细讨论前三部分。这些部分在不同的教材中可能有所不同，但基本的框架结构通常是相似的。

2. 前言与导论部分

传统纸质教材的前言与导论部分通常承担着为读者提供冰雪运动基础信息的重要职责。该部分的核心功能是引导读者进入主题，帮助他们理解教材的整体框架、主要内容及其学习目标。前言通常会概括性地介绍冰雪运动的历史背景、学科发展及其在全球范围内的影响力。通过这一部分，读者可以获得对冰雪运动的全面认知，明确本书的研究意义与实际应用价值。

在冰雪运动专业教材中，前言部分的写作通常简洁明了，注重对冰雪运动起源与演变的概述。该部分常涵盖冰雪运动的历史发展，介绍不同类型的冰雪运动项目及其起源，如滑雪、滑冰、冰壶、冰球等项目的基本情况。通过梳理这些运动的起源、演变和在各个国家的普及情况，帮助读者了解其重要性。对于初学者而言，前言的作用尤为突出，能够让他们初步了解冰雪运动的魅力和学科的深远意义。

导论部分在传统纸质教材中通常会更加详细地阐述教材的结构安排以及各个章

节的内容设置。通过对章节结构的介绍，读者能够更好地把握学习进度和重点。在这一部分，教材作者还会简要说明本书的研究方法或教学方法，帮助读者理解如何更有效地进行学习。导论部分还可能包括学习目标的设置，明确学习过程中需要掌握的知识点与技能。这些内容为后续的学习提供了指导，有助于读者在学习过程中保持清晰的方向感。

对于教师而言，前言与导论部分也有着重要的作用。这部分内容不仅为教学提供了整体框架，还帮助教师理解教学的重点与难点。通过对教材内容的初步了解，教师能够提前做好教学计划，设计有效的教学活动。前言部分对冰雪运动的多样性和实用性进行阐述，能够激发学生的学习兴趣，为后续的专业知识学习铺平道路。

总的来说，前言与导论部分在传统纸质教材中是开篇启下的重要部分。它不仅为读者提供了冰雪运动的基础知识，帮助他们了解学科背景与教学目标，还能为后续章节的学习奠定基础。通过这一部分的引导，读者可以更有针对性地学习后续的理论知识与实践技能。

3. 理论知识部分

传统冰雪运动专业教材中的理论知识部分，主要涉及冰雪运动的基本理论体系。这一部分是整个教材的基础，目的是帮助学生建立对冰雪运动的系统性理解。它通常包括多个层面的内容，从运动学原理、力学模型，到生理学、心理学等相关学科的理论应用。通过这一部分的学习，学生能够掌握冰雪运动背后的科学原理，理解各种运动形式的本质，并为后续的技能训练和实际操作提供理论支持。

（1）运动学原理在理论知识部分占有重要地位。

冰雪运动的不同项目，如滑雪、滑冰、冰球等，都涉及复杂的动力学与运动学问题。教材通常会详细讲解力的作用、摩擦力与空气阻力的影响、运动轨迹与速度变化等概念。这些理论知识能帮助学生理解冰雪运动过程中不同力学因素如何相互作用，以及如何利用这些原理提高运动表现和安全性。通过对运动学的掌握，学生可以更科学地进行技能训练，并优化自己的动作技巧。

（2）生理学是理论知识部分的另一个重要组成部分。

冰雪运动的特殊性要求运动员具备较高的体能素质。生理学部分主要阐述与冰雪运动相关的体能要求，如耐力、爆发力、协调性等方面的生理机制。教材中会介绍心肺系统的工作原理、肌肉的运动方式以及运动对人体的影响，帮助学生理解在高强度运动中身体如何调节和适应。通过理论的学习，学生能够更好地理解体能训练的科学性，从而提高训练效果。

（3）心理学理论也是冰雪运动专业教材中的重要内容。

冰雪运动项目常常要求运动员在极端的环境下进行高强度的身体挑战，这对运动员的心理素质提出了较高要求。教材中的心理学内容通常会探讨运动员的心理状态、情绪管理、比赛压力应对等问题。通过对这些心理学理论的学习，学生可以更好地了解如何在比赛和训练中保持心理平衡，如何应对压力，如何提高自信心和注意力集中度。这些理论为运动员的心理训练提供了理论依据，帮助其在面对竞技挑战时具备良好的心理素质。

除了以上3个方面，教材中的理论知识部分还涉及运动训练的基本理论。通常，冰雪运动的技能训练并不仅仅是简单的动作模仿，它还需要建立在科学的训练原理上。教材会详细讲解运动技能的学习过程、动作模式的形成、肌肉记忆的培养等内容。通过对这些理论的学习，学生可以理解训练背后的科学原理，进而提高训练的效率和效果。传统纸质教材中的理论知识部分不仅涉及冰雪运动的基本概念与原理，还通过不同学科的理论为学生提供了全面的视野。这些知识为学生掌握冰雪运动技能、提高竞技水平奠定了坚实的理论基础。在教学实践中，理论知识部分与实际技能的结合尤为重要，它使学生能够在理论的指导下，更加科学地进行技能训练和竞技准备。

4. 技能与技术训练部分

在冰雪运动教材中，技能与技术训练部分通常占据核心地位。这一部分的内容旨在通过系统性讲解各项运动的基本技术，帮助学生掌握必要的技能，从而在实践中提高运动水平。该部分的编排一般依据运动项目的特点，从基础技能入手，逐步引导学生进行技术难度的提升。对于滑雪、滑冰等冰雪项目，技能与技术训练通常涵盖多个方面。首先是基础动作的训练，涉及平衡、滑行、转弯、刹车等基本技能的掌握。这些基本动作不仅是冰雪运动的起点，也是运动员能否成功完成更高难度动作的基础。因此，教材会详细讲解每项动作的动作要领、技巧细节和常见错误，帮助学员在学习过程中掌握正确的姿势和动作方式。

在技术训练的进一步深化中，教材会针对每项运动的技术要求，提供更高阶的技巧。例如，在滑雪中，除了简单的直线滑行，教材会介绍不同类型的转弯技巧，如平行转弯和切边转弯等；在滑冰中，除了基础步伐，还会讲解复杂的转弯技术、跳跃技巧等。每一项技术的介绍都会配以具体的图示或动作分解，使学生能够清晰地了解动作要领，并逐步提高自己的技术水平。除了动作技巧外，教材还会涵盖相关的训练方法。通过系统的训练方式，学生能够在较短时间内提高自己的运动技能。具体训练方法包括技术性训练、体能训练、反应训练等。每种训练方法都有其特定的目标，通过反复训练，学生不仅能增强身体的协调性、灵活性，还能提高自身对技术动作的理解和执行能力。

对于不同层次的学员，技能训练的深度和难度也会有所不同。对于初学者，教材中的技能与技术训练部分多以基础技巧为主，着重于技能的细节与准确性；对于中高级学员，教材则会加大对技术难度的讲解，重点介绍高难度技巧的要领和突破方法。这种循序渐进的教学方式能够帮助学员在不断提高的过程中，不断完善自己的技术体系。总体而言，技能与技术训练部分不仅仅是技能动作的描述，更多的是对如何有效提升技能的全方位讲解。教材通过细致的动作分解、针对性的训练方法和科学的训练计划，帮助学生一步步提高技术水平，为他们进入更高阶的专业训练打下坚实的基础。

（二）传统纸质教材中的知识点分布

1. 基础理论类知识

基础理论类知识是冰雪运动专业教材的重要组成部分，它为学生提供了冰雪运动的基本概念、理论框架和发展历史。冰雪运动的基础理论知识通常涉及多个领域，涵盖从运动的起源到运动生理、运动心理等方面的内容。这些理论不仅有助于学生理解冰雪运动的科学基础，还为后续的技能学习和训练方法提供了必要的支持。

冰雪运动的历史背景是基础理论中的一项关键内容。通过了解冰雪运动的起源与发展，学生可以更好地理解当前冰雪运动在全球范围内的发展趋势与文化内涵。基础理论部分还涉及运动的基本分类、运动项目的特征与规律等。通过系统的学习，学生能够掌握不同冰雪运动项目的基本特点和技术要求。运动生理学也是基础理论中不可忽视的部分。它主要研究人体在冰雪运动中的生理变化与反应，帮助学生理解冰雪运动对体能的需求及其对身体健康的影响。通过生理学知识的学习，学生能够理解如何根据运动员的生理特点制定合理的训练计划，从而提高运动表现。

运动心理学是基础理论的重要组成部分。冰雪运动不仅是身体的挑战，也是心理的考验。学生通过学习运动心理学，可以了解运动员在比赛中的心理状态、情绪管理以及心理压力对运动表现的影响。这一部分内容对于提高运动员的心理素质、克服比赛中的压力与焦虑具有重要作用。基础理论类知识的学习为学生提供了必要的理论支持，使其在实践中能够更好地理解和应用相关技术，提升运动技能和理论水平。

2. 技能训练与技术动作

在冰雪运动的专业教材中，技能训练与技术动作是核心内容之一，涉及运动员如何通过系统的训练掌握不同项目的基本技能和高阶技术。冰雪运动项目的技术性强，要求运动员不仅具备较高的体能素质，还需掌握精确的技巧与动作。各类教材通过不同方式呈现这些技能和技术动作，帮助学员系统理解并掌握。

滑雪技能训练是冰雪运动中最基础的部分之一，教材通常会将其分解成多个模块，逐步引导学员学习。基础阶段，教材首先讲解如何保持平衡、正确的滑行姿势以及如何控制速度。滑雪的起始动作是学生需要学习的第一步，教材通过细致的图文和逐步示范，使学生能够在初学阶段便获得较为明确的动作要领。随着技能的不断提高，教材内容进入更高阶的训练，涉及转弯、跳跃等更为复杂的技术动作中。这一部分通常通过视频、动作解析和图示的方式呈现，以便学员能通过视觉化手段更直观地理解动作要领。

滑冰训练与滑雪训练有相似之处，但技术难度和训练重点略有不同。滑冰的教材内容首先强调基础的步伐训练，包括前滑、后滑、侧滑等基本技巧。在掌握这些基础技能之后，学员便进入到更具挑战性的技术动作中，如弯道滑行、急停以及跳跃等。教材通过分解动作，明确每个步骤的要领，并通过示范图和视频资料帮助学员理清动作链条。为了帮助学员更好地掌握技能，许多教材配有针对性的训练计划和测试，帮助学员了解自己的进步情况。

冰雪运动的技术训练不仅是单一的动作练习，还包括技巧和速度的协调训练。许多教材特别强调技能和体能的结合，尤其是在高强度训练下，运动员的技术动作如何不被体力限制，依然能够保持高效和精准。对于一些高水平运动员，教材中会提及如何在压力环境下保持技术动作的稳定性，如何通过心理训练来提升技术执行的精度。冰雪运动中的技术动作训练也经常涉及视频分析和动作捕捉技术的应用。教材通过引导学员使用这些现代化工具，帮助其分析自己在练习过程中出现的技术问题。利用动作捕捉技术，学员可以看到自己在滑行过程中的每一个动作细节，从而更加清楚地认识到自己的不足之处。许多教材的设计者将此类现代技术与传统的动作分解方法相结合，力求提供更全面的学习方式。

在冰雪运动的技术训练中，教材还必须覆盖运动员如何避免动作失误。无论是滑雪还是滑冰，技术动作的每一环节都至关重要，哪怕是一个小小的失误，都可能导致运动员的表现下降。教材会提醒学员在训练过程中，如何通过逐步增加难度来加深对动作的理解，避免过早地尝试复杂的技巧，降低技术动作的不稳定性。总体来说，在冰雪运动的技能训练和技术动作部分，教材的内容设置通常是层层递进的，从最基本的技能到高阶技巧，循序渐进地帮助学员掌握每一项动作。这种系统性教学使得学员在初学时便能打下坚实的基础，而在高阶训练阶段，能够更深入地掌握更复杂的技巧，为进一步的竞技水平提升做好准备。

3. 体能训练与康复

体能训练与康复是冰雪运动专业教材中的重要组成部分，特别是在冰雪运动员的日常训练和竞赛过程中，身体的承受力和恢复能力直接影响运动表现。冰雪运动具有较高的技术要求和强度，长期高强度的训练容易导致运动损伤。因此，体能训练和康复训练在教材中占据了重要位置，并成为提高运动员竞技水平的关键环节。体能训练主要包括增强运动员的心肺耐力、力量、灵活性、速度和协调性等方面。冰雪运动员的体能训练内容通常结合各个项目的特点进行个性化设计。滑雪运动员往往注重下肢力量的训练，强化膝盖、踝关节及其周围肌肉的稳定性。滑冰运动员则注重核心力量和上肢的协调性，增加身体的平衡性与控制力。长时间的耐力训练有助于提升运动员的有氧能力，以适应长时间的高强度比赛环境。

康复训练在冰雪运动教材中同样不可或缺。冰雪运动在追求高水平技巧的同时，常伴随着不同程度的身体伤害。常见的伤害包括软组织挫伤、关节扭伤、骨折等。康复训练的目的是帮助运动员恢复到最佳竞技状态，并预防再次受伤。康复内容涉及主动康复、被动康复和物理治疗等多种方法。主动康复强调运动员的自我恢复能力，包括通过柔韧性训练、力量训练和有氧训练来恢复受伤部位的功能。被动康复则依赖于物理治疗手段，如冷敷、热敷、按摩、超声波治疗等。物理治疗可以缓解运动后疲劳，减少肌肉紧张，促进血液循环。结合体能训练与康复训练的综合性指导可以有效缩短恢复期，减少运动员在训练和比赛中的伤病发生率。教材中的相关内容通常包括训练的原理、方法以及与运动生理学的结合。通过合理安排训练负荷与休息时间，可以提高身体的适应性，避免过度训练带来的负面影响。体能训练与康复的结合也需要针对每个运动员的具体情况进行调整，确保训练计划的个性化与科学性。通过合理的体能训练与康复管理，冰雪运动员能够在高强度的训练与比赛中保持较高的竞技状态，并减少运动损伤的发生。

二、数字化教材的初步探索形式与案例

（一）数字化教材的基本概念与特点

1. 数字化教材的定义与发展历程

数字化教材是指通过信息技术将传统教材的内容进行电子化、网络化，并通过多媒体、交互性等技术手段提升学习效果的教材，不仅包括传统的文本资料，还涵盖了视频、音频、动画、虚拟现实等多种多媒体元素，以便为学习者提供更为丰富的学习体验。数字化教材能够结合学生的学习进度、兴趣和需求，提供个性化的学习内容与方式。其核心特征在于能够动态更新和优化教材内容，及时反映学科领域的新发展和研究成果。

数字化教材的出现与信息技术的发展密切相关。20世纪90年代末期，随着计算机技术的普及和互联网的快速发展，教育领域开始逐步探索数字化教学资源的应用。最初，数字化教材主要以电子书的形式存在，能够为学生提供随时随地的阅读与学习环境。随着技术的不断进步，数字化教材逐渐融入多媒体元素，教学内容不再局限于文字，视频、动画和模拟系统开始成为其重要组成部分。21世纪初，智能设备和移动互联网的兴起为数字化教材的进一步发展提供了新的可能性，教育平台

可以基于云计算和大数据技术，实时跟踪学习者的进度和反馈，提供更加精准的个性化教学服务。

近年来，随着 AR、VR、人工智能等先进技术的快速发展，数字化教材的形式与功能不断拓展。VR 和 AR 技术的引入使得学习者能够在虚拟环境中进行实景训练，提升了学习的沉浸感和实践性。人工智能则通过数据分析与算法学习，帮助数字化教材不断优化教学内容与方式，进一步推动了个性化和智能化教学的实现。总体来看，数字化教材的发展历程呈现出逐步深化和多样化的趋势，不仅提升了教学效果，也为教育模式的创新提供了新的动力。

2. 数字化教材的核心特点

数字化教材的核心特点包括互动性、个性化、实时反馈和多媒体融合。

（1）互动性是数字化教材最显著的特点之一。

学生在学习过程中能够通过各种交互方式与教材内容进行实时互动。这种互动不仅局限于单纯的点击操作，还包括语音识别、动作捕捉等方式。学生能够在学习过程中根据个人的需求获取定制化的学习资源，提高学习的主动性和参与感。

（2）个性化是数字化教材的另一个重要特点。

通过数据分析和智能算法，数字化教材能够根据学生的学习进度、兴趣和掌握情况提供个性化的学习内容和建议。这种个性化的学习方式使得每名学生可以按照自己的节奏进行学习，避免了传统教材中"一刀切"的教学模式。通过不断跟踪学生的学习进度，教材能够调整内容的深度与难度，帮助学生更有效地掌握知识。

（3）实时反馈是数字化教材的另一个核心优势。

传统的纸质教材往往只能在课堂上通过教师的讲解获得反馈，而数字化教材则可以实时向学生提供学习结果和进展反馈。系统能够根据学生的答题情况、操作习惯等实时调整教学策略，并给予反馈。这种即时的互动让学生能够快速识别自身的优点与不足，及时纠正错误，强化学习效果。

（4）多媒体融合是数字化教材的另一大特点。

文字、图像、视频、音频等多种媒体形式可以同时呈现在教材中，帮助学生从多个角度理解和掌握知识。通过视频演示、动画模拟等手段，复杂的概念和操作能够更加直观地呈现给学生，增强其对内容的理解与记忆。这种多元化的表达方式大大提升了学习的效果和趣味性。

3. 数字化教材的应用场景

数字化教材在高校冰雪运动专业中的应用场景广泛，主要体现在教学、训练和赛事等多个方面。首先，数字化教材可以为教学提供更多的互动性和多样性。传统的纸质教材局限于文本和图像的展示，学生往往只能通过被动阅读来获取知识，而数字化教材通过视频、音频、动画和虚拟现实等技术手段，能够更直观地展示技术动作和运动理论，提升学习的参与感和互动性。学生可以通过数字平台自主学习，随时查看讲解视频，获得即时反馈，增强了学习的灵活性。

其次，在冰雪运动技能的训练中，数字化教材可以结合动作捕捉技术和VR设备进行技能训练。学生在虚拟环境中模拟实际滑雪或滑冰场景，不仅能获得实时的技能指导，还能在没有实际场地的情况下进行训练。这种训练方式克服了传统训练的场地限制，使学生可以进行反复练习，逐步提高技巧。数字化教材能够将运动员的动作与虚拟环境结合，通过精确的数据分析，为学生提供个性化的训练建议，帮助其在短时间内提升技能水平。

（二）数字化教材的形式与技术支持

数字化教材主要包括互动式电子书、多媒体教学平台、AR与VR教材、移动应用与在线学习工具等几种形式。每种形式都有其独特的优势和适用范围，能够满足不同学习需求与教学目标。

互动式电子书是最常见的数字化教材形式之一，它通过电子设备呈现传统纸质教材的内容，并利用多媒体技术增强学习体验。这类教材通常包含文字、图片、音频和视频等元素，学生可以通过点击、拖动等操作与内容进行互动，从而提高学习的兴趣和效率。电子书的优势在于可以随时随地阅读，具有便捷的查找功能，便于个性化学习和复习。

多媒体教学平台通过结合视频、动画、图示等多种媒介形式，提供更加生动、直观的教学内容。这种平台不仅支持学习资料的展示，还可以进行在线互动，教师和学生可以通过平台进行实时交流、讨论和反馈。多媒体平台尤其适用于技能训练和操作性较强的课程，通过模拟和实操训练提升学生的学习效果。

（三）数字化教材在冰雪运动专业中的应用探索

1. 冰雪运动技能训练的数字化转型

冰雪运动技能训练的数字化转型主要体现在VR、AR和动作捕捉技术的广泛应用。这些技术能够模拟真实环境，使学员在不受限于场地和气候条件的情况下进行技能训练。VR技术通过创建一个沉浸式的虚拟场景，使学员能够身临其境地体验滑雪或滑冰等运动项目，从而在短时间内掌握基本技巧。这种方式突破了传统训练中的物理空间限制，学员无须在实际场地上进行反复练习便能在虚拟环境中掌握动作要领。

AR技术的应用则更加注重将虚拟信息与现实环境相结合。通过佩戴AR眼镜或使用AR应用程序，学员可以在实际的训练场地上实时查看运动数据和动作反馈。这种实时的互动体验不仅能提高学员的学习效率，还能通过数据分析优化训练方法，精确矫正动作中的偏差。AR技术还能够将训练过程中的错误通过虚拟引导加以纠正，使学员对技能要点的掌握更加直观。

2. **冰雪运动赛事规则与裁判培训的数字化转型**

在冰雪运动中，赛事规则和裁判培训是至关重要的组成部分。随着冰雪运动的发展和比赛规则的不断完善，传统的裁判培训方法逐渐暴露出一定的不足，尤其是在对于规则理解的深度、快速更新与现场实战能力的培养上。数字化转型为赛事规则与裁判培训提供了新的解决方案。数字化教材可以通过多媒体手段展示复杂的比赛规则，结合视频回放、实时互动等功能，使裁判员能够更直观地理解和应用规则。在赛事规则教学中，数字化平台能够通过在线课程、规则解析、案例分析等方式，实现内容的灵活呈现与即时反馈。裁判员可以通过模拟比赛中的不同场景，快速理解规则应用的具体情境，提升其在比赛中的应变能力。

数字化转型还为裁判培训提供了更为系统和个性化的学习路径。在线平台可以根据裁判员的学习进度、理解能力等数据，自动调整学习内容，提供针对性的知识点讲解和问题解答。这种个性化的培训方式有效提高了学习效率，也确保了裁判员能在不断变化的比赛规则中，快速掌握最新的规则内容与应用技巧。数字化平台还可以通过模拟裁判执法场景，帮助裁判员更好地进行决策训练和现场判罚能力的提升。在模拟过程中，裁判员能够面对不同的比赛情况，进行规则的快速判断和现场判决，从而在真实比赛中更具自信和准确性。

3. **冰雪运动体能训练与康复的数字化转型**

冰雪运动的体能训练和康复过程对运动员的表现与恢复至关重要。数字化技术的引入为体能训练与康复提供了新的工具与方法，使训练与恢复过程更加精准、个性化和高效。在传统的体能训练中，运动员往往依赖教练的经验进行训练指导，缺乏实时数据反馈和个性化的调整。而数字化转型后的体能训练系统则通过智能设备、可穿戴技术和数据分析，为运动员提供了更多的训练数据和评估依据。

数字化体能训练系统通常包括多种设备与技术，如心率监测、动作捕捉、运动轨迹跟踪等。通过这些设备，运动员的体能状况可以实时监测，教练和运动员能够根据数据分析结果调整训练计划，确保训练的科学性和有效性。数字化平台可以自动生成运动员的体能数据报告，追踪每一次训练的进展，帮助运动员调整训练强度和恢复节奏。运动员的力量、耐力、灵活性等各项体能指标可以通过数字化手段进行量化，避免了人工测量的误差和主观性。

4. **心理训练与情绪管理的数字化支持**

数字化技术为冰雪运动的心理训练与情绪管理提供了新的途径。运动员的心理素质对其竞技表现起着至关重要的作用，尤其在冰雪运动这种高风险、高强度的项目中，心理调节尤为关键。数字化支持系统能够通过多种方式帮助运动员提高心理素质，提升情绪管理能力。首先，VR 技术被广泛应用于模拟高压环境，帮助运动员在模拟比赛场景中进行心理训练。这种训练方式能够真实再现比赛压力，帮助运动员在虚拟环境中进行情绪调节和心理准备，从而提高在实际比赛中的应对能力。

其次，人工智能技术的引入也为运动员的情绪管理提供了新的方式。AI系统能够通过监测运动员的生理数据（如心率、皮肤电反应等）来评估其情绪状态，进而制定相应的情绪调节计划。通过数据的持续跟踪与分析，运动员能够更加精准地掌握自己的情绪变化，及时采取有效的应对措施。AI还可以通过虚拟教练的方式，提供个性化的心理辅导与建议，帮助运动员更好地调节情绪、增强心理韧性。这种数字化的心理训练与情绪管理方法，能够有效缓解运动员在高压下的情绪波动，增强其在比赛中的心理稳定性，为其发挥最佳竞技水平提供保障。

（四）典型案例分析

1. VR滑雪训练系统

VR滑雪训练系统通过先进的虚拟现实技术，将学员置于一个模拟的滑雪环境中，提供身临其境的训练体验。系统采用三维（three dimensional，3D）建模和动态模拟技术，重现滑雪场地的多样化地形和复杂天气条件，帮助学员在虚拟环境中进行滑雪技巧训练。通过VR头盔和传感器，学员可以在不离开室内的情况下，体验真实的滑雪动作，如转弯、刹车、加速等，系统能够精准捕捉学员的动作并进行实时反馈。

该系统的优势在于它能提供高频率的动作重复和即时纠正，学员可以在没有实际雪地的情况下，通过反复练习提高技术水平。VR技术能够在训练中模拟不同的滑雪环境，如山坡陡度、滑行速度、天气变化等，从而为学员提供多种训练场景，帮助他们适应各种实际情况。教练可以通过系统提供的数据，监测学员的滑雪姿势、动作轨迹和技术要点，进而给出更加有针对性的改进建议。

除了技能训练外，VR滑雪训练系统还具备较高的安全性。在传统滑雪训练中，学员可能会面临摔倒或碰撞的风险，而VR系统则能最大程度地避免这些问题。学员在虚拟环境中进行训练，不需要担心受伤问题，可以专注于技术的提高。

在训练过程中，VR系统结合生物反馈技术，可以实时记录学员的体能数据，如心率、呼吸频率等，分析学员的身体状况，适时调整训练强度。这不仅提高了训练效果，也帮助学员避免了过度训练引发的身体伤害。通过虚拟现实技术，滑雪训练变得更加高效、科学和安全。

2. 在线冰雪运动技能训练平台：冰雪运动云课堂

冰雪运动云课堂是一个集线上学习、互动培训与技能提升于一体的平台，专为冰雪运动专业的学生和爱好者设计。该平台通过网络技术和数字化资源，打破了传统教学的时空限制，提供了一个灵活、高效的学习环境。平台的主要功能包括冰雪运动基础理论知识、技能训练视频、在线测试、实时互动等。课程内容涵盖滑雪、滑冰、冰球等多项冰雪运动项目，内容从基础理论到高阶技能训练，满足不同层次学员的学习需求。

平台的教学模式强调理论与实践相结合。学员可以通过观看视频学习冰雪运动的基本动作和技巧，视频内容通过多角度拍摄和慢动作回放，帮助学员理解动作要领。平台提供的互动功能使得学员能够实时向教师请教问题，进行个性化指导。平台还设置了多种练习和测试模块，帮助学员进行自我检测和进阶学习。

冰雪运动云课堂的特点是其灵活性和个性化。学员可以根据自己的时间安排自主学习，平台会根据学员的学习进度和测试成绩，自动推荐适合的课程和训练内容。通过数据分析，平台还能够为学员提供个性化的学习建议，帮助其在训练中更加精准地找到不足，并进行改进。

平台的实施有效提升了冰雪运动教育的普及性和效果。学员可以在没有条件进行实地训练的情况下，通过在线平台进行高效的学习和技能提升。学员的学习进度和技能水平可以通过平台的学习记录进行跟踪，教师也可以实时了解学员的学习情况，进行针对性的指导和帮助。

3. AR 技术在冰雪运动教学中的应用

AR 通过在现实环境中叠加虚拟信息，创造出互动性强、沉浸感强的学习体验。在冰雪运动教学中，AR 技术能够实现对技能动作的实时反馈和动态展示。通过佩戴 AR 设备，学员可以在滑雪、滑冰或其他冰雪项目的实际操作中，看到虚拟的动作标识、路径指引以及实时技术分析，从而更好地理解运动过程中的技巧要求和细节。

AR 技术可以帮助学员在训练过程中精准掌握技术动作。以滑雪为例，AR 系统通过实时叠加虚拟轨迹和滑行速度反馈，指导学员调整姿势、转弯角度或刹车力度。学员可以通过视觉化的信息，快速纠正错误的动作，达到更高效的技能学习。同时，AR 技术可以根据学员的实时表现，自动调整训练方案，使训练内容更具个性化，满足不同学习进度和需求。

在冰雪运动教学中，AR 技术还可用于模拟复杂场景和紧急应对训练。学员在特定的虚拟环境中，能够模拟不同天气、滑行道况或突发事件下的应对策略，提升应急反应能力和赛场适应性。无论是模拟滑雪道上的障碍物，还是模拟比赛中的对抗情况，AR 系统都能为学员提供实际的视觉指引和操作建议，帮助其在真实环境中快速适应和应对。

AR 技术还为教学提供了更直观、互动性更强的评估手段。教练通过 AR 设备能够实时观察学员的动作，并通过虚拟标尺、动态曲线等方式评估其动作的准确性和有效性。这种即时反馈不仅能帮助学员提高技能水平，还能为教练提供更精准的指导依据。通过这一技术，冰雪运动的教学和训练效率得以显著提升，学员也能在更短时间内达到理想的训练效果。

第二节　教材数字化应用的调查方法与实施

一、问卷调查设计与样本选取

（一）问卷的整体结构

1. 基础信息部分

在高校冰雪运动专业教材数字化应用的问卷调查中，问卷的基础信息部分是整个问卷的起始模块，具有重要的作用，其设计旨在收集受访者的基本特征，为后续的数据分析提供背景支持和分类依据。

（1）个人身份信息。

这部分主要涵盖了受访者的姓名、性别、年龄、所在院校、所在年级以及所学专业等内容。姓名用于明确个体身份，方便在后续的调研中进行有针对性的回访或进一步沟通；性别信息有助于分析不同性别在对数字化教材的认知和应用方面是否存在差异，在技术接受程度、学习习惯等方面可能会因性别而有所不同；年龄信息能够反映出不同年龄段的人群对新兴的数字化教材的适应能力和态度倾向，因为随着年龄增长，学习方式和对新技术的敏感度可能会发生变化；所在院校和年级的记录可以帮助研究者了解不同院校环境以及不同学习阶段的学生对数字化教材的接触程度和应用深度，重点院校与普通院校在数字化教学资源的配备和推广上可能存在差异，低年级学生和高年级学生在使用教材数字化功能的熟练程度和需求方向上也可能有所区别；所学专业则明确了受访者的专业背景，冰雪运动专业可能因其学科特点，在教材数字化应用上有独特的需求和表现，与其他专业形成对比和参照。

（2）联系方式。

手机号码和电子邮箱的收集是为了确保问卷发放的有效性以及后续调研的可延续性。手机号码方便调研人员以短信或电话的形式进行问卷提醒、补充调查或结果反馈，提高问卷的回收率和调研的质量；电子邮箱则提供了一种更为正式和详细的沟通渠道，便于向受访者发送有关调研的详细资料、研究成果分享或者进一步询问一些复杂的问题，也为受访者提供了一个反馈问题或提供额外信息的途径，有助于深入挖掘更多有价值的数据信息，完善整个研究的资料收集工作，从而更全面地了解高校冰雪运动专业教材数字化应用的现状。

2. 教材数字化认知维度

（1）对数字化教材的知晓情况。

首先，关注受访者首次接触高校冰雪运动专业数字化教材的时间。这能反映出该类教材在高校推广的历史进程与普及速度，早期接触者可能对其发展历程有更直观的感受，后期接触者所处的推广环境或许更成熟，二者对教材数字化认知存在差异。其次，通过询问接触途径：学校推荐、教师介绍、网络搜索、同学分享等，可明确不同推广渠道的有效性，为后续优化推广策略提供依据。了解是否主动关注数字化教材相关信息，能洞察受访者对其的兴趣程度，主动关注者往往更积极探索数字化教材优势，而被动知晓者可能需要更多引导来提升认知深度。

（2）对数字化教材特点的了解程度。

针对高校冰雪运动专业数字化教材的多媒体融合特性，设置问题考查受访者对其包含的视频演示、音频讲解、动画模拟等元素的认知。知晓这些特点的受访者能更好地利用其辅助学习，视频演示可帮助学生直观掌握复杂冰雪运动技巧，音频讲解可在训练时补充理论知识，动画模拟能将抽象的运动原理可视化。对于交互性，询问受访者是否了解其支持在线讨论、答题反馈、学习进度跟踪等功能，了解程度决定他们能否有效参与数字化学习互动，提升学习效果与参与度，积极参与者可能更适应数字化学习模式，反之则可能在传统教材与数字化教材过渡中存在障碍。

（3）对数字化教材优势的认知。

在知识获取便利性方面，了解受访者是否清楚数字化教材可随时随地查阅、搜索内容，打破传统教材的时空限制，这对于冰雪运动专业学生在不同训练场地、碎片化时间内学习理论知识至关重要。对于学习效果提升，询问其对数字化教材通过个性化学习路径规划、知识点强化练习等功能提高学习成绩和技能掌握程度的认识，意识到此优势的学生更易主动利用数字化教材优化学习策略，反之可能忽视这些功能，沿用传统学习方式，影响学习效率和对专业知识技能的全面掌握。通过对这些方面的详细调查，全面把握高校冰雪运动专业师生对教材数字化的认知状况，为后续分析教材数字化应用现状及发展对策奠定基础。

3. 应用现状与使用体验维度

（1）使用频率与场景。

对于高校冰雪运动专业数字化教材的使用频率，设计问题精确了解学生和教师在每周、每月或每学期内使用的大致次数，以判断其在教学与学习活动中的普及程度和依赖程度。使用场景方面，细分询问在课堂教学、课后复习、课前预习、实地训练、理论考试备考等不同环节的应用情况，在实地训练中，学生是否借助数字化教材中的动作示范视频来纠正自己的滑雪姿势；在理论考试备考时，是否利用其搜索功能快速回顾知识点等，不同场景的使用差异能够反映出数字化教材在各教学环节的契合度和适用性。

（2）使用功能模块。

针对数字化教材的多种功能模块：多媒体资源库、在线测试系统、学习笔记与标注功能、互动交流社区等，逐一调查其使用情况。了解师生是否经常使用多媒体资源库中的高清图片、讲解冰雪运动技巧的专业视频和赛事案例；是否积极参与在线测试系统来检验学习成果，以及对测试题目的难度、题型、知识点覆盖等方面的反馈；对于学习笔记与标注功能，关注其使用便捷性和对知识整理、重点标记的有效性；在互动交流社区方面，调查参与度，包括提问、解答、分享学习心得与训练经验等行为的频率，进而分析各功能模块对教学与学习的支持效果和存在的不足，为后续功能优化提供方向。

（3）使用满意度与问题反馈。

通过设置满意度量表，从教材内容准确性、更新及时性、界面友好性、操作便捷性、技术稳定性等多个维度，获取师生对数字化教材使用的整体满意度评价。开辟问题反馈的详细询问环节，鼓励受访者列举在使用过程中遇到的具体问题：如视频播放卡顿影响学习进度、某些专业术语翻译不准确、搜索功能无法精准定位所需内容等，深入挖掘实际使用中的痛点，以便精准改进，提升数字化教材的质量和应用效果，推动高校冰雪运动专业教材数字化的健康发展，使其更好地服务于教学实践和人才培养目标。

4. 需求与期望维度

（1）功能改进需求。

在内容呈现形式上，了解师生对高校冰雪运动专业数字化教材的期望：是否希望增加更多高质量、多角度的运动示范视频，尤其是针对高难度动作的慢动作分解和特写镜头，以满足精准学习动作细节的需求；对于图表和图片，是否要求更高的清晰度以及更丰富的色彩标注，增强对复杂运动原理和规则的理解；是否期待引入VR或AR技术，创造沉浸式的学习体验，模拟真实的冰雪运动场景进行战术演练或危险情况应对学习。对于交互功能，调查是否需要更智能的在线答疑系统，能即时解答专业问题，且提供多种解答方式，包括文字、语音、视频等；是否期望扩大互动交流社区的功能，设置小组学习模块，方便学生分组讨论项目作业和训练计划；是否要求学习进度跟踪功能更加细化，能分析不同知识点的掌握情况，并给出个性化的学习建议，根据学生的薄弱环节推荐相关的拓展学习资源，像学术论文、专家讲座视频等。

（2）内容更新期望。

针对冰雪运动专业知识的更新速度，询问师生对数字化教材更新周期的期望，鉴于冰雪运动赛事规则、训练方法、安全标准等知识不断发展，他们是否希望教材能紧跟行业动态，及时更新最新的研究成果、赛事案例和技术规范；对于雪地摩托越野、冰上攀岩等新兴的冰雪运动项目，是否期望教材快速补充相关的理论知识、技术要领和教学方法，以拓宽学生的专业视野，满足市场对复合型冰雪运动人才的需求；在内容深度和广度拓展上，了解是否希望增加不同难度层次的知识点讲解，以适应不同基础和学习目标的学生，涵盖更多跨学科知识，结合冰雪运动与体育营销、运动康复、体育传媒等领域，培养学生的综合素养和就业竞争力。

(3) 教学辅助资源需求。

调查是否期望数字化教材配套丰富的教学辅助资源，为教师提供详细的教学课件模板，方便其组织课堂教学，且这些课件能根据教材内容更新自动调整；是否需要针对教材知识点设计更多的课堂活动方案，包括小组讨论主题、实践项目指导手册等，以增强课堂互动性和学生的参与度；对于学生学习，是否希望提供课后练习题的详细解答过程和思路分析，帮助学生自我纠错和深化理解；是否要求配备线上模拟实验室，通过虚拟实验让学生在无风险环境下练习冰雪运动装备的调试、损伤急救处理等操作技能，提高实践能力，从而全方位提升高校冰雪运动专业数字化教材的实用性和价值，更好地服务于教学与人才培养工作，促进冰雪运动专业教育的发展与进步。

(二) 问题类型与设置原则

1. 选择题的设计

选择题在高校冰雪运动专业教材数字化应用调查中具有重要作用，其设计需要遵循一定原则以确保收集信息的准确性与有效性。

(1) 在题目内容方面，对于受访者基本信息维度，可设置单选题。"您的身份是：A. 高校冰雪运动专业教师；B. 高校冰雪运动专业学生；C. 教学管理人员；D. 其他（请注明）"，这样能清晰区分不同调查对象群体，以便后续分析不同角色对教材数字化的认知与应用差异。

(2) 针对教材数字化认知维度，设计类似"您是否听说过高校冰雪运动专业的数字化教材？A. 是，且详细了解；B. 是，仅略知一二；C. 否，从未听说"的题目，快速获取受访者对数字化教材的知晓程度，为进一步探究其认知深度提供基础。对于教材数字化特点的调查，设计类似"您认为高校冰雪运动专业数字化教材的以下哪种特点对您的学习/教学最有帮助？（可多选）A. 多媒体融合（视频、音频等）；B. 交互性强（在线讨论、答题反馈等）；C. 内容更新及时；D. 携带方便；E. 其他（请注明）"的题目。通过这种选择题形式，精准了解受访者对数字化教材优势的认知倾向，为教材优化提供方向。

(3) 在应用现状与使用体验维度，设计"您使用高校冰雪运动专业数字化教材的频率是？A. 每周多次；B. 每月2~3次；C. 每月1次；D. 很少使用"的单选题，直观反映教材在实际教学与学习中的普及程度；对于功能模块使用情况，"您在使用高校冰雪运动专业数字化教材时，经常使用以下哪些功能？（可多选）A. 多媒体资源库；B. 在线测试系统；C. 学习笔记功能；D. 互动交流社区；E. 其他

(请注明)",有助于明确各功能模块的实际应用情况和受欢迎程度,发现其优势与不足。

(4)在需求与期望维度,设计"您希望高校冰雪运动专业数字化教材在以下哪个方面进行改进?(可多选) A. 增加更多视频内容;B. 提升交互功能;C. 加快内容更新速度;D. 优化操作界面;E. 其他(请注明)"的选择题,广泛收集师生对教材未来发展的期望,为教材数字化转型升级提供决策依据。

选择题的设计应围绕调查主题,涵盖各个关键维度,题目表述清晰简洁、无歧义,选项设置全面且相互独立、不交叉,具有明确的区分度和针对性,从而保证问卷调查能够高效、准确地获取高校冰雪运动专业教材数字化应用相关的信息,为后续研究分析奠定坚实基础。

2. 简答题的运用

简答题在高校冰雪运动专业教材数字化应用调查中有着独特的价值和作用,其合理运用能够挖掘更为深入、详细且丰富的信息,补充选择题等其他题型的局限性,使调查结果更加全面、立体,为准确把握教材数字化现状提供有力支持。

(1)在教材数字化认知维度。

简答题可用于探寻受访者对数字化教材更深入的看法和理解。设置题目"请简要阐述您认为高校冰雪运动专业数字化教材与传统教材相比,在教学效果上可能存在的优势和劣势",通过这种方式,能够让受访者跳出预设选项的限制,自由表达他们在实际使用或观察中所体会到的数字化教材在教学效果方面的独特之处,无论是其生动形象的多媒体展示对学生理解复杂动作技术的助力,还是可能因过度依赖电子设备而导致的注意力分散等问题,都能得到充分的呈现,为研究人员提供更全面的认知视角,以便深入分析数字化教材在教学实践中的真实价值和潜在挑战。

(2)在应用现状与使用体验维度。

简答题能够捕捉到具体的使用细节和个性化的问题反馈。提问"请描述一次您在使用高校冰雪运动专业数字化教材过程中,遇到的印象最深刻的技术问题或操作困难,并说明您是如何解决的",这样的问题促使受访者回忆实际使用中的具体场景,详细说明问题的表现形式,特定软件环境下教材无法正常加载、视频播放卡顿的具体情况,以及他们所采取的解决措施,包括尝试重新安装软件、调整网络设置、联系技术支持人员等,这些详细信息有助于精准定位数字化教材在技术层面和实际操作过程中存在的问题,为技术改进和用户培训提供明确的方向和重点。

(3)在需求与期望维度。

简答题更是发挥着关键作用,它为受访者提供了充分表达个性化需求和创新想法的空间。像"您对未来高校冰雪运动专业数字化教材的发展有哪些具体的期望和建议?请详细说明",这个问题鼓励师生从教学、学习体验出发,提出希望开发基于人工智能的个性化学习路径推荐功能、建立冰雪运动项目虚拟实验室以增强实践教学效果、整合更多国际前沿的冰雪运动研究成果和案例等具有前瞻性和针对性的建议,这些一手的反馈信息对于教材开发者和教育决策者而言是宝贵的资源,能够为教材数字化的升级方向提供直接的参考依据,确保其紧密贴合用户的实际需求和未来发展趋势,从而推动高校冰雪运动专业教材数字化建设朝着更加科学、高效、实用的方向发展,切实提升教学质量和学习效果,培养出适应时代需求的高素质冰雪运动专业人才。

3. 量表题的构建

量表题在高校冰雪运动专业教材数字化应用调查中是一种重要的量化研究工具,能够精准测量受访者对特定问题的态度、看法和感受的程度,从而为研究提供具有可比性和统计意义的数据支持。

在构建量表题时,首先要明确测量的目标和维度。

(1) 针对教材数字化的使用满意度这一关键维度,可以从多个子维度进行量表设计,包括内容质量、功能实用性、界面友好度、技术稳定性等方面。对于内容质量,可设置量表题"您对高校冰雪运动专业数字化教材的内容准确性和完整性的满意程度如何?"采用5级量表,从"非常不满意"到"非常满意"依次赋值1~5分,让受访者通过选择相应的分值来表达他们对教材内容质量的评价。这样的量表题能够将抽象的满意度概念转化为具体的数值,便于后续进行大规模样本的数据统计和分析,清晰地了解受访者对教材内容质量的整体态度倾向以及不同个体之间的差异程度。

(2) 在功能实用性方面,构建量表题"您认为高校冰雪运动专业数字化教材的交互功能(在线讨论、答题反馈等)对您的学习/教学的帮助程度如何?"同样采用5级量表,通过量化的方式衡量受访者对数字化教材功能模块的实际价值感知。这种量化的数据收集方式有助于研究人员确定各个功能模块在实际教学和学习过程中的重要性和有效性,发现哪些功能得到了用户的高度认可和依赖,哪些功能还需要进一步改进和优化,从而为教材开发者在功能升级和资源配置方面提供科学、精准的决策依据。

(3) 对于界面友好度,设置"您在使用高校冰雪运动专业数字化教材时,对其操作界面的便捷性和舒适性的感受是?"的量表题,再次运用5级量表量化受访者的体验感受。这不仅能够反映出教材当前界面设计的优点和不足,还能针对不同用户群体(教师与学生、不同年级或专业背景的学生等)的评价差异,深入分析用户界面需求的多样性和特殊性,为设计出更加符合用户习惯和审美需求的操作界面提供有力支持,提升用户体验和使用意愿。

(4) 在技术稳定性方面,"您在使用高校冰雪运动专业数字化教材过程中,遇到技术故障（卡顿、闪退等）的频繁程度如何？"的量表题，采用反向5级量表，从"总是遇到"到"从未遇到"赋值1~5分，能够有效收集关于教材技术性能的反馈信息。通过量化的数据，可以直观地了解到技术问题的发生频率和严重程度，在频繁出现技术故障的方面，研究人员可以进一步深入调查原因，督促技术团队进行针对性的修复和优化，确保数字化教材在教学过程中的稳定运行，提高其可靠性和可用性。

量表题的构建要紧密围绕高校冰雪运动专业教材数字化应用的各个关键维度，确保测量指标的明确性、合理性和可操作性，通过科学合理的量表设计和严谨的数据收集与分析，深入挖掘受访者的态度和意见，为全面了解数字化教材现状、发现问题以及制定有效的改进对策提供坚实的数据基础，推动高校冰雪运动专业教材数字化建设的健康发展，提升教育教学质量和效果。

（三）样本选取的依据

1. 地域代表性

地域代表性在高校冰雪运动专业教材数字化研究的样本选取中占据关键地位，关乎研究结果的普适性与全面性。我国南北跨度大，气候条件迥异，这是影响冰雪运动发展及教材数字化应用的重要因素。北方地区，冬季漫长寒冷，冰雪资源得天独厚，高校冰雪运动专业发展历史往往更为悠久。例如，在黑龙江、吉林等地的高校，拥有天然的冰雪场地，在实践教学中，学生有更多机会亲身体验真实冰雪环境下的运动技能。这使其对数字化教材的需求与应用场景具有独特性。一方面，在基础理论知识教学上，数字化教材可通过生动的动画、视频演示，将冰雪运动的力学原理、动作规范等复杂内容直观呈现，辅助学生更好地理解。另一方面，在实际训练中，利用数字化教材的视频对比功能，学生可以将自己的动作与标准动作进行实时比对，及时纠正错误，提升训练效果。而且，由于长期的冰雪运动文化积淀，这些地区的高校在冰雪运动专业教材数字化建设方面可能投入更多资源，无论是购买高质量的数字化教材，还是自主研发符合本地教学特色的数字化教学资源，都具有一定的优势。南方地区尽管冰雪资源相对稀缺，但随着冰雪运动的大力推广以及室内冰雪场馆的逐步建设，高校冰雪运动专业也在蓬勃发展。不过，与北方高校不同，南方高校在教材数字化应用上更侧重于弥补实际冰雪体验的不足。借助VR和AR技术，通过数字化教材为学生营造逼真的冰雪运动场景，让学生在有限的冰雪实践条件下，尽可能多地熟悉各类冰雪运动项目的环境与技巧。在教学过程中，教师可能更多地依赖数字化教材中的模拟训练模块，组织学生进行虚拟环境下的技能训练，并通过数字化教材的智能评估系统，对学生的虚拟训练表现进行分析反馈，以提高教学质量。

考虑地域代表性进行样本选取，全面覆盖不同气候条件、经济发展水平以及教育文化背景下的高校,能够深入了解高校冰雪运动专业教材数字化在全国范围内的实际应用情况,精准把握其发展脉络、优势与不足,为后续提出切实可行的困境解决对策和转型升级策略提供全面、可靠的数据支撑,从而推动我国高校冰雪运动专业教材数字化建设朝着更加科学、高效、均衡的方向发展,提高冰雪运动专业人才培养质量,促进冰雪运动产业的繁荣发展。

2. 院校类型与层次

院校类型与层次是高校冰雪运动专业教材数字化研究中样本选取的重要依据,其多样性对全面反映教材数字化现状具有关键意义。

(1) 从院校类型来看:①综合类高校往往学科门类齐全,资源丰富多样。在冰雪运动专业建设方面,其拥有跨学科的优势,能够将冰雪运动与体育教育、运动人体科学、体育管理、信息技术等其他学科领域进行交叉融合。这反映在教材数字化应用上,数字化教材的内容可能更加综合化和多元化。在介绍冰雪运动赛事运营时,会结合管理学知识讲解赛事组织架构和营销策略;在阐述冰雪运动损伤预防与康复时,会融入运动人体科学的专业理论和最新研究成果。此类高校的数字化教材可能会借助学校强大的信息技术平台,开发出具有特色的功能模块,基于大数据分析的学生学习行为跟踪系统,能够根据学生对不同学科知识点的学习情况,为其推荐个性化的学习路径和拓展阅读材料,提高学习效率和知识掌握程度。②体育类院校则专注于体育专业人才的培养,在冰雪运动教学方面具有深厚的专业底蕴和实践经验。其数字化教材可能更侧重于专业技能的精研和训练方法的优化。对于冰雪运动技术动作的讲解,会通过高清视频、三维动画等形式进行细致入微的演示,配合专业教练的同步讲解和分解动作批注,让学生能够更精准地掌握技术要领。体育类院校通常与各类体育赛事组织机构、专业运动队保持紧密联系,这使得其数字化教材能够及时更新最新的赛事动态、优秀运动员的技术分析以及行业标准变化等内容,确保教材的时效性和专业性领先地位。③师范类院校在培养冰雪运动专业人才时,注重教育教学能力的培养。其数字化教材除了涵盖专业知识和技能外,还会突出教学方法、课程设计、教育心理学等方面的内容,并将这些元素与冰雪运动教学紧密结合。在教材中设置专门的章节,通过实际教学案例和模拟课堂视频,展示如何运用不同的教学方法激发学生对冰雪运动的兴趣,根据学生的心理特点设计有效的教学活动,以及如何进行教学评价等。在教材数字化平台上,可能会提供丰富的教学资源库,包括教学课件模板、教案示例、课堂互动游戏等,方便学生学习专业知识,提升自己的教学实践能力,为未来从事冰雪运动教育工作奠定坚实基础。理工科院校在冰雪运动专业教材数字化建设上,可能会发挥其技术优势,注重教材的技术创新和功能拓展。利用 VR、AR、人工智能等先进技术,开发沉浸式的冰雪运动学习体验环境,让学生身临其境地感受冰雪运动的魅力和挑战,增强学习的趣味性和参与度。通过建立智能学习辅助系统,利用人工智能算法对学生的学习数据进行分析,为学生提供个性化的学习建议和辅导,帮助学生克服学习困难,提高学习效果。

(2) 从院校层次角度分析:①重点院校通常具备更优质的教学资源和师资力量,在冰雪运动专业教材数字化建设方面往往处于领先地位。它们有能力投入大量资金进行教材的研发和数字化转型,与国内外知名的学术机构、企业合作,引进先进的教材编写理念和数字化技术,打造具有国际水平的数字化教材。这些教材不仅在内容质量上精益求精,而且在技术应用上也更为先进和成熟,采用高清、全景视频展示冰雪运动赛事和技术动作,运用区块链技术确保教材内容的版权保护和数据安全,通过云计算平台实现教材的在线实时更新和多终端同步访问等。②普通院校虽然在资源和技术实力上相对较弱,但在教材数字化应用方面也有其独特的需求和特点。由于学生基础和教学条件的差异,普通院校可能更注重数字化教材的实用性和易用性。在教材内容上,会更加贴近学生的实际水平,强调基础知识的巩固和基本技能的训练,通过简洁明了的文字表述、生动形象的图片和视频演示,帮助学生理解和掌握冰雪运动专业知识。在数字化平台建设上,会优先考虑操作简单、界面友好的设计原则,确保教师和学生能够轻松上手,快速适应教材数字化教学模式。普通院校可能更倾向于选择性价比高的数字化教材解决方案,采用开源的教材数字化平台,结合自主创作和整合网络免费资源,构建适合本校教学实际的数字化教材体系,以有限的资源实现教材数字化的最大效益。

考虑不同院校类型和层次进行样本选取,能够全面涵盖高校冰雪运动专业教材数字化应用的各种情况和需求,深入了解各类型高校在教材数字化建设过程中的优势与不足,从而为制定具有针对性的教材数字化发展策略提供全面、翔实的依据,推动整个高校冰雪运动专业教材数字化水平的提升,促进冰雪运动专业教育的均衡发展和质量提高。

3. 专业师生分布

专业师生分布作为样本选取的关键依据之一,对于精准把握高校冰雪运动专业教材数字化应用状况起着至关重要的作用。

从教师角度来看,不同教龄的教师对教材数字化的接受程度和应用能力存在差异。①年轻教师通常成长于数字时代,对新技术的接受能力较强,更倾向于使用数字化教材进行教学创新。他们可以熟练运用数字化教材中的多媒体资源,制作精美的PPT,结合教材中的视频片段,为学生营造生动有趣的课堂氛围;善于利用在线教学平台与学生互动,布置和批改电子作业,通过数字化教材的数据分析功能了解学生的学习进度和知识薄弱点,进而调整教学策略。②教龄较长的教师,虽然教学经验丰富,但部分教师可能在适应数字化教材方面存在一定困难。他们可能更习惯传统的教学方式，对于数字化教材的一些复杂功能不太熟悉，一旦他们掌握了数字化教材的使用方法，往往能够将多年的教学经验与数字化资源相结合，为学生提供更有深度和广度的知识讲解。在讲解冰雪运动历史文化时，他们可以引用数字化教材中的经典赛事资料和历史文献，结合自己的亲身经历和感悟，使教学内容更加丰富多彩。在样本选取中涵盖不同教龄的教师，能够全面反映教师群体对教材数字化的应用现状和需求，为制定教师培训计划和优化教材数字化设计提供依据。

从教师的专业背景差异分析：①具有体育教育背景的教师可能更关注教材中教学方法和实践技能训练的数字化呈现，他们期望数字化教材能够提供更多的示范视频、教学案例和模拟训练场景，以帮助学生更好地掌握冰雪运动技能。②具有运动人体科学背景的教师，则可能对教材中关于冰雪运动生理学、生物力学等方面的数字化内容有更高要求，希望通过数字化教材展示最新的科研成果、实验数据和技术分析，以便在教学中深入讲解运动原理和训练的科学依据。③体育管理专业出身的教师可能更看重数字化教材在冰雪运动赛事组织、场馆运营、市场营销等方面的内容，期待教材能够结合实际案例，运用数字化手段呈现管理流程、数据分析方法和决策模型等，培养学生的管理实践能力。选取不同专业背景的教师作为样本，可以深入了解各专业领域对教材数字化内容的特殊需求，促进教材的多元化和专业化发展，满足不同课程教学的实际需要。

学生方面：①不同年级的学生对冰雪运动专业教材数字化的需求和应用能力也有所不同。低年级学生刚接触冰雪运动专业，他们需要数字化教材提供基础的知识讲解、直观的动作演示和简单易懂的学习引导。通过数字化教材中的动画和图文并茂的形式，帮助他们了解冰雪运动的基本规则、器材使用方法和基础技术动作，激发他们对专业的兴趣和学习热情。低年级学生可能更依赖数字化教材的课后辅导功能，如在线答疑、学习社区等，以解决学习过程中遇到的问题，巩固所学知识。高年级学生则随着专业知识的深入学习和实践经验的积累，对数字化教材的需求更加多元化和专业化。他们期望数字化教材能够提供前沿的学术研究成果、专业的技术分析报告和复杂案例的深度解读，以满足他们撰写毕业论文、参加专业实践和竞赛的需求。高年级学生可能会更多地利用数字化教材的自主学习功能，如个性化学习计划制定、知识拓展推荐等，根据自己的职业规划和兴趣方向，深入探索特定领域的知识，提升自己的专业素养和综合能力。在样本选取中纳入不同年级的学生，能够全面了解学生在整个学习过程中对教材数字化的需求变化，为教材的分层设计和功能优化提供有力支持。②从学生的专项技能水平差异考虑，技能水平较高的学生可能希望数字化教材提供更多高难度动作的精细化分析、个性化的训练方案制订以及国际顶尖赛事的战术解析等内容，以帮助他们突破技术瓶颈，提升竞技水平；而技能水平相对较低的学生则更需要数字化教材在基础技能巩固、错误动作纠正和学习信心建立方面提供支持，通过对比分析优秀运动员和自己的动作视频，找出问题所在，并利用数字化教材中的针对性训练建议进行改进。③不同专项技能方向（高山滑雪、花样滑冰、冰球等）的学生对数字化教材的内容需求也各有侧重。高山滑雪方向的学生可能更关注雪道分析、速度控制技巧和安全防护知识的数字化呈现；花样滑冰方向的学生则可能对舞蹈编排、音乐选择、艺术表现力培养等方面的数字化资源有更高需求；冰球方向的学生可能更需要数字化教材提供战术配合、团队协作训练以及比赛规则解读等内容。根据学生的专项技能水平和方向进行分层抽样，能够深入了解不同层次学生的具体需求，确保数字化教材的内容和功能能够精准满足各群体的学习要求，提高教材的实用性和有效性，推动高校冰雪运动专业教学质量的整体提升。

（四）样本容量的确定方法

1. 基于总体特征的估算

在确定高校冰雪运动专业教材数字化应用调查的样本容量时，基于总体特征的估算方法着重考虑研究总体的关键属性和变异性，以确保样本能够充分代表总体情况，为研究提供可靠的数据基础。对于高校冰雪运动专业教材数字化应用这一研究主题，总体特征包含多个层面。涉及的高校范围涵盖不同地域、层次和类型的高校：综合性大学、体育院校、师范院校等，且这些高校在冰雪运动专业建设和教材数字化实践方面存在差异。专业师生群体特征，包括师生的年龄分布、教龄或学龄分布、对数字化技术的熟悉程度以及在教学过程中对教材数字化的实际应用频率和方式也存在差异。

在估算样本容量时，需运用合适的统计公式和参数设定。一种常用的方法是参考 Cochrance 公式：$n = \dfrac{Z^2 \times p \times (1-p)}{e^2}$，其中 n 为样本容量；Z 为标准正态分布的分位数（通常取 1.96，对应 95% 置信水平）；p 为总体中具有某种特征的比例估计值；e 为允许的误差范围。

对于高校冰雪运动专业教材数字化应用情况，假设我们关注的是某一特定数字化应用行为（使用数字化教材进行课堂教学的频率），若根据前期初步调研或相关文献资料预估该行为在总体中的发生率 p 为 0.5（在缺乏确切先验信息时，0.5 是相对保守且能使样本容量计算结果较大的取值，以保证样本的代表性），设定允许误差 e 为 0.05（即希望样本统计量与总体参数的误差在 5% 以内），则根据公式计算可得：

$$n = \dfrac{1.96^2 \times 0.5 \times (1-0.5)}{0.05^2} = 384.16$$

向上取整后，样本容量约为 385。

这只是一个基础的计算示例，实际情况更为复杂。由于高校冰雪运动专业的多样性和教材数字化应用的多维度性，可能需要针对不同的子总体分别计算样本容量，并综合考虑各方面因素进行适当调整。对于不同类型高校，可能需要按照其在总体中的比例分配样本量，以确保各类高校的情况都能得到充分反映。对于一些特殊情况，某些高校在冰雪运动专业教材数字化方面具有创新性实践或极端情况，可能需要对这些高校进行重点抽样，增加其在样本中的比例，以深入了解这些特殊情况对总体特征的影响，从而更精准地把握高校冰雪运动专业教材数字化应用的现状和特点，为后续研究和对策制定提供坚实的数据支持。

2. 分层抽样的样本分配

在高校冰雪运动专业教材数字化应用调查中，分层抽样的样本分配是精准获取数据、确保样本代表性的关键环节。

在明确分层变量时，对于高校冰雪运动专业这一总体，可依据高校类型、地域分布、专业师生类别等因素进行分层。高校类型方面，分为体育类院校、综合类大学中的冰雪运动专业、师范类院校相关专业等。地域分布上，可划分为东北、华北等冰雪运动开展较为广泛且具有地域特色的地区，以及其他南方地区等不同层次。专业师生类别则分为教师和学生两个群体，教师又可根据职称分为教授、副教授、讲师等，学生可按年级分层。基于高校类型分层时，考虑到体育类院校在冰雪运动专业建设和教材数字化应用上可能具有更专业、深入的特点，应分配相对较多的样本量。若总体高校数量中体育类院校占比30%，根据经验和研究重点，可将样本量的40%分配给体育类院校，以更细致地捕捉其教材数字化应用的细节和差异。

从地域分布来看，冰雪运动传统优势地区的高校在教材数字化实践中可能存在独特的模式和问题，东北高校因长期的冰雪运动底蕴，其教材数字化可能与冰雪文化传承、地域产业结合紧密；而南方新兴开展冰雪运动专业的高校，在教材数字化应用上或许更侧重于引入新的技术手段来弥补冰雪资源不足的劣势。对于传统优势地区高校，可根据其在总体中的比例，适当增加样本分配比例，给占总体高校数量40%的传统优势地区高校分配50%的样本量，从而深入挖掘地域特色下的教材数字化应用现状。

在师生类别分层中，教师与学生对教材数字化的体验和需求截然不同。教师更多关注教材数字化对教学方法改进、教学资源整合的作用，学生则侧重于教材数字化对学习效果提升、学习便利性的影响。考虑到教师群体相对学生数量较少，但在教材应用中起关键引导作用，可按教师占总体冰雪运动专业师生人数的20%，分配30%的样本量，确保教师层面的观点和实践能得到充分反映；而学生群体则按剩余样本量合理分配到各年级，高年级学生由于参与专业课程学习时间较长，对教材数字化应用有更成熟的看法，可相对低年级分配稍多样本，以全面了解不同阶段学生对教材数字化应用的反馈。

在具体分配过程中，还需综合考虑各层的内部差异程度和研究的精度要求。对于内部差异较大的层次，综合类大学中冰雪运动专业发展参差不齐的情况，应适当增加样本量以降低抽样误差；对于研究中重点关注的关键层，探索数字化教材创新应用模式的高校层，也需加大样本分配权重，保证能够深入分析该层的详细信息，为揭示高校冰雪运动专业教材数字化应用的全貌提供有力支撑，进而为后续的困境分析与对策制定奠定坚实的数据基础。

（五）问卷的预测试与修正

1. 预测试的实施过程

在高校冰雪运动专业教材数字化应用调查中，问卷预测试的实施过程至关重要，关乎问卷质量与数据有效性。

在确定预测试的样本时，可从高校冰雪运动专业的目标总体中选取一个小规模的代表性样本，涵盖不同类型高校、各年级师生以及不同职称教师等。选取时考虑高校的地域分布、院校类别差异，如体育院校、综合大学中的相关专业等，确保样本多样性，以全面检测问卷在各类情境下的适用性。预测试实施前，需对参与预测试的调查人员进行培训，使其熟悉问卷内容、目的及调查流程，明确预测试重点在于收集问卷存在的问题而非单纯获取数据。问卷发放可采用线上线下相结合的方式。线上通过专业调研平台、高校内部网络平台等向选定的师生发送问卷链接，线下则由经过培训的调查人员深入高校，在课堂、教研室等场所向师生发放纸质问卷，确保问卷发放的高效性与广泛性。

在预测试过程中，鼓励被试者积极反馈问卷填写体验，包括问题表述是否清晰易懂、题目设置是否符合逻辑、选项是否全面且相互独立等方面。对于师生提出的疑问，调查人员及时记录并解答，观察被试者填写问卷的行为表现：是否在某些问题上长时间犹豫、是否对特定问题存在理解偏差等，以此判断问卷可能存在的问题区域。预测试时间不宜过长，应控制在合理范围内，避免被试者因时间拖延而产生敷衍情绪，影响反馈质量。收集回预测试问卷后，对问卷的回收率、有效率进行统计分析：若回收率过低，需反思问卷发放方式与渠道是否存在问题；有效率低则需重点关注问卷内容质量。

将回收的有效问卷数据录入分析软件，但此时数据分析重点并非得出研究结论，而是通过描述性统计等方法初步查看数据分布情况，若某题目的回答集中于某一选项，某些问题存在大量空白或乱填现象等，这些异常数据分布往往暗示着问卷存在的缺陷，为后续问卷修正提供直观线索，从而保障正式调查时问卷能够准确、有效地收集高校冰雪运动专业教材数字化应用的相关信息，提升整个研究的可靠性与科学性。

2. 数据分析与问题发现

在高校冰雪运动专业教材数字化应用调查的问卷预测试环节，数据分析与问题发现是关键步骤，其目的在于精准定位问卷中存在的缺陷，为后续修正提供依据，以确保问卷能够有效收集所需信息。

（1）完整性检查。

统计每份问卷的回答率，查看是否存在大量未作答题目。若某一问题的未回答比例过高，可能意味着该问题表述不清、难度过大或过于敏感，导致被试者不愿回答或难以回答。若关于教材数字化成本投入的问题有较多空白，可能是教师对这一信息掌握不确切或者担心隐私问题而选择回避。

（2）数据的逻辑一致性分析。

检查被试者在相关问题上的回答是否符合逻辑：在询问是否使用过某类数字化教材功能和使用频率时，出现选择"从未使用"却又填写了具体使用频率的情况，这表明问题设置可能存在混淆或引导不清晰的问题，使被试者误解题意。

（3）运用描述性统计分析各题目的回答分布情况。

观察回答是否集中于某一特定选项，若多数被试者对某一关于教材数字化优势的问题都选择同一选项，可能说明该问题缺乏区分度，未能充分涵盖其他可能的观点，或者该问题的表述带有倾向性，引导被试者倾向于选择该选项，从而无法全面了解被试者对教材数字化优势的真实看法。

（4）不同群体回答的差异性分析。

按照高校类型、师生类别、年级等分层因素，对比各层之间在关键问题上的回答差异。体育院校的师生与综合院校冰雪运动专业师生对教材数字化教学效果的评价可能存在显著差异，问卷未能有效捕捉到这些差异则是问题设置不够细致的原因，没有针对不同院校背景下的教学特点和需求进行区分，进而影响对整体情况的准确把握。

（5）关注开放性问题的回答内容。

对被试者提出的意见、建议和其他补充信息进行文本分析，提取其中关于问卷内容、格式、措辞等方面的反馈。被试者可能指出了某些专业术语在问卷中未进行解释，导致理解困难；或者某些问题的表述过于冗长复杂，影响答题效率和准确性。

通过以上系统的数据分析过程，全面梳理问卷在内容完整性、逻辑合理性、区分度、群体适应性以及表述清晰度等方面存在的问题，为后续有针对性地修正问卷提供明确方向，使问卷在正式调查中能够准确、高效地收集高校冰雪运动专业教材数字化应用的真实情况，为整个研究奠定坚实的数据基础。

3. 问卷内容的优化调整

在高校冰雪运动专业教材数字化应用调查中，依据问卷预测试的数据分析与问题发现结果，对问卷内容进行优化调整是提升问卷质量与有效性的关键步骤。

针对完整性问题，对于预测试中未回答比例较高的题目，需重新审视其必要性与合理性。若某题涉及高校冰雪运动专业教材数字化采购的具体财务细节，多数被试者难以回答，可考虑删除该题，或修改为询问被试者对教材数字化成本的大致感知程度，"您认为目前高校冰雪运动专业数字化教材的使用成本相较于传统纸质教材是：A. 高很多；B. 略高；C. 差不多；D. 略低；E. 低很多"，使问题更具可答性，也能在一定程度上获取关于成本方面的信息。

对于逻辑一致性问题，重新梳理存在矛盾回答的题目逻辑关系。若原问卷中先询问"您是否经常使用数字化教材进行备课"，接着又问"您在使用数字化教材备课时遇到的技术问题频率是"，这两个问题之间缺乏明确的过渡与逻辑衔接，导致部分被试者回答混乱。优化时可在两个问题之间增加一个过渡问题为"您是否经常使用数字化教材备课，您主要使用哪些功能进行备课"，引导被试者更清晰地思考并回答后续关于技术问题的提问，从而增强问卷的逻辑连贯性。

从回答分布情况看，对于选项集中的题目，要拓展和细化选项内容，增强题目区分度。询问"您认为高校冰雪运动专业数字化教材对教学的帮助程度如何"，选项仅为"很大帮助、有一定帮助、帮助不大、没有帮助"，预测试中多数被试者选择"有一定帮助"，这使问题无法深入了解被试者的真实看法。优化后的问卷可将选项改为"极大提升教学效果、显著优化教学过程、在某些方面有一定辅助作用、作用不明显、几乎无作用"，并进一步追问"若选择在某些方面有一定辅助作用，请简要说明是哪些方面"，这样既能细化被试者的回答，又能为后续分析提供更丰富的信息。

考虑到不同群体的差异性，根据分层分析结果，对问卷内容进行针对性调整。对于体育院校和综合院校师生的不同回答特点，在涉及教材数字化与专业实践结合的问题上，分别设置不同的子问题。针对体育院校，可询问"在冰雪运动专项技能训练中，数字化教材提供的动作示范视频是否满足实际教学需求？A. 完全满足；B. 基本满足；C. 部分满足；D. 不满足。原因是＿＿＿＿＿"。对于综合院校，则可提问"在冰雪运动理论知识教学中，数字化教材的案例丰富度如何？A. 非常丰富；B. 较丰富；C. 一般；D. 较少。您希望增加哪些类型的案例＿＿＿＿＿"。通过这种方式使问卷更好地适应不同群体的实际情况，提高问卷的针对性和有效性。

在措辞和格式方面，依据被试者对开放性问题的反馈，简化复杂的问题表述，将专业术语替换为通俗易懂的语言。将"您感觉高校冰雪运动专业教材数字化平台的交互性界面设计的满意度如何"改为"您感觉数字化教材的操作界面是否好用，

A. 非常好用；B. 比较好用；C. 一般；D. 不好用。不好用的原因是_____"。合理调整问卷的排版，增加必要的说明和注释，在涉及专业技术问题的题目旁边，简要解释相关技术术语的含义，方便被试者理解题意，确保问卷内容清晰、简洁、易于回答，从而在正式调查中能够准确收集到高校冰雪运动专业教材数字化应用的全面且可靠的信息，为整个研究提供有力的数据支持。

二、访谈提纲与访谈对象确定

（一）访谈提纲设计原则与目标

在高校冰雪运动专业教材数字化应用调查中，访谈提纲的设计至关重要，其遵循特定原则并服务于明确目标，以确保能够精准、深入地获取所需信息。

1. 设计原则

（1）针对性原则。

访谈提纲紧密围绕高校冰雪运动专业教材数字化这一核心主题展开。每一个问题都聚焦于教材数字化应用的关键方面：数字化教材的内容质量、技术功能、教学效果、使用频率、师生接受度等。避免提出与主题无关或关联性不强的问题，确保所收集的信息能够直接为揭示教材数字化现状、发现困境及制定对策提供有效支撑。针对教材内容质量，会询问教师"您认为当前冰雪运动专业数字化教材的知识体系完整性与准确性如何？"而不是泛泛地询问"您对教材的总体看法"，从而使访谈内容更具针对性和深度。

（2）系统性原则。

问题的设置遵循逻辑顺序，从宏观层面逐渐深入到微观细节，形成一个有机的整体。首先了解高校冰雪运动专业教材数字化建设的整体背景和概况，"贵校冰雪运动专业教材数字化项目是何时启动的？主要由哪些部门或团队负责？"接着深入到教材数字化在教学各环节的应用情况，"在课堂教学中，怎样运用数字化教材进行教学活动设计？"再进一步探讨在应用过程中遇到的具体问题，像"在使用数字化教材时，您遇到过哪些技术故障或兼容性问题？"这种系统性的提问方式有助于被访谈者清晰地组织思路，全面且有条理地回答问题，也便于研究者从不同层次和角度全面把握教材数字化应用的实际状况，避免信息的碎片化和混乱。

（3）开放性与封闭性相结合原则。

访谈提纲中既包含开放性问题，给予被访谈者充分表达自己观点、经验和想法的空间，如"您认为目前冰雪运动专业教材数字化发展面临的最大挑战是什么？请详细阐述您的理由。"这种开放性问题能够挖掘到一些研究者事先未预料到的信息和观点，为研究提供新的视角和思路。又设置一定数量的封闭性问题，用于快速获取特定的事实性信息或确认某些观点的普遍性，如"您是否经常使用数字化教材辅助教学？A. 总是，B. 经常，C. 偶尔，D. 从不"。通过开放性与封闭性问题的有机结合，既能保证获取信息的广度和深度，又能提高访谈的效率和可控性，使访谈过程更加灵活和富有成效。

（4）中立性原则。

问题的表述避免带有倾向性或引导性，确保被访谈者能够基于自身的真实经历和客观认知进行回答。在询问关于数字化教材与传统纸质教材的比较时，不会使用"您是否认为数字化教材比传统纸质教材更具优势？"这样带有明显倾向的问题，而是采用"您认为数字化教材和传统纸质教材在冰雪运动专业教学中各自有哪些优点和不足？"这种中立的表述方式，防止因问题的引导而使被访谈者的回答产生偏差，从而保证所收集到的信息真实可靠，能够准确反映被访谈者的实际看法和感受。

2. 设计目标。

（1）全面了解现状。

通过访谈，旨在清晰掌握高校冰雪运动专业教材数字化应用的实际情况。包括但不限于数字化教材的普及程度，如在不同高校、不同课程中的使用比例；教材数字化的实现形式，如电子教材、在线教学平台、多媒体资源库等的应用情况；以及教师和学生在日常教学和学习过程中对数字化教材的使用频率、使用方式、使用体验等方面的详细信息。了解教师在备课过程中是否会优先选择数字化教材资源，学生在课后复习时如何利用数字化教材的互动功能等，从而构建出一幅完整、细致的教材数字化应用现状图，为后续的分析和研究提供全面的数据基础。

（2）深入挖掘困境。

探究在教材数字化应用过程中所面临的各种困境和问题是重要目标之一。从技术层面，软件的稳定性、平台的兼容性、网络的流畅性等；到教学层面，数字化教材与教学方法的适配性、对学生学习效果的影响评估等；再到管理层面，涉及教材采购、更新机制、版权保护等方面的问题，都需要通过访谈深入挖掘。通过与不同角色的访谈对象进行交流，获取他们在实际工作和学习中所遭遇的困难和挑战的第一手资料，分析这些困境产生的根源和影响因素，为制定针对性的解决对策提供有力依据。

（3）广泛收集建议。

积极寻求来自高校冰雪运动专业领域各方面的意见和建议，为教材数字化转型升级提供方向和思路。访谈对象包括一线教师、学生、教材编写者、教育技术专家等，他们从各自的专业角度和实践经验出发，能够提出具有建设性的改进措施和发展策略。教师可能会针对数字化教材的教学功能优化提出建议，学生则会从用户体验的角度对教材的界面设计、操作便捷性等方面发表看法，教材编写者能够就内容更新和质量提升提供专业见解，教育技术专家可以从技术发展趋势和应用创新的方向给予指导。将这些广泛的建议进行整合和分析,有助于形成切实可行的教材数字化发展对策,推动高校冰雪运动专业教材数字化向更高水平迈进,更好地服务于教学和人才培养目标。

(二) 访谈提纲具体内容构建

1. 高校冰雪运动专业教材数字化建设情况

在高校冰雪运动专业教材数字化建设情况的访谈提纲设计中,须围绕多个关键方面展开,以全面深入地了解其建设现状,为后续分析困境与提出对策奠定基础。

(1) 针对数字化教材的开发模式。

询问"贵校冰雪运动专业的数字化教材是自主研发、与企业合作开发还是采用外部采购的方式?是自主研发,研发团队的构成是怎样的,包括哪些专业背景的人员?是合作开发,与哪些企业合作,合作的主要流程和分工是什么?外部采购的话,主要采购自哪些供应商,选择的依据是什么?"这一系列问题旨在探究教材数字化建设的起点和基础架构,不同的开发模式会对教材的质量、适用性以及后续的更新升级产生不同影响。了解开发团队构成可以知晓其专业能力是否足以支撑高质量教材的打造,而合作方式与采购来源则关系到资源整合与成本效益等问题。

(2) 针对数字化教材的资源整合情况。

可提问"在数字化教材建设中,如何整合文字、图片、音频、视频等多种媒体资源?是否建立了统一的资源管理平台?该平台具备哪些功能:资源分类、检索、推荐等?如何确保不同类型资源之间的兼容性和协同性,以提升教学效果?"高校冰雪运动专业具有很强的实践性和直观性,多种媒体资源的有效整合对于学生的学习体验和知识掌握至关重要。通过这些问题可以了解到学校在利用现代信息技术丰富教材内容、提升教材吸引力方面所做的努力和实际成效。

(3) 针对教材数字化的技术标准与规范。

应询问"贵校在冰雪运动专业教材数字化过程中遵循哪些技术标准:文件格式、分辨率、交互性设计标准等?是否有相应的质量保障机制来确保教材符合这些标准?具体的质量检测流程和指标是什么?"统一且合理的技术标准和规范是保证数字化教材通用性、稳定性和可持续发展的关键。了解这方面情况有助于评估教材在不同平台和设备上的使用效果,以及其未来的可扩展性和兼容性。

(4) 针对教材的更新机制。

问题可以设计为"数字化教材的更新频率是怎样的?由谁负责发起和实施更新?更新的依据是什么,是基于学科知识的发展、教学实践的反馈还是技术的进步?在更新过程中,如何确保新老版本之间的过渡平稳,不影响教学秩序?"冰雪运动领域的知识和技术不断发展,教学理念和方法也在持续更新,教材的及时更新是保证其时效性和实用性的必要条件。了解更新机制能够发现其在适应变化方面的灵活性和有效性。

（5）针对数字化教材建设的资金投入情况。

可问"学校在冰雪运动专业教材数字化建设方面的资金投入规模是多少？资金主要来源于哪些渠道，包括学校专项拨款、政府资助、企业赞助等？这些资金在教材开发、平台建设、资源采购、人员培训等方面是如何分配的？"充足的资金保障是教材数字化建设顺利推进的重要支撑，明确资金投入和分配情况有助于评估学校对该项目的重视程度和资源配置的合理性，也能为后续分析建设过程中的困难和瓶颈提供经济层面的背景信息，从而更全面地把握高校冰雪运动专业教材数字化建设的实际状况，为进一步研究其发展趋势和优化方向提供有力依据。

2. 教材数字化应用的实践与体验

在高校冰雪运动专业教材数字化应用的实践与体验这部分访谈提纲构建中，需精准设计问题，以全面获取相关信息，深入了解其实际应用情况和用户体验。

针对教师群体，可询问"在日常教学中，您使用数字化教材的频率大概是怎样的？在哪些教学环节中您会优先选择使用数字化教材，是理论讲解、动作示范还是课后辅导等？您是如何将数字化教材中的内容与实际教学活动相结合的，是否会根据数字化教材中的案例组织课堂讨论或者实践演练？"这些问题有助于揭示教师在教学实践中对数字化教材的依赖程度和应用方式，以及他们如何发挥数字化教材的优势来优化教学过程，提升教学效果。对于数字化教材的教学功能应用，进一步追问"您是否使用过数字化教材中的互动功能：在线测试、问答社区、虚拟实验等？这些功能对学生的参与度和学习积极性有怎样的影响？您在使用过程中是否遇到过功能操作复杂、学生参与度不高、与教学内容结合不紧密等问题？"通过了解教师对这些功能的应用体验，可以评估数字化教材在促进教学互动、增强学生学习体验方面的实际成效，并发现存在的功能缺陷和应用障碍。关于教学效果的反馈，提问"在使用数字化教材进行教学后，您通过哪些方式来评估学生的学习效果？与使用传统纸质教材相比，您认为数字化教材在帮助学生掌握知识和技能方面有哪些优势或不足？是否在学生对复杂动作技巧的理解、理论知识的记忆或者自主学习能力的培养上有明显差异？"这能够从教学成果的角度衡量数字化教材的价值，明确其在教学效果提升方面的实际贡献和有待改进之处。

对于学生群体，问题可以设计为"在学习冰雪运动专业课程时，您使用数字化教材的频率高吗？您通常在什么情况下会主动使用数字化教材，是完成作业、复习考试还是自主拓展知识？您觉得数字化教材在内容呈现上增加视频讲解、动画演示等方式，对您理解专业知识有哪些帮助？"了解学生的使用习惯和他们对数字化教材内容呈现的感知，有助于判断数字化教材是否符合学生的学习需求和认知特点，是否能够有效辅助他们的学习过程。在使用便利性方面，询问"您在使用数字化教材时,是否遇到过登录困难、加载缓慢、界面不友好等问题?这些问题对您的学习体验有多大影响?您希望数字化教材在操作便捷性上做出哪些改进?"学生作为数字化教材的直接使用者,其使用体验对于教材的优化和推广至关重要,通过这些问题可以收集到关于教材可用性的关键反馈,以便针对性地解决技术和设计上的问题,提升学生的使用满意度。还可以探讨学生之间的协作学习情况,询问"数字化教材是否提供了一些支持协作学习的功能,是否建立小组项目平台、在线讨论小组等?您是否参与过基于数字化教材的协作学习活动?这些活动对您与同学之间的交流合作以及知识共享有什么作用?"有助于了解数字化教材在促进学生之间互动学习、培养团队协作能力方面的潜力和实际表现,为进一步拓展数字化教材的教育功能提供思路。

通过以上一系列针对教师和学生的访谈问题,能够全面深入地了解高校冰雪运动专业教材数字化应用的实践情况和用户体验,为后续分析教材数字化应用的优势与不足,以及提出针对性的改进措施和发展建议提供丰富而翔实的一手资料,推动教材数字化建设更好地服务于教学和学生的学习需求。

3. 面临的困境与挑战认知

在高校冰雪运动专业教材数字化应用所面临的困境与挑战认知这部分访谈提纲的设计中,需从多个维度深入挖掘,以全面、精准地把握相关问题,为后续研究提供有力支撑。

从教师角度,针对技术层面,首先询问"在使用数字化教材过程中,您是否遇到过软件崩溃、兼容性差、图像或视频播放不流畅等技术方面的问题?这些问题出现的频率大概是怎样的?"这有助于了解数字化教材在日常使用中的技术稳定性,技术故障会严重影响教学和学习的连续性与效率,频繁出现的技术问题可能暗示着教材开发的技术架构存在缺陷或未充分考虑实际使用场景。接着追问"对于数字化教材的更新和维护,您认为目前的技术支持是否及时、有效?学校或相关技术团队在解决技术问题方面的响应速度如何?"教材的持续更新和良好维护是保持其时效性和可用性的关键,若技术支持不到位,会导致教材内容陈旧、功能失效等问题,影响其在教学中的应用效果。关于教师培训与适应问题,可问"在采用数字化教材进行教学之前,您是否接受过专门的培训?培训的内容和形式是否能够满足您实际教学的需求?没有接受过足够的培训,您在使用数字化教材时遇到了哪些困难?"教师是教材数字化应用的关键推动者,他们对数字化技术的掌握程度和应用能力直接影响教学效果。缺乏有效的培训可能使教师无法充分发挥数字化教材的优势,甚至对其产生抵触情绪。再深入探讨"您认为在将数字化教材融入教学方法和课程设计方面,存在哪些挑战?如何平衡传统教学方法与数字化教学手段的结合,如何根据数字化教材的特点重新设计教学环节?"这涉及教学理念和方法的转变,教师需要时间和经验来探索适合数字化教材的教学模式，若不能有效解决这一问题，数字化教材可能只是传统教学的简单补充，无法实现其应有的教育价值提升。

从学生角度出发，询问"您觉得同学们在使用数字化教材时，是否存在技术操作能力不足的问题？主要体现在哪些方面，对软件功能的熟悉程度、设备使用的熟练程度等？"学生的技术素养参差不齐，若数字化教材的操作过于复杂，可能会使部分学生在获取知识的过程中遇到障碍，影响学习效果和学习积极性。对于教材内容与教学需求的匹配度，可提问"您认为当前的数字化教材在内容深度和广度上，是否能够满足冰雪运动专业不同层次课程的教学要求？对于基础理论课程和专业实践课程，是否存在内容过于简单或过于复杂的情况？"教材内容是教学的核心，若不能与教学需求紧密结合，会导致教学目标难以实现，教师可能需要花费额外的时间和精力去补充或筛选教学内容，降低教学效率。在版权与资源获取方面，问题可以设计为"在使用数字化教材时，您是否遇到过版权受限的问题？学校或相关部门在解决版权问题上采取了哪些措施，这些措施是否有效？"版权问题关系到数字化教材资源的合法性和丰富性，若不能妥善解决，会限制教材的内容质量和多样性，影响教学资源的整合与共享。

这些详细且有针对性的访谈问题能够深入了解高校冰雪运动专业教材数字化应用在技术、教学、学生使用、内容及版权等多个方面所面临的困境与挑战，从而为后续制定精准有效的对策提供翔实的依据，推动教材数字化转型升级朝着更加健康、高效的方向发展。

4. 对未来发展的期望与建议

在对高校冰雪运动专业教材数字化未来发展的期望与建议这部分访谈提纲构建中，应着眼于获取能够推动教材数字化优化升级的关键信息，涵盖技术改进、教学应用深化、内容优化及用户体验提升等多个方面。

对于技术创新与优化方向，询问教师和相关技术人员"您期望未来数字化教材在技术上有哪些突破或改进？如何能更好地将 VR、AI 等新技术融入冰雪运动专业教学中，以增强学生的学习体验和实践能力？"随着技术的飞速发展，这些新兴技术有望为冰雪运动教学带来全新的沉浸式、交互式体验，VR 技术可以让学生身临其境地感受冰雪运动场景，辅助技术动作的学习和理解；AI 技术则可实现个性化学习路径推荐和智能辅导等功能，精准满足学生的个体学习差异。了解专业人员对这些技术应用的期望，有助于把握教材数字化技术发展的前沿趋势和潜在需求。

关于教学功能拓展，可问"您希望数字化教材在教学辅助功能上如何进一步完善？能否开发更精准的学习进度跟踪与分析系统，以便教师能及时了解学生的学习状况并调整教学策略？或者增加更多的互动教学模块，像在线小组协作项目平台、虚拟实验室等,来提升学生的参与度和团队协作能力?"通过强化这些教学功能,数字化教材能够更好地与教学过程相融合,从单纯的知识载体转变为教学活动的组织者和推动者,有效提升教学质量和效果,满足现代教育对学生综合能力培养的要求。

针对教材内容更新与整合机制,询问"在冰雪运动专业知识快速发展的背景下,您认为数字化教材应如何建立更高效的内容更新机制?是加强与行业协会、科研机构的合作,还是鼓励教师参与内容创作与更新?另外,如何更好地整合国内外优质冰雪运动教学资源,使教材内容更加丰富、全面且具有前瞻性?"及时更新且整合优质的内容是数字化教材保持生命力和竞争力的关键,确保教材能够紧密跟踪学科前沿动态,反映行业最新实践成果,为学生提供最具价值的学习素材,这对于培养适应时代需求的冰雪运动专业人才至关重要。

从用户体验提升角度出发,向教师和学生提问"您对未来数字化教材的界面设计、操作便捷性有哪些期望?是否希望有更简洁直观的导航菜单、更快速的搜索功能、更好的移动端适配性?在内容呈现形式上,您认为怎样改进能使学生更容易理解和吸收知识?"优化用户体验能够提高师生对数字化教材的接受度和使用率,减少因技术障碍或设计不合理导致的学习困扰,使教材真正成为师生喜爱且依赖的教学工具,促进教学活动的顺利开展。

对于行业合作与资源共享模式,可探讨"您认为在高校冰雪运动专业教材数字化发展过程中,应如何加强学校与冰雪运动企业、俱乐部、培训机构等的合作?在实践教学资源共享、教材案例提供、实习就业机会拓展等方面,有哪些可行的合作方式和途径?您对建立一个跨机构的数字化教材资源共享平台有什么看法和建议?"通过广泛的行业合作与资源共享,能够整合各方优势资源,拓宽教材建设的视野和渠道,为学生提供更多接触实际行业场景和实践机会的平台,提升教材的实用性和适用性,也有助于推动整个冰雪运动教育行业的协同发展。

以上全面且深入的访谈问题能够充分收集高校冰雪运动专业教材数字化应用相关各方对未来发展的期望和建设性意见,为制定科学合理、切实可行的教材数字化发展战略和改进措施提供丰富的思路和方向指引,助力高校冰雪运动专业教材数字化实现更高质量的转型升级,更好地服务于教育教学和人才培养目标。

(三)访谈对象确定的依据与范围

在高校冰雪运动专业教材数字化应用的研究中,访谈对象的确定须遵循严谨的依据,以确保能够全面、深入地获取有关教材数字化应用的各方面信息,其范围涵盖了与教材建设和使用密切相关的多个群体。

确定依据首先基于对研究主题的关键要素分析。高校冰雪运动专业教材数字化应用涉及教材的开发、使用、管理以及技术支持等多个环节,访谈对象应包括在这些环节中起关键作用的人员。从开发角度，教材编写者和出版机构直接决定了教材的内容质量和数字化呈现形式，他们对教材的设计理念、知识架构以及数字化技术的应用程度有着深入了解，能够提供关于教材数字化建设初衷和过程的一手信息，这对于剖析教材数字化的基础情况至关重要。

对于教材的实际应用，高校冰雪运动专业的教师和学生是核心群体。教师在教学过程中直接使用数字化教材，能够反馈其在教学实践中的应用效果、遇到的问题以及对教学功能的需求；学生作为教材的使用者，他们的体验和看法反映了教材在学习便利性、内容吸引力、对知识掌握的帮助等方面的实际情况，这对于从用户角度评估教材数字化的成效具有关键意义。

从技术支持和教育理论指导方面来看，教育技术专家不可或缺。他们熟悉数字化教育的最新技术趋势、教学方法与技术融合的最佳实践，能够为教材数字化的技术改进方向、教学方法创新以及如何更好地发挥数字化优势提供专业的理论分析和实践建议，有助于把握教材数字化发展的前瞻性方向。

在范围确定上，应涵盖不同类型的高校。包括专业体育院校、综合性大学中的冰雪运动专业以及师范类院校的相关专业等。不同类型高校在学科资源、教学理念、学生特点和技术应用能力等方面存在差异，这会导致他们在教材数字化应用过程中面临不同的情况和问题。体育院校可能更注重实践教学与数字化教材的结合，综合性大学则可能在跨学科资源整合方面有独特的做法，师范类院校或许在教育技术应用于教材教学方面有更多经验，通过对各类高校的访谈，可以全面了解教材数字化应用在不同教育环境下的表现和挑战。地域范围也应有所考虑，选取冰雪运动开展具有代表性的地区，东北地区具有深厚的冰雪运动底蕴和丰富的教学实践经验，在教材数字化应用中可能形成了一些特色模式；南方新兴开展冰雪运动专业的地区，他们在克服地域局限、利用数字化手段推广和教学方面可能有创新举措，这种地域差异的对比能为教材数字化的推广和适应性发展提供多元视角。还应包括不同职称和教龄的教师、不同年级的学生，以确保获取的信息能够反映不同层次和阶段的需求与体验。资深教师可以分享长期教学过程中对教材变化的感受以及数字化教材带来的深层次影响，年轻教师则可能对新技术的接受度更高，能提出更具创新性的应用思路；低年级学生的反馈有助于优化教材的基础内容和入门引导，高年级学生的意见对于提升教材的专业性和深度具有参考价值。

通过以上依据和范围确定访谈对象，能够全面、系统地收集高校冰雪运动专业教材数字化应用从建设到使用各个环节、不同教育环境和各类用户群体的信息，为深入研究教材数字化现状、发现困境并提出针对性对策奠定坚实的基础，从而保证研究结果具有广泛的代表性、深度的洞察力和实际的应用价值，推动高校冰雪运动专业教材数字化朝着更科学、更高效、更贴合教学需求的方向发展。

（四）不同类型访谈对象的特点与选取理由

1. 高校冰雪运动专业教师

高校冰雪运动专业教师作为访谈对象，具有鲜明的特点和关键的选取理由。他们在教材数字化应用中扮演着多重重要角色，对于深入了解教材数字化应用现状及问题不可或缺。

从教学实践角度看，教师是数字化教材的直接使用者和课堂教学的组织者。他们在日常教学活动中频繁接触并运用数字化教材，对教材的内容适用性、技术功能稳定性以及与教学环节的契合度有着直观且深入的体验。在教学方法上，教师需要根据数字化教材的特点不断调整和创新教学策略，利用数字化教材中的多媒体资源进行生动的动作示范、理论讲解，通过在线互动功能组织学生讨论和小组活动等。这种实践经验使教师能够精准指出数字化教材在实际教学中哪些功能促进了教学效果的提升，哪些地方存在不足：某些教材的知识点呈现顺序不符合教学逻辑，或者互动环节设计得过于复杂导致课堂时间浪费等，这些反馈对于评估教材的实用性和改进方向具有关键价值。

在专业知识传授方面，教师基于自身深厚的学科知识储备，能够对数字化教材中专业内容的准确性、完整性和前沿性进行判断。冰雪运动专业知识不断更新发展，教师期望数字化教材能及时纳入最新的技术动作规范、赛事规则变化、训练方法创新等内容，以保证教学与行业实际紧密结合。教师可以对比传统纸质教材与数字化教材在知识传播上的差异，数字化教材是否更有利于复杂冰雪运动技术原理的可视化展示，是否便于学生随时查阅拓展知识，从而揭示数字化教材在专业知识传承与拓展上的优势与待优化之处。

从教材反馈渠道而言，教师是连接教材编写者、出版机构与学生的重要桥梁。教师不仅能将自身使用教材的感受反馈给上游的编写者和出版机构，推动教材的修订完善，还能将学生对教材的意见和困惑进行收集整理，从教学者的角度提出解决方案和建议。教师可能会发现学生在使用数字化教材的某一特定功能时普遍存在困难，这可能是由于教材设计未充分考虑学生的认知水平，教师便可就此向编写者提出改进建议，增加操作指南或简化功能流程，以增强教材的用户友好性。

在教育理念更新上，高校冰雪运动专业教师处于教育领域的前沿阵地，教师对于现代教育技术与学科教学融合的理念有着深刻的理解和积极的探索精神。随着教育信息化的推进，教师不断学习和接触新的教学工具和方法，对于数字化教材在实现个性化教学、促进学生自主学习能力培养等方面有着较高的期望和敏锐的洞察力。教师能够结合教育理论和教学实践，阐述数字化教材如何更好地服务于素质教育目标，通过数据分析功能实现对学生学习进度的精准跟踪，进而为每名学生制订差异化的学习计划，或者利用数字化教材的开放性资源引导学生开展探究式学习等，这些观点对于挖掘数字化教材的教育价值和引领其未来发展方向具有重要意义。

高校冰雪运动专业教师因其在教学实践、专业知识传授、教材反馈以及教育理念更新等方面的关键作用和独特视角，成为研究高校冰雪运动专业教材数字化应用现状及发展的核心访谈对象之一，教师的经验、观点和建议能够为教材数字化的困境分析与对策制定提供坚实的实践基础和理论支撑，助力高校冰雪运动专业教材数字化转型升级，朝着更加符合教学实际需求和教育发展趋势的方向迈进。

2. 高校冰雪运动专业学生

高校冰雪运动专业学生作为访谈对象，在揭示教材数字化应用情况方面具有独特价值，他们的特点和选取理由紧密关联着教材数字化研究的核心诉求。学生是教材的直接受众，具有使用体验的直观性。在日常学习中，教师频繁接触数字化教材，对其界面设计、操作便捷性有着最直接的感受。他们能够清晰地反馈教材的登录流程是否烦琐、页面布局是否合理、搜索功能是否好用等问题。教材在不同设备上的适配性不佳、在手机端查看时出现文字排版混乱或图片显示不全的情况，学生将第一时间察觉并受到影响，其反馈对于优化教材的用户体验至关重要。

从学习习惯和需求角度来看，学生群体呈现多样化特点。有的学生偏好自主学习，数字化教材的在线资源拓展功能对他们意义重大。他们期望通过教材链接更多的学术论文、专业赛事视频、优秀运动员案例分析等，以拓宽自己的知识面和眼界；而有的学生可能更依赖于教师的引导，那么教材与课堂教学的衔接紧密程度、数字化教材中的课后作业与课堂讲解内容的关联度、预习资料对新知识的导入效果等，就成为他们关注的重点。了解这些不同学习习惯下学生对教材的需求，有助于使数字化教材的设计更具针对性，满足多元学习风格的要求。

在学习效果反馈方面，学生能够基于自身的学习成果评价数字化教材的效用。对于一些难以理解的冰雪运动技术动作，学生可以对比通过传统文字描述学习和借助数字化教材中的动画演示、模拟训练等功能学习的效果差异，以此反映教材在知识讲解和技能传授上的实际效能。教材中的虚拟实验或模拟场景能够帮助学生更好地掌握动作技巧，提高实践能力，学生的积极反馈将为进一步拓展和优化这些功能提供有力依据；反之，若学生普遍反映某个知识点在数字化教材中的呈现方式导致理解困难，学习效果不佳，这也为教材的改进明确了方向。

学生还具有时代敏感性和技术接受能力强的特点。学生成长于数字化时代，对新技术的应用充满期待和好奇，更愿意尝试新的学习工具和方式。学生能够对数字化教材中融入 VR、AR 等体验模块提出创新性的看法和建议；增加更多基于 VR 的冰雪场地沉浸式训练模拟，或者利用 AR 技术实现对冰雪运动装备的虚拟拆解与组装学习等，这对于推动教材数字化技术的前沿探索和应用具有积极的启发作用，能够使教材在技术创新上更好地契合学生的兴趣点和学习期望，提升教材的吸引力和竞争力，从而为高校冰雪运动专业教材数字化的优化升级提供基于用户体验和需求的关键洞察，助力打造更贴合学生学习实际、更具教育价值的数字化教材。

3. 教材编写者与出版机构

教材编写者与出版机构在高校冰雪运动专业教材数字化进程中占据着关键地位，他们各自具有独特的特点和重要的选取理由，对于深入了解教材数字化的整体状况不可或缺。教材编写者通常是冰雪运动领域的专家和教育工作者，其在专业知识储备上具有深厚的造诣。凭借对冰雪运动专业知识体系的深入理解，教材编写者与出版机构能够精准把握学科的核心要点、知识脉络以及教学重点难点，并将这些内容系统地融入数字化教材中。在编写关于冰雪运动技术动作的章节时，他们可以运用专业知识详细描述每个动作的要领、规范以及常见错误纠正方法。结合数字化手段，插入高清动作示范视频、三维模拟动画等，使学生更直观地理解和掌握知识。这种专业知识的权威性确保了数字化教材内容的科学性和准确性，为教材的质量奠定了坚实基础。

在教育理念和教学方法方面，编写者也有着丰富的经验和深刻的见解。他们熟悉不同的教学策略和方法，能够根据教学目标和学生的认知特点，设计出符合教学规律的教材内容架构和呈现方式。他们知道如何通过设置问题引导、案例分析、实践活动等环节，激发学生的学习兴趣和主动性，使数字化教材不仅仅是知识的堆砌，更是一个引导学生自主学习和探究的工具。他们对于教育理念的贯彻能够提升数字化教材的教育价值，使其更好地服务于教学过程和人才培养目标。

出版机构则在教材的市场推广、资源整合以及技术实现等方面发挥着关键作用。他们具有敏锐的市场洞察力，能够了解市场需求和行业趋势，从而推动教材编写者在内容创作上不断优化和创新，以适应市场竞争。随着数字化教育的发展，出版机构意识到高校对于冰雪运动专业教材数字化的需求不断增长，便会积极组织编写团队，投入资源进行数字化教材的开发，并根据市场反馈及时调整教材的内容和功能，确保教材在市场上的竞争力和吸引力。

在资源整合方面，出版机构拥有广泛的人脉和渠道资源，能够将文字编辑、美术设计、技术开发等各方专业人员组织起来，协同完成数字化教材的制作。出版机构还可以整合多种媒体资源，与专业的视频制作团队合作，获取高质量的冰雪运动赛事视频、训练教学视频等版权资源，丰富教材的内容形式，提升教材的品质和吸引力。出版机构在技术实现上具有专业优势，能够运用先进的数字出版技术，确保教材的兼容性、稳定性和易用性，解决教材在不同操作系统、移动设备上的适配问题，优化教材的加载速度和交互功能等，为教材的数字化应用提供坚实的技术保障。

选取教材编写者与出版机构作为访谈对象，能够从教材的创作源头和出版发行环节深入了解数字化教材的设计理念、内容构建、技术实现以及市场考量等多方面的信息。编写者可以提供关于教材内容质量、教育性设计的详细情况，而出版机构则能从市场运营、资源整合和技术支持的角度揭示教材数字化的整体状况和发展趋势，二者的反馈相互补充，有助于全面剖析高校冰雪运动专业教材数字化应用中存在的问题和潜在的发展方向，为制定针对性的困境解决对策和推动教材数字化转型升级提供关键的依据和思路，从而促进高校冰雪运动专业教材数字化建设更加科学、高效、优质地发展。

4. 教育技术专家

教育技术专家在高校冰雪运动专业教材数字化研究中具有独特且关键的作用，其特点与选取理由紧密关联着教材数字化发展的核心诉求。

教育技术专家具备深厚的技术理论知识储备，熟悉各类教育技术工具、平台以及数字化资源的开发与应用原理。他们能够精准解读当前教育技术领域的前沿趋势，挖掘人工智能、大数据、虚拟现实、增强现实等技术在教育中的潜在应用价值，并结合高校冰雪运动专业的教学实际，为教材数字化转型提供创新性的技术解决方案。在探讨如何利用虚拟现实技术提升学生对冰雪运动场景的感知和技能训练效果时，专家可以依据其技术原理，提出具体的技术选型、内容设计和交互模式建议，为教材数字化技术升级指明方向，确保教材在技术应用上的先进性和科学性。

在教学方法与技术融合方面，教育技术专家拥有丰富的实践经验和深入的研究成果。他们熟知如何将不同的教育技术手段有效融入教学过程，以优化教学效果和学习体验。对于高校冰雪运动专业教材数字化应用而言，专家能够分析如何根据冰雪运动的特点，设计基于技术的教学活动，如利用在线学习平台实现个性化学习路径规划、通过智能辅导系统为学生提供即时反馈和指导、借助多媒体交互技术增强学生对复杂技术动作的理解和掌握等。他们的专业视角有助于突破传统教学模式的局限，充分发挥数字化教材的优势，促进教学方法的创新与变革，提升数字化教材在教学实践中的应用效能。

教育技术专家还具有跨学科的视野和综合分析能力。他们能够整合教育、技术、心理、认知等多学科知识，全面评估教材数字化对教学环境、师生角色、学习行为等方面产生的影响，并从系统的角度提出改进策略。在考虑数字化教材的推广应用时，专家会综合分析学校的技术基础设施、教师的技术素养、学生的学习习惯和能力等因素，提出适合不同情境的实施路径和培训方案，确保教材数字化转型能够在整体教育生态中平稳推进，避免因技术与教学实践脱节而导致的应用困境。

教育技术专家在行业内拥有广泛的交流网络和信息渠道，能够及时了解国内外高校教材数字化的最新动态和成功案例，并将这些宝贵经验引入高校冰雪运动专业教材数字化的研究中。他们可以通过对比分析不同地区、不同专业的教材数字化实践模式，为研究提供丰富的参考借鉴，帮助识别潜在的发展机遇和可能遇到的问题，从而使本专业的教材数字化建设能够站在更高的起点上，少走弯路，实现跨越式发展。

选取教育技术专家作为访谈对象，能够从技术创新、教学融合、系统优化和经验借鉴等多个维度深入挖掘高校冰雪运动专业教材数字化应用的潜力和发展方向。他们的专业见解和建议将为解决教材数字化过程中面临的技术难题、优化教学方法、提升教育质量提供关键的理论支持和实践指导，有助于推动高校冰雪运动专业教材数字化朝着更加科学、高效、可持续的方向迈进，为培养适应时代需求的冰雪运动专业人才奠定坚实的技术与教育基础。

(五) 访谈对象的数量与分布确定方法

在高校冰雪运动专业教材数字化应用的研究中，访谈对象的数量与分布的合理确定对于获取全面、准确且具有代表性的数据至关重要，这需要综合考虑多方面因素并运用科学的方法。对于访谈对象数量的确定，要依据不同的研究广度和深度需求。研究旨在广泛了解高校冰雪运动专业教材数字化在不同地区、不同类型高校的整体应用情况，那么就需要较大规模的访谈样本，以确保能够涵盖各种可能的情况和观点。当研究目标是探究全国范围内各类高校（包括体育院校、综合性大学、师范院校等）冰雪运动专业教材数字化的现状时，就可能需要访谈上百名来自不同高校的教师、学生、教材编写者和教育技术专家等。研究重点是深入分析某一特定地区或某一类型高校的教材数字化应用细节，样本数量可以相对减少，但也要保证能够充分挖掘该特定情境下的关键信息，可能选取数十名具有代表性的访谈对象足矣。

采用分层抽样的方法有助于合理确定不同类型访谈对象的数量。根据高校类型、角色（教师、学生、编写者、专家等）以及地域等因素进行分层。对于高校类型分层，体育院校在冰雪运动专业教学上可能具有独特的实践经验和资源优势，在样本中应增加适当的比例分配，假设体育院校占总体高校数量的20%，考虑到其重要性，在访谈对象中可分配30%左右的名额，以确保能够深入了解其教材数字化应用的特点和问题。对于教师和学生这两个主要群体，由于学生数量通常远多于教师，在确定数量时可按照一定比例选取，教师与学生的访谈对象数量比例设定为1∶5，既能保证教师的专业视角得到充分体现，又能广泛收集学生的使用体验和需求反馈。

地域分布也是确定访谈对象数量的关键因素。对于冰雪运动开展较为活跃和具有代表性的地区，在东北地区应适当增加访谈对象数量，因为这些地区的高校在教材数字化应用方面可能形成了较为成熟的模式和经验,或者面临着一些特定的地域相关问题,通过增加样本量可以深入探究这些情况。对于冰雪运动起步较晚的地区,虽然样本量相对较少,也要保证有一定的覆盖范围,以便对比不同地域的发展差异和共性问题,从而为教材数字化的区域推广和适应性发展提供依据。

在确定访谈对象分布时,要确保随机性与代表性相结合。在每一层级的抽样中,采用随机抽样的方法选取访谈对象,避免主观偏见。使每个潜在的访谈对象都有平等的被选中机会,从而保证样本的随机性。在随机抽样的基础上,对抽取的对象进行初步筛选,确保其在所在群体中具有一定的代表性,可选取不同教龄、职称的教师,不同年级、学习成绩和技术水平的学生等,使访谈结果能够反映出该群体的整体特征和多样性,进而提高研究结果的可靠性和有效性,为深入了解高校冰雪运动专业教材数字化应用的现状、发现困境并制定针对性对策提供坚实的数据基础,推动教材数字化转型升级的研究向纵深发展。

第三节 调查结果统计与分析

一、师生对冰雪运动教材数字化的认知程度研究

(一)师生对冰雪运动教材数字化的认知现状

大部分教师对冰雪运动教材数字化有所耳闻,但不同地区和学校类型的知晓程度存在差异。发达地区和高校教师知晓比例相对较高,而一些偏远地区中小学教师知晓率较低。在一线城市的高校冰雪运动的教师中,知晓数字化教材的比例达到90%以上;而在偏远山区的小学体育教师中,知晓率不足30%。约60%的教师了解数字化教材具有视频演示、动画讲解等动态展示功能,能辅助教学动作示范;约40%的教师知道数字化教材可实现互动交流,如学生提问、教师答疑等功能;但对于数字化教材的教学数据分析、个性化教学方案生成等高级功能,了解的教师较少,仅占20%左右。超过70%的教师表示愿意尝试使用冰雪运动教材数字化资源,但在实际教学中经常使用的教师比例较低,约为30%。主要原因包括教学资源获取不便、学校硬件设施不足以及自身对数字化教学技术掌握不够熟练等。

(二)影响师生认知程度的因素

学校是否配备完善的网络设施、电子教学设备(如平板电脑、智能教室系统等)直接影响师生对冰雪运动教材数字化的体验与应用。在网络速度快、设备充足的学校,师生使用数字化教材的频率和满意度较高;反之则较低。学校是否提供丰富的冰雪运动数字化教学资源库,如专业的冰雪运动教学视频平台、电子教案资源

等，也是影响师生认知的重要因素。有良好资源支持的学校，教师更容易开展数字化教学，学生也有更多机会接触和学习数字化教材内容。教师自身对信息技术的掌握程度，如是否能熟练操作教学软件、制作数字课件、管理在线教学平台等，决定了其能否有效利用冰雪运动教材数字化资源。信息技术能力强的教师更愿意尝试和推广数字化教材，而能力较弱的教师则可能对其持观望或抵触态度。传统教学理念注重教师讲授和学生书面练习，而现代教育理念强调以学生为中心、多元化教学方法和自主学习。秉持现代教学理念的教师更易接受冰雪运动数字化教材，将其视为创新教学的有效工具；而受传统教学理念束缚的教师则较难转变观念，对数字化教材的认知和应用相对滞后。

（三）师生对冰雪运动教材数字化的需求分析

教师期望数字化冰雪运动教材能提供丰富多样的资源。如高清、多角度拍摄的冰雪运动技术动作视频，从基础滑行到高难度跳跃、旋转动作，涵盖不同水平层次的示范，便于在课堂上精准展示动作要领，满足不同学习能力学生的需求。同时，学生希望数字化冰雪运动教材配以详细的文字解说、动画演示，深入剖析动作的力学原理、肌肉发力顺序等，加深理解。还希望有大量的冰雪运动赛事案例、运动员成长故事等资料，用于在理论教学中激发学生兴趣，拓宽学生视野，让学生了解冰雪运动背后的文化与精神。

（四）数字化教材使用频率的现状分析

在高等教育中，数字化教材的使用频率因学科专业而异。理工科专业如计算机科学、电子工程、机械设计等，由于学科知识更新迅速且与信息技术紧密结合，数字化教材的使用频率较高，几乎贯穿每门课程的教学过程。教师和学生频繁使用数字化教材进行在线编程实践、虚拟实验模拟、专业文献查阅等学习活动，每周使用次数可达5~7次甚至更多。文科类专业如文学、历史、哲学等，数字化教材的使用相对较少，主要集中在一些研究性课程和选修课程中，每周使用次数约为2~3次，用于拓宽学术视野、开展线上讨论和获取最新研究成果。但随着教育信息化的推进，越来越多的文科专业也开始尝试将数字化教材与传统教学相结合，逐步提高其使用频率。

理科类学科对数字化教材的依赖程度较高，使用普遍较为频繁。以数学学科为例，数字化教材中的数学软件工具可以帮助学生直观地理解函数图像、几何图形的变换等抽象概念，教师在课堂教学中经常使用此类功能进行演示和讲解，每周使用次数可达4~6次。在物理学科中，数字化教材提供的虚拟实验环境能够让学生在不受实验设备和场地限制的情况下，进行各种物理实验的模拟操作，深入探究物理规律。因此，物理教师每周使用数字化教材的频率也在5~6次。化学学科同样如此，数字化教材中的元素周期表动画演示、化学反应微观过程模拟等资源，为教师的教学和学生的学习提供了有力支持,每周使用频率约为4~5次。生物学科则借助数字化教材中的3D生物模型、生态系统模拟软件等,帮助学生更好地理解生物结构和生命现象,每周使用3~5次。

文科类学科的数字化教材使用频率相对较低,但在不同学科之间也存在差异。语文学科主要利用数字化教材的电子阅读资源、写作辅助工具和多媒体课件等功能。在阅读教学中,教师可以引导学生通过数字化教材阅读经典文学作品的电子版,并借助注释、翻译、音频朗读等功能加深理解;在写作教学中,利用写作软件对学生的作文进行批改和指导。总体而言,语文教师每周使用数字化教材的频率约为3~4次。历史学科通过数字化教材展示历史图片、视频资料、历史地图等,使教学内容更加生动形象,增强学生的历史感和学习兴趣。历史教师每周使用数字化教材的频率大约在3~4次。政治学科则主要利用数字化教材的时事新闻更新、案例分析资料等功能,每周使用次数约为2~3次。地理学科由于其学科特点,与信息技术的结合较为紧密,数字化教材中的地理信息系统(GIS)、卫星地图等资源为地理教学提供了丰富的素材,教师每周使用数字化教材的频率在3~4次左右。

(五)师生对冰雪运动教材数字化优势的认知

师生普遍认可冰雪运动教材数字化所带来的丰富资源,如丰富多样的冰雪运动项目介绍、从基础到高级的技能教学视频、国内外知名冰雪运动员的成长故事与赛事精彩瞬间等,这些资源能够拓宽师生的冰雪运动视野,加深对冰雪运动文化的理解。数字化教材不受时间与空间限制,师生可随时随地通过电脑、平板、手机等终端设备获取学习资源,方便快捷,有效满足了碎片化学习需求。数字化教材所具备的互动功能,如在线问答、讨论区交流、虚拟冰雪运动体验、学习游戏等,深受师生喜爱。这些互动元素打破了传统教材单向知识传递的局限,使学习过程成为师生、生生之间互动交流的双向过程,极大地增强了学生的学习参与感与积极性,让冰雪运动学习变得更加有趣生动,有效激发了学生的学习兴趣与内在动力。

冰雪运动教材数字化能够根据不同学生的学习进度、能力水平、兴趣爱好等提供个性化的学习路径与内容推荐。对于冰雪运动基础薄弱的学生,系统可自动推送基础入门课程与专项技能练习;对于学习进度较快的学生,则提供进阶挑战内容与拓展知识阅读。这种个性化的学习支持能够更好地满足每名学生的独特需求,提高学习效果与学习满意度。

在使用冰雪运动教材数字化过程中,约80%的师生遭遇过技术问题。其中,网络卡顿、掉线(占比10%)最为常见,严重影响学习与教学的连续性;软件或平台兼容性问题(占比10%)也较为突出,如部分数字化教材在特定操作系统或浏览器上无法正常运行,导致部分师生无法顺利使用;还有电子设备性能不足(占比15%)引发的加载缓慢、画面模糊等问题,给师生带来不佳的使用体验。约5%的师生对冰雪运动教材数字化内容质量表示担忧。一方面，部分教材内容存在准确性与科学性问题，如动作示范不规范、技术讲解错误、文字表述模糊等（占比10%）；另一方面，教材内容的难度梯度设置不合理，难以精准匹配不同学段学生的认知水平与学习需求（占比10%）。内容更新不及时，无法及时反映冰雪运动领域的新技术、新规则、新发展动态（占比5%），也是师生关注的重要问题。约2%的教师反映在冰雪运动教材数字化应用过程中，缺乏科学合理的教育评价机制。传统的以考试成绩为主的评价方式难以全面衡量学生在数字化学习过程中的综合表现，如学习态度、参与互动程度、自主学习能力提升等。同时，学校在数字化教材管理方面也存在诸多不足，如资源整合混乱（占比3%）、缺乏有效的版权管理措施（占比6%）、教师培训与技术支持不到位（占比4%）等，这些问题在一定程度上制约了冰雪运动教材数字化的推广与应用。

（六）提升师生对冰雪运动教材数字化认知程度的策略与建议

教育部门与学校应加大对冰雪运动教材数字化的宣传力度，通过举办专题讲座、开展校园推广活动、组织教师培训研讨会等多种形式，向师生全面介绍冰雪运动教材数字化的特点、优势、应用案例及发展前景。提高师生对其重要性与必要性的认识，激发师生主动参与数字化教材应用与创新的积极性。加大对教育信息化基础设施建设的投入，提升校园网络带宽与稳定性，优化电子设备配置，确保师生能够流畅、稳定地使用冰雪运动教材数字化资源。同时，加强数字化教材平台的研发与优化，提高平台的兼容性、易用性与安全性，及时解决师生在使用过程中遇到的技术问题，为师生提供良好的技术支持与服务保障。建立严格的冰雪运动教材数字化内容审核标准与流程，组织专业的冰雪运动专家、教育学家、一线教师等对教材内容进行审核把关，确保教材内容的准确性、科学性、趣味性与适用性。加强教材内容的更新维护工作，建立动态更新机制，及时将冰雪运动领域的新知识、新技术、新成果融入教材内容，使数字化教材始终保持时效性与吸引力。

探索建立与冰雪运动教材数字化相适应的教育评价体系，综合考量学生在数字化学习过程中的多维度表现，如学习行为数据、互动交流成果、知识技能掌握程度、创新实践能力等，采用多元化评价方式，全面、客观、公正地评价学生的学习成效。完善学校数字化教材管理制度，加强资源整合与优化配置，规范版权管理，加强教师培训与技术支持团队建设，为冰雪运动教材数字化的推广与应用提供有力的制度保障与组织保障。

二、数字化教材在教学实践中的使用频率与效果

理工科各学科对数字化教材的依赖程度相对较高。以数学学科为例，数字化教材中的动态函数图像演示、数学模型构建工具等能够帮助学生直观地理解抽象的数

学概念和复杂的解题过程。在高等数学课程中，教师使用数字化教材进行知识点讲解和例题演示的频率可达每周 3~4 次。物理学科中的实验模拟软件、化学学科中的分子结构模型展示等数字化资源，使得这些学科在教学过程中频繁使用数字化教材，每周使用次数普遍为 3~5 次，有助于学生更好地掌握实验原理、物质结构等关键知识。在理工科教学中，数字化教材的应用已较为广泛。在数学学科，许多高校的高等数学课程借助数字化教材中的动态图形演示，帮助学生直观理解函数的变化趋势、空间几何图形的结构等抽象概念。例如，在讲解多元函数微积分时，通过三维动画展示函数曲面的形状以及在不同方向上的导数变化，使学生能更迅速地掌握相关知识要点。据不完全统计，在采用数字化教材辅助教学的高校数学课堂中，学生对复杂数学概念的理解准确率平均提高了约 25%。

（一）数字化教材的教学效果

数字化教材通过多媒体资源的整合，将抽象的知识以直观的形式呈现给学生。在生物学科中，对于细胞结构、遗传信息传递等复杂概念，数字化教材中的 3D 动画演示能够让学生清晰地看到微观结构和生理过程，有助于他们深入理解知识的本质。与传统纸质教材相比，学生对这些知识点的理解准确率可提高 20%~30%。在物理学科的电磁感应现象教学中，数字化教材中的模拟实验可以让学生自由调整实验参数，观察不同情况下的实验结果，从而更好地理解电磁感应的原理和规律，使学生在相关知识点的考核中成绩平均提升 10~15 分。数字化教材能够实时更新知识内容，及时纳入学科领域的最新研究成果和社会热点事件。在地理学科中，数字化教材可以迅速更新关于气候变化、地质灾害等方面的最新数据和案例研究。在讲解全球气候变化时，数字化教材中提供的最新气候监测数据、国际气候会议报道等内容，让学生了解到该领域的前沿动态，拓宽了学生的知识视野。与仅使用传统教材的学生相比，使用数字化教材的学生在知识拓展类题目上的得分率高出 15%~20%。

数字化教材的互动性和多媒体特性极大地增强了学习的吸引力。在小学英语教学中，数字化教材中的英语儿歌、动画故事、互动游戏等元素，能够让学生在轻松愉快的氛围中学习英语。据调查，使用数字化教材的班级学生对英语学习的兴趣度比使用传统教材的班级高出 30%~40%。在中学历史教学中，数字化教材中的历史角色扮演游戏、虚拟历史场景游览等功能，让学生仿佛穿越时空，亲身体验历史事件，激发了学生对历史学科的学习热情，课堂参与度提高了 25%~35%。数字化教材为学生提供了自主学习的平台，学生可以根据自己的学习进度和兴趣选择学习内容。在大学计算机课程中，数字化教材中的在线编程练习平台、学习进度跟踪功能等，方便学生自主安排学习时间和练习内容。有自主学习平台的数字化教材使用班级，学生的课外自主学习时间平均每周增加 3~4 小时，自主学习能力得到显著提升。数字化教材能够根据学生的学习数据和行为分析，为教师提供个性化教学建议。在小学数学教学中，教师可以通过数字化教材平台了解每名学生对知识点的掌握情况，针对学习困难的学生提供个性化的辅导资料和练习题目，实现精准教学。使用数字化教材进行个性化教学的班级，学生的数学成绩整体标准差降低了8~10分，表明学生成绩的离散程度减小，整体学习水平更加均衡。数字化教材中的在线讨论区、小组项目合作平台等功能，促进了学生之间的合作学习。在高中语文的文学作品研讨课程中，学生可以通过数字化教材的讨论区分享自己的阅读感悟，分组进行作品分析和创作，并在平台上展示小组成果。这种合作学习模式提高了学生的团队协作能力和沟通能力，在合作学习项目评估中，学生的平均得分比传统教学模式下提高了15%~20%。

为了综合评价数字化教材的教学效果，我们可以构建一个教学效果评价指标体系。该体系包括知识掌握程度、学习兴趣提升、学习能力发展、教学方法创新等多个维度。通过对多所学校、多个学科的教学实践数据收集和分析，采用层次分析法等评价方法确定各指标的权重，计算出数字化教材的综合教学效果得分。在一所实施数字化教材教学改革的中学，经过一学期的实践，通过对学生的考试成绩、学习态度调查、课堂表现观察等多方面数据的综合分析，发现数字化教材的综合教学效果得分比传统教学模式提高了10%~15%，表明数字化教材在整体教学效果上具有明显的优势。数字化教材在教学实践中的使用频率因教育阶段、学科领域、教师与学生因素等而存在差异。在使用效果方面，数字化教材在知识传授、学习兴趣激发、教学方法创新等多个方面都展现出了显著的优势，对提高教学质量具有积极的推动作用。目前数字化教材的推广和应用仍面临一些挑战，如部分教师和学生的信息技术素养有待提高、数字化教材的内容质量参差不齐、设备和网络基础设施建设不完善等。

未来，随着信息技术的不断进步和教育理念的持续更新，数字化教材有望在教育领域得到更广泛的应用。教育部门应加大对教师信息技术培训的投入，提高教师的数字化教学能力；数字化教材开发者应注重内容的优化和创新，确保教材质量；学校和社会应共同努力，改善设备和网络条件，为数字化教材的普及创造良好的环境。通过各方的协同合作，数字化教材将更好地服务于教育教学，为培养适应新时代需求的创新型人才奠定坚实的基础。

（二）数字化教材丰富的教学资源

数字化教材整合了文字、图像、音频、视频等多种媒体资源，使教学内容更加生动形象。在历史教学中，数字化教材可以插入历史事件的视频片段、人物的原声录音以及珍贵的历史文物图片，让学生仿佛穿越时空，亲身感受历史的魅力。在科学教学中，复杂的实验过程可以通过动画演示或高清视频展示，使学生更直观地理解实验原理和操作步骤。这种多媒体资源的呈现方式，极大地丰富了教学信息的表达形式，有助于学生更好地理解和记忆知识。数字化教材能够通过网络链接等方式拓宽教学资源的边界。教师和学生可以方便地获取教材之外的相关知识和资料，如学术论文、在线课程、教育网站等。同时，数字化教材的内容更新更加及时便捷，能够迅速反映学科领域的最新研究成果、技术发展动态以及社会热点问题。在信息技术教材中，当出现新的编程语言或软件工具时，可以及时更新到教材中，让学生学习到最前沿的知识。这使得教学资源始终保持新鲜和活力。

数字化教材为翻转课堂的实施提供了有力支持。在翻转课堂中，学生在课前通过数字化教材自主学习课程内容，观看教学视频、阅读相关资料、完成预习作业等。课堂上则主要进行问题讨论、项目实践、知识拓展等活动。教师从传统的知识传授者转变为学习引导者和组织者。在数学教学中，学生可以在课前通过数字化教材学习新的数学概念和解题方法，课堂上教师组织学生进行数学问题的讨论和竞赛，检验学生的学习效果，加深学生对知识的理解和应用。这种教学模式充分发挥了学生的主体作用，提高了学生的自主学习能力和学习积极性。数字化教材能够根据学生的学习情况和特点，为其提供个性化的学习路径和资源推荐。通过对学生学习数据的分析，如学习进度、答题准确率、知识掌握程度等，数字化教材可以智能地判断学生的学习需求，为学生推送适合其水平的学习内容和练习题目。对于学习英语单词有困难的学生，数字化教材可以提供更多的单词记忆方法、专项练习和个性化的学习计划。这种个性化学习模式尊重学生的个体差异，满足了不同学生的学习需求，有助于每名学生都能在自己的原有基础上得到充分发展。

数字化教材便于学校和教师对教学资源进行统一管理。所有的教材资源都可以存储在云端或学校的教学资源平台上，教师可以随时随地访问和使用这些资源，无须担心教材的丢失或损坏。学校可以对数字化教材的使用情况进行监控和统计，了解教师和学生对教材资源的利用效率，以便及时调整教学资源的配置和更新。数字化教材能够记录教学过程中的各种数据，如教师的教学活动、学生的学习行为、作业完成情况等。这些数据为教学过程管理提供了丰富的信息。学校管理者和教师可以通过分析这些数据，评估教学效果、发现教学问题、改进教学方法。通过分析学生作业的错误率和完成时间，教师可以了解学生对知识的掌握情况，及时调整教学进度和教学重点。数字化教材还可以与学校的教务管理系统集成，实现教学安排、成绩管理等功能的自动化，提高教学管理的效率和准确性。

（三）数字化教材对学习成果的影响

数字化教材整合了丰富多样的学习资源，如详细的知识点讲解视频、海量的练习题、生动的案例分析等。这些资源为学生提供了多渠道的学习途径，有助于知识的巩固。在数学学习中，学生可以通过观看解题步骤视频，反复琢磨复杂的数学公式应用，加深理解。与传统教材相比，数字化教材能够更精准地针对学生的薄弱环节提供强化练习，根据学生的答题情况智能推送相似题型，使学生在不断练习中提升知识掌握程度。多项实证研究表明，使用数字化教材的班级在学业成绩上呈现出积极变化。以语文学习为例，使用数字化教材的班级在阅读理解和写作方面的平均分明显高于未使用班级。在阅读理解方面，数字化教材提供的多篇拓展阅读材料以及阅读技巧讲解视频，帮助学生提高了阅读速度和理解能力。在写作上，教材中的优秀范文展示、写作思路分析以及在线批改反馈功能，使学生能够及时发现问题并改进，从而提升写作水平。通过对不同学科、不同地区学校的大规模数据统计分析发现，使用数字化教材班级的整体优秀率和及格率也有不同程度的提高，这充分证明了数字化教材在提升学业成绩方面的有效性。

数字化教材的趣味性元素是激发学生学习兴趣的关键。其多媒体资源，如高清图片、精彩视频、生动动画等，能够将抽象的知识具象化，使学习过程不再枯燥。在历史教学中，通过播放历史事件的纪录片片段，让学生身临其境地感受历史的波澜壮阔，极大地提高了学生的学习热情。互动游戏化学习环节更是深受学生喜爱，在英语学习中，单词拼写游戏、语法闯关游戏等让学生在竞争与合作中愉快地学习单词和语法知识，将被动学习转变为主动探索。学生使用数字化教材前后学习动机有显著变化。传统教材往往以单向知识传授为主，学生学习动力多源于外部压力，如考试成绩等，而数字化教材提供的丰富资源和互动功能，使学生能够根据自己的兴趣和需求自主学习。在科学课上，学生可以自主选择感兴趣的科学实验视频观看，并尝试在家中进行简单实验，这种自主探索的过程激发了学生的内在学习动力，使他们更加渴望知识，追求自我提升。通过学生自我报告和课堂表现观察发现，使用数字化教材后，学生主动提问、主动参与课堂讨论的频率明显增加，学习的自觉性和持久性得到提升。

三、现有数字化教材存在的问题反馈

（一）教师与学生的数字化素养与培训问题

教师数字化教学能力不足，部分教师对数字化教材的功能认识不够全面，缺乏将数字化教材有效融入教学过程的教学设计能力和教学方法创新能力。一些教师只会简单地使用数字化教材播放课件，而不能充分利用其互动功能开展教学活动，导致数字化教材的使用效果大打折扣。学生之间的数字化学习能力存在较大差异，一些学生能够熟练运用数字化教材开展自主学习、参与在线互动等学习活动，但也有部分学生对数字化教材的操作不熟悉，缺乏自主学习意识和方法，在数字化学习环境中容易迷失方向，影响学习效果。

高校应加大对校园网络基础设施的投入，提升网络带宽，优化网络布局，采用智能网络管理技术，合理分配网络资源，保障在学生使用高峰期数字化教材的网络

使用流畅性。同时，加强校园无线网络建设，实现校园网络全覆盖，为学生随时随地使用数字化教材提供便利。教育部门和高校应联合制定数字化教材设备兼容性标准，规范数字化教材的开发与应用。学校应建立专门的技术支持团队，负责解决教师和学生在使用数字化教材过程中遇到的设备兼容性、稳定性等技术问题，定期对设备进行维护和更新，确保数字化教材的正常使用。

教育主管部门应建立严格的数字化教材质量审核机制，从内容质量、教学设计、技术规范等多个维度对数字化教材进行审核。审核标准应注重数字化教材的创新性、互动性、多媒体资源整合性以及与高校教学大纲的契合度等方面，确保进入高校市场的数字化教材质量优良。鼓励数字化教材开发商与高校合作，根据不同高校的专业特色、教学需求和学生特点进行个性化定制。教师和学生也应参与数字化教材的编写与完善过程，提供反馈意见，使数字化教材更好地服务于教学实践。

尽管数字化教材相较于传统教材在交互性方面有所提升，但现有的交互功能仍存在诸多局限性。许多数字化教材中的互动元素仅仅停留在简单的选择题、填空题等基础题型的设计上，缺乏对学生创新思维、实践能力和合作学习能力培养的有效交互活动。虚拟实验、小组讨论区等交互模块的功能不够完善，虚拟实验的真实性和可操作性不足，无法完全替代实际实验教学；小组讨论区缺乏有效的管理和引导机制，容易出现讨论偏离主题、信息杂乱无章等情况，难以达到预期的教学互动效果。在数字化教材的使用过程中，涉及大量学生的学习数据，如学习行为记录、学习成绩、个人信息等。目前部分数字化教材平台在数据安全与隐私保护方面存在严重隐患。数据加密技术不完善，容易导致学生数据被窃取、篡改或泄露；平台对数据的使用和共享缺乏明确的规范和透明度，学生和家长难以知晓自己的数据将被如何处理和利用，这不仅侵犯了学生的隐私权益，还可能对学生的个人安全和未来发展造成潜在威胁。

（二）教学应用相关问题

数字化教材的设计初衷是为了支持多样化的教学方法和策略，但在实际教学应用中，很多教师未能充分理解和利用数字化教材的特点进行教学设计。部分教师仍然沿用传统的讲授式教学方法，只是将数字化教材作为电子课件的替代品，简单地展示教材中的文字和图片内容，没有发挥出数字化教材的交互性、多媒体性等优势，导致教学过程枯燥乏味，学生的学习积极性和参与度不高。数字化教材与现有的教学评价体系脱节，教师难以根据数字化教材的使用情况对学生进行全面、准确的学习评价，无法及时调整教学策略以满足学生的学习需求。教师作为数字化教材的主要使用者，其对数字化教材的熟悉程度和应用能力直接影响教学效果。目前针对教师的数字化教材培训体系尚不完善，培训内容往往局限于简单的软件操作介绍，缺乏对教学设计理念、教学方法创新以及如何将数字化教材与课程教学深度融合的系统培训。同时，学校和教材供应商在技术支持方面也存在不足，当教师在使用数字化教材过程中遇到技术问题时，无法及时获得有效的帮助和解决方案，这在一定程度上阻碍了教师对数字化教材的积极应用和推广。

数字化教材的有效应用需要具备一定的教学环境条件，如高速稳定的网络、充足的电子设备及适宜的教学场地等。但在实际教学中，很多学校尤其是偏远地区和经济欠发达地区的学校，难以满足这些条件。网络速度慢、设备数量不足或老化等问题，导致数字化教材在使用过程中出现加载缓慢、画面卡顿甚至无法使用的情况，严重影响了教学进度和教学质量。数字化教材的使用还需要教师具备一定的信息技术素养和教学设备操作能力，对于一些年龄较大或信息技术基础薄弱的教师来说，适应数字化教材教学环境存在较大困难。

部分数字化教材的界面设计过于复杂或不符合用户的操作习惯，给学生和教师带来了较差的使用体验。教材的导航栏设置不清晰，用户难以快速找到所需的内容模块；页面布局混乱，文字、图片、视频等元素的排版不合理，影响阅读和学习的视觉效果；操作按钮的标识不明确，用户在进行交互操作时容易产生误解或误操作。一些数字化教材缺乏个性化的界面设置功能，无法根据用户的使用习惯和偏好进行调整，降低了用户的使用满意度和学习效率。数字化教材虽然提供了丰富的学习资源，但也在一定程度上增加了学生的学习负担。由于数字化教材的内容呈现形式多样，学生需要在不同的媒体资源之间频繁切换注意力，容易导致学习疲劳和注意力分散。

（三）市场与管理相关问题

数字化教材市场目前处于快速发展但缺乏有效监管的阶段，导致市场上的数字化教材质量良莠不齐。一些小型的教材开发商为了追求经济利益，粗制滥造，推出的数字化教材内容空洞、技术落后、交互性差；而一些大型出版社或教育科技公司虽然具备较强的实力，但在数字化教材的研发过程中也存在重形式轻内容、盲目跟风等问题。市场上还存在大量未经授权的盗版数字化教材，这些盗版教材不仅侵犯了知识产权，还可能存在恶意软件植入、内容篡改等安全隐患，严重扰乱了市场秩序，损害了消费者的合法权益。数字化教材的价格制定缺乏统一的标准和规范，存在价格过高或价格波动过大的问题。一些优质的数字化教材由于研发成本高、功能强大，进而定价过高，超出了许多学校和学生的承受能力，限制了其推广和应用；而一些质量较差的数字化教材却以低价策略抢占市场，误导消费者购买。数字化教材的订阅模式、更新收费等价格机制也不够透明和合理，给学校和学生在教材采购和使用过程中带来了诸多困扰。

许多数字化教材在不同的操作系统和设备上表现出明显的兼容性问题。某数学数字化教材在苹果 iOS 系统上的数学公式显示正常，但在安卓系统的部分手机和平板上，公式就会出现乱码或排版错误，影响学生对数学知识的准确理解。同样，一些基于特定软件平台开发的数字化教材，如只能在 Adobe Flash Player 支持下运行的教材，随着 Flash Player 的逐渐淘汰，在很多浏览器和设备上无法正常使用，给教学带来极大不便。某些数字化教材设计了在线互动讨论区或小组项目合作功能，但经常出现卡顿、掉线甚至数据丢失的情况。在英语教学的数字化教材中，教师组织学生进行在线口语交流活动时，由于网络延迟和软件稳定性问题，导致声音传输不清晰、画面卡顿，严重干扰了学生的交流体验，使得原本旨在提高学生英语口语表达和交流能力的教学活动难以达到预期效果，学生也会因为这些技术故障而逐渐失去参与互动的兴趣。

（四）教学应用方面问题

（1）与教学方法融合困难。

不少教师反映，在使用数字化教材进行教学时，难以将其与现有的教学方法有机结合。在传统的课堂讲授式教学为主的语文教学中，引入数字化教材后，教师只是机械地在讲解课文时展示教材中的图片或视频，没有根据数字化教材的特点设计新的教学环节，如利用数字化教材开展探究式学习、情境教学等。这样导致数字化教材在教学中成为一种可有可无的附加品，没有真正发挥其提升教学质量和效果的作用，也无法激发学生的学习主动性和创造性。

（2）缺乏对教学过程的有效支持。

在理科实验教学中，数字化教材虽然提供了一些虚拟实验资源，但无法对学生的实验操作过程进行精准的实时反馈和指导。在化学实验教学中，学生在进行虚拟实验时，对于实验步骤的错误操作，数字化教材只能给出简单的错误提示，无法像教师在实际实验教学中那样，根据学生的具体操作情况进行详细的分析和指导，帮助学生理解错误原因和正确的操作方法，从而影响了学生实验技能的培养和科学素养的提升。

四、现有数字化教材技术层面问题剖析

在当今多样化的电子设备市场中，不同操作系统（如 Windows、Mac OS、iOS、Android 等）各自具有独特的架构和运行机制。数字化教材在开发过程中若未能充分考虑这些差异，就容易出现兼容性问题。某些基于 Windows 系统开发的数字化教材在 Mac OS 系统上可能会出现界面显示异常，如字体变形、图片错位等情况；而一些针对 iOS 系统优化的数字化教材在 Android 设备上可能会频繁闪退，甚至无法正常安装。这种因操作系统不兼容而产生的问题，使得教师和学生在选择使用数字化教材时受到极大限制。他们可能需要根据教材的适配要求专门配备特定操作系统的设备，增加了教育成本和使用的不便性。除了操作系统，不同品牌和型号的电子

设备在硬件配置（如处理器性能、内存大小、屏幕分辨率等）和软件环境（如预装应用、系统设置等）方面也存在显著差异。这对数字化教材的兼容性提出了更高挑战。一些高清视频资源丰富的数字化教材在配置较低的平板电脑上可能会出现卡顿现象，严重影响观看体验；某些需要特定传感器（如重力感应、指纹识别等）支持的互动功能在部分设备上无法正常启用，导致教材功能无法完整呈现。这不仅降低了数字化教材的教学效果，还可能使学生对其产生负面评价，阻碍数字化教材的广泛应用。

数字化教材的用户界面布局对于教师和学生能否快速找到所需内容至关重要。部分数字化教材开发者在设计过程中缺乏对教师和学生实际需求的深入调研。他们往往过于注重技术的先进性和功能的丰富性，而忽视了用户操作的便捷性和易用性。在界面设计时没有充分考虑教师和学生的使用习惯和认知特点，导致界面布局和元素标识不符合用户期望，功能操作流程过于复杂，影响了用户体验。菜单设置层级过多且分类不清晰，导致用户在查找特定知识点或功能时需要花费大量时间进行层层搜索。导航栏功能设计不合理，可能缺少明确的章节导航或内容索引，使得用户难以在教材内容中进行快速定位和跳转。这不仅浪费了宝贵的教学和学习时间，还容易使学生在复杂的界面中迷失方向，降低学习效率。

数字化教材的开发涉及多个环节和众多技术团队，但目前行业内缺乏统一的开发标准和规范。不同的开发者在技术选型、数据格式、接口设计等方面存在差异，导致数字化教材在兼容性方面面临巨大挑战。对于视频格式的支持，有些教材采用特定的专有格式，而不是广泛兼容的标准格式，这就容易在不同设备和平台上出现播放问题。在数字化教材的开发过程中，测试环节往往未能得到充分重视或执行不够严格。许多开发者仅在有限的设备和网络环境下进行简单测试，未能全面覆盖各种可能的使用场景。这使得一些潜在的兼容性和稳定性问题在教材发布后才逐渐暴露出来。对于网络中断情况下的离线功能测试，如果仅在短暂模拟网络中断的情况下进行测试，可能无法发现长时间离线或复杂网络切换过程中出现的同步问题。

五、现有数字化教材内容层面问题剖析

（一）准确性与科学性问题

在数字化教材的知识体系构建中，准确性是基石。现实情况中不少数字化教材存在知识点错误。以理科教材为例，在数学教材里，可能出现公式推导错误，导致学生在学习过程中形成错误的数学思维逻辑。在物理教材中，对于物理定律的表述不准确，如对牛顿第二定律的应用条件解释模糊，使学生在解决实际问题时产生困惑与误解。化学教材方面，元素的化学性质描述不准确，或者化学反应方程式配平错误等情况时有发生。这些知识点的错误犹如一颗颗"知识毒瘤"，严重影响学生

对学科知识的正确理解与掌握，误导学生的学习方向，在后续知识的学习与应用中引发连锁反应，使学生的知识体系出现漏洞与偏差。

数字化教材为丰富内容往往会引用大量案例、文献等资料。但部分教材在引用过程中存在严重问题。一些教材引用的案例与知识点契合度不高，无法有效支撑教学内容，反而使学生在学习过程中感到迷茫，难以理解案例与知识的关联。更为严重的是，存在资料来源不权威的现象，如引用一些未经科学验证的网络博客文章或个人观点作为教学资料，缺乏学术严谨性。甚至有教材出现抄袭、篡改资料的学术不端行为，这不仅违背了教育的诚信原则，也损害了教材的权威性与可信度，让学生在错误的资料引导下，难以获取真实、可靠的知识，影响其学术素养的培养与提升。

数字化教材相较于传统纸质教材的一大优势在于能够整合多种多媒体资源，以增强教学的直观性与趣味性。但实际情况是，许多数字化教材在多媒体资源的运用上差强人意。部分教材仅包含少量低质量的图片和简单的文字说明，视频、音频资源稀缺。在语文教材中，对于一些经典文学作品的讲解，缺乏相关的朗诵音频或影视片段辅助学生理解作品的意境与情感；在历史教材里，重大历史事件的呈现如果仅有文字描述，没有生动的视频资料重现当时的场景，学生很难深刻体会历史的厚重感与真实性。多媒体资源的匮乏使得数字化教材的呈现形式较为单调，无法充分调动学生的多种感官参与学习，降低了学习的吸引力与效果。除了基本的教学资源外，数字化教材还应提供拓展性阅读材料、参考资料链接、相关学科知识关联等，以满足不同层次学生的学习需求与知识拓展要求。不少数字化教材在这方面存在明显不足。教材内容局限于课本知识，缺乏对知识背景、前沿研究成果等拓展性内容的介绍。在科学教材中，对于某个科学概念的讲解，未提供相关科学家的研究故事或该领域的最新研究动态链接，学生无法深入了解知识的来源与发展趋势，限制了学生的知识视野与学习深度。同时，相关学科知识关联的缺失也不利于学生构建完整的知识网络，使学生难以将不同学科知识融会贯通，影响其综合素养的提升。

（二）内容深度与梯度不合理

数字化教材内容的深度设置应符合学生的认知发展规律与学习层次差异。但部分教材在内容深度上存在问题。一些教材内容过于浅显，仅仅是对基础知识的简单重复，缺乏对知识内涵的深入挖掘与拓展。在高中数学教材中，对于一些重要的数学概念和定理，只是给出基本定义和公式，未深入探讨其背后的数学思想与应用技巧，无法满足高中学生较高的学习需求和思维能力培养要求。相反，有些教材内容又过于深奥，超出了学生的理解能力范围，未考虑到学生的知识储备和认知水平。如在初中物理教材中引入过于复杂的高等物理概念或实验，学生难以理解，容易产生畏难情绪，打击学生的学习积极性，导致学生学习效果不佳。教材内容的梯度编排应遵循循序渐进的原则，帮助学生逐步构建知识体系。现有的一些数字化教材在知识点的编排上缺乏合理的梯度。有的教材出现跳跃性过大的情况，前后知识点之间缺乏必要的过渡与衔接。在英语语法学习中，从简单的基础语法直接跳跃到复杂的高级语法，中间缺少过渡性的语法知识讲解和练习，学生难以跟上学习节奏，容易造成知识脱节。还有的教材逻辑连贯性差，知识点的呈现顺序混乱，使学生在学习过程中感到困惑，无法形成系统的知识框架，不利于学生对知识的系统学习与长期记忆。

在数字化教材市场竞争日益激烈的环境下，部分开发者受商业利益驱动，过于追求教材的数量和市场占有率，而忽视了教材内容质量。在编写过程中，为了降低成本、缩短编写周期，可能会减少对内容的审核与优化环节，导致教材出现内容错误、资源不足、深度不合理等问题。同时，质量把控体系不完善，缺乏严格的内部审核标准和外部监督机制，使得低质量的数字化教材流入市场，损害了学生和教师的利益，影响了数字化教材行业的健康发展。

（三）教育应用层面问题

良好的师生交互是教学过程中的重要环节，数字化教材应为此提供便利的平台。但目前，一些数字化教材的师生交互功能存在不足。在线问答功能响应不及时，教师可能无法及时收到学生的提问并给予解答，导致学生的问题积压，影响学习进度和积极性。讨论区的活跃度不高，学生参与讨论的积极性较低，可能是由于缺乏有效的引导和激励机制，或者讨论话题设置不够吸引人。一些互动功能的操作不够便捷，如教师在批改作业或评价学生表现时，操作流程复杂，耗费时间较多，降低了教师使用这些功能的意愿，从而影响了师生之间的有效互动和教学反馈的及时性。数字化教材在促进学生之间的合作学习和交流方面也有待加强。部分教材虽然提供了小组项目协作平台或学习社区等功能，但在实际应用中，学生的使用频率较低，互动效果不佳。可能是因为平台的功能设计不够完善，缺乏对小组合作过程的有效支持，如任务分配、进度跟踪、成果展示等功能不够便捷实用。或者是由于缺乏教师的有效组织和引导，学生在使用这些功能时缺乏明确的目标和方向，导致合作学习流于形式，无法真正发挥学生之间相互学习、相互促进的作用，不利于培养学生的团队协作能力和沟通交流能力。

数字化教材在教学管理方面应具备课程安排、教学进度跟踪、学生学习记录查看等功能，以帮助教师提高教学管理效率。一些教材在这些功能上存在缺陷。课程安排功能不够灵活，无法根据教师的教学计划和实际教学情况进行个性化设置；教学进度跟踪功能不准确，可能出现数据更新不及时或错误的情况，导致教师无法准确掌握教学进度和学生的学习情况。学生学习记录查看功能也可能存在数据不完整或分析功能不足的问题，教师难以从学习记录中获取有价值的信息，无法为教学策略的调整提供有力依据。科学合理的学习评价体系对于评估学生的学习成果和促进学生的学习发展至关重要。但现有数字化教材的学习评价工具和方法存在一定局限性。一些教材的评价指标单一，主要侧重于学生的考试成绩或作业完成情况，而忽视了学生在学习过程中的参与度、创新思维、合作能力等多方面表现。评价方式也较为传统，缺乏多元化的评价手段，如缺少对学生自主学习过程的评价、对学生在互动学习中的表现评价等。评价结果的反馈机制不完善，反馈信息不够详细和有针对性，学生难以根据评价结果了解自己的学习优势和不足，教师也难以据此为学生提供个性化的学习建议和指导，不利于学生的学习改进和成长。

（四）问题产生的原因分析

数字化教材的开发涉及多个技术团队和不同的技术平台，由于缺乏统一的技术开发标准和规范，导致各团队在开发过程中各自为政。在视频格式、音频编码、数据接口等方面没有统一的要求，使得数字化教材在不同设备和平台上的兼容性难以保证。同时，不同的开发团队在用户界面设计、功能操作流程等方面也存在差异，造成了操作便捷性方面的问题。

在内容创作方面，一些数字化教材编写团队缺乏严谨的态度和专业的素养。编写人员可能对学科知识的掌握不够精准，或者对教育教学理念和方法的理解不够深入，导致教材内容出现准确性与科学性问题以及教育理念与方法适配不当的情况。内容审核环节存在漏洞，没有建立严格的审核标准和流程，对教材中的知识点错误、资料引用不当等问题未能及时发现和纠正。

数字化教材的开发者在设计过程中往往没有充分考虑到教育教学的实际需求。对于教师和学生在教学互动、教学管理和学习评价等方面的具体需求了解不够深入，导致教材在教育应用层面的功能设计不合理，无法满足师生在教学过程中的实际使用需求。在设计师生交互功能时，没有充分考虑教师的教学时间和精力限制以及学生的学习习惯和兴趣特点，使得交互功能难以有效发挥作用。

在市场竞争激烈的环境下，部分数字化教材开发者为了追求商业利益和快速占领市场份额，可能会缩短教材的开发周期，降低开发成本。在这种情况下，技术研发和内容创作的质量难以得到充分保障，导致数字化教材存在各种问题。为了节省成本，可能会减少对技术兼容性测试的投入，或者在内容创作上采用拼凑、抄袭等不正当手段，忽视教材的质量和教育价值。

（五）改进建议

教育部门和相关行业协会应联合制定数字化教材的技术开发标准和规范，包括操作系统适配要求、设备兼容性标准、数据格式规范、用户界面设计指南、功能操作流程规范等。要求所有数字化教材开发者遵循这些标准进行开发，确保教材在不同平台和设备上能够稳定运行，操作便捷。同时，建立技术标准的认证和检测机制，对数字化教材进行严格的技术检测，只有符合标准的教材才能进入市场推广使用。加强数字化教材编写团队的建设，提高编写人员的专业素养。编写团队应包括学科专家、教育教学专家、一线优秀教师等，确保教材内容的准确性、科学性以及教育理念与方法的先进性和适用性。建立严格的内容审核制度，制定详细的审核标准和流程，对教材内容进行多层次、多环节的审核。审核过程应包括学科知识审核、教育教学方法审核、资料引用审核等，确保教材内容质量可靠，无错误、无抄袭等问题。

  数字化教材开发者应深入学校、课堂，与教师和学生进行充分的交流与沟通，了解他们在教学和学习过程中的实际需求和痛点。在设计教材的教育应用功能时，应充分考虑教师的教学管理需求、教学互动需求以及学生的学习习惯、学习兴趣和学习能力差异。根据教师的教学反馈优化师生交互功能的操作流程，提高响应速度；根据学生的合作学习需求完善生生交互平台的功能设计，提供更好的任务管理和成果展示功能。同时，建立用户反馈机制，定期收集师生对数字化教材使用的意见和建议，及时对教材进行优化和升级。数字化教材开发者应树立正确的商业理念，认识到教育质量是数字化教材的核心竞争力。在追求商业利益的同时，不能忽视教材的教育价值和质量。政府应加强对数字化教材市场的监管，制定相关法律法规，规范市场竞争行为，防止不正当竞争和低质量教材充斥市场。对于注重教育质量、积极投入技术研发和内容创作的开发者给予政策支持和奖励，引导整个行业健康发展，实现商业利益与教育质量的平衡与共赢。

第三章 高校冰雪运动专业教材数字化转型升级的困境剖析

第一节 技术困境：数字化平台与资源建设难题

一、冰雪运动专业教材数字化技术标准不统一

（一）行业规范缺失

在高校冰雪运动专业教材数字化进程中，行业规范缺失成为技术标准难以统一的关键症结所在。在教材内容的数字化构建环节，缺乏统一规范使各开发主体在知识体系架构上呈现出极大的随意性。一些开发者依据自身对冰雪运动专业知识的有限理解与认知，构建出碎片化且缺乏系统性关联的数字化内容框架。以冰雪运动中的竞技项目分类为例，有的可能按照传统的比赛项目类别简单划分，而有的则尝试从运动力学原理或者运动员体能训练角度重新归类，这种差异导致在数字化教材整合与交流时，知识脉络难以顺畅对接，学生在跨教材学习过程中面临知识体系混乱的困境，无法形成连贯且全面的冰雪运动知识图谱。

从数据标识与索引角度审视，由于行业规范缺失，各数字化教材制作方自行设定标识规则与索引方式。在冰雪运动专业术语、动作名称及场地设施等关键元素的数据标识上，各自为政的现象尤为突出。例如，对于"后外点冰跳"这一常见的花样滑冰动作，有的可能将其标识为"花样滑冰跳跃动作—后外点冰跳"，而有的则可能采用缩写形式"FLOP"或者其他非标准化的命名方式。在索引构建方面，差异同样显著，有的基于简单的字母顺序进行索引排列，有的则按照动作难度等级或者出现频率进行索引排列。如此一来，当教师或学生在多本数字化教材间搜索特定知识内容时，因数据标识与索引的不统一，难以快速精准定位所需信息，极大地降低了学习与教学效率。

（二）数据格式混乱

数据格式混乱：冰雪运动专业教材数字化的格式迷障。在高校冰雪运动专业教材数字化转型进程中，技术标准不统一所引发的数据格式混乱问题，犹如一团迷雾，严重阻碍了数字化教材的有效整合、共享与高效利用。

1. 多种数据存储格式并行

当前，冰雪运动专业教材数字化面临着琳琅满目的数据存储格式选择，且各格

式之间缺乏有效的整合与协调机制。一方面，传统的文本格式如TXT、DOC等仍被部分教材开发者沿用，这类格式在文字内容存储上具有一定的便捷性，但对于冰雪运动专业教材中丰富的图像、视频、动画等多媒体元素的支持则显得力不从心。在一本以TXT格式存储的冰雪运动教材中，若要展示某个滑雪动作的动态演示，只能通过文字描述来大致传达，无法直观地呈现动作的细节与连贯性，极大地削弱了教材的教学效果。

另一方面，新兴的电子文档格式如PDF，虽在一定程度上提升了文档的跨平台兼容性与排版稳定性，但其本质上仍主要面向静态文档展示，对于交互性元素的嵌入与呈现存在诸多限制。在冰雪运动专业教材数字化过程中，许多需要学生参与互动操作的环节，如模拟滑冰动作的练习、冰雪运动场景的虚拟探索等，难以在PDF格式中得以流畅实现。还有例如EPUB等专门针对电子书阅读设计的格式，虽然在文字排版与阅读体验优化方面有一定优势，但在处理复杂的冰雪运动专业知识结构与多媒体资源整合时，也暴露出功能上的局限性。

2. 图像与视频格式的繁杂与差异

冰雪运动专业教材中包含大量的图像与视频资源，用以直观展示冰雪运动的技巧、动作规范、比赛场景等内容。然而，数据格式混乱在这两类资源的呈现上表现得尤为突出。

在图像格式方面，常见的有JPEG、PNG、GIF等多种格式并存。JPEG格式以其良好的压缩比和广泛的兼容性在存储照片类图像时较为常用，但对于一些需要透明背景或无损压缩的冰雪运动动作示意图、标志图标等图像资源，PNG格式则更具优势。而GIF格式虽然能够支持简单的动画效果，可其色彩深度有限，不适用于高质量的冰雪运动图像展示。这种图像格式的多样性导致在教材数字化制作过程中，开发者需要根据不同的图像内容与应用场景反复权衡选择，增加了制作的复杂性与成本。在不同设备与软件平台上，对于这些图像格式的显示效果也存在差异，可能出现颜色失真、图像模糊或加载缓慢等问题，影响学生对教材内容的准确理解与学习体验。

3. 数据格式转换的困境与风险

由于数据格式的混乱，在冰雪运动专业教材数字化的实际应用中，经常需要进行数据格式转换。这一过程并非一帆风顺，而是面临着诸多困境与风险。

数据格式转换往往伴随着信息损失的风险。不同格式之间的数据编码方式与结构存在差异，在转换过程中可能会导致图像分辨率降低、视频画质变差、音频同步失调等问题。将一个高质量的冰雪运动教学视频从原始的专业视频格式转换为通用的MP4格式时，可能会因为压缩算法的差异而使视频中的一些细节动作变得模糊不清，影响学生对动作要领的精准学习。

数据格式转换需要借助专门的转换工具或软件，这些工具的质量与功能参差不齐。一些免费的转换工具可能只能实现基本的格式转换功能，无法满足冰雪运动专业教材对于数据质量与格式兼容性的严格要求。而专业的转换软件虽然功能强大，但往往价格昂贵，增加了教材数字化的成本投入。不同转换工具对于相同格式转换的效果也可能存在差异，这使教材开发者在选择转换工具时陷入两难境地。数据格式转换过程还可能涉及版权与法律合规性问题。在某些情况下，未经授权的格式转换可能会侵犯原始数据的版权所有者权益。一些冰雪运动赛事视频的版权方可能对视频的传播格式与使用方式有明确规定，若教材开发者在未获得授权的情况下将其转换为其他格式并应用于教材中，可能会引发法律纠纷，给教材的出版与发行带来潜在风险。

4. 数据格式对教材交互性与更新性的制约

数据格式的混乱还严重制约了冰雪运动专业教材的交互性与更新性发展。

在交互性方面，许多先进的数字化教材交互功能需要特定的数据格式支持。基于 HTML5 技术的互动式教材元素，如在线测试、实时反馈、3D 模型展示等，要求教材数据采用与之相适配的格式存储与传输。由于当前数据格式的混乱局面，使得这些交互功能在不同教材之间难以实现统一与标准化，限制了学生与教材之间的互动深度与广度。在一本采用老旧数据格式存储的冰雪运动教材中，无法顺利嵌入基于 HTML5 的互动式滑雪动作分析模块，导致学生无法通过先进的交互技术深入学习滑雪技巧。

数据格式混乱问题已成为高校冰雪运动专业教材数字化转型升级道路上的一块巨石，严重影响了教材的质量、教学效果以及行业的整体发展。若要打破这一困境，需建立统一的数据格式标准，规范教材数字化制作流程，加强数据格式转换技术的研发与优化，确保冰雪运动专业教材在数字化时代能够以高效、优质的姿态服务于高校教学与冰雪运动人才培养事业。

（三）交互功能标准差异

1. 操作逻辑的无序性

不同的冰雪运动专业数字化教材在操作逻辑上呈现出显著的差异。部分教材将交互功能的触发设计得极为复杂，需要经过多层菜单的点击与切换才能实现特定功能的调用。在查看某个冰雪运动动作的详细讲解视频时，可能需要先进入章节页面，再点击相关知识点链接，接着在弹出的功能栏中选择视频播放选项，最后才能启动视频。而另一些教材则采用了较为简洁直观的操作方式，如在页面上直接设置视频播放按钮，点击即可观看。这种操作逻辑的巨大差异使教师和学生在使用不同教材时，需要不断地适应新的操作流程，增加了学习与教学的时间成本。对于那些刚刚接触冰雪运动专业数字化教材的新手来说，复杂的操作逻辑可能会使他们望而却步，甚至产生对数字化教材的抵触情绪。

2. 互动形式的多样性与不兼容性

冰雪运动专业数字化教材的互动形式可谓五花八门，但缺乏统一的标准。一些教材侧重于文本互动，如设置了大量的课后问答、知识拓展阅读链接等，通过文字输入的方式来检验学生对知识的掌握程度并提供进一步学习的资源。然而，另一些教材则更加注重多媒体互动，如利用 VR 或 AR 技术，让学生身临其境地感受冰雪运动的场景与动作。在讲解滑雪技巧时，通过 VR 设备让学生仿佛置身于滑雪场，亲身体验滑雪的过程，并在虚拟环境中进行动作练习与纠正。还有些教材采用了社交互动功能，允许学生之间、学生与教师之间进行在线讨论与交流，分享学习心得与经验。但这些不同的互动形式之间往往难以兼容，当学生在使用多种教材进行学习时，可能会遇到无法在不同互动模式之间平滑切换的问题。在一个以文本互动为主的教材中学习了某个冰雪运动理论知识后，想要在具有 VR 互动功能的教材中进一步实践体验，却发现无法直接将之前学习的文本内容导入到 VR 环境中，需要重新在 VR 教材中查找相关知识点，这无疑极大地降低了学习效率。

3. 反馈机制的不一致性

反馈机制在数字化教材的交互功能中起着至关重要的作用，它能够让学生及时了解自己的学习成果与操作是否正确。然而，在冰雪运动专业数字化教材领域，反馈机制却存在着严重的不一致性。在一些教材中，对于学生的答题或操作反馈非常及时且详细，不仅会告知答案的对错，还会提供详细的解析与改进建议。当学生在完成一道关于冰雪运动赛事规则的选择题后，教材会立即弹出窗口，显示正确答案，并详细解释该规则的制定背景、适用范围以及与其他相关规则的联系，帮助学生深入理解知识点。但在另一些教材中，反馈则非常简单甚至缺失。学生完成操作或答题后，可能只得到一个简单的对勾或叉号，无法得知自己错误的原因，也没有进一步学习的引导。这种反馈机制的不一致性使得学生在使用不同教材时难以形成稳定的学习预期，无法有效地根据反馈调整自己的学习策略，从而影响了学习效果的提升。

4. 设备适配性的差异

随着移动学习设备的普及，冰雪运动专业数字化教材需要在不同类型的设备上运行，如电脑、平板电脑、智能手机等。但由于交互功能标准的差异，不同教材在设备适配性方面存在诸多问题。一些教材在电脑端运行时，交互功能能够完美呈现，视频播放流畅、动画效果逼真、操作响应迅速。但当切换到移动设备上时，可能会出现界面显示不全、交互按钮过小难以点击、视频卡顿等现象。例如，在一款平板电脑上使用某冰雪运动教材时，由于该教材的交互界面没有针对平板的屏幕尺寸和分辨率进行优化，导致一些原本在电脑上可以清晰显示的动作演示动画在平板上出现了变形和模糊的情况,严重影响了学生的观看体验。而另一些教材则可能在智能手机上表现良好,但在电脑端却存在兼容性问题,如无法全屏显示、某些功能键无法使用等。这种设备适配性的差异限制了学生和教师在不同学习场景下自由选择使用数字化教材的权利,降低了数字化教材的实用性和便利性。

5. 数据交互的不连贯性

在数字化教材的交互过程中,数据交互的连贯性对于学习体验有着重要影响。目前冰雪运动专业数字化教材在这方面存在较大问题。不同教材之间的数据交互缺乏统一的标准,导致数据无法在不同教材平台之间顺畅流动。学生在一本教材中创建了自己的学习进度记录、笔记和错题集等个性化学习数据,但当他们切换到另一本教材时,这些数据无法自动同步和导入,需要重新在新教材中创建。同样,在一些教材中,与外部学习资源或教学管理系统的数据交互也存在障碍。比如,教材无法与学校的在线学习平台进行有效的数据对接,无法将学生的学习成绩、作业完成情况等信息及时反馈给教师,也无法从平台获取教师发布的补充学习资料或教学通知。这种数据交互的不连贯性使得数字化教材难以融入整个教学生态系统中,无法充分发挥其在提升教学效率和质量方面的潜力。

交互功能标准差异犹如一道无形的屏障,横亘在高校冰雪运动专业教材数字化转型升级的道路上。它不仅影响了学生的学习体验和学习效果,也给教师的教学工作带来了诸多不便。若要突破这一困境,必须尽快建立统一的交互功能标准,确保数字化教材在操作逻辑、互动形式、反馈机制、设备适配性和数据交互等方面实现规范化与一致性,从而为高校冰雪运动专业教材数字化转型的深入发展奠定坚实的基础。

二、数字化资源开发的技术瓶颈与成本限制

(一) 专业技术人才短缺

专业技术人才短缺:冰雪运动专业教材数字化资源开发的人力困境。在高校冰雪运动专业教材数字化转型升级进程中,数字化资源开发的技术瓶颈与成本限制成为亟待突破的难题,而其中专业技术人才短缺问题尤为突出,如同瓶颈中的窄口,严重制约了整个数字化资源开发的推进与质量提升。

1. 冰雪运动与数字化技术的复合型人才匮乏

冰雪运动专业教材数字化资源开发要求人才具备多领域知识与技能的深度融合。一方面,需要精通冰雪运动专业知识体系,包括各类冰雪运动项目的规则、技术动作要领、训练方法以及竞赛组织等内容。在开发关于花样滑冰教材的数字化资源时,开发者必须深入理解花样滑冰的各种跳跃、旋转、滑行技术细节,以及不同级别赛事的评分标准等专业知识,才能准确地将这些内容转化为数字化形式呈现给

学习者。然而，此类专业人才往往在传统的冰雪运动教育与训练体系中成长，他们对数字化技术的掌握较为有限，在面对诸如3D建模、VR、AR等新兴数字化技术时，往往感到力不从心，难以将冰雪运动专业知识与这些先进技术有效结合，开发出具有创新性和高质量的数字化资源。

另一方面，具备扎实数字化技术功底的专业人员，如计算机图形学专家、软件工程师、多媒体开发人员等，他们在数字技术领域游刃有余，但对于冰雪运动专业知识的了解却相对浅薄。他们可能熟悉各种数字化开发工具和技术框架，能够构建出精美的数字化平台和交互界面，但在处理冰雪运动专业教材内容时，由于缺乏对冰雪运动内涵的深刻理解，无法精准地把握教材的核心知识点与教学重点，容易导致数字化资源出现内容偏差或教学价值缺失的问题。这种冰雪运动专业知识与数字化技术能力的割裂，使得既懂冰雪运动又通数字化技术的复合型人才成为稀缺资源，严重阻碍了高校冰雪运动专业教材数字化资源开发的顺利进行。

2. 人才培养体系的不完善与滞后性

当前的教育与培训体系在培养适应冰雪运动专业教材数字化资源开发需求的人才方面存在明显不足。在高等教育层面，传统的冰雪运动专业课程设置侧重于冰雪运动的理论教学与实践训练，与数字化技术相关的课程开设较少且缺乏系统性整合。一些高校的冰雪运动专业仅开设了基础的计算机应用课程，对于涉及数字化资源开发核心技术的课程，如数字图像处理、动画制作、软件开发等，要么未涉及，要么只是作为选修课程简单介绍，无法为学生提供深入学习和实践的机会。这使得冰雪运动专业的学生在毕业后，虽然具备扎实的冰雪运动专业知识，但在数字化资源开发领域的技能储备严重不足，难以满足市场对复合型人才的需求。

同样，在数字化技术相关专业的教育中，也很少将冰雪运动专业知识纳入教学体系。计算机科学、数字媒体技术等专业的学生主要专注于技术领域的学习，对冰雪运动这一特定体育领域的了解极为有限。他们在毕业后进入数字化资源开发行业，面对冰雪运动专业教材数字化项目时，需要花费大量时间和精力去学习冰雪运动知识，这不仅延长了项目开发周期，还可能因知识理解的不深入而影响项目质量。社会培训机构在这方面的培训也大多零散且缺乏针对性，无法形成完整的人才培养链条，难以从根本上解决专业技术人才短缺的问题。

3. 行业吸引力不足导致人才流入受限

与一些热门行业相比，高校冰雪运动专业教材数字化资源开发行业在人才吸引力方面存在较大差距。首先，从薪酬待遇来看，该行业由于发展尚未成熟，市场规模相对较小，企业或项目的盈利模式不够清晰，导致难以提供具有竞争力的薪酬水平。一些小型的冰雪运动教材数字化开发项目，由于资金有限，无法给予技术人才与互联网、金融等高薪行业相媲美的薪资报酬，这使许多技术人才在职业选择时更倾向于那些能够提供优厚经济回报的行业，而对冰雪运动教材数字化开发行业望而却步。

其次，职业发展空间有限也是制约人才流入的重要因素。在当前的行业格局下，冰雪运动专业教材数字化资源开发企业或项目数量较少，规模也相对较小，难以提供丰富多样的职业晋升通道和广阔的发展平台。技术人才在进入该行业后，可能面临长期从事单一项目或重复性工作的困境，缺乏接触前沿技术和大型复杂项目的机会，这对于那些追求职业成长和技术突破的人才来说，无疑缺乏吸引力。行业的知名度和社会影响力相对较低，在人才市场上的品牌效应不明显，也使得许多潜在人才对该行业缺乏了解和关注，进一步减少了人才流入的可能性。

4. 人才流失现象严重影响行业人才储备

即使在有限的人才资源基础上，高校冰雪运动专业教材数字化资源开发行业还面临着人才流失的严峻挑战。一方面，由于行业发展初期的不稳定性和不确定性，一些企业或项目可能因资金链断裂、市场需求变化等原因而面临困境甚至倒闭，这使得技术人才不得不重新寻找职业出路，从而导致人才流失。一些新兴的冰雪运动教材数字化创业公司，在未能成功获得市场认可和持续资金支持的情况下，不得不裁减技术人员，这些人员在失业后往往会转向其他更稳定的行业，造成行业人才的流失。

另一方面，随着数字化技术的快速发展，其他相关行业对数字化技术人才的需求也在不断增加，他们以更高的薪酬待遇、更好的职业发展机会和更具吸引力的工作环境吸引着高校冰雪运动专业教材数字化资源开发行业的人才。如互联网游戏、影视特效制作等行业，这些行业在技术应用和市场规模上都更为成熟，能够为技术人才提供更多的发展机遇和挑战，使得一些原本在冰雪运动教材数字化资源开发行业的人才被吸引过去，加剧了行业人才短缺的困境。人才流失不仅削弱了行业的现有人才力量，还影响了行业的人才储备和可持续发展能力，形成了一个恶性循环，进一步阻碍了高校冰雪运动专业教材数字化资源开发的技术创新和资源优化。

专业技术人才短缺问题如同高校冰雪运动专业教材数字化资源开发道路上的一道高墙，横亘在行业发展的进程中。若不尽快解决这一问题，通过完善人才培养体系、提高行业吸引力、减少人才流失等多方面措施加以应对，高校冰雪运动专业教材数字化转型升级将难以实现实质性突破，无法充分发挥数字化资源在提升冰雪运动教育质量和推动冰雪运动产业发展方面的巨大潜力。

（二）开发技术难度大

开发技术难度大：冰雪运动专业教材数字化资源开发的技术攻坚之路。在高校冰雪运动专业教材数字化转型升级的进程中，数字化资源开发面临着诸多技术瓶颈，其中开发技术难度大是一个极为显著的障碍，它贯穿于资源开发的各个环节，从冰雪运动元素的精准数字化呈现到复杂交互功能的实现，都给开发者带来了严峻的挑战。

1. 冰雪运动动作的精准数字化捕捉与还原

冰雪运动以其独特的动作技巧和高速动态的特性著称，包括花样滑冰中的跳跃、旋转，速滑中的高速滑行姿态，以及滑雪中的各种复杂转向动作等。将这些动作精准地数字化捕捉并在教材中完美还原是一项艰巨的任务。传统的动作捕捉技术在面对冰雪运动时存在诸多局限性。一方面，冰雪场地的特殊环境，如低温、光滑的冰面以及复杂的雪地地形，会对动作捕捉设备的稳定性和准确性产生干扰。在冰面上进行动作捕捉时，设备的固定和校准难度较大，容易出现数据漂移和误差。另一方面，冰雪运动动作的快速性和复杂性要求捕捉设备具备极高的采样频率和精度，以确保能够完整地记录每一个细微的动作变化。现有的大多数动作捕捉设备在处理这类高速复杂动作时，往往难以满足如此高的要求，捕捉到的数据可能存在丢失或失真的情况。即使成功地完成了动作捕捉，后续的数据处理与模型构建同样面临巨大挑战。将捕捉到的原始数据转化为可供教材使用的 3D 动画模型或交互元素，需要涉及复杂的计算机图形学算法和专业的动画制作技术。在构建花样滑冰运动员的 3D 模型时，不仅要精确地还原运动员的身体形态和动作姿态，还要考虑到服装材质、光影效果等因素，以实现逼真的视觉呈现。这需要开发者具备深厚的 3D 建模、动画制作以及材质渲染等技术功底，并且需要耗费大量时间和精力进行反复调试与优化。否则，所构建的数字化资源可能无法准确地展示冰雪运动动作的精髓，影响教材的教学效果。

2. 冰雪运动环境的真实模拟与交互

冰雪运动与特定的自然环境紧密相连，为了使数字化教材能够提供身临其境的学习体验，对冰雪运动环境的真实模拟成为关键环节。这一过程面临着诸多技术难题。冰雪环境的物理特性模拟难度较大，冰面的摩擦力、雪地的松软度以及冰雪在不同温度和湿度条件下的变化等物理参数，都需要通过复杂的计算机模拟算法来实现。在模拟滑雪场景时，要准确地计算滑雪板与雪地之间的摩擦力，以及雪在滑雪者滑行过程中的变形和飞溅效果，这需要考虑到众多因素，包括滑雪板的材质、速度、重量以及雪地的密度和坡度等。目前的计算机模拟技术虽然在不断发展，但在处理这类复杂的多因素物理模拟时，仍然难以达到完全真实的效果。

实现与冰雪运动环境的交互功能更是难上加难。在数字化教材中，学生不仅要能够观察冰雪运动环境，还应能够与环境进行互动，如在虚拟的滑雪场中进行滑雪路线选择、在滑冰场上调整冰面状态等。这需要开发出高度复杂的交互系统，涉及 VR、AR、人机交互等多种前沿技术的融合。在基于 VR 的冰雪运动教材中，要实现学生通过手柄或体感设备对虚拟滑雪板的精准控制，使学生能够感受到真实的滑雪体验，就需要解决设备与虚拟环境之间的延迟问题、动作映射的准确性问题以及交互反馈的及时性问题等。这些技术难题的存在，使得目前大多数冰雪运动专业教材在环境模拟与交互功能方面的表现不尽如人意，难以满足学生和教师对于高质量数字化教学资源的期望。

3. 多源数据融合与整合的复杂性

冰雪运动专业教材数字化资源开发涉及多种类型的数据，如图像、视频、音频、文字以及 3D 模型等。将这些多源数据进行有效的融合与整合，是开发过程中的又一技术挑战。不同类型的数据具有不同的格式、结构和属性，在融合过程中需要解决数据兼容性、同步性以及语义一致性等问题。在制作一个包含视频讲解、3D 动作演示和文字注释的冰雪运动教学课件时，要确保视频与 3D 模型的播放同步，文字注释能够准确地对应视频和模型中的关键知识点。这需要开发专门的数据融合引擎，能够对不同类型的数据进行解析、转换和整合，并建立起有效的数据关联机制。

多源数据的融合还涉及数据的存储和管理问题。随着数字化资源的不断丰富，数据量呈指数级增长，如何高效地存储和管理这些海量数据成为亟待解决的问题。传统的文件系统和数据库管理系统在处理这类复杂的多媒体数据时，往往存在性能瓶颈，如数据读写速度慢、查询效率低等。因此，需要采用新型的分布式存储技术和大数据管理技术，如云计算存储、分布式数据库等，以满足数据存储和管理的需求。然而，这些新技术的应用又带来了新的技术学习曲线和系统架构复杂性，进一步增加了多源数据融合与整合的难度。

4. 跨平台与移动设备适配的技术挑战

在当今数字化时代，学生和教师使用的设备多种多样，包括台式电脑、笔记本电脑、平板电脑以及智能手机等。为了使冰雪运动专业教材数字化资源能够在不同平台和设备上广泛应用，跨平台与移动设备适配成为开发过程中不可忽视的技术难题。不同的操作系统（Windows、Mac OS、iOS、Android 等）具有不同的底层架构和开发规范，这使得在开发数字化教材时，需要针对每个平台进行单独的开发和优化。在 iOS 平台上开发的冰雪运动教材应用，其界面设计和交互逻辑需要遵循苹果的人机交互指南，而在 Android 平台上则需要考虑到不同厂商设备的兼容性和多样性。对于移动设备而言，还存在着硬件资源有限的问题。与台式电脑相比，平板电脑和智能手机的处理器性能、内存容量和图形处理能力都相对较弱。因此，在开发适用于移动设备的冰雪运动教材数字化资源时，需要采用优化的算法和技术，以降低资源消耗，提高运行效率。在移动设备上播放高清的冰雪运动视频或运行复杂的 3D 动画时，需要对视频和动画进行压缩和优化处理，同时合理地管理内存和 CPU 资源，避免出现卡顿或崩溃现象。然而，这些优化措施往往会在一定程度上牺牲资源的质量和功能的完整性，如何在资源质量、功能完整性和设备性能之间找到平衡，是跨平台与移动设备适配过程中面临的核心技术挑战之一。技术难度如同重重高山横亘在高校冰雪运动专业教材数字化资源开发的道路上，每一座山峰都需要开发者凭借精湛的技术、不懈的努力和创新的思维去攀登。只有攻克这些技术难关，才能够为冰雪运动专业教材数字化转型升级提供坚实的技术支撑，打造出高质量、具有创新性的数字化教学资源，满足新时代冰雪运动教育教学的需求。

（三）资金投入与回报失衡

资金投入与回报失衡：冰雪运动专业教材数字化资源开发的经济困局。在高校冰雪运动专业教材数字化转型升级的征程中，数字化资源开发面临着资金投入与回报失衡的严峻挑战。这一困局犹如枷锁，严重束缚了该领域的持续健康发展。

1. 前期开发资金需求巨大

冰雪运动专业教材数字化资源开发是一项综合性且技术密集型的工程，其前期开发阶段需要大量的资金投入。在技术研发方面，为了实现高质量的数字化资源呈现、逼真的冰雪运动场景模拟、精准的动作捕捉与三维建模、流畅的交互功能设计等，需要投入资金用于购买先进的开发软件与硬件设备，以及聘请专业的技术研发团队。一套高精度的动作捕捉设备价格昂贵，从几十万到上百万元不等，而开发VR、AR等沉浸式交互体验功能所需的软件授权费用和技术专家薪酬也是一笔不小的开支。这些技术研发投入对于确保数字化资源的创新性和教学有效性至关重要，但却构成了巨大的资金压力源。

内容创作与资源整合环节同样耗费大量资金。冰雪运动专业教材涵盖丰富多样的内容，包括专业理论知识、动作示范视频、案例分析、运动员访谈等。为了获取高质量的内容素材，需要组织专业的拍摄团队深入冰雪运动场馆、训练基地进行实地拍摄，这涉及场地租赁、设备运输、人员差旅等诸多费用。还需邀请冰雪运动领域的专家学者、优秀运动员参与内容创作与审核，他们的专业知识付费和劳务报酬进一步增加了成本。对海量的原始素材进行整理、编辑、标注以及数字化转换，也需要投入大量的人力和时间成本，而这些都离不开充足的资金支持。

2. 回报周期漫长且不确定性高

与巨大的前期资金投入形成鲜明对比的是，冰雪运动专业教材数字化资源开发的回报周期漫长且充满不确定性。一方面，高校教材市场具有其特殊性，其采购决策往往受到学校教学计划、预算安排、招标流程等多种因素的综合影响，决策周期较长。从数字化资源开发完成到进入高校教材采购体系并实现销售，可能需要经历数月甚至数年的时间。在此期间，开发方需要持续承担运营成本，如服务器维护、技术更新、人员工资等，而资金回笼却十分缓慢，这使开发方的资金压力在回报周期内不断累积，财务风险持续增加。

另一方面，数字化教材的销售模式和收益来源相对单一，主要依赖于高校或教育机构的批量采购以及部分个人用户的购买。在当前教育市场环境下，高校对于教材采购的预算有限，且面临着众多教材供应商的竞争，数字化教材的市场份额难以迅速扩大。个人用户对于付费购买数字化教材的意愿也受到多种因素的制约，如价格敏感度、免费资源的替代效应等。这就导致了数字化资源开发的收益难以达到预期水平，甚至可能无法覆盖前期的资金投入。随着数字化技术的快速发展和教育理念的不断更新，市场需求也在不断变化，如果数字化教材不能及时跟上市场变化的步伐，进行内容更新和功能升级，就可能面临被淘汰的风险，进一步加剧了回报的不确定性。

3. 盈利模式不清晰与可持续性差

除了回报周期长和不确定性高外，冰雪运动专业教材数字化资源开发还面临着盈利模式不清晰和可持续性差的问题。目前，大多数数字化教材的盈利主要依靠一次性销售，缺乏多元化的盈利渠道。在教材销售之后，很少有开发方能够通过后续的增值服务、个性化定制、在线教育平台运营等方式实现持续盈利。这种单一的盈利模式使得开发方在完成一次销售后，难以从同一用户群体或产品上获取更多的经济回报，限制了企业的盈利能力和发展空间。

由于缺乏有效的数据分析和市场反馈机制，开发方难以深入了解用户的使用习惯、需求偏好以及潜在的商业机会，无法针对性地开发出符合市场需求的增值服务或新产品。对于用户在使用数字化教材过程中产生的学习行为数据，如果不能进行有效的收集、分析和挖掘，就无法为用户提供个性化的学习推荐、辅导服务或精准的广告投放，从而错失了通过数据变现实现盈利增长的机会。在数字化教材的运营过程中，还可能面临版权保护、技术维护、用户服务等方面的成本支出，如果不能通过合理的盈利模式加以平衡，就可能导致运营亏损，进一步削弱了开发的可持续性。

4. 资金压力对资源开发质量与更新的影响

资金投入与回报失衡所导致的资金压力，不可避免地对冰雪运动专业教材数字化资源开发的质量和更新产生负面影响。在资金紧张的情况下，开发方可能会削减在技术研发、内容创作和质量控制方面的投入。为了降低成本，可能会选择使用较低端的开发设备和软件工具，聘请经验不足的技术人员或减少内容审核环节，这将直接导致数字化资源的质量下降，如画面清晰度降低、交互功能卡顿、内容准确性存在偏差等问题，从而影响教学效果和用户体验。

资金压力还会限制数字化资源的更新频率和深度。随着冰雪运动领域的不断发展,新的技术、规则、训练方法和赛事不断涌现,数字化教材需要及时进行更新以保持其时效性和教学价值。由于缺乏足够的资金支持,开发方可能无法及时跟进这些变化,进行内容更新和功能升级。当新的冰雪运动赛事举办后,无法及时将赛事视频、运动员访谈等最新素材纳入教材内容;或者当新的虚拟现实技术应用于教育领域时,无法对教材的交互功能进行升级改造,以提供更好的沉浸式学习体验。这将使得数字化教材逐渐落后于时代发展的步伐,失去市场竞争力,进一步加剧了资金投入与回报的失衡。

资金投入与回报失衡问题已成为高校冰雪运动专业教材数字化资源开发道路上的一道坚实壁垒,若不能有效解决这一问题,通过创新盈利模式、拓宽资金来源、优化成本结构等多方面措施加以应对,将难以实现数字化资源开发的可持续发展,也无法为高校冰雪运动专业教材数字化转型升级提供坚实的经济保障。

三、教材数字化平台的兼容性与稳定性问题

(一) 系统架构差异

系统架构差异:教材数字化平台兼容性的底层阻碍。在高校冰雪运动专业教材数字化转型升级的进程中,教材数字化平台的兼容性与稳定性问题成为关键制约因素,其中系统架构差异犹如一座隐藏在底层的堡垒,对平台间的协同运作构成了阻碍。

1. 硬件层架构的多样与适配困境

教材数字化平台所依托的硬件基础设施呈现出多样化的架构特点。从传统的本地服务器架构到新兴的云计算架构,从基于 x86 架构的通用服务器到专为特定任务优化的 ARM(advanced RISC machine)架构设备,不同的硬件架构在处理能力、存储方式、网络接口等方面存在显著差异。在本地服务器架构下,高校可能自行购置服务器设备来搭建教材数字化平台,这种架构能够提供较高的自主性和数据安全性,但在资源弹性扩展方面相对薄弱。当面临大规模学生同时访问某一热门冰雪运动教材资源时,本地服务器可能因硬件资源的限制而出现响应延迟甚至服务中断的情况。

与之相对,云计算架构借助云服务提供商的大规模数据中心资源,能够实现快速的资源调配和弹性扩展,有效应对高并发访问需求。然而,云计算架构下的数据存储和传输机制与本地服务器架构有所不同,其对网络带宽和稳定性的依赖更强。对于一些网络基础设施相对薄弱的高校或偏远地区的用户,在使用基于云计算架构的教材数字化平台时,可能会遭遇数据加载缓慢、视频播放卡顿等问题。不同硬件架构在与外部设备的连接和交互方式上也存在差异。某些专业的冰雪运动训练设备可能需要通过特定的硬件接口与教材数字化平台进行数据传输和交互,而不同架构

的服务器在对这些接口的支持能力上参差不齐,这就导致了在整合冰雪运动教学资源与实践训练设备时面临适配难题,影响了数字化平台在实际教学场景中的全面应用。

2. 操作系统层的异构性挑战

教材数字化平台运行于多种操作系统之上,常见的有 Windows、Mac OS、Linux 以及各类移动端操作系统:iOS 和 Android 等,这些操作系统在系统内核、文件系统、进程管理、安全机制等方面具有不同的设计理念和实现方式。在 Windows 操作系统环境下开发的教材数字化平台,可能充分利用了 Windows 系统特有的图形界面库和应用编程接口(application programming interface,API),在功能实现和用户体验上具有一定优势。然而,当该平台需要移植到 Linux 系统时,由于 Linux 系统的开源特性和不同的软件生态,可能会出现部分功能无法正常运行或界面显示异常的情况。某些依赖于 Windows 特定组件的视频播放插件在 Linux 系统中可能无法找到对应的替代品,导致视频资源无法播放。

对于移动端操作系统而言,iOS 系统和 Android 系统之间的差异同样显著。iOS 系统以其封闭性和严格的应用审核机制著称,这使在 iOS 平台上开发的教材数字化平台需要遵循苹果公司的一系列开发规范和安全要求,在应用的分发和更新方面受到一定限制。而 Android 系统的开放性虽然为开发者提供了更大的自由度,但也导致了 Android 设备出现碎片化问题,不同厂商的 Android 设备在硬件配置、操作系统版本和系统定制化程度上存在较大差异。一个基于 Android 系统开发的冰雪运动教材数字化应用,在某些高端 Android 手机上可能运行流畅,但在一些低端设备上可能会出现内存溢出、兼容性报错等问题,这给开发者带来了巨大的适配工作量和技术挑战,严重影响了教材数字化平台在移动端的兼容性和用户覆盖范围。

3. 软件层架构的差异与集成难题

教材数字化平台的软件层包含了众多功能模块,如教材内容管理系统、用户认证与授权系统、学习进度跟踪系统、交互功能模块(如视频播放、在线测试、讨论区等)等,这些功能模块在不同的数字化平台中可能采用了不同的软件架构设计和技术选型。在教材内容管理系统方面,一些平台可能采用传统的关系型数据库来存储教材的文本、图片、视频等资源信息,通过结构化查询语言(structured query language,SQL)进行数据的增删改查操作。这种架构在处理简单的文本数据和小规模数据量时较为高效,但在应对海量的多媒体教材资源和复杂的查询需求时,可能会出现性能瓶颈。当需要对包含大量高清冰雪运动视频资源的教材库进行快速检索和分类时,关系型数据库的查询速度可能会变得很慢,影响用户的使用体验。

而另一些平台可能采用新兴的非关系型数据库（NoSQL，not only SQL 数据库等）或分布式文件系统来存储教材资源，这些架构在处理大数据和非结构化数据方面具有优势，但在数据的一致性维护和复杂事务处理方面相对较弱。在用户认证与授权系统中，不同平台可能采用不同的身份验证协议和加密算法，如基于用户名和密码的传统认证方式、基于数字证书的认证机制或新兴的生物识别认证技术（如指纹识别、面部识别等）。当多个具有不同认证系统的教材数字化平台需要进行集成或单点登录（single sign on，SSO）功能实现时，由于认证协议和加密算法的不兼容，会导致用户在不同平台之间切换时需要重复登录，增加了用户操作的烦琐性和不安全性。学习进度跟踪系统和交互功能模块在不同平台之间也存在架构差异和集成难题。一个平台的学习进度跟踪系统可能基于特定的服务器端脚本语言（PHP，hypertext preprocessor 等）开发，而另一个平台则采用了不同的技术栈（Python 的 Django 框架等），这使得在整合不同平台的学习数据和实现统一的学习分析功能时面临巨大挑战，阻碍了数字化平台之间的互联互通和资源共享。

4. 数据层架构的不一致性影响

教材数字化平台的数据层架构涉及数据的存储结构、数据格式、数据交换协议等方面的设计，数据层架构的不一致性在很大程度上影响了平台之间的数据共享和交互。在数据存储结构方面，不同的数字化平台可能根据自身的业务需求和技术选型采用了不同的数据库表结构或文件目录组织方式来存储教材相关数据。一个平台可能将教材的章节信息、知识点内容、习题数据等分别存储在不同的数据库表中，并通过复杂的关联关系进行连接；而另一个平台可能将这些数据以文档型数据库的形式存储在一个 JSON 格式的文件中。这种数据存储结构的差异使得在进行平台间数据迁移或数据整合时，需要进行大量的数据转换和映射工作，增加了数据处理的复杂性和出错的概率。

在数据格式方面，教材数字化平台中的数据可能包括文本、图像、音频、视频等多种格式，不同平台对于这些数据格式的处理和存储方式也不尽相同。对于图像数据，一些平台可能采用 JPEG 格式进行存储，而另一些平台可能更倾向于使用 PNG 格式，这在进行数据交换和共享时需要进行格式转换，可能会导致图像质量的损失或数据处理效率的降低。数据交换协议的不一致性也是一个重要问题。不同的教材数字化平台可能采用不同的网络通信协议（HTTP、HTTPS、FTP 等）和数据传输格式（XML、JSON 等）来进行数据交换。当多个平台需要进行数据交互时，如将一个平台的学习数据同步到另一个平台的学习分析系统中，由于数据交换协议的不匹配，可能会导致数据传输失败或数据解析错误，严重影响了数字化平台的协同工作能力和数据整合效果。

系统架构差异在教材数字化平台的兼容性问题中扮演着核心角色，它贯穿于硬件、操作系统、软件和数据等多个层面，引发了一系列的适配困境、异构性挑战、集成难题和数据交互障碍。若不能有效解决这些因系统架构差异导致的兼容性问题，高校冰雪运动专业教材数字化平台将难以实现互联互通和协同发展，阻碍了数字化教材在高校冰雪运动教育领域的广泛应用和推广。

（二）软件更新冲突

软件更新冲突：教材数字化平台兼容性的动态挑战。在高校冰雪运动专业教材数字化平台的运营与发展进程中，软件更新冲突成为影响其兼容性与稳定性的关键因素之一，这一问题犹如一颗隐藏的定时炸弹，随时可能引发平台运行的故障与混乱，给教学活动带来诸多不便与困扰。

1. 版本兼容性引发的功能紊乱

随着数字化技术的不断演进以及用户需求的持续变化，教材数字化平台需要定期进行软件更新以提升性能、完善功能并修复漏洞。然而，在更新过程中，常常会出现新版本软件与旧版本或其他相关软件之间的版本兼容性问题，进而导致平台功能紊乱。某教材数字化平台在一次重大更新后，其底层数据库管理系统的版本发生了变更，新的数据库结构与旧版本应用程序所依赖的数据访问接口不再兼容。这使得原本能够正常运行的教材内容检索功能出现异常，教师和学生在搜索特定冰雪运动知识点或教材章节时，可能会遭遇查询结果不准确、部分数据无法显示甚至系统崩溃等情况。

类似地，当平台的前端用户界面（user interface，UI）框架进行更新时，若未充分考虑与后端业务逻辑层及其他插件的兼容性，可能会导致交互功能失效。更新后的 UI 框架可能采用了新的 JavaScript 库或 CSS 样式规范，与原有的视频播放插件、在线测试模块所依赖的脚本和样式产生冲突，从而使得视频无法正常播放、测试题目无法加载或提交答案后无响应等问题频发，严重影响了教学资源的正常使用和教学活动的顺利开展。不同模块之间的版本不匹配也可能引发连锁反应，一个模块的更新故障可能波及整个平台的多个功能区域，导致平台整体运行不稳定，用户体验急剧下降。

2. 依赖项更新的连锁反应

教材数字化平台通常依赖于众多的第三方软件库、框架和工具来实现其丰富多样的功能。在软件更新过程中，这些依赖项的更新往往会引发一系列连锁反应，进一步加剧了兼容性冲突的复杂性。以某一采用 Python 语言开发的冰雪运动教材数字化平台为例，该平台依赖于多个 Python 库，如用于数据处理的 Pandas 库、用于图像识别的 OpenCV 库以及用于构建 Web 应用程序的 Flask 框架等。当其中一个关键依赖项进行版本更新时，可能会引入新的功能特性、修改原有接口或改变内部数据结构。

如果平台开发者未能及时评估并适配这些依赖项的更新，可能会导致平台在运行时出现各种错误。在 Pandas 库的一次版本更新可能改变了其数据读取和写入的方式，若平台中的教材数据导入导出功能未相应调整，就可能出现数据格式错误或数据丢失的风险。同样，OpenCV 库的更新可能优化了图像识别算法，但如果与平台中已有的图像展示和标注功能不兼容，就可能导致图像显示异常或标注位置不准确等问题。依赖项之间也可能存在相互依赖关系，一个依赖项的更新可能间接影响到其他依赖项的正常运行，从而在平台内部形成一个复杂的冲突网络，使得问题的排查和解决变得异常困难，需要开发者花费大量的时间和精力去梳理和修复。

3. 更新过程中的数据迁移与转换难题

软件更新不仅涉及代码层面的修改和功能调整，还往往伴随着数据迁移与转换的需求。在教材数字化平台中，数据是核心资产，包括教材文本内容、图片、视频、学生学习记录、教师教学资源等大量结构化和非结构化数据。当平台进行软件更新时，尤其是涉及数据库结构变更、数据存储格式调整或数据处理逻辑改变时，如何确保数据的完整性、准确性和一致性是一个巨大的挑战。某教材数字化平台决定将原有的关系型数据库从 MySQL 迁移到更具扩展性的 PostgreSQL 数据库，以应对日益增长的数据量和复杂查询需求。

在迁移过程中，由于两种数据库在数据类型定义、索引机制、事务处理等方面存在差异，需要对数据进行精确的转换和映射。如果转换过程中出现错误或数据丢失，可能会导致教材内容显示错误、学习记录丢失或教学资源无法正常访问等严重后果。对于一些非结构化数据，如视频和图像文件，在更新过程中可能需要进行格式转换或重新编码以适应新的平台要求。平台更新后采用了新的视频播放技术，要求视频文件采用特定的编码格式和分辨率，这就需要对原有的视频资源进行批量转换。在这个过程中，如果转换工具或参数设置不当，可能会导致视频质量下降、播放卡顿甚至无法播放等问题，影响教学效果和用户体验。

4. 更新推送与用户环境差异的矛盾

教材数字化平台的软件更新需要推送给广大的教师和学生用户，然而，用户使用的计算机设备、操作系统、网络环境等存在着显著的差异，这使得更新推送过程面临诸多挑战，并容易引发兼容性冲突。不同用户的计算机硬件配置参差不齐，从高性能的工作站到老旧的个人电脑都有。在推送软件更新时，一些对硬件资源要求较高的更新可能在低配置设备上无法正常安装或运行，导致系统卡顿、死机甚至无法启动等问题。例如，某平台的一次更新引入了更复杂的图形渲染引擎，以提供更精美的教材展示效果，但对于一些显卡性能较差的用户设备，可能会出现图形界面无法正常显示或频繁闪烁的情况。

操作系统的多样性也是一个重要因素。用户可能使用 Windows、Mac OS、Linux 等不同的操作系统版本,每个操作系统都有其独特的文件系统、注册表结构、权限管理机制等。平台软件更新在不同操作系统上的安装过程和运行表现可能会有所不同,一些更新可能在特定操作系统版本上存在兼容性问题。某平台的更新在 Windows 10 系统上运行正常,但在 Windows 7 系统上可能会出现安装失败或运行错误,原因可能是更新包依赖于 Windows 10 特有的某些系统组件或 API,而这些在 Windows 7 中不存在或版本不兼容。

网络环境的差异也会影响更新推送的效果。在网络带宽较低或不稳定的地区,软件更新包的下载可能会非常缓慢甚至中断,导致更新过程不完整,进而引发平台运行故障。而且,部分用户可能在更新过程中因网络问题意外中断下载或安装,这可能会使平台处于一种不稳定的中间状态,进一步增加了兼容性问题的复杂性和解决难度。

软件更新冲突在教材数字化平台的兼容性与稳定性方面构成了严峻的挑战,它涉及版本兼容性、依赖项更新、数据迁移与转换以及更新推送与用户环境差异等多个层面的复杂问题。若不能妥善解决这些冲突,教材数字化平台将难以实现持续稳定的发展,无法为高校冰雪运动专业的数字化教学提供可靠的支撑和保障。

(三) 网络环境适应性

网络环境适应性:教材数字化平台稳定运行的网络考验。在高校冰雪运动专业教材数字化平台的运行过程中,网络环境适应性成为影响其兼容性与稳定性的关键要素之一。不同的网络环境条件,无论是网络带宽的差异、网络延迟的变化,还是网络信号的强弱波动,都对教材数字化平台的正常运转提出了诸多挑战,直接关系到教学资源的有效传递和教学活动的顺利开展。

1. 网络带宽不足对平台资源传输的制约

网络带宽是衡量网络传输能力的重要指标,其大小直接决定了教材数字化平台中各类教学资源,如高清教材图片、流畅的教学视频、大容量的教材文档等,在网络中传输的速度与效率。在网络带宽不足的情况下,平台资源的传输将受到严重制约。当学生尝试打开一本包含大量高清冰雪运动动作示范图片的电子教材时,由于网络带宽有限,图片数据无法快速加载,可能会出现长时间的等待过程,甚至图片只能以模糊不清的低分辨率形式逐步显示,严重影响学生对教材内容的直观理解与学习体验。

对于教学视频资源而言,网络带宽不足的影响更为显著。冰雪运动专业教材中的视频往往需要展示运动员的精细动作、高速滑行以及复杂的比赛场景等,这要求视频具备较高的清晰度与流畅度。在低带宽环境下,视频可能会频繁出现卡顿、缓冲现象，播放进度难以连贯推进。讲解花样滑冰跳跃技巧的视频，在网络带宽受限的情况下，可能每播放几秒就需要停顿数秒进行缓冲，使得学生无法完整地观看动作示范过程，难以准确把握技术要点，教学效果大打折扣。带宽不足还会对平台的资源更新与同步功能产生负面影响。当教材内容有更新时，如新增了最新的冰雪运动赛事案例分析或技术动作讲解视频，由于网络带宽的限制，更新资源可能无法及时传输到用户端，导致不同用户所使用的教材版本出现差异，影响教学的一致性与准确性。

2. 网络延迟对平台交互功能的干扰

网络延迟是指数据在网络中传输所需的时间，它在教材数字化平台的交互功能应用中扮演着关键角色。在冰雪运动专业教材数字化平台中，许多交互功能都依赖于低延迟的网络环境来确保其正常运行与良好体验。在线实时教学互动环节中，教师与学生之间需要进行语音交流、文字讨论以及屏幕共享等操作。若网络存在较高的延迟，教师的语音指令可能会在数秒后才传达到学生端，导致交流出现明显的滞后性，严重影响教学节奏与互动效果。学生在提问或回答问题时，也会因网络延迟而出现回应不及时的情况，使得课堂互动变得生硬且低效。

在虚拟实验室或模拟训练功能方面，网络延迟同样会带来诸多问题。以冰雪运动的模拟滑雪训练为例，学生通过操作设备与平台中的虚拟滑雪场景进行交互，设备将学生的操作指令传输到平台服务器，服务器再根据指令反馈相应的场景变化信息给学生端设备。如果网络延迟过高，学生的操作与场景反馈之间会存在明显的时间差，导致学生难以精准地控制虚拟滑雪角色的动作，如转向、加速、减速等操作都无法及时在屏幕上得到体现，极大地降低了模拟训练的真实性与有效性，甚至可能使学生因无法适应这种延迟而产生眩晕感，影响身体健康与学习积极性。平台中的在线测试、作业提交与批改等功能也会受到网络延迟的干扰。学生在完成在线测试后提交答案，由于网络延迟，提交过程可能会出现长时间的等待，甚至可能因超时而导致提交失败，需要重新提交，这不仅增加了学生的学习负担，也可能影响教师对学生学习情况的及时掌握与评估。

3. 网络信号不稳定对平台连接可靠性的影响

网络信号的稳定性是保障教材数字化平台持续、可靠连接的重要因素。在实际使用场景中，尤其是在一些无线网络覆盖区域或网络基础设施薄弱的地区，网络信号容易出现波动与不稳定的情况，这对教材数字化平台的连接可靠性构成了严重威胁。在校园的室外冰雪运动场地进行移动学习时，学生可能会使用无线网络连接教材数字化平台。由于室外环境的复杂性，无线网络信号可能会受到建筑物遮挡、电磁干扰等因素的影响，导致信号强度不稳定。当信号强度较弱时，平台与用户设备之间的连接可能会频繁中断，学生正在阅读的教材页面可能会突然无法加载，或者正在进行的视频播放会被迫停止，需要重新连接网络后才能继续播放，严重影响学习的连续性。

对于教师在课堂教学中使用教材数字化平台进行教学演示的情况，网络信号不稳定同样会带来诸多困扰。如果在教学过程中网络信号突然中断，教师精心准备的教学课件、视频素材等无法及时展示在大屏幕上，课堂教学将陷入尴尬的停顿状态，不仅会打乱教学计划与节奏，还可能导致学生注意力分散，降低教学质量。网络信号不稳定还可能引发平台数据传输错误的问题。在信号波动过程中，平台与用户设备之间传输的数据可能会出现丢失、损坏或乱序等情况，这可能会导致教材内容显示错误、交互功能异常或用户登录信息丢失等故障，进一步影响平台的正常使用与教学活动的有序进行。

4. 网络环境变化对平台自适应能力的挑战

教材数字化平台需要具备良好的自适应能力，以应对不同网络环境的动态变化。在实际运行中，网络环境的多样性与复杂性使得平台的自适应能力面临诸多挑战。当用户从校园有线网络环境切换到移动数据网络环境时，网络带宽、延迟和信号稳定性等参数都会发生显著变化。平台需要能够快速感知这种网络环境的改变，并自动调整资源传输策略、交互功能设置以及数据缓存机制等，以确保在新的网络条件下仍能提供相对稳定的服务。但目前许多教材数字化平台在这方面的自适应能力还不够完善，当网络环境变化时，可能无法及时做出有效的调整，导致用户体验出现明显下降。

在多用户并发访问的情况下，网络环境的变化对平台自适应能力的考验更为严峻。在冰雪运动专业课程的在线学习高峰期，大量学生同时登录教材数字化平台进行学习、观看教学视频或参与互动讨论。此时，网络带宽会因用户数量的增加而被分摊，网络延迟也可能会相应增大。平台需要能够根据网络负载情况动态优化资源分配，优先保障关键教学功能的正常运行，确保教师的直播教学画面流畅、声音清晰，同时合理调整其他非关键功能的资源占用，如降低部分高清图片的加载质量或暂时限制一些非必要的后台数据更新操作。然而，现有的一些平台在多用户并发和网络环境变化的双重压力下，往往难以实现有效的资源调配与自适应优化，容易出现部分用户无法正常访问平台、教学资源加载缓慢或交互功能瘫痪等问题，严重影响了大规模在线教学活动的顺利开展。

网络环境适应性问题在高校冰雪运动专业教材数字化平台的兼容性与稳定性方面占据着重要地位。只有充分重视并有效解决网络带宽不足、网络延迟干扰、网络信号不稳定以及网络环境变化带来的挑战，提升平台对不同网络环境的适应能力与优化能力，才能确保教材数字化平台在多样化的网络条件下稳定运行，为高校冰雪运动专业的数字化教学提供坚实可靠的技术支撑，推动冰雪运动教育教学的创新与发展。

第二节 教学困境：数字化教材与教学融合障碍

一、教师数字化教学能力的不足与培训需求

在当今数字化时代，教育领域正经历着深刻的变革。数字化教材作为教育信息化的重要载体，具有丰富的多媒体资源、便捷的交互功能以及实时更新的优势，为教学带来了新的活力与可能性。要实现数字化教材与教学的深度融合，教师的数字化教学能力起着关键作用。但目前教师在这方面存在诸多不足，严重影响了数字化教材在教学实践中的有效应用。

（一）教师数字化教学能力不足的表现

1. 信息技术应用能力有限

（1）软件操作不熟练。

许多教师仅掌握基本的办公软件，如 Word、PowerPoint 等，对于一些专业的教学软件、交互式电子白板软件、在线教学平台软件、学科专用软件等的操作较为生疏，在使用交互式电子白板进行教学时，不能充分发挥其交互功能，如批注、拖拽、分组讨论等，仅仅将其当作普通投影屏幕使用。

（2）硬件设备使用障碍。

部分教师在面对新型教学硬件设备如智能教室系统、VR/AR 设备时，缺乏基本的操作知识和技能。在一些学校引入了虚拟现实教学设备后，教师由于不熟悉设备的操作流程和原理，无法有效地将其融入课堂教学中，导致设备闲置浪费。

（3）信息技术故障排除能力弱。

在教学过程中，一旦遇到信息技术相关的故障，如网络连接问题、软件卡顿或崩溃等，教师往往缺乏自主解决问题的能力，只能依赖技术人员的支持，这不仅会中断教学进程，也会影响教学效果和学生的学习体验。

2. 数字化教学设计能力欠缺

（1）教学目标设定与数字化教材结合不紧密。

教师在设计教学目标时，未能充分考虑数字化教材的特点和优势，导致教学目标与数字化教材的内容和功能脱节。数字化教材中可能包含丰富的案例分析和拓展阅读材料，但教师在设定教学目标时没有将其纳入考量范围，未能引导学生充分利用这些资源来达成更高层次的学习目标。

（2）教学流程设计缺乏数字化思维。

传统的教学流程设计模式在数字化教学环境下显得力不从心。教师在设计教学

流程时，往往还是以教师讲授为主，没有充分利用数字化教材的交互性、个性化等特点来设计学生的自主学习、合作学习和探究学习环节。在使用数字化教材时，没有合理安排学生利用教材中的互动模块开展小组讨论、项目式学习等活动，教学过程仍然较为单一和线性。

（3）教学评价设计忽视数字化元素。

教学评价是教学过程的重要环节，但教师在设计教学评价时，大多还是采用传统的纸笔测试方式，对数字化教材中提供的学习数据记录与分析功能利用不足。数字化教材可以记录学生的学习轨迹、学习时间、答题正确率等数据，教师却未能据此设计出多元化、精准化的教学评价方案，无法全面、客观地评价学生的学习过程和学习成果。

3. 数字化教学资源整合与开发能力薄弱

（1）资源整合意识淡薄。

教师在教学过程中，虽然能够接触到大量的数字化教学资源，如网络课程资源、教育类 APP 资源等，但缺乏整合这些资源的意识和能力。往往只是孤立地使用数字化教材或单一的网络资源，没有将各类资源进行有机整合，形成一个相互补充、协同作用的教学资源体系，以满足不同学生的学习需求和教学目标的实现。

（2）资源开发能力不足。

除了整合资源外，教师还应具备一定的数字化教学资源开发能力，根据教学实际需求制作教学课件、微课视频、教学动画等。目前大部分教师在这方面的能力较为薄弱，缺乏相应的教学设计和技术制作技能。在需要制作一个生动形象的微课视频来讲解某个复杂的知识点时，教师可能因为不熟悉视频制作软件和教学设计方法，无法制作出高质量的微课资源，只能依赖现有的成品资源，而这些资源可能并不完全符合教学实际情况。

（二）基于教师数字化教学能力不足的培训需求

1. 信息技术基础培训

（1）软件操作培训。

针对教师在教学软件操作方面的不足，开展系统的软件操作培训课程。培训内容应涵盖常用教学软件的功能介绍、操作技巧演示以及实际操作练习。对于交互式电子白板软件，培训教师何进行课件导入、页面切换、批注书写、互动活动设计等；对于在线教学平台软件，培训教师何创建课程、发布教学资源、组织在线讨论、布置和批改作业等。通过培训，使教师熟练掌握各类教学软件的操作技能，能够在教学中灵活运用。

（2）硬件设备使用培训。

为了使教师更好地使用新型教学硬件设备，提供硬件设备使用培训。培训内容应包括设备的基本原理介绍、功能演示、操作流程讲解以及常见故障排除方法。以 VR 教学设备为例，培训教师如何佩戴设备、操作手柄进行场景交互、选择和播放教学内容等，教授教师如何处理画面卡顿、设备连接不稳定等常见故障。通过实际操作演示和教师的亲身体验，提高教师对硬件设备的操作熟练度和故障应对能力。

（3）信息技术素养提升培训。

除了软件和硬件操作培训外，还应注重教师信息技术素养的提升。培训内容包括信息技术基础知识，计算机网络原理、信息安全知识等；信息技术在教育领域的应用趋势与案例分析；信息技术与教学融合的理念与方法等。通过这些培训，使教师不仅掌握具体的技术操作技能，更能从宏观上理解信息技术在教育教学中的作用和价值，培养教师的信息技术应用意识和创新思维。

2. 数字化教学设计培训

（1）基于数字化教材的教学目标设计培训。

培训教师深入分析数字化教材的内容和特点，结合课程标准和学生实际情况，制定与数字化教材紧密结合的教学目标。引导教师关注数字化教材中的多种元素，如文本、图片、音频、视频、互动模块等，将其转化为具体的教学目标，如培养学生利用数字化教材进行自主探究学习的能力、通过教材中的案例分析提升学生解决实际问题的能力等。通过案例分析、小组讨论等培训方式，让教师掌握基于数字化教材的教学目标设计方法和技巧。

（2）数字化教学流程设计培训。

开展数字化教学流程设计培训，帮助教师转变传统的教学流程设计思维。培训内容包括数字化教学环境下学生自主学习、合作学习和探究学习的设计方法；如何利用数字化教材的交互功能设计课堂互动环节，如提问、讨论、游戏等；如何根据教学内容和学生学习进度合理安排数字化教材的使用顺序和时间分配等。通过观摩优秀数字化教学案例视频、进行模拟教学流程设计等活动，让教师熟悉并掌握数字化教学流程设计的要点和步骤。

（3）数字化教学评价设计培训。

针对教师在数字化教学评价设计方面的不足，提供教学评价设计培训。培训教师如何利用数字化教材提供的学习数据记录与分析功能，如设计多元化、精准化的教学评价方案。培训教师如何根据学生在数字化教材学习过程中的学习轨迹、答题情况等数据，如分析学生的学习行为和学习效果，设计包括过程性评价和终结性评价相结合的评价体系，如利用学习数据制定个性化的学习评价报告、设计基于项目完成情况的小组评价指标等。通过实际案例操作和评价方案设计练习，提高教师的数字化教学评价设计能力。

3. 数字化教学资源整合与开发培训

（1）资源整合方法与策略培训。

培训教师如何整合各类数字化教学资源，形成有效的教学资源体系。培训内容包括资源整合的原则和方法，如何根据教学目标和学生需求筛选合适的资源、如何对不同来源的资源进行分类整理和标注、如何建立资源之间的关联和链接等；资源整合的策略与技巧，如何利用资源管理工具进行资源整合、如何实现数字化教材与网络资源、校本资源的有机融合等。通过实际资源整合案例分析和操作练习，让教师掌握资源整合的有效方法和策略。

（2）数字化教学资源开发技能培训。

为了提高教师的数字化教学资源开发能力，开展教学资源开发技能培训。培训内容包括教学课件制作技能，如利用专业课件制作软件设计布局合理、内容丰富、交互性强的教学课件；微课视频制作技能，如视频脚本编写、拍摄技巧、后期剪辑与制作等；教学动画制作技能，如利用动画制作软件制作简单的教学动画，以辅助讲解抽象的知识点。通过理论讲解、实际操作演示和项目式实践操作，让教师逐步掌握数字化教学资源开发的基本技能，能够根据教学需要开发出高质量的教学资源。

4. 教师心理认同感培训

（1）激发高校教师自我效能。

高校教师的自我效能感是影响高校教师数字化能力的一个重要因素。数字化能力相对来说是一项比较难以达到的能力，对高校教师的知识、素质、技能等方面的要求比较高，面对难度较高的能力要求，高校教师很容易产生低的自我效能，学校应该组织多样的数字化教学发展活动，让高校教师在各种活动中体验成功，以此提高他们的自我效能感。高校教师职业是一份充满巨大压力的职业，除了学校工作的压力、学术研究的压力，还有自身发展、家庭、社会等方面的压力。高校教师长期被各种压力围绕，容易丧失活力。学校要对高校教师的工作、生活表示关心，提供休假、解决高校教师生活中的难题、降低高校教师的疲劳，提供外出交流学习的机会，为高校教师提供外出进修教育项目，促使高校教师开阔视野，提升自我，提高教育教学的积极主动性，使高校教师对教育教学工作充满热情和动力，缓解高校教师在教育教学工作中聚集的压力和消极情绪，提高教师的活力，从而提高高校教师的自我效能感。

（2）提高高校教师数字化教学意向。

高校教师需要从心理上接受数字化教学工具，从内心深处认同数字化教学，消除对数字化教学的抵触心理，才能从源头上实现数字化能力的提升。首先，高校教师需要提高数字化教学意识。要认识到在数字化技术突飞猛进的今天，数字化技术与教学的融合已是大势所趋，不可更改。其次，高校教师要主动学习掌握数字化教学前沿知识，以适应数字化技术的飞速发展。最后，不少高校对高校教师的要求繁杂，考核评价体系已不合时宜，不仅在一定程度上加大了高校教师的压力，而且不利于高校教师数字化能力的提高。学校应根据时代发展的要求以及学校的实际情况做出相应的调整。制定人性化、多元化评价措施，比如高校可以创建包含数字化能力各维度在内的高校教师评价体系，并将其纳入高校教师的日常考核之中，这就保证了高校教师提升数字化能力有标准可依，提高了高校教师提升个人数字化教学能力的心理紧迫感，从根本上提高高校教师的数字化教学意向。

5. 优化培训体系

（1）优化高校教师培训体系。

我国从20世纪80年代建立教师培训制度以来，教师培训对教师的能力发展起到了重要作用。数字化技术的广泛应用以及新的现代化教育理念的不断提出，对高校教师的数字化能力也提出了更高的要求，亟须完善高校教师数字化能力培训制度，对高校教师进行多元化培训，提高教师的数字化能力，以应对数字时代的挑战。从以往培训方式上来看，教师培训的方式大多数是面授。不同背景的高校教师聚集在一起接受培训，培训效果并不显著。从培训时间来看，大部分教师培训是2~3天的短期培训，在短期内掌握知识是容易的，但是高校教师的数字化能力在短期内却很难获得。从培训内容来看，多数培训主要是培训理论知识，方式以讲授和演示为主，脱离了教学实际。需要建立科学合理的、多元化的高校教师培训体系。

（2）加强数字化资源建设。

通过数据分析和访谈调查发现，高校教师的数字化能力会受到数字资源获取的影响，为提高高校教师的数字化能力，加强数字化资源建设、提升高校数字化资源的质量至关重要。

首先，学校应提供良好的物质基础支持。完善数字化教学所需要的软硬件设施，软硬件基础设施是高校教师数字化能力发展的舞台，是高校教师数字化能力发展的必需条件。明确不同学科高校教师的教学需求，加大资金投入，开发满足不同高校教师教学需求的数字化资源，如交互式教学教材、双师课堂、虚拟仿真资源等。建设多媒体教室、智慧教室、网络教学教室、移动校园网等设施，逐步改善数字化教学环境，为数字化教学提供必要的软硬件资源支持。学校创建数字化资源管理部门，为高校教师整合数字化教学资源提供针对性的指导服务。设置专门的数字化资源管理人员，负责数字化资源与课程教学的衔接工作，帮助高校教师及时解决数字化资源的使用难题。建立专门的数字化资源资助渠道，为高校教师使用数字化资源提供物质支持。其次，建立健全数字化资源制度保障，设置专门的章程和行为规划，引导高校教师在教育教学中合理使用数字化资源，形成奖励制度，奖励使用数字化资源的高校教师，在全校形成使用数字化资源的良好氛围。最后，加强高校教师之间的交流，创建数字化资源应用共同体，帮助高校教师整合数字化资源，如介绍使用数字化资源的优秀案例、开展数字化资源使用经验交流会，以增强不同学科高校教师之间使用数字化资源的交流。以此提高高校教师应用数字化资源的能力，进而提高高校教师的数字化能力。

（3）建立高校教师学习交流云社区。

帕尔默曾指出，任何行业的发展都离不开他的参与者之间的经验分析和交流对话，教师共同体中有着教师能力发展所需要的资源。社群影响对高校教师的数字化能力水平存在着积极的影响，社群影响对提高高校教师的数字化能力水平有着重要作用。应通过互联网或者数字化环境建立高校教师学习交流云社区，通过学习交流云社区，高校教师群体之间可以交流数字化技术经验，实现思想的碰撞，促进产生新的知识和经验，共享集体智慧，形成高校教师共同体。建立高校教师学习交流云社区可以实现实时、远距离的交流协作，为高校教师的交流提供便利。高校教师可以通过学习交流云社区参与教学研讨、交流展示、案例分享、经验交流等活动，在集体智慧的基础上，发展个人的数字化能力。

（三）培训实施与保障

1. 培训实施方式

（1）集中培训与在线培训相结合。

采用集中培训的方式，在规定的时间和地点，由专业培训教师进行面对面的授课和实践指导，这种方式有利于教师集中精力学习，及时解决学习过程中遇到的问题，也便于开展小组讨论、案例分析等互动性较强的培训活动。结合在线培训平台，提供丰富的培训课程资源，如教学视频、电子文档、在线测试等，教师可以根据自己的时间和学习进度进行自主学习和复习巩固。在线培训平台还可以设置学习社区，方便教师之间进行交流和分享学习心得。

（2）校本培训与区域培训相协同。

校本培训是基于学校自身需求和教师实际情况开展的培训活动，具有较强的针对性和实用性。学校可以组织校内骨干教师或邀请校外专家对本校教师进行数字化教学能力培训，培训内容可以紧密结合学校的教学特色和课程设置。区域培训则可以整合区域内的教育资源，由教育行政部门或专业培训机构组织开展，提供更广泛的培训课程和资源共享平台，如组织区域内教师参加数字化教学研讨会、教学成果展示会等，促进区域内教师之间的交流与合作，提升教师的数字化教学视野和水平。校本培训与区域培训相互协同，可以形成多层次、全方位的培训体系，满足教师不同层次的培训需求。

2. 培训保障措施

（1）政策支持与经费保障。

教育行政部门应制定相关政策，鼓励和支持教师参加数字化教学能力培训，将教师的培训情况与教师的绩效考核、职称评定等挂钩，提高教师参加培训的积极性和主动性。加大对教师培训的经费投入，保障培训所需的硬件设施建设、软件资源购买、培训教师聘请等费用。学校也应积极争取上级部门的经费支持，并合理安排学校的教育经费，确保教师培训工作的顺利开展。

（2）培训师资队伍建设。

建立一支高素质、专业化的培训师资队伍是保证教师培训质量的关键。培训师资队伍应包括教育技术专家、学科教学专家、信息技术骨干教师等。教育技术专家可以从宏观上讲解信息技术与教育教学融合的理论与方法；学科教学专家可以结合具体学科教学实际，指导教师如何将数字化教材和信息技术应用到学科教学中；信息技术骨干教师可以在软件操作、硬件设备使用、资源开发等方面提供具体的技术指导和实践经验分享。通过定期组织培训师资队伍的培训和研讨活动，不断提升培训教师的教学水平和专业素养。

（3）培训效果评估与反馈机制。

建立科学合理的培训效果评估与反馈机制，对教师的培训效果进行全面、客观的评价。评估内容可以包括教师在培训过程中的学习表现、作业完成情况、实践操作能力等，以及培训结束后在教学实践中的应用情况和教学效果提升情况。通过问卷调查、课堂观察、学生评价等多种方式收集数据，并进行综合分析。根据评估结果及时调整和优化培训内容和方式，将评估结果反馈给教师，让教师了解自己的培训成效和不足之处，以便在今后的教学实践和学习中不断改进和提高。

在未来的教育发展中，随着数字化技术的不断更新和教育理念的持续变革，教师的数字化教学能力培训也应不断优化和完善，以适应新的教育教学要求，确保教师能够在数字化教育浪潮中充分发挥引领者和推动者的作用。

二、数字化教材与传统教学模式的衔接困难

（一）数字化教材的定义

数字化教材是一种依托现代信息技术，将传统教材内容进行数字化处理，并融合多种媒体资源，具有交互功能的新型教材形式。数字化教材的内容不再局限于传统纸质教材的单纯文字和静态图片。它以电子数据的形式存在，包括文本、图像、音频、视频、动画等多种媒体形式。在一本数字化的生物教材中，对于细胞分裂的过程，不仅有详细的文字描述，还会有生动的3D动画演示，配合专家讲解的音频，让学生可以从多个角度直观地理解这一复杂的生物过程。超链接是数字化教材内容

呈现的另一个重要特点。通过超链接，教材内容可以与互联网上丰富的资源相连接，拓展知识的深度和广度。比如，在历史教材中，提到某个历史事件时，超链接可以指向相关的学术论文、历史遗址的虚拟游览网站、学者的讲解视频等，让学生能够获取更全面的信息。数字化教材具有强大的交互功能。它可以实现学生与教材内容之间的互动，例如，在数学教材中，学生可以在教材的虚拟界面上进行数学公式的推导和运算，教材会即时反馈运算结果并提供纠错提示。还包括学生之间以及学生和教师之间的互动。一些数字化教材配套有在线讨论区，学生可以针对教材中的知识点展开讨论，分享学习心得和见解。教师也可以参与其中，对学生的讨论进行引导和点评。数字化教材可以记录学生的学习过程，如学习时间、答题情况、参与讨论的活跃度等，教师可以根据这些数据了解学生的学习状况，调整教学策略。

与传统教材更新相对缓慢不同，数字化教材能够及时更新内容。教材开发者可以根据学科知识的最新进展、教育理念的变化或者教学实践的反馈，快速地对教材内容进行修订和完善。在科技类教材中，当出现新的科学发现或技术突破时，数字化教材可以在短时间内更新相关章节，让学生获取最前沿的知识。

在传播方面，数字化教材主要通过网络进行分发。它可以存储在学校的教学平台、在线教育机构的服务器或者云存储中，学生可以使用各种电子设备，如平板电脑、笔记本电脑、智能手机等进行下载或在线阅读，打破了传统教材在时间和空间上的限制，方便学生随时随地进行学习。

（二）数字化教材的发展

20世纪50年代，计算机技术开始兴起。虽然当时计算机体积庞大、运算速度相对较慢且价格昂贵，但已经为教育领域的创新提供了可能。到了20世纪60~70年代，计算机程序设计语言逐渐成熟，如BASIC语言等，使得开发简单的教学软件成为现实。

1. 数字化教材的雏形

这一时期的数字化教材主要以计算机辅助教学（computer aided instruction）软件的形式存在。这些软件通常是基于特定教学目标开发的小型程序，用于数学运算练习、语言学习和单词记忆等。它们将教学内容以文本形式呈现，并通过简单的交互功能，如选择题、填空题的作答与反馈，帮助学生巩固知识。

这些早期数字化教材雏形的特点是具有一定的交互性，能够针对学生的回答提供即时反馈，打破了传统纸质教材单向知识传递的模式。其局限性也十分明显。首先，受限于当时的计算机技术，多媒体元素的应用极为有限，大多仅为文本和简单的图形。其次，软件的开发成本较高，且只能在特定的计算机硬件环境下运行，可移植性差。最后，教学内容相对单一、碎片化，缺乏系统性的课程体系构建，难以满足全面的教学需求。

2. 初步成型：多媒体技术融入阶段

20世纪80年代，光盘存储技术得到了广泛应用，其大容量的存储特性为数字化教材整合丰富的多媒体资源提供了可能。计算机图形图像技术、音频技术和视频技术也取得了长足进步，使得在教材中融入图片、音频、视频等元素成为现实。

这一时期的数字化教材开始以光盘为主要载体，呈现出多媒体化的特征。在语言教学教材中，除了文字内容外，还加入了标准的发音音频示范，以及一些简单的对话视频场景，让学生能够更直观地感受语言的实际应用环境。在科学教育领域，通过动画演示物理、化学实验过程，帮助学生理解抽象的科学概念。一些大型的百科全书式数字化教材光盘也相继问世，如微软的Encarta百科全书，它整合了大量的文字、图片、音频和视频资料，以生动形象的方式呈现知识，受到了广大学生和教育工作者的喜爱。

多媒体技术的融入使数字化教材在表现力上有了质的飞跃。它能够更好地吸引学生的注意力，激发学生的学习兴趣，提高学习效果。多种感官刺激的学习方式也更符合人类的认知规律。这一阶段的数字化教材仍然存在一些不足之处：如虽然光盘存储容量较大，但相对于网络资源来说，其更新速度较慢，内容的时效性难以保证。而且，光盘教材的使用仍然依赖于计算机设备，在便携性方面存在一定局限，无法像纸质教材那样随时随地使用。

3. 蓬勃发展：网络时代的数字化教材

20世纪90年代末，互联网在全球范围内迅速普及，网络带宽不断提升，为数字化教材的发展开辟了更为广阔的空间。数字化教材不再局限于光盘等本地存储介质，而是可以依托网络平台进行传播和更新。

基于网络的数字化教材呈现出多样化的形式。一方面，出现了许多在线学习平台，这些平台整合了海量的课程资源，以网页的形式呈现教材内容。学生可以通过浏览器随时随地访问学习，课程内容不仅包括文字、多媒体资源，还增加了在线测试、讨论区、学习社区等互动功能，促进了学生之间、学生与教师之间的交流与协作。如一些知名的在线教育平台Coursera等，与全球多所高校和教育机构合作，提供了丰富的免费或付费课程资源，吸引了大量学习者参与。另一方面，电子教材也逐渐兴起，它类似于传统纸质教材的电子版，但具有更多的交互功能，如书签、笔记、搜索、超链接等，可以方便学生阅读和学习，可以通过网络及时更新版本，保持内容的时效性。

网络时代数字化教材的蓬勃发展也带来了一些挑战。首先，网络环境的稳定性和速度问题，在一些网络覆盖不完善或带宽较低的地区，学生可能无法流畅地访问在线教材资源，影响学习体验。其次，网络信息的海量性和复杂性也给教材内容的筛选和质量把控带来了困难，如何确保网络数字化教材的权威性和准确性成为重要问题。针对这些挑战，一方面，各国加大了对网络基础设施建设的投入，不断提升网络速度和覆盖范围；另一方面，教育机构和平台开发者加强了对教材内容的审核和管理机制，建立了专业的编辑团队和专家评审制度，以保证教材内容的质量。

4. 创新变革：智能技术融合阶段

进入 21 世纪 10 年代，人工智能、大数据、云计算等智能技术迅速发展并开始深度融入教育领域，数字化教材也迎来了新的创新变革。

智能化数字化教材能够根据学生的学习行为、学习进度和学习特点，利用大数据分析技术为学生提供个性化的学习路径推荐和学习资源推送。通过分析学生在教材学习过程中的答题情况、学习时间、浏览内容等数据，智能系统可以判断学生的知识掌握薄弱环节，进而为其推荐针对性的练习、拓展阅读材料或讲解视频。人工智能技术还使得教材具有了智能辅导功能，智能虚拟教师可以与学生进行实时互动，解答学生的疑问，就像拥有一位专属的学习导师。在教材的呈现形式上，VR 技术的应用也为学生带来了沉浸式的学习体验。在历史、地理等学科的学习中，学生可以通过 VR 设备身临其境地感受历史事件发生的场景或地理环境的特点，增强对知识的理解和记忆。

智能技术融合下的数字化教材对教育教学产生了深远的影响。它改变了传统的教学模式，从以教师为中心逐渐转向以学生为中心的个性化教学，充分满足了不同学生的学习需求，提高了学习效率和学习质量。也促进了教育公平的发展，使得偏远地区的学生也能够享受到优质的教育资源。展望未来，数字化教材将继续借助智能技术不断创新。随着人工智能技术的进一步发展，教材的智能程度将不断提高，可能会实现更加自然的人机交互、更精准的学习预测和更高效的知识传授。

(三) 传统教学模式的特点

传统教学模式在教育领域长期占据主导地位，历经数百年甚至上千年的发展与沉淀，形成了一套相对稳定且成熟的教学体系。尽管现代教育技术不断涌现并对传统教学模式产生了巨大冲击，但深入研究传统教学模式的特点，仍有助于我们全面认识教育的本质与发展脉络，从中汲取有益经验，为构建更加完善、高效的现代教学模式奠定坚实基础。

1. 教师的主导地位

在传统教学模式中，教师往往被视为知识的权威来源。他们凭借自身在特定学科领域的专业知识和教学经验，掌控着教学的进程与方向。教师在课堂上是知识的主要传授者，学生则主要扮演着知识接收者的角色。例如，在中小学的语文课堂上，教师对课文的讲解、字词的释义以及文学作品的分析具有决定性作用，学生通常是被动地聆听、记录并按照教师的要求理解和记忆知识。这种教师的权威地位在一定程度上保证了知识传授的准确性和系统性，但也可能抑制学生的批判性思维和创新能力的发展。

教学过程的组织与实施高度依赖教师。教师负责制订教学计划、安排教学内容、选择教学方法以及确定教学进度。他们决定课堂上讲解的重点和难点，主导课堂讨论和提问环节。例如，在数学课堂上，教师会按照既定的教学大纲，从基本概念的讲解逐步过渡到复杂公式的推导和应用，学生跟随教师的思路逐步学习。教师的主导性使得教学过程具有较强的计划性和秩序性，但有时可能忽视学生的个体差异和学习需求，导致部分学生跟不上教学节奏或对学习缺乏兴趣。

2. 知识传授的系统性

传统教学模式注重学科知识体系的完整性和系统性构建。从小学到中学再到大学，各个学科都有一套循序渐进、逻辑严密的课程体系。例如，在物理学的学习中，从初中的简单力学、电学基础，到高中的牛顿力学、电磁感应等深入内容，再到大学的量子力学、相对论等前沿知识，形成了一个由浅入深、层层递进的知识链条。这种系统性的课程体系有助于学生全面、深入地掌握学科知识，为其进一步深造或从事相关专业工作奠定坚实基础。

教材是传统教学模式知识传授的重要载体，其内容具有很强的逻辑连贯性。教材通常按照章节编排，每个章节围绕特定的主题展开，章节之间相互关联、逐步深入。以化学教材为例，先介绍化学基本概念和元素周期表，然后依次讲解无机化学、有机化学等不同领域的知识，在讲解过程中注重知识的前后呼应和因果关系阐述。学生通过阅读教材，能够沿着教材设定的逻辑路径逐步构建起完整的知识框架，但这种固定的逻辑顺序可能在一定程度上限制了学生自主探索知识的灵活性。

3. 教学方法的多样性

讲授法是传统教学模式中最常用的教学方法之一。教师通过口头语言向学生系统地传授知识，包括讲解概念、阐述原理、分析案例等。在历史课堂上，教师会详细讲述历史事件的背景、经过和影响，通过生动的语言描述将学生带入特定的历史情境中。讲授法能够在有限的时间内传递大量的信息，效率较高，但如果过度依赖讲授法，可能导致课堂氛围较为沉闷，学生参与度不高。

除了讲授法，传统教学模式也会采用讨论法和练习法等多种教学方法作为辅助。讨论法为教师在提出特定问题或主题后，组织学生进行小组或全班讨论。例如，在政治课堂上，教师针对某个社会热点问题引导学生从不同角度进行分析和讨论，培养学生的思维能力和表达能力。练习法则通过布置作业、练习题等方式让学生巩固所学知识，提高知识应用能力。在数学和外语教学中，大量的习题练习有助于学生熟练掌握公式、语法等知识要点，但这些方法有时可能缺乏对学生创新思维和实践能力的深度挖掘。

4. 教学评价的单一性

传统教学模式下的教学评价主要以考试成绩为核心依据。无论是阶段性测验、期中考试还是期末考试，学生的考试分数在很大程度上决定了其学业成绩的优劣。在高考制度下，学生的升学机会主要取决于其高考各科目的总成绩。这种评价方式简单直观，便于操作和比较，但它过于侧重对学生知识记忆和应试能力的考查，难以全面、准确地反映学生的综合素质、创新能力、学习态度和学习过程中的努力程度等方面。

教学评价的主体在传统教学模式中主要是教师。教师根据学生的考试成绩、课堂表现、作业完成情况等对学生进行评价，学生自身以及同学之间的评价参与度较低。这种单一的评价主体可能导致评价结果存在一定的主观性和片面性，无法充分发挥学生的主观能动性，也不利于培养学生的团队合作精神、相互评价能力和自我反思能力。

5. 教学环境与资源的相对稳定性

传统教学模式通常以学校的教室为主要教学场所，教学活动在固定的时间和空间内进行。学生需要按照学校的课程安排，在规定的时间到特定的教室上课。这种固定的教学场所为教学活动提供了相对稳定的环境，便于组织教学和管理学生，但也限制了教学的灵活性和开放性，难以满足学生多样化的学习需求和个性化的学习进度。

传统教学模式所依赖的教学资源相对有限且较为稳定。主要包括教材、教具、图书馆藏书等实体资源。这些资源的更新速度较慢，教材一般经过较长时间才会修订一次，教具的种类和功能也相对固定。虽然学校图书馆的藏书能够为学生提供一定的知识拓展，但与互联网时代海量、动态的信息资源相比，其资源的丰富度和时效性存在明显不足，在一定程度上制约了学生获取更广泛、更前沿知识的能力。

（四）数字化教材与传统教学模式衔接困难的表现

1. 教学观念的冲突

传统教学模式强调教师的主导地位，以知识传授为主要目标，注重课堂上教师的讲授和学生对知识的被动接受。而数字化教材倡导以学生为中心的自主学习理念，鼓励学生利用数字化资源主动探索知识、构建知识体系。这种观念上的差异使得教师在面对数字化教材时，往往难以转变教学思维，仍倾向于按照传统方式进行教学，忽视了数字化教材所蕴含的互动性和自主性学习价值。许多教师在使用数字化教材时，只是简单地将其作为传统纸质教材的电子替代品，没有充分挖掘其多媒体、交互性等功能，未能引导学生进行自主探究学习。

2. 教学方法的不适应

传统教学方法主要包括讲授法、讨论法、练习法等，这些方法在传统教学环中经过长期实践，具有一定的有效性和稳定性。数字化教材则提供了诸如虚拟实验、在线协作学习、智能辅导等新型教学方法的支持。但教师对这些新教学方法的掌握和运用存在困难。一方面，教师缺乏相关的技术培训和实践经验，难以熟练操作数字化教材中的教学工具和平台；另一方面，新教学方法的实施需要重新设计教学流程和课堂组织形式，这对教师的教学设计能力提出了更高要求。例如，在开展虚拟实验教学时，教师不仅要熟悉实验软件的操作，还要能够引导学生在虚拟环境中进行科学探究、分析实验数据并得出结论，这对于习惯了传统实验教学的教师来说是一个较大的挑战。

3. 教学资源整合的难题

传统教学模式下，教学资源主要以纸质教材、教具、教学参考资料等形式存在，资源类型相对单一，整合方式较为简单。数字化教材则集成了大量的文本、图像、音频、视频等多种媒体资源，可以通过网络链接到海量的在线资源。如何将这些丰富多样的数字化资源与传统教学资源进行有效整合，使其服务于教学目标，是一个亟待解决的问题。教师在整合资源时，往往面临资源筛选困难、资源质量参差不齐、资源与教学内容匹配度不高等问题。例如，在网络上搜索到的教学视频可能存在内容不准确、讲解不清晰等情况，教师需要花费大量时间进行甄别和筛选，才能将合适的视频资源融入教学中。数字化资源的更新速度快，教师还需要不断关注教学资源的变化，及时调整教学资源的整合方案，这也增加了教学资源整合的难度。

4. 教学评价的困境

传统教学模式的教学评价主要以考试成绩为主要依据，评价方式较为单一，侧重于对学生知识掌握程度的考查。数字化教材支持多元化的教学评价，例如，过程性评价、表现性评价、自我评价、同伴互评等，可以更全面地评价学生的学习过程和学习成果。但在实际教学中，由于传统评价观念的束缚以及评价技术和工具的限制，教师难以实施多元化评价。一方面，教师对过程性评价和表现性评价的指标设定和评价方法不够熟悉，不知道如何准确地评价学生在数字化学习过程中的表现，如学生在在线讨论中的参与度、在虚拟实验中的操作技能等；另一方面，现有的教学管理系统和评价平台可能无法满足多元化评价的需求，教师在收集、整理和分析评价数据时面临困难，导致评价结果不够客观、准确和全面。

5. 教师与学生的适应性问题

对于教师而言，长期以来形成的传统教学习惯和工作方式难以在短时间内改变，他们需要投入大量时间和精力学习数字化教材的使用方法、掌握新的教学技术和工具，这无疑增加了教师的工作负担和心理压力。部分教师担心数字化教材的使用会影响自己在教学中的主导地位，对数字化教材存在抵触情绪。对于学生来说，虽然他们对信息技术具有较高的接受度，但在数字化学习过程中也面临一些问题。学生可能会受到网络信息的干扰，难以集中精力学习；部分学生自主学习能力较差，在缺乏教师直接监督的情况下，不能有效地利用数字化教材进行学习；不同学生的信息技术水平存在差异，这也会影响他们对数字化教材的使用效果和学习体验。

（五）解决数字化教材与传统教学模式衔接困难的策略

1. 更新教学观念，加强教师培训

教育行政部门和学校应组织教师参加相关的培训和研讨会，帮助教师深入了解数字化教材的特点、功能和教育价值，认识到以学生为中心的自主学习理念的重要性。通过培训，使教师掌握数字化教学工具和平台的使用方法，提高教师的信息技术素养和教学设计能力。鼓励教师开展教学实践和教学研究，在实践中不断探索数字化教材与传统教学模式的融合方式，转变教学观念，树立现代教育理念。可以邀请教育技术专家为教师进行专题讲座和培训，组织教师观摩数字化教学示范课，开展数字化教学案例分析和研讨活动等，让教师在学习和交流中逐步更新教学观念，适应数字化教学的要求。

2. 创新教学方法，优化教学设计

教师应根据数字化教材的特点和教学内容的要求，创新教学方法，将传统教学方法与数字化教学方法有机结合。在课堂讲授中，可以适时引入数字化教材中的案例、视频等资源，增强教学的直观性和趣味性；在小组讨论中，利用数字化教材提供的在线协作平台，让学生突破时间和空间的限制，进行更广泛、深入的交流与合作；在实验教学中，采用虚拟实验与真实实验相结合的方式，先让学生通过虚拟实验熟悉实验原理和操作步骤，再进行真实实验，提高实验教学的效果和安全性。教师要精心设计教学流程，合理安排教学环节，充分发挥数字化教材的互动性和自主性学习功能，引导学生积极参与学习活动，培养学生的创新思维和实践能力。在教学设计中，可以设计一些基于数字化教材的探究性学习任务，让学生通过自主探究、合作学习等方式解决问题，提高学生的学习效果和综合素质。

3. 完善教学资源整合机制，提高资源质量

学校和教育机构应建立教学资源整合平台，整合优质的数字化教学资源，并对资源进行分类、筛选和审核，确保资源的质量和准确性。加强与企业、科研机构等的合作，开发具有针对性和实用性的数字化教学资源，丰富教学资源库。教师在教学过程中，应根据教学目标和学生的实际情况，有针对性地选择和整合教学资源，提高资源的利用率。利用大数据和人工智能技术，对学生的学习数据进行分析，根据学生的学习需求和学习进度，为学生推送个性化的教学资源，实现教学资源的精准供给。学校可以建立自己的数字化教学资源库，将优秀的课件、教案、视频、试

题等资源进行整合，并提供资源搜索、推荐等功能，方便教师和学生使用。教师可以利用在线教学平台的资源推荐功能，为学生推荐适合他们的学习资源，提高学生的学习效果。

4. **构建多元化教学评价体系，完善教学评价技术**

建立多元化教学评价体系，将过程性评价、表现性评价、考试评价等多种评价方式相结合，全面评价学生的学习过程和学习成果。制定科学合理的评价指标和评价标准，明确评价的内容和方法，使评价过程更加客观、公正、透明。在过程性评价中，可以考查学生在数字化学习平台上的学习时间、参与讨论的次数、作业完成情况等；在表现性评价中，可以评价学生在虚拟实验、项目学习等活动中的表现和成果。加强评价技术和工具的研发与应用，利用信息技术手段收集、整理和分析评价数据，提高评价效率和准确性。开发基于大数据的教学评价系统，能够自动记录学生的学习行为数据，并通过数据分析生成评价报告，为教师的教学决策提供依据。

5. **关注师生需求，促进适应性发展**

在推广数字化教材的过程中，要充分关注教师和学生的需求，为他们提供必要的支持和帮助。对于教师，要合理安排培训时间和内容，减轻教师的工作负担，提高教师的参与积极性。建立教师激励机制，对在数字化教学中表现突出的教师给予表彰和奖励，鼓励教师积极探索和创新。对于学生，要加强信息技术教育，提高学生的信息技术水平和自主学习能力。开展数字化学习方法指导，帮助学生掌握有效的学习策略，提高学生的学习效率和学习质量。关注学生的个体差异，为不同学习水平和学习需求的学生提供个性化的学习支持和服务。学校可以为教师提供教学助手，协助教师进行数字化教学资源的整合和教学设计；为学生开设信息技术选修课程，提高学生的信息技术应用能力；建立学习辅导中心，为学生提供在线学习咨询和辅导服务等。

（六）数字化教材的发展模式

1. **基于以人为本的教学理念**

在对数字化教材进行创新与丰富的过程中，需将以人为本教学理念融入教学育人的全过程中。教育工作者对现阶段的数字化学习现状进行了解后，需结合具体的问题，对数字化教学的发展形成新的思考。针对学生学习过程中缺乏系统化指导的问题，教育工作者需制定科学的教学评价体系。关注学生学习过程中的反应、疑问、难点等，能够生成个性化、系统化的指导方案。利用数字化教材开展教学活动的过程中，无论是在预习环节、面对面授课环节，还是课余时间的知识复习与巩固，教师都应切实发挥图文并茂的教学课件、微视频等现代教学工具的优势。使学生处于更加轻松、灵活的学习氛围，提高他们的学习质量与学习效率。教育工作者也可将这个教学思想作为创新数字化教材的思路与灵感，逐渐形成新的数字化教材发展模式。即教育工作者需与科技公司进行深度合作，根据自身的办学理念、数字教材发展现状等，开发新的数字教材。学校可进一步凸显数字化教学的灵活化特征，开发电子书包，将其作为新型的数字教材。学生不用携带纸质书籍也可随时进行学习，最大化利用碎片化时间，使他们逐渐形成显著的自主学习能动性。具体来说，电子书包的核心开发原理，是将学习平台、教学资源、纸质教材、移动智能设备、互联网技术进行全面集成与优化。学生利用移动智能设备可不分时间与地点地翻阅电子书籍，并基于线上学习平台与名师进行交流与沟通。基于名师指点，可及时帮助学生解除学习困扰。基于学术视频客户端系统，学生可结合自身的学习需求、学习诉求，下载精品课程、线上教学视频等。也可通过下载音频学习资料，在公交车上对知识进行预习或巩固。基于电子书包，教育工作者可将所有教学资源进行全面整合。并使传统课堂获得延伸，使学生拥有更充足的时间进行学习。电子书包的开发与应用，不仅是对数字教材类型的丰富与拓展，还可逐渐形成新的数字化教学模式，以及数字教材发展模式。使我国教育系统更趋向于现代化、智能化，全面提高人才培养质量与效能。

2. 基于技术整合与升级，创建云教学模式

数字教材是在互联网技术、信息技术、云计算等技术的共同作用下，产生的新型教学载体。既实现教学模式上的创新与发展，更为教师与学生的互动与交流提供新的平台。教师、学生、教材、教室作为教育系统开展教学的重要构成因子，其相互间具有密切的关联性与促进关系，而在对数字教材发展模式进行分析的过程中，必须以时代精神、大局意识对当下的教学形态、社会发展趋势等进行动态化的了解。任何新事物的诞生，都不能与社会经济、技术、文化的发展脱离，而数字教材本身就是时代产物，其发展与演变势必会受到时下科学技术、教育理念、社会发展形态等诸多因素影响。尤其，技术的变革会加速数字教材的发展速度与质量。教育领域应基于技术的整合与升级，积极创建云教学模式。学校可对目前的传统教学资源进行科学的整合，并将其与数字教材进行科学的融合。学校可对传统图书馆进行改革与创新。以移动图书馆的形式对传统图书馆进行延伸与丰富，并将其融入云学习模式中。学生可基于移动智能设备、移动图书馆软件，对相关书籍进行翻阅与阅读。学生可根据自身的学习需求或兴趣爱好，自由下载云图书馆中的文献、书籍等。这样，不仅增强了学生学习与阅读的灵活性、丰富性，还可提高图书馆服务质量，并产生新的教学方式。从某种角度来说，移动图书馆会逐渐发展成新的数字教材。将学校传统图书馆与网络资源进行科学的融合，不仅使学生快速了解网络上最新的知识与文化，还可使学生利用移动图书馆查阅传统优秀文化、历史资料等。当然，教育工作者需充分发挥移动图书馆的优势与价值，将其与线上学习平台、翻转

课堂教学模式进行科学的融合。当学生拥有丰富的学习素材时，教师需引导他们学会精准提炼信息，能够在海量的信息资源中快速搜索目标资源。在此基础上，教师需与学生保持良好的互动与交流，在线上随时进行答疑解惑。相较慕课等学习平台上的名师课堂，教师更了解学生的学习问题、学习进度与学习效果。由此，教师可通过云教学、传统课堂等不同形式，对学生进行针对性的指导与帮助。

三、教学评价体系难以适应教材数字化转型

教材数字化转型是教育信息化进程中的关键环节，它为教学带来了丰富的资源、多样的教学形式以及个性化的学习体验。教学评价作为教学活动的重要组成部分，其现有体系在面对教材数字化转型时却暴露出诸多弊端。传统教学评价体系主要围绕纸质教材和传统课堂教学构建，难以充分发挥数字化教材的优势，也无法准确衡量学生在数字化学习环境中的学习成果与能力发展。深入研究教学评价体系与教材数字化转型之间的矛盾，探索构建新型教学评价体系的路径，具有极为重要的现实意义。

（一）教学评价体系的定义和功能

1. 教学评价体系的定义

教学评价体系是指依据一定的教育目标和教学标准，运用科学的评价方法和技术手段，对教学过程和教学结果进行系统、全面、客观、公正的价值判断的一系列活动及其相关制度、标准、程序和方法的总和。它不仅仅是简单的对学生学习成绩的评定，而是涵盖了对教学目标的合理性、教学内容的适宜性、教学方法的有效性、教师教学能力以及学生学习能力、态度、情感等多方面的综合评价。在对一堂数学课的评价中，不仅要考察学生对数学知识的掌握程度（考试成绩、作业完成情况），还要评价教师的教学方法是否能够激发学生的学习兴趣（课堂互动氛围、学生参与度），教学内容是否符合课程标准和学生的认知水平（知识点的深度与广度、与实际生活的联系），以及教学过程是否有助于培养学生的数学思维能力（问题解决策略的引导、思维拓展训练）等。

2. 教学评价体系构成要素

（1）评价主体。

评价主体是指参与教学评价活动的个人或组织。主要包括教师、学生、家长以及教育行政部门和学校管理者等。教师作为教学活动的直接组织者和实施者，能够从教学过程的各个环节对学生的学习情况进行评价，也可以对自身的教学情况进行反思性评价。学生通过自我评价，可以更好地了解自己的学习状态、优势和不足，从而调整学习策略。家长则从家庭学习环境和学生日常学习表现等方面提供评价信息，有助于学校全面了解学生。教育行政部门和学校管理者从宏观层面出发，对学

校整体教学质量、教师教学水平以及课程设置等进行评价，以制定教育政策和学校发展规划。在学校组织的教师教学质量评价中，学生通过填写教学满意度调查问卷对教师教学进行评价，教师进行同行互评，学校领导和教学督导员进行综合评价，各方评价主体相互补充，共同构成一个完整的评价视角。

（2）评价对象。

评价对象主要包括教学活动中的教师、学生以及教学活动本身。对于教师的评价涉及教师的教学态度、教学能力（教学设计、课堂组织、教学方法运用、教学反思等）、专业素养（学科知识储备、教育教学理论水平）等方面。对学生的评价则侧重于学生的学习成果（知识掌握、技能形成）、学习过程（学习态度、学习方法、学习习惯、学习投入时间和精力）以及学生的综合素质（创新能力、合作能力、情感态度价值观的发展）等。教学活动本身的评价包括对课程设置的合理性、教学资源的利用效率、教学环境的适宜性等方面的评估。在对一所学校的课程体系评价中，要考察课程是否符合学生的身心发展规律、是否满足社会对人才的需求、课程之间的衔接是否合理等，以确保教学活动的整体有效性。

（3）评价标准。

评价标准是衡量教学评价对象价值的尺度和准则。它通常是依据教育教学目标、课程标准以及相关教育理论制定的。评价标准具有明确性、可操作性和层次性等特点。在学生学业成绩评价中，对于不同学科有相应的考试大纲或考核标准，规定了各个知识点的掌握程度要求，如数学学科中对代数、几何等不同知识板块的具体考核要求，包括概念理解、公式运用、解题方法等方面的详细标准。对于教师教学评价，可能有教学目标达成度、教学方法多样性、课堂管理有效性等具体的评价指标，并赋予相应的权重，以便进行量化评价。

（4）评价方法。

评价方法是收集、整理和分析评价信息的手段和途径。常用的评价方法包括测验法（单元测验、期中期末考试等）、观察法（课堂观察教师教学行为和学生学习行为）、调查法（问卷调查学生对教学的满意度、教师对教学资源的需求等）、档案袋评价法（收集学生在一定时期内的学习作品、作业、反思日记等进行综合评价）、表现性评价法（学生在实验操作、项目完成、演讲展示等活动中的表现评价）等。不同的评价方法适用于不同的评价对象和评价内容。测验法适合对学生知识掌握情况进行快速检测；观察法能够直观地了解教师教学过程和学生学习过程中的细节；档案袋评价法可以全面展示学生的学习成长历程，反映其长期的学习努力和进步。

3. 教学评价体系的功能

（1）诊断功能。

教学评价体系能够通过对教学过程和教学结果的评价，深入发现教学中存在的各种问题。通过对学生学习成绩的分析，如果某班级学生在某一学科的某一知识点上普遍得分较低，这可能提示教师在该知识点的教学方法或教学深度上存在问题。又如，通过课堂观察发现学生在课堂上注意力不集中、参与度不高，可能是教学内容枯燥、教学节奏不合理或者教学环境不佳等导致的。教师可以根据这些评价反馈信息，精准地找出教学过程中的薄弱环节，从而有针对性地进行改进。

对于学生个体而言，教学评价能够剖析其学习困难所在。比如，在对学生的数学作业和测验结果进行详细分析时，发现某个学生在几何证明题方面频繁出错，通过进一步的评价（与学生交流、观察其解题过程），可能发现该学生对几何定理的理解不够深入，或者缺乏有效的解题思路和方法。这样教师就可以为学生提供个性化的辅导和学习建议，帮助学生克服学习困难，提高学习效果。

（2）导向功能。

教学评价标准为教学目标的设定提供了方向。学校和教师在制定教学计划和教学目标时，会依据教育行政部门规定的评价标准以及社会对人才培养的要求来确定。在当前强调素质教育和创新人才培养的背景下，教学评价体系中对学生创新能力、实践能力和综合素质的评价比重增加，这就促使教师在设定教学目标时，更加注重对学生的创新思维、实践操作技能以及情感态度价值观的塑造，而不仅仅局限于知识传授。

评价体系对教师的教学行为起到规范作用。教师知道自己的教学将按照一定的标准被评价，会努力使自己的教学行为符合要求。评价标准中强调教学方法的多样性和有效性，教师就会积极探索多种教学方法，如采用小组合作学习、探究式学习等方法，以提高课堂教学质量，满足评价要求。对学生的学习行为也有导向作用，学生了解评价标准后，会朝着评价所期望的方向努力学习，如积极参与课堂讨论、认真完成作业、主动拓展学习等。

（3）激励功能。

当教师的教学成果得到积极评价时，会增强其教学成就感和自信心，从而激发其教学动力。教师所教班级学生在学校或地区的学科竞赛中取得优异成绩，或者在教学质量评估中获得高分，教师会受到鼓舞，更加努力地投入到教学工作中，不断探索创新教学方法，提高教学水平。相反，如果评价结果不理想，也会促使教师反思自己的教学，努力改进，以获得更好的评价结果。调动学生学习积极性。学生在得到良好的学习评价后，会感受到自己的努力得到认可，从而激发学习积极性。学生在考试中取得好成绩、在课堂表现中受到表扬或者在项目完成中得到高分，都会使他们对学习更有兴趣和热情，更加主动地参与学习活动。评价体系中的竞争机制（班级排名、奖学金评定等）也会在一定程度上激励学生努力学习，超越自我。

(4) 调控功能。

根据教学评价反馈的信息，教师可以及时调整教学策略。如果评价发现学生对某一教学内容理解困难，教师可以放慢教学进度，增加实例讲解，或者改变教学方法，从单纯的讲授法改为演示法或讨论法等。在科学实验课教学中，如果学生在实验操作过程中错误较多，教师可以重新讲解实验步骤，增加示范操作环节，调整教学策略以提高学生的实验操作技能。

评价结果还可以为学校优化教学资源配置提供依据。如果某学科的教学评价显示学生在实践能力培养方面存在不足，学校可以加大对该学科实验室建设的投入，购置更多的实验设备和器材；如果某教师的教学评价表明其在多媒体教学资源利用方面有优势，学校可以为其提供更多的资源支持，如更新教学软件、提供网络教学平台权限等，以促进教学质量的整体提升。

(5) 鉴定功能。

教学评价体系最重要的功能之一就是评定学生的学业水平。通过考试、作业、项目评价等多种方式，确定学生在某一阶段的学习成果和知识技能掌握程度。在学期末，学校通过期末考试成绩、平时作业成绩、课堂表现成绩等综合评定学生的学科成绩等级，以此判断学生是否达到了相应的学业标准，是否具备升入下一阶段学习的条件。

对教师教学质量的鉴定也是评价体系的重要功能。学校通过对教师教学的多方面评价（学生评价、同行评价、教学督导评价等），可以甄别出教学质量高的教师和需要改进提升的教师。对于教学质量高的教师，可以给予表彰和奖励，在评选优秀教师、晋升职称时优先考虑等；对于教学质量有待提高的教师，可以安排培训、观摩学习等活动，帮助其提升教学水平。

教学评价体系作为教育教学活动中的重要组成部分，其定义涵盖了评价主体、评价对象、评价标准和评价方法等多方面要素，具有诊断、导向、激励、调控和鉴定等多种功能。在教育实践中，科学合理地构建和运用教学评价体系，能够有效地促进教学质量的提升，推动教育教学改革的深入发展，使教师能够更好地因材施教，学生能够在评价的引导和激励下全面发展，最终实现教育的育人目标，为社会培养出更多高素质的人才。教育工作者应充分认识到教学评价体系的重要性，不断完善评价体系，使其更好地服务于教育教学活动。

（二）教材数字化转型的特点

在当今数字化时代，教育领域正经历着深刻的变革。教材作为知识传播的核心载体，其数字化转型尤为引人注目。教材数字化转型不仅仅是将传统纸质教材简单地电子化，而是在内容、形式、功能、传播等多个维度上发生质的飞跃。这些新特点正在重塑教育教学的生态，为学生的学习和教师的教学带来了前所未有的机遇与挑战。

1. 内容呈现的多媒体化与交互性

传统教材主要以文字和静态图片为主要内容呈现形式，而数字化教材则充分利用了现代信息技术，将文本、图像、音频、视频、动画等多种媒体形式有机融合。在一本数字化的生物教材中，对于细胞结构的介绍，不仅有详细的文字描述和精确的结构图示，还可以通过3D动画演示细胞内各种细胞器的动态运作过程，配以专家的语音讲解，使学生能够从视觉、听觉等多个感官层面全面深入地理解抽象的生物知识。这种多媒体化的内容呈现方式极大地增强了教材的表现力和吸引力，能够更好地满足不同学习风格学生的需求，提高学习效果。

数字化教材具有强大的交互功能，打破了传统教材单向知识传递的局限。学生可以与教材内容进行互动。在数学数字化教材中，学生可以直接在教材界面上操作数学模型，改变参数来观察函数图像的变化，通过这种互动式学习，加深对数学概念和规律的理解。数字化教材还支持学生之间以及学生与教师之间的交互。许多数字化教材配套有在线讨论区或学习社区，学生可以针对教材中的知识点展开讨论、分享学习心得，教师也可以参与其中进行指导和答疑。教材能够记录学生的交互行为数据，如提问次数、参与讨论的活跃度等，为教师了解学生学习情况和个性化教学提供依据。

2. 更新迭代的及时性与便捷性

在信息快速更新的时代，知识的更新换代速度不断加快。数字化教材相较于传统纸质教材，能够更迅速地反映学科领域的最新进展。在科技类教材中，当出现新的科学发现或技术突破时，数字化教材的开发者可以通过在线更新的方式，及时将相关内容添加到教材中，确保学生学习到的是最前沿的知识。而传统纸质教材从编写到出版再到发行，往往需要较长的周期，难以做到如此及时的内容更新。

数字化教材的更新操作相对简便。教材开发者只需在服务器端对内容进行修改和完善，学生使用的教材终端即可自动同步更新，无须像传统教材那样重新印刷、分发。这不仅节省了大量的时间和资源，也保证了学生能够持续获取最新、最准确的知识信息。对于教师而言，也可以更方便地根据教材的更新调整教学内容和教学计划，使教学始终与时代发展同步。

3. 学习资源的丰富性与扩展性

数字化教材整合了海量的学习资源。除了教材本身的核心内容外，还链接了大量的拓展阅读材料、案例分析、练习题、实验演示视频等。以历史数字化教材为例，在讲述某个历史时期时，除了正文内容外，还可以提供相关历史文献原文、考古发现的图片和视频资料、历史学家的研究论文链接等，让学生能够在更广阔的知识背景下深入探究历史事件和人物。这种丰富的资源整合极大地拓宽了学生的学习视野,满足了学生对知识深度和广度的追求。

数字化教材具有良好的扩展性,能够方便地接入外部资源和工具。在学习外语时,数字化教材可以与在线翻译工具、语言学习软件等进行集成,学生在学习过程中遇到生词或难句时,可以直接调用翻译工具进行查询和理解,还可以利用语言学习软件进行听说读写的专项训练。数字化教材也为教师和开发者提供了开发接口,他们可以根据教学实际需求,自主开发或整合更多的教学资源和工具,如创建自定义的练习题、开发互动式教学插件等,进一步丰富教材的功能和内容。

4. 教学模式的个性化与智能化

数字化教材为个性化教学提供了有力支持。它可以根据学生的学习进度、学习能力、学习偏好等因素,为学生量身定制学习方案。通过对学生学习数据的分析,包括学习时长、答题正确率、知识点掌握情况等,数字化教材能够智能判断学生的学习薄弱环节,为其推荐针对性的学习内容和练习题目,实现个性化的学习路径规划。不同学生可以按照自己的节奏和方式进行学习,充分发挥学生的主观能动性,提高学习的自主性和有效性。

借助人工智能、大数据等技术,数字化教材具备了智能化的特征。智能辅导系统是其中的典型应用,它可以像私人教师一样与学生进行互动交流,解答学生的问题,提供学习建议。当学生在数学学习中遇到难题时,智能辅导系统可以通过语音或文字与学生对话,了解学生的困惑点,然后逐步引导学生思考,提供解题思路和方法,甚至可以根据学生的学习情况生成个性化的辅导报告。智能化的数字化教材还能够对教学过程进行智能监控和评估,及时发现教学中的问题并提出改进建议,为教学质量的提升提供数据驱动的决策依据。

5. 传播途径的网络化与全球化

数字化教材主要通过网络进行传播。学生和教师可以通过互联网随时随地访问和下载数字化教材,不受时间和空间的限制。无论是在学校的课堂上,还是在家里的书房中,只要有网络连接的设备,就可以获取教材资源。这种网络化的传播方式极大地提高了教材的获取便利性,也为在线教学、远程教学等新型教学模式的开展提供了基础条件。在疫情期间,许多学校采用线上教学模式,数字化教材的网络化传播使得学生能够顺利地开展学习活动,保证了教育教学的正常进行。

教材数字化转型呈现出内容多媒体化与交互性、更新迭代及时性与便捷性、学习资源丰富性与扩展性、教学模式个性化与智能化、传播途径网络化与全球化等显著特点。这些特点为教育教学带来了新的活力和机遇,推动了教育现代化的进程。但在享受数字化转型带来的便利同时,我们也应积极应对其面临的挑战,通过加强技术基础设施建设、完善教材质量监管体系、提升教师专业素养等措施,充分发挥教材数字化转型在教育教学中的优势,为培养适应新时代需求的创新型人才奠定坚实的基础。

（三）教学评价体系难以适应教材数字化转型的表现

1. 评价理念滞后

传统教学评价理念侧重于对学生知识掌握程度的考核，以结果性评价为主，关注学生在考试中的成绩表现，将其作为评判学生学习优劣的主要依据，而教材数字化转型倡导以学生为中心的个性化学习，注重培养学生的创新思维、信息素养、自主学习能力以及协作交流能力等多维度的综合素质。但现有的教学评价理念未能及时转变，仍然局限于对知识记忆和再现的考查，忽视了学生在数字化教材使用过程中所展现出的自主探索、问题解决以及数字化工具应用等能力的评价。在数字化教材提供了大量拓展性学习资源和探究性学习任务的情况下，评价体系却未能有效引导教师关注学生对这些资源的利用深度和探究性任务的完成质量，导致学生的综合能力培养缺乏评价导向的支持。

2. 评价标准单一

传统教学评价标准主要依据课程标准和教学大纲制定，以知识点的掌握为核心指标，具有较强的统一性和标准化特征。在教材数字化转型背景下，数字化教材的内容呈现方式更加丰富多样，包含了多媒体素材、互动式学习模块、虚拟实验等多种元素，学习路径也更加个性化。现有的评价标准难以适应这种多样性和个性化。对于学生在数字化教材互动环节中的参与度、在虚拟实验中的操作技能与创新思维表现、在利用多媒体资源进行知识建构过程中的独特见解等方面，缺乏明确且细致的评价标准。这使得教师在评价学生学习成果时，往往只能参照传统的知识考核标准，无法全面、准确地衡量学生在数字化学习中的综合表现，容易造成评价结果的片面性。

3. 评价方法有限

传统教学评价主要采用纸笔测试、课堂表现观察等方法。纸笔测试在评价学生对知识的理解和记忆方面具有一定的有效性，但对于数字化教材所强调的学生在数字化环境中的实践操作能力、信息搜索与整合能力、在线协作能力等方面却难以进行有效测评。课堂表现观察虽然能够在一定程度上了解学生的学习态度和参与度，但在数字化教学场景下，学生的学习行为更多地发生在虚拟空间中，在线学习平台的讨论区、学习社区等，传统的课堂观察方法无法全面覆盖这些学习行为。数字化教材所提供的学习过程数据，如学习时长、资源访问次数、答题正确率变化趋势等，未能被充分整合到评价方法体系中。学生在使用数字化教材进行自主学习时，系统记录了其多次尝试完成某个具有挑战性任务的过程数据，但教师却缺乏有效的方法将这些数据转化为对学生学习毅力、问题解决能力提升的评价依据，导致评价方法与数字化教材的功能特点脱节。

4. 评价主体单一

传统教学评价的主体主要是教师，学生处于被评价的地位，评价过程缺乏学生的主动参与。在教材数字化转型过程中，数字化教材为学生的自我评价、同伴互评提供了便利。数字化教材中的在线作业系统可以设置学生自评环节，让学生在完成作业后对照答案和解析进行自我反思与评价；学习社区和小组协作学习模块可以支持学生之间相互评价作品、讨论表现等。现有的教学评价体系未能充分利用这些功能，仍然将教师作为唯一的评价主体，忽视了学生在评价过程中的主观能动性和自我认知能力的培养。这种单一的评价主体结构不仅限制了评价结果的全面性和客观性，也不利于激发学生在数字化学习中的积极性和主动性。

5. 数据处理与分析能力不足

教材数字化转型产生了海量的学习数据，包括学生的学习行为数据、学习成果数据以及学习过程中的交互数据等。这些数据蕴含着丰富的信息，能够为精准评价学生的学习状态和能力发展提供有力支持。但当前的教学评价体系在数据处理与分析方面存在明显不足。一方面，教师缺乏数据处理的专业技能和工具，面对大量的学习数据往往无从下手，无法从中提取有价值的评价信息。学校的教学管理系统虽然记录了学生在数字化教材学习平台上的各种数据，但教师由于不熟悉数据分析软件，难以对这些数据进行深入挖掘，只能简单地查看一些表面数据，如学习时长和作业成绩等。另一方面，教育机构和学校层面也缺乏完善的数据管理与分析机制，未能建立起针对数字化教材学习数据的有效收集、存储、整合和分析的体系，导致数据资源的浪费，无法为教学评价体系的优化提供数据驱动的决策依据。

(四) 构建适应教材数字化转型的教学评价体系的策略

1. 更新评价理念，树立多元评价观

教育行政部门、学校管理者以及教师应深刻认识到教材数字化转型对人才培养目标的新要求，积极更新教学评价理念。从单纯关注知识结果性评价转向重视学生在数字化学习过程中的综合素质发展评价，树立多元评价观。不仅要评价学生对知识的掌握，还要评价学生的信息素养、创新能力、自主学习能力、协作交流能力等多方面的素养。在评价学生使用数字化教材进行项目式学习的成果时，除了考查项目的最终成果质量，还要关注学生在项目实施过程中如何利用数字化资源进行信息搜索与分析、如何在团队协作中发挥自己的优势、如何运用数字化工具解决遇到的问题等。通过制定明确的多元评价目标和指标体系，引导教师和学生在教学与学习过程中注重综合素质的培养与提升。

2. 制定多样化评价标准，适应数字化学习特征

结合数字化教材的特点和数字化学习的要求，制定多样化的评价标准。针对数字化教材中的不同内容模块和学习活动，分别设定相应的评价标准。对于多媒体资

源的学习，可以评价学生对多媒体信息的理解、分析和应用能力，能否根据视频内容总结关键知识点、能否利用图像信息构建知识框架等；对于互动式学习模块，可以评价学生的参与度、互动质量以及在互动过程中所展现出的思维深度和广度，以及在在线讨论中观点的创新性、对他人观点的批判性思考能力等；对于虚拟实验，可以评价学生的实验操作技能、实验设计能力以及从实验数据中得出科学结论的能力等。通过细化评价标准，使评价能够全面、准确地反映学生在数字化学习中的各种表现，为教师提供更具操作性的评价指南，也为学生明确学习努力的方向。

3. 创新评价方法，整合多源数据

突破传统评价方法的局限，创新评价方法以适应教材数字化转型。充分利用数字化教材平台所记录的学习数据，将其与传统评价方法相结合。采用学习分析技术对学生的学习行为数据进行分析，挖掘学生在学习过程中的学习模式、兴趣偏好、知识掌握难点等信息，为个性化评价提供依据。结合传统的纸笔测试、课堂表现评价等方法，形成多维度的评价方法体系。还可以引入档案袋评价法，让学生收集在数字化学习过程中的各类作品、学习记录、反思日志等资料，展示自己在一段时间内的学习成长历程，教师通过对档案袋内容的综合分析，全面评价学生的学习进步与发展。在语文数字化教材学习中，学生的档案袋可以包括自己撰写的电子作文、阅读批注、在线讨论发言记录等，教师从这些资料中可以评价学生的语文素养提升情况、学习态度和学习方法的改进情况等。

4. 拓展评价主体，促进学生参与评价

构建多元化的评价主体结构，充分发挥学生在评价过程中的作用。鼓励学生进行自我评价和同伴互评。在数字化教材的教学中，教师可以引导学生在完成学习任务后，根据预先设定的评价标准进行自我评价，反思自己在学习过程中的优点和不足，制定改进计划。在使用数字化数学教材完成一个单元的学习后，学生可以通过在线问卷或评价工具对自己对单元知识点的掌握程度、解题能力的提升、学习方法的有效性等方面进行自我评价。组织学生开展同伴互评活动，在小组项目式学习中，小组成员相互评价对方在项目中的贡献、合作能力、问题解决能力等。教师在学生自我评价和同伴互评过程中要给予适当的指导和监督，确保评价的客观性和有效性。通过学生参与评价，不仅可以丰富评价信息来源，提高评价结果的全面性，还可以培养学生的自我反思能力和批判性思维能力。

5. 提升数据处理与分析能力，建立数据驱动评价机制

加强教师的数据处理与分析能力培训，使其掌握基本的数据处理工具和分析方法，如 Excel 高级数据处理功能、SPSS 统计分析软件等。学校和教育机构应建立完善的数据管理与分析平台，整合来自不同数字化教材平台和教学管理系统的数据资源，实现数据的集中存储、清洗、分析和可视化展示。建立学校层面的教育大数据

中心，将学生在各个学科数字化教材学习过程中的数据进行汇总分析，为学校的教学决策、教师的教学评价以及学生的个性化学习提供数据支持。通过对学习数据的深入分析，发现学生学习过程中的潜在问题和规律，及时调整教学策略和评价指标，实现以数据驱动的教学评价体系优化，提高教学评价的精准性和有效性。

教材数字化转型为教育教学带来了前所未有的机遇和挑战，而教学评价体系作为教育教学质量保障的关键环节，必须与时俱进，积极适应这一转型。当前教学评价体系在评价理念、评价标准、评价方法、评价主体以及数据处理等方面存在诸多不适应教材数字化转型的问题，严重制约了数字化教材教学效能的充分发挥。通过更新评价理念、制定多样化评价标准、创新评价方法、拓展评价主体以及提升数据处理与分析能力等策略的实施，可以构建适应教材数字化转型的新型教学评价体系。这一新型评价体系将能够更全面、准确地衡量学生在数字化学习环境中的学习成果与能力发展，为推动教育教学改革、培养适应信息时代需求的创新型人才提供有力的评价保障。构建适应教材数字化转型的教学评价体系是一个复杂而长期的过程，需要教育行政部门、学校、教师、学生以及社会各方的共同努力，不断探索和实践，才能实现教育评价的现代化转型与教育质量的全面提升。

第三节　版权困境：数字教材的版权保护与管理困境

一、冰雪运动数字教材版权归属的复杂性

（一）数字教材版权概述及界定

1. 数字教材版权的基本概念

数字教材是指以数字形式呈现的教育资源，包括电子书、音视频资源、互动课件等。这些资源利用信息技术手段承载教学内容，具有便捷性、高效性和交互性的特点。版权，作为知识产权的一种，是创作者或权利人在一定期限内对作品的使用享有专有权利。数字教材版权不仅涉及作品内容的原创性保护，还涵盖数字化过程中的技术手段、表现形式等附加要素的权益分配。数字教材版权的核心在于确定作品的归属与保护范围，以防止未经授权的使用、复制或传播。

数字教材版权不同于传统教材，其内容形态和使用场景更加复杂，涉及创作、技术支持、传播路径等多个环节。在数字化转型过程中，高校冰雪运动专业的教材更为复杂，既需要涵盖冰雪运动专业理论知识，又需通过多媒体手段提升教学效果。因此，这类教材的版权认定更加具有挑战性。

2. 数字教材版权与传统教材的区别

数字教材版权的归属在许多方面有别于传统纸质教材。传统教材主要以文字、

图片为核心，版权归属主要涉及编写者、出版单位以及相关利益方。而数字教材在开发过程中，由于技术开发的引入和多媒体资源的集成，版权归属问题变得更加复杂。其不仅需要考虑内容创作者的权利，还需明确技术开发方、平台运营商在数字教材中的权益份额。

传统教材以固定形式存在，使用范围相对有限，主要依赖纸质介质的印刷与分发。数字教材则以动态形式呈现，通过网络技术实现共享与传播。这种传播形式带来的版权风险增加，未经许可的网络分发、内容修改后再利用等问题日益凸显。数字教材的交互性和多样化呈现形式导致内容与技术的交叉点变多，相关法律规范尚未完全覆盖这些新兴领域。

3. 数字教材版权归属的重要性

在高校冰雪运动专业教学中，教材是知识传递与能力培养的重要载体。数字教材的开发与推广为教学带来了全新的机遇，其互动性与多样化的表现形式能够更好地满足现代教育的需求。数字教材版权归属问题将直接影响到开发者的积极性和资源的可持续利用。如果版权归属不明晰，可能导致开发者权益受损，或者因多方争议而拖延教材开发进度。

版权归属的清晰界定不仅能够保障各方合法权益，还能够促进资源开发与共享机制的完善。对于高校冰雪运动专业而言，数字教材的版权归属涉及内容创作方、高校机构、技术支持团队以及相关管理部门的多方利益。明确各方权责，有助于优化教材开发流程，提升资源的使用效率。

4. 当前数字教材版权认定的主要问题

数字教材在版权认定上面临诸多问题。由于原创性与技术性交织使得权利边界模糊。数字教材中的多媒体资源可能包含独立的音视频创作内容，这些内容的版权归属与教材整体版权之间的关系往往缺乏明确的法律认定。数字教材的开发过程中常涉及跨部门协作，包括高校、出版社、企业等主体，这使版权归属问题更加复杂。数字化教材在传播过程中易受侵权行为的影响，盗版、未经授权的二次开发和分发等问题频发，严重影响了教材版权的保护效果。

5. 明确数字教材版权归属的必要性

在冰雪运动专业领域，高校数字教材的开发是一项长期且复杂的工程。只有明确数字教材的版权归属，才能有效保护创作者与相关方的权益，进一步激发其创新活力。版权归属的明确性还能够推动数字教材的市场化进程，为高校与企业之间的合作提供法律保障。在实践层面，完善数字教材版权的认定与保护机制，有助于构建良性循环的数字教育生态环境。对于高校冰雪运动专业而言，数字教材版权归属问题不仅关乎具体教学资源的利用，更影响到教学质量的提升与学生学习体验的优化。加强数字教材版权保护，可以有效减少侵权行为对教学资源传播与推广的负面影响，从而推动冰雪运动教育领域的数字化转型升级。

(二) 高校冰雪运动专业数字教材版权主体的多元化

在高校冰雪运动专业教材的数字化过程中，版权主体的多元化已成为显著特点。数字教材的开发与应用涉及多个环节，包括内容创作、技术支持、平台运营和资源整合，每一个环节都可能涉及不同主体的参与。这种多方协作的特点导致了版权归属问题的复杂性与多样性。

1. 高校作为数字教材的重要版权主体

高校在数字教材的开发与应用中扮演着关键角色。作为教学资源的提供者和人才培养的组织者，高校通常具备组织教材编写与内容生产的权利。在冰雪运动专业中，高校依托自身的学科建设优势，将冰雪运动理论知识、实践教学方法以及训练体系进行整合，通过组织专家团队编写专业教材，形成内容资源的初步基础。在这一过程中，高校投入了大量的人力、物力和财力，因此对于数字教材的版权主张具有合理性与合法性。高校还承担着数字教材的推广与应用任务，通过信息化平台推动教学资源共享与普及，进一步强化了其在版权体系中的主体地位。

2. 教师与教材编写者的版权主张

教师与教材编写者是数字教材内容的直接创作者，通常在教材编写过程中贡献了原创性的知识内容与学术成果。在传统纸质教材中，编写者的著作权能够得到较为清晰的确认与保护。在数字教材的开发中，教师不仅承担教材内容的设计与撰写任务，还可能参与音视频素材录制、互动模块设计等数字资源的制作环节。这种多维度的参与进一步加强了教师在数字教材版权体系中的权利主张。不过，教师与编写者的版权主张往往与高校的组织开发权利存在一定重叠。高校作为教材编写的组织方通常通过合同形式将编写者的部分权利进行归集，形成版权的共有或共有化约定。这种权利的分配机制需要在公平、透明的基础上进行，既要尊重教师的学术劳动成果，又要保障高校在数字教材开发与推广中的实际权益。

3. 技术开发方在版权体系中的参与

数字教材的呈现依赖于信息技术的支撑，技术开发方作为平台建设者与资源数字化处理者，为教材数字化提供了必要的技术条件与服务支持。在高校冰雪运动专业教材的数字化转型中，技术开发方通常负责教材平台的搭建、系统维护以及交互功能的实现。这些技术服务与开发成果属于重要的知识产权形式，特别是在数字化平台中体现出的界面设计、互动资源开发等内容，需要通过版权体系进行有效确认与保护。技术开发方的参与使得数字教材版权归属问题更为复杂。部分技术开发方通过合同约定获取平台开发的著作权，甚至对部分资源进行独家授权或控制。这种情况下，教材内容创作者与技术开发方在权利分配上可能出现分歧，甚至引发潜在的版权纠纷。因此，高校与技术开发方之间需要通过明确的协议对权利范围与使用方式进行合理界定，确保各方权益得到充分尊重与保障。

4. 平台运营方的权利诉求

数字教材的传播与使用离不开平台运营方的支持。平台运营方通常承担教材的上架、管理与分发工作，依托信息化平台实现资源的共享与应用。在冰雪运动专业教材的数字化实践中，平台运营方不仅提供了技术支持，还参与了资源整合与用户推广等环节，为教材的广泛应用提供了必要条件。平台运营方在实际运行中可能主张一定的权利，包括数字教材的展示权、传播权以及信息网络使用权等。这些权利主张往往与内容创作者、高校及技术开发方的权利形成交叉与重叠，需要通过合同与约定加以明确。在部分情况下，平台运营方的权利主张甚至可能影响到教材内容的使用范围与定价标准，进而对高校的教学资源共享目标产生一定制约。

5. 学生与用户的参与对版权归属的影响

学生作为数字教材的直接用户，对版权归属问题产生间接影响。部分教材在设计过程中鼓励学生参与创作，并提供学习成果分享平台或允许学生上传自主创作的内容。这种教学方式丰富了教材内容，也可能引发版权纠纷。当学生的创作内容被纳入教材并用于传播时，版权归属需要明确界定。如果学校或企业未能妥善处理学生创作内容的归属问题，可能引发法律风险。为避免争议，应通过协议明确学生作品的使用范围与版权归属，确保各方权益得到保护。

6. 多主体合作中的版权冲突与协调机制

多主体参与是数字教材开发的常态，版权归属的复杂性也随之增加。高校、教师、技术开发方、出版机构和用户的多方博弈常常导致权责不清。在缺乏有效协调机制的情况下，数字教材的版权归属问题可能阻碍其开发和推广。构建多主体合作中的协调机制，需要在项目启动阶段明确版权归属。合同和协议是解决版权归属问题的核心手段，应涵盖所有参与主体的权利与义务，包括版权持有、利益分配以及使用限制等内容。除法律手段外，还需建立信任机制，推动各方在合作中实现共赢。

7. 冰雪运动专业数字教材版权主体多元化的现实意义

数字教材版权主体的多元化反映了冰雪运动专业数字化转型的广泛参与性。这一特点使教材的开发更加全面，也带来了权利分配的复杂性。在此背景下，高校、教师、企业和出版机构等主体需要加强协作，共同推动数字教材的创新与发展。通过合理分配版权利益，可以激励各方更积极地参与，进一步提升教材的质量与影响力。

(三) 冰雪运动数字教材版权归属的法律困境

在数字化背景下，冰雪运动专业教材的版权归属问题逐渐成为理论界与实务界关注的焦点。当前，数字教材的开发与使用突破了传统教材的形态与传播模式，使得版权主体、权利认定、使用规范等环节愈发复杂。特别是在冰雪运动专业这一交叉学科领域，教材的内容资源涉及理论知识、实践技能与技术平台的多方协同，版权归属的法律困境愈加突出。这一问题不仅关系到创作者、开发者与使用者的合法权益，也直接影响到教材数字化转型的效率与可持续发展。

1. 现行著作权法对数字教材版权归属的规定与局限

著作权法作为保障创作者合法权益的基础法律框架，对教材的著作权归属作出了明确规定，强调原创作者对其作品享有完整的著作权。在传统纸质教材中，编写者与出版方通过合同约定明确权利分配，著作权归属较为清晰。随着教育信息化的快速发展，数字教材在开发、使用与传播过程中涉及内容创作者、高校组织方、技术开发方以及平台运营方等多方主体，权利关系愈加复杂。现行著作权法在数字化时代面临诸多适用性问题，无法完全解决数字教材版权归属的新型困境。

具体来看，现行法律主要适用于传统作品形态，数字教材在形式上突破了静态的纸质载体，呈现出多媒体融合、动态交互等特点。这一特性使得数字教材在法律认定上具有双重属性，既包含原始著作内容，也融入了技术开发成果与平台运营模式。现有法律条文在权利主体的划分上未能充分考量技术与内容的相互依赖关系，导致教材数字化过程中版权归属认定的模糊性与局限性。数字教材的开发往往依托高校的组织管理与资源投入，但著作权法未对高校与教师之间的权利归属关系提供细化规定。这种情况下，高校在保障教师著作权的前提下，如何合理行使其在教材开发中的组织权与使用权，存在法律空白。技术开发方与平台运营方的知识产权保护权利未能在现行著作权法框架下得到清晰界定，进一步加剧了版权归属的法律困境。

2. 数字化环境下著作权认定的模糊性与争议

在传统教材中，著作权的认定主要基于内容的原创性与作者身份的确认。数字化环境下，著作权的认定标准发生了重大变化，内容与技术相结合的特性使得权利认定更具复杂性。冰雪运动数字教材通常融合了文本、图像、音频、视频等多种形式的资源，如何确定各类资源的权利归属成为关键问题。在权利主体方面，数字教材内容的编写者通常享有原创著作权，但技术开发方与平台运营方也对教材的呈现方式与交互功能贡献了重要价值。技术开发方通过编程技术与平台设计优化了教材的呈现效果，而平台运营方则通过数字传播技术实现了教材的共享与应用。上述环节均涉及新型的智力成果，按照著作权法的现行规定，这些成果往往难以被明确归类与保护，进而引发权利归属争议。

数字教材权利的多方交叉使得侵权纠纷频发。部分高校在未经明确授权的情况下将教师编写的教材进行数字化处理，侵犯了编写者的合法权益。平台运营方在数字教材传播过程中，未经许可对教材内容进行二次编辑或商业化使用，也可能引发著作权争议。版权归属的模糊性不仅使权利人面临侵权风险，也增加了高校在教材数字化转型过程中的法律风险与纠纷成本。

3. 数字资源共享与版权保护之间的法律冲突

数字教材作为教育资源的重要载体，具有广泛的共享与传播价值。高校推动教材数字化转型的初衷在于通过信息化手段实现资源的高效共享，优化教育教学质量。但数字资源的开放共享与版权保护之间存在天然的法律冲突。在现有法律体系下，版权保护强调对权利人的合法权益进行全面维护，要求权利人对其作品的使用、复制、传播等行为进行授权与控制。与之相对，数字资源共享则强调资源的普及性与可获取性，特别是在教育领域，资源共享能够推动教育公平与教学质量提升。但在版权保护框架下，过于严格的授权机制容易形成资源壁垒，阻碍数字教材的广泛应用与传播。当前法律对于"合理使用"原则的规定未能适应数字化环境下的实际需求。传统教材可以在一定范围内实现复制与引用，而数字教材的复制与传播往往具有瞬时性与广泛性，这种特点使得权利人与使用者在合理使用范围上的认知存在差异，进一步加剧了版权保护与资源共享之间的法律冲突。

4. 国际法协调的挑战

在国际合作背景下，冰雪运动专业数字教材的开发可能涉及跨境合作，而各国版权法律的差异性使得归属问题更加复杂。国内版权法与国际版权法在保护范围、权利内容和适用方式上存在明显差异，增加了跨境教材开发中版权争议的风险。国内法注重内容创作者的权利保护，而部分国家的法律更强调技术提供方的权益。对于参与跨境项目的高校和技术开发方，法律适用的不一致性可能导致版权归属纠纷的复杂化。在国际传播中，数字教材可能面临版权保护范围的减弱，如何在不同法律体系下有效维护版权成为一大挑战。

5. 教育公益性与法律保护的冲突

数字教材的版权保护与教育资源的公益性目标之间存在一定冲突。冰雪运动专业教材的数字化转型旨在推动教育公平与资源共享，但版权法的独占性特点可能阻碍这一目标的实现。在强调版权保护时，如何兼顾资源的开放性与共享性，是法律面临的现实难题。高校通常希望数字教材能够广泛传播以提升社会效益，但在传播过程中可能面临版权侵权的风险。法律对资源共享的保护不足，使得高校在版权与公益性之间难以平衡。这种冲突的存在进一步加剧了版权归属的复杂性。

（四）冰雪运动数字教材版权归属复杂性的成因分析

冰雪运动数字教材版权归属的复杂性源于多种因素的交织，包括技术进步、政策环境、参与主体的多样化、法律法规的约束性以及教育资源分配的不平衡。通过分析这些成因，可以更清晰地了解版权纠纷的根源，为解决版权问题提供理论依据。

1. 数字技术的发展推动版权归属问题复杂化

数字技术的快速发展使教材的创作与传播形式发生了深刻变化，导致传统版权归属框架无法完全适应新需求。在数字化背景下，教材的制作过程通常涉及多种技术手段，包括多媒体设计、虚拟现实模拟、人工智能交互等。这些技术的引入不仅丰富了教材的内容表现形式，还使得多方主体共同参与成为必要条件。技术开发方的深度参与，使得版权不再单纯归属于内容创作者。内容和技术的融合性提升了作品的整体价值，但也使得版权的界定更加困难。特别是在涉及专有技术的情况下，技术提供方可能基于其独特的技术贡献对作品版权提出主张。这种跨领域的合作和贡献，是版权归属复杂化的重要成因。

2. 政策法规的引导对归属问题的影响

国家对教育数字化的推动政策为教材的数字化转型提供了重要保障，但相关法规的适配性与清晰度不足，成为版权归属复杂化的另一因素。政策文件中往往强调教育资源的共享性与公益性，但这与版权的独占性原则存在一定矛盾。在冰雪运动专业教材领域，政策导向鼓励高校与企业、出版机构合作开发资源，也要体现社会效益。这种政策背景下，版权的收益分配与使用权界定问题愈发突出。公共政策与法律法规的协调不足，容易引发主体间的权利争议，使版权归属的复杂性进一步加剧。

3. 参与主体多样化加剧权利分配的难度

冰雪运动专业教材的数字化开发涉及多种参与主体，包括高校、教师、企业、技术开发方和出版机构等。这些主体的角色各不相同，其权益诉求也存在差异。高校作为主要组织者，通常以资金、资源和政策支持的形式推动项目进展。教师作为内容创作者，是知识生产的核心力量。企业和技术开发方为项目提供平台与技术支持，出版机构负责内容的优化与传播。每个主体在教材开发中都投入了不同类型的资源，其贡献无法直接量化，导致版权归属分配缺乏明确标准。参与主体多样化导致版权归属问题的复杂性主要体现在三方面：①权利分配的难以量化。②利益诉求的不一致性。③合作关系的不确定性。上述问题使得各方在版权主张上可能产生冲突。

4. 法律框架的局限性对版权界定的制约

现行版权法律框架在处理数字化教材归属问题时存在局限性，导致版权归属复杂性进一步提升。版权法强调对创作者权利的保护，但在数字教材开发中，作品创作已不再是单一主体的行为。多个主体的共同创作、技术支持和资源整合，使传统法律中关于"作者"的定义显得局限。现有法律法规对数字化资源的使用权与传播权规定不够明确。高校冰雪运动数字教材的受众范围通常包括师生与社会公众，在推广公益性教育资源时，如何保护各方权益成为法律难以解决的问题。版权界定的模糊性和法律适用的滞后性,进一步增加了实际操作中的复杂程度。

5. 教育资源分配的不平衡性加剧了问题

我国高校在教育资源分配上的不平衡性,也是冰雪运动数字教材版权归属复杂化的一个成因。部分重点高校由于拥有丰富的资源与技术储备,在教材开发中处于主导地位,而中小型院校通常需要通过合作或外包的方式完成数字教材的制作。资源不平衡导致利益分配的不均衡,使版权纠纷频发。重点高校通常主张对核心内容享有版权,而参与合作的中小型院校则要求对整体教材拥有一定的使用权。这种利益冲突缘于教育资源的不对等,反映了行业发展中的现实矛盾。

6. 教材数字化形式的多样化引发归属问题

冰雪运动专业教材的数字化形式已经超越传统的内容文本范畴,呈现出多媒体化、互动性和模块化的特征。每一种形式的创新都可能引入新的版权归属问题。多媒体动画、交互式练习、虚拟场景设计等,都涉及多方主体的技术与内容贡献。数字化形式的多样化,使得作品的整体版权难以简单归属于某一主体。尤其在教材的迭代更新过程中,不同阶段的参与方对作品的贡献存在差异。这种动态性为版权归属的明确化增加了难度,也对传统版权管理模式提出了更高的要求。

7. 社会公众对数字化资源的高期待值

社会公众对教育资源数字化的期待值不断提高,给冰雪运动专业教材的版权保护带来了压力。数字化教材被视为促进教育公平的重要工具,但其公益性特点与版权保护的私益性目标存在冲突。在公益性需求的推动下,部分教材可能采取免费或低成本共享的方式进行传播。这种模式可能在短期内会提升教材的社会影响力,但也容易削弱版权的实际保护效果。当各主体对版权的收益分配产生争议时,公益性与商业利益之间的矛盾进一步加剧了版权归属的复杂性。

二、版权侵权风险与防范措施的缺失

(一) 数字教材版权侵权的主要风险类型

随着数字技术的发展和互联网应用的普及,冰雪运动专业教材的数字化转型已经成为高等教育领域的一个重要趋势。数字教材在提高教学效率、拓宽教育资源获取途径、促进教学互动等方面发挥了积极作用,但数字教材的广泛应用也使得版权侵权问题日益突出。

1. 无授权复制与传播

无授权复制与传播是数字教材版权侵权最常见的一种形式。在数字教材的使用过程中,尤其是在教育平台和网络资源共享平台中,教材的复制与传播往往未经著作权人的明确授权。由于数字教材的复制与传播相对容易,通过互联网平台和文件共享工具,教材内容可以被大量复制并分发至全球范围。版权人往往无法有效控制教材的传播链条，造成了原创者的知识产权被侵犯。对于冰雪运动专业教材而言，无授权复制与传播问题尤为突出。教材的内容涉及大量的专业知识、理论框架和实操指导，这些内容的无授权传播会对原创者的经济利益产生直接影响。未经授权的传播可能导致教材内容的误用或曲解，进而影响教学效果与学生的学习成果。

2. 非法修改与二次创作

非法修改与二次创作的侵权行为在数字教材的使用过程中也极为普遍。与传统纸质教材相比，数字教材具有高度可编辑性和可改动性。用户可以轻松修改数字教材中的文字、图表、视频内容，甚至可以基于原有教材内容进行重新编排或二次创作。未经版权人授权的修改或二次创作行为不仅侵犯了原作者的著作权，还可能影响教材的原始意图和教学效果。尤其在冰雪运动专业教材的数字化过程中，教材中往往包含大量的图示、技术性视频和操作步骤，这些内容一旦被非法修改，可能导致误导性内容的产生，对学习者产生不良影响。未经授权的二次创作也容易对教材的整体结构和内容质量造成损害，进一步加剧了版权风险。

3. 盗版与未经许可的商业化利用

盗版与未经许可的商业化利用是数字教材版权侵权的另一个重要风险。由于数字教材具有便捷复制与传播的特点，非法盗版行为较为常见，尤其是在一些教育资源共享平台或第三方在线课程网站上，盗版教材的传播问题较为严重。这些盗版教材往往未经出版社或版权人授权，便以低廉的价格甚至免费提供给学生和教师，严重影响了正版教材的市场份额和版权方的经济利益。在数字教材的商业化过程中，未经许可的商业利用行为也构成了侵权风险。这类侵权行为通常表现为一些未经授权的第三方平台，擅自将教材内容用作付费下载、在线培训、广告推广等商业活动，而这些平台往往没有对版权人支付相应的费用或利润分成。这种行为不仅剥夺了版权方的收益，也打破了公平的市场竞争环境，形成了对原创者的剥削。

4. 知识产权的跨国侵权问题

随着全球互联网的发展，数字教材的传播已不再局限于特定地域。教材的在线传播通过各种平台跨国界流动，这使得知识产权侵权问题日益呈现国际化趋势。在跨国环境下，版权人面临着难以追溯侵权源头和维权难度加大的问题。不同国家的版权法律和规定各不相同，版权的保护力度和执行方式也存在较大差异。此类问题在冰雪运动数字教材的版权保护中尤为明显，因为很多教材可能涉及多个国家的版权方或相关教育机构。一些外籍教师或国际合作的教材可能会被非法复制并上传至某些没有严格版权管理的第三方平台，致使原创者无法有效追诉侵权行为。这种跨国侵权现象对版权方造成了巨大的经济损失，也对国际教育市场的公平性产生了严重影响。版权纠纷的跨境解决也使得维权变得更加复杂，需要协调各国的司法管辖和法律适用问题。

5. 授权链条不明确与侵权责任难以追究

数字教材的版权保护涉及多方合作，包括作者、出版机构、平台提供商等多种主体。在很多情况下，各方之间的授权链条并不明确，导致版权归属和责任追究的界限模糊。一些数字平台可能未经授权就开始使用某些教材内容，这时，版权人往往面临无法追溯侵权源头的难题。在冰雪运动数字教材的应用过程中，如果版权归属问题没有得到明确规范，教材内容的传播与使用就容易陷入"灰色地带"。此时，版权人往往无法追责侵权方，甚至可能因难以证明自己的合法权益而失去维权机会。这种情况下，版权方的权益得不到有效保护，侵权行为可能会在没有任何约束的情况下反复发生。

6. 教材内容的"盲区"与版权保护的疏漏

在教材数字化的过程中，由于技术和管理的不足，一些教材内容的版权保护存在"盲区"。包括视频讲解、图示演示和互动练习等内容可能由于技术标准不统一，或缺乏完善的数字版权管理技术，使得一些易复制的部分未被纳入版权保护体系，存在版权保护疏漏。这样，在教材的传播和使用过程中，部分内容容易被未经授权的第三方非法使用和传播，进而导致版权侵权的发生。

（二）版权侵权的法律后果与风险分析

随着数字教材的广泛使用，版权侵权问题日益突出，尤其是在高等教育和冰雪运动专业领域中。数字教材的便捷传播性使得版权侵权风险不可忽视，侵犯版权的行为不仅会对原创者造成经济损失，还会引发一系列法律后果。版权侵权的法律后果可以从侵权责任、法律制裁、市场竞争和学术诚信等多个角度进行分析。

1. 侵权责任的认定

版权侵权的法律后果首先表现在侵权责任的认定上。根据《中华人民共和国著作权法》及相关法规，未经许可的使用他人著作权作品构成侵权行为。数字教材的版权归属明确后，一旦其内容未经授权被复制、修改、传播或用于商业化活动，版权方有权要求侵权方承担法律责任。侵权责任的认定主要依赖于以下几个要素：①版权的合法性与有效性。如果教材的版权归属存在争议或版权方未能证明版权的存在，侵权责任的认定就可能受到影响。②侵权行为的存在。无授权复制、传播和二次创作等行为均构成侵权。版权方需要提供证据证明侵权行为的发生，并明确侵权主体。③损害后果的存在。在一些情况下，侵权行为可能并未直接造成经济损失，但如果侵犯了版权人的市场份额或潜在收入，仍可被认定为侵权。如果数字教材的版权被侵犯，版权人有权追究侵权者的民事责任，包括要求停止侵权、赔偿损失、销毁侵权复制品等。对于冰雪运动教材而言，侵权行为不仅仅是教材内容的非法使用，更可能影响到教材的权威性和准确性，损害学生和教育机构的利益。

2. 经济赔偿与损害赔偿

版权侵权的法律后果通常伴随着经济赔偿和损害赔偿。根据《中华人民共和国著作权法》的规定，侵权者需要向版权人支付相应的赔偿。赔偿的数额通常会根据侵权行为的严重性、侵权持续时间、侵权范围以及侵权人的主观过错来确定。对于冰雪运动教材而言，侵犯教材版权的行为可能导致原创者和出版机构的直接经济损失，尤其是在盗版和未经授权的商业化利用过程中，赔偿数额可能较为可观。根据法律规定，赔偿可以包括直接损失和间接损失两部分。直接损失主要指由于侵权行为导致的实际经济损失，包括版权方因侵权行为失去的销售机会、市场份额等。间接损失则包括侵权行为对版权方品牌形象的损害、教材的市场认知度降低等。如果侵权方具有恶意或故意侵权行为，法院可判定其支付惩罚性赔偿金。对于冰雪运动数字教材，侵权行为不仅会使出版机构和创作者面临经济损失，还可能导致行业内的市场秩序混乱。大量的盗版教材会使得正版教材的销售受阻，从而影响教材的更新与推广进程，进一步削弱了教育领域对优质教材的依赖。

3. 法律制裁与行政处罚

版权侵权的法律后果还包括行政处罚与刑事责任。在数字教材的版权侵权案件中，除了民事赔偿外，侵权者还可能面临行政处罚与刑事责任。根据《中华人民共和国著作权法》及《著作权行政执法条例》，版权行政主管部门有权对侵权者进行行政处罚，处罚内容包括罚款、责令停止侵权行为、没收非法所得等。在一些严重的侵权案件中，特别是在盗版教材、非法复制和非法经营活动中，侵权者可能会受到刑事处罚。《中华人民共和国刑法》规定，侵犯著作权罪包括非法复制、传播版权作品，情节严重的，侵权者将面临刑事责任，甚至被判处有期徒刑。在此类案件中，侵权者不仅需要承担经济赔偿，还将面临罚金、拘留或有期徒刑等刑事制裁。在冰雪运动数字教材的侵权案件中，除非发生大规模盗版或跨境侵权，否则一般的侵权行为多为民事责任。较为严重的侵权行为包括大规模盗版教材、非法销售教材、侵犯教材内容的结构性修改等，往往会受到更为严厉的行政处罚和刑事追究。此类案件通常涉及多个环节和主体，可能牵扯到出版机构、教育平台、平台用户等多方责任，导致案件处理的复杂性增加。

4. 对市场竞争的影响

版权侵权行为不仅会给原创者带来直接的经济损失，还会对市场竞争造成不良影响。在数字教材的市场中，盗版教材通常低价或免费提供给消费者，严重扰乱了正常的教材市场秩序。盗版教材往往无视正版教材的知识产权价值，导致正版教材的销售受到威胁，进而降低了教材的市场需求和出版机构的投资回报率。对于冰雪运动专业教材来说，数字教材的市场竞争尤其依赖于其教育价值与教材质量。正版教材具有系统性、权威性与专业性，而盗版教材可能由于缺乏审校与专业指导，内容的质量无法保证,甚至出现错误或过时的内容,影响学生的学习效果。在这种情况下,盗版教材往往凭借价格优势占据市场份额,而正版教材则面临销量下降、市场萎缩的困境。这种不公平竞争不仅影响了版权人的经济利益,也使得市场上缺乏激励创新的动力,抑制了教育资源的良性发展。

5. 对学术诚信的危害

版权侵权行为还严重影响了学术诚信,特别是在数字教材的使用和传播过程中。教育领域高度重视学术道德和学术诚信,未经授权使用或传播他人作品违反了学术伦理,破坏了学术研究和出版的良性秩序。在高等教育领域,教材是知识传播和学习的核心工具,侵犯教材版权不仅违反了版权法,还损害了学术环境的公正性。冰雪运动专业教材作为特定领域的教学资源,其内容的准确性和权威性尤为重要。如果盗版或侵权教材成为学生学习的主要来源,不仅影响学生的知识获取,也影响了学术环境中的创新与研究成果的公平性。在学术界,尊重他人的知识产权,保障原创者的劳动成果,是维护学术环境公平的基本要求。侵权行为的蔓延会导致学术界对原创成果的价值产生怀疑,降低学术研究的可靠性,损害整个教育体系的根基。

6. 对教育质量的影响

版权侵权还可能对教育质量产生深远影响。数字教材是现代教学中重要的资源之一,它不仅是课堂教学的基础工具,也是培养学生创新能力和实践能力的重要载体。当数字教材遭受侵权后,教材的内容、形式和质量可能会受到影响,进而影响教学效果。非法修改、盗版教材的传播可能导致教学资源的不规范和内容的失真,这对学生的学习成果产生直接负面影响。尤其是冰雪运动专业教材,它们通常涉及大量的专业术语、技术要点和教学实践。若教材内容未经授权被篡改或盗用,可能使得学生在学习过程中遇到错误或不完整的信息,进而影响其对冰雪运动知识的理解与掌握。这种影响不仅限于单个学科,可能会波及整个教学体系,阻碍教育质量的提升。

(三)当前防范措施的不足与漏洞

数字教材的版权保护面临着诸多挑战,防范措施的不足使得侵权行为频繁发生,导致数字教材的版权得不到有效保护。在当前的教育体系和数字化环境下,尽管已有一定的法律框架和技术手段来应对版权侵权问题,但由于多种因素的作用,现有的防范措施存在不少不足与漏洞。数字教材的版权侵权不仅涉及法律问题,还涉及技术、管理和制度等多个层面的挑战,防范措施的缺失使得版权保护依然存在诸多难题。

1. 法律保护的滞后性

虽然《中华人民共和国著作权法》已经对数字教材的版权问题进行了规定,但在实际操作过程中，法律体系并未完全跟上数字化时代的快速发展。现行法律对数字教材版权的保护主要侧重于传统纸质教材的版权问题，缺乏对数字教材传播方式、数字平台运营模式、数据保护等新兴问题的明确规定。这一滞后性导致了在许多情况下，数字教材版权的侵权行为无法得到及时有效的法律追诉。当前的著作权法并没有针对数字教材在互联网环境下传播的特殊性做出具体的补充。数字教材的在线盗版、非法复制和转载等行为，往往涉及复杂的技术环节和跨区域传播，而现有的法律框架对这些新兴问题的规范较为模糊。由于缺乏明确的法律条文和判例支持，很多情况下即便发现侵权行为，也难以依照现有法律进行高效的追诉和处罚。国内外对于数字教材版权归属的认定存在差异，跨国版权保护的法律协调性较差，这加剧了版权保护的复杂性。

2. 技术防范手段的局限性

随着信息技术的快速发展，数字教材的保护方式逐渐从传统的纸质教材版权保护手段转向数字化保护方法。尽管数字水印、加密技术和防盗版技术等手段被广泛应用于数字教材版权保护中，但这些技术依然面临许多挑战。一方面，数字水印和加密技术能够有效防止未经授权的复制和传播，但破解技术也在持续发展。盗版者利用新的技术手段突破水印、解密工具等防护措施，依旧能够复制和传播教材内容，从而侵害版权。随着技术的不断进步，防护措施与破解手段之间的对抗逐渐加剧，使得版权保护变得难以持久有效。另一方面，防盗版软件和技术通常需要高度集成和定期更新，以确保系统的稳定性和防护效果。教材发布方需要在技术方面投入大量的资源和精力，但许多院校和教材出版机构由于技术支持和资金有限，难以维持防范体系的长期有效性。技术支持不足使得防护技术的应用呈现碎片化，难以在全行业范围内形成统一和有效的保护标准。

3. 管理制度的缺失

目前，许多高校和教材出版机构在数字教材的版权保护上缺乏统一的管理制度。版权管理往往依赖于单个教材的出版机构或高校的内部管理，缺少行业层面的合作与协调。不同出版机构、学校及平台运营方在版权管理上的标准不统一，缺乏有效的信息共享机制和版权监管体系，使得版权侵权行为的监控和防范工作陷入困境。一方面，部分高校和出版机构对教材数字化转型的重视程度不够，缺乏系统的版权管理机制。数字教材的数字化进程往往是自上而下推动的，很多基层教师和教材编辑人员在数字教材的版权保护方面缺乏足够的知识和意识。由于教育系统内缺乏专业的版权管理人员，导致教材的版权监控工作松散，容易发生版权侵权问题。另一方面，平台方的监管也存在疏漏。部分在线教育平台和出版平台未能对上传的教材内容进行严格审核，存在教材盗版上传、盗用他人教材内容的现象。平台方虽然具备一定的技术能力来识别版权侵权行为，但由于商业利益的驱动，未能采取有效的措施来防止盗版教材的传播。部分平台对版权管理缺乏积极的监管态度，导致侵权行为的发生频繁，版权保护工作被严重削弱。

4. 学术界和出版界的合作缺乏

数字教材的版权保护不仅是技术层面的挑战，更是学术界与出版界合作的挑战。在很多情况下，学术研究人员、教师、出版社以及教育机构在版权保护方面并未形成有效的合作机制。数字教材的创建和更新往往是由学者、教育工作者和出版社共同推动的，但在版权保护上，学术界和出版界的利益和责任划分不明确。出版机构通常对教材的版权持有所有权，而学者则对教材内容的原创性和学术价值负责，但两者之间在版权管理和利益分配上的协作并不顺畅。这种合作上的缺失，导致了版权保护的管理工作往往处于被动状态。学术界与出版界缺乏足够的沟通与协作，使得教材在数字化过程中对版权的关注度较低。甚至在某些情况下，学者和作者并不清楚自己所创作内容的版权归属问题。出版社则更多关注市场份额与经济效益，忽视了对版权的长期保护和管理。

5. 缺乏有效的法律执行力度

尽管《中华人民共和国著作权法》对数字教材的版权侵权行为已有明确的规定，但在实际操作过程中，侵权者往往能规避法律的执行。版权案件在法律执行过程中常常面临证据不足、赔偿困难等问题，导致版权方的维权难度加大。许多侵权者利用隐蔽性强、传播迅速的数字平台进行侵权行为，版权方在追究侵权责任时往往面临证据链条断裂、侵权主体不明确等问题。另外，在法律执行过程中，涉及跨地区、跨国的侵权行为时，常常因地方保护主义和司法管辖权问题，导致版权方的维权效果大打折扣。在国际版权保护层面，全球不同国家和地区的版权保护法律标准不一致，导致跨国版权侵权案件的法律追诉过程非常复杂。对于冰雪运动教材这类跨区域使用较广泛的数字教材来说，法律执行力度的不足，严重影响了版权保护效果。

三、版权管理机制在数字化环境下的不适应性

（一）传统版权管理机制的局限性

数字化时代对教材出版和传播方式带来了深刻变革，传统的版权管理机制面临着多重挑战。以往，纸质教材的版权管理机制较为简单，主要通过出版合同、版权登记、版权标记等方式进行约束和保护，而在数字化环境下，教材的传播途径和使用方式发生了巨变，传统的版权管理机制往往难以应对数字教材快速传播、易复制、无形化等特征，存在诸多局限性。针对这一问题，有必要从多个维度对传统版权管理机制的不足进行剖析，深入探讨其如何在新的技术和社会环境中暴露出管理上的缺陷。

1. 版权管理机制的基本框架与局限

传统的版权管理机制依赖于物理载体与纸质文档的管理模式，主要通过著作权登记、纸质教材的生产与分发等渠道来确保版权的保护与管理。出版机构作为版权的核心管理者，负责教材的出版与发行，版权归属较为明确，管理机制在当时的社会背景下能够较为顺利地执行。在数字化环境下，教材内容的传播形式变得更加多样，数字教材与纸质教材的生产与传播具有本质上的差异，使得传统的版权管理框架难以适应新的需求。在纸质教材的版权保护中，版权登记机制起到了核心作用。出版方在教材出版前进行版权登记，通过版权登记制度确保其拥有教材的版权，并在教材中标明版权信息，确保版权归属清晰。对于纸质教材，版权登记能够通过传统的手段进行有效管理，维权手段也较为明确。数字教材的形式使得这一传统管理方式难以发挥作用。数字教材的复制与传播几乎是即时和无损的，传统的版权登记、印刷和发行渠道的框架并不适用于数字教材的管理与维权。

2. 数字化传播对传统管理模式的冲击

数字教材的普及使得教材传播形式发生了根本性变化。传统的教材发行依赖于纸质印刷和实体流通，通常通过有限的出版社和书店网络进行分发，而数字教材则可以通过互联网进行瞬时传播，极大地增加了其传播速度与范围。这种全新的传播形式对于版权管理产生了巨大冲击。数字教材通过各种在线教育平台、社交媒体、文件分享网站等渠道，能够迅速被用户下载、复制、转发，造成版权管理的困境。在传统模式下，版权侵权往往依赖于实体教材的盗版行为，出版机构可通过市场监控与渠道审查来有效管理。而数字教材侵权的形式则更加隐蔽、复杂，涉及在线平台的内容上传、文件分享等多渠道、多平台的传播。单一的版权登记和发行机制无法有效应对这一现象，传统管理模式的可操作性大大降低。在传统框架中，版权归属主要通过出版合同来约束，强调物理载体的管理，而数字教材的"无形性"和"复制性"使得传统合同约定难以执行。

3. 版权管理流程的滞后与不适应

传统版权管理机制的运作方式往往是集中式的，版权的授予、管理和维权通常由出版机构、出版社、作者等几方在纸质教材出版过程中进行协调。在这一过程中，版权的流转较为简单，管理也能够保持较高的效率。但在数字化时代，数字教材的版权管理需要面对诸多复杂的流程和更高的效率要求。数字教材的生产与分发途径没有传统纸质教材那样的固定渠道。在传统出版模式中，教材一旦出版，流通渠道较为明确，版权管理也较为清晰。但在数字化环境下，数字教材通过各种在线平台、社交媒体及文件分享工具进行传播，传统的管理流程无法适应这些多元化的传播方式，导致版权的控制与监管缺失，侵权行为频发。数字教材的版权追溯和保护过程更加复杂。传统的版权管理机制主要依靠纸质印刷和出版物的管理，版权的追溯通过销售数据和印刷数量等手段实现。在数字化环境下，教材内容的数字化形式使得其可以在瞬间进行复制和传播，侵权者很难被追踪。传统的管理方式无法有效保障版权内容的真实性和完整性，导致版权监管滞后，维权困难。

4. 传统版权管理信息化水平低

信息化的缺乏是传统版权管理机制的另一大局限。过去，版权管理多依赖人工操作与纸质记录，数据处理与存储手段较为原始。随着信息技术的发展，数字教材的版权管理愈发依赖高效、自动化的技术手段，而传统的版权管理机制没有与信息技术进行深度融合，致使其在应对大规模数字教材流通时缺乏足够的技术支撑。在数字化时代，数字教材的版权管理不仅需要法律的保障，还需要信息技术的辅助。版权的登记与备案可以通过电子注册平台实现，版权监控可以通过数据爬虫技术进行，侵权行为的追溯可以通过数字水印和区块链技术完成。传统的版权管理方式往往忽视了这一技术需求，导致其在面对数字教材这一新兴形式时，无法发挥有效的管理作用。传统管理机制对于版权内容的追溯也存在问题。通过人工检查或依靠传统数据库进行内容比对，难以应对数字教材在互联网平台上的快速流通。这使得版权的监管手段存在严重滞后，导致大量侵权行为发生后，版权方未能及时发现和采取有效措施。

5. 跨平台版权管理的困难

数字教材在多平台传播的特点使得版权管理变得更加复杂。在传统出版模式下，教材的发行通常在固定的渠道进行，版权方能够掌控教材流通的全过程，而在数字化环境中，教材内容可以通过无数个网络平台传播，侵权行为也往往发生在多个平台之间。每个平台的版权管理标准、审查流程和版权保护措施各不相同，版权方很难协调这些不同的平台进行统一的管理与维权。目前，尽管存在一些主流在线教育平台对数字教材进行版权保护，但不同平台的版权政策和实施力度差异巨大。平台之间的版权管理机制缺乏统一标准，导致跨平台版权保护的效果大打折扣。一些小型平台的版权管理体系较为薄弱，甚至存在恶意侵权的情况，无法与大型平台进行有效的版权协作，进一步加剧了版权侵权问题。传统版权管理机制未能有效应对这一现状。版权方通常只能在单个平台上进行版权管理，而难以在多个平台上形成统一的管理框架。平台之间缺乏有效的信息共享与协作机制，导致版权保护出现漏洞，侵权行为得不到及时查处。

6. 版权维权成本过高

在传统的版权管理模式下，出版方通常通过版权代理机构、版权协会等途径进行版权维权。这种维权方式虽然在纸质教材市场中行之有效，但对于数字教材而言，其维权成本往往远高于传统模式。版权方需要面对大量的侵权行为，追索侵权损失的过程烦琐且成本高昂。现行的版权诉讼程序烦琐，版权管理体系难以进行高效的跨区域、跨平台维权。版权方不仅需要投入大量的人力和物力来追溯侵权行为，还需要聘请专业的律师进行法律诉讼，维权的周期长、成本高。很多中小型出版机构甚至因此放弃了维权，这也导致了数字教材市场中大量的版权侵权现象发生。

（二）数字化环境下版权管理面临的新挑战

随着数字技术的迅猛发展，版权管理在教育领域，尤其是在高校冰雪运动专业教材的数字化转型过程中，面临着前所未有的挑战。传统的版权管理机制已经无法有效应对数字化教材传播的广泛性与复杂性。数字化教材的特性使得版权管理不仅仅局限于对教材内容的保护，更涉及多元化传播渠道、技术手段和跨地域的管理机制等多方面的挑战。以下从多个角度深入分析数字化环境下版权管理所面临的新挑战。

1. 教材内容的高复制性与广泛传播性

数字化教材的首要特征便是其高复制性。在数字化环境下，任何一本教材一旦电子化，便可以轻松复制并通过多种方式进行传播。数字教材不像纸质教材那样依赖于实体载体，任何人只需通过网络连接便能获得完整内容，复制过程几乎是瞬时的，且不会损失原有内容的质量。这种复制性直接使得版权管理面临巨大的挑战。传统的版权保护机制在纸质教材中通过印刷、发行、销售等方式进行控制，但这些方式并不适用于数字化教材。数字教材可以通过电子邮件、文件共享平台、云存储等途径广泛传播，传播范围几乎没有限制。即使教育机构、出版社采取了严格的数字版权管理措施，一旦教材通过非法渠道被上传到互联网上，便难以控制其传播路径与范围。由于这种传播形式的无形性与隐蔽性，版权方很难监控到教材的每一次使用和分享，从而无法有效阻止侵权行为的发生。

2. 版权追溯与侵权检测的难度加大

数字化教材的管理不仅仅是版权保护的问题，更多的是如何追溯侵权源头。传统的纸质教材版权保护主要依赖于市场监控和版权登记，通过售卖渠道追踪版权归属并检测是否存在盗版行为。数字教材的版权追溯存在极大困难。侵权行为往往发生在多个平台和渠道之间，涉及的网站和应用层出不穷，一旦教材被上传到网络，侵权者往往能借助匿名技术隐匿身份，增加了追溯的难度。目前，尽管有一些数字版权保护技术被提出用于监控数字教材的使用和传播，但这些技术仍然存在局限。数字教材的防篡改与追溯功能远不如传统纸质教材能够提供的防伪标识、印刷编号等有效机制。侵权者不仅可以快速复制教材并上传，还能通过修改文件名、格式转换等方式使得版权追溯变得更加复杂，版权方无法第一时间发现侵权行为。

3. 跨平台版权管理的协调与监管难题

数字化教材的传播途径多种多样，涵盖了各类社交平台、文件分享网站、在线教育平台等。这些平台对版权的管理标准各不相同，有的可能较为严格，设有专门的版权保护机制，而有的平台则缺乏必要的版权审查。数字教材的版权管理面临着跨平台协调的巨大挑战。不同平台的版权政策、技术手段、内容管理和审查力度各有差异，无法形成统一的版权监管标准。大部分平台对上传内容的版权进行的检查仅限于用户举报和简单的审核，无法深入检测文件的版权状态。由于平台之间缺乏协调与信息共享，数字教材在多个平台之间的流通会出现版权保护的漏洞。在这种环境下，即使教材的版权方已经采取了保护措施，仍可能面临未经授权的传播与下载。某些小型平台和未经认证的教育网站缺乏必要的版权保护措施，往往对教材内容的管理不够严格，这为侵权行为提供了可乘之机。即便版权方发现侵权行为并向平台投诉，部分平台也未必积极响应，维权过程往往会因平台的不合作而延误。

4. 版权授权与管理流程的复杂化

数字化教材的版权管理不仅是关于侵权和保护，更涉及教材内容的授权与使用。传统的教材出版模式中，版权归属较为清晰，授权流程也较为简单。出版方与作者签署出版合同后，版权通常由出版方管理，教材的销售和发行都在一定的框架内进行。在数字化环境下，教材的授权形式变得更加复杂。数字教材的使用不再局限于简单的购买或阅读，更多涉及授权范围、使用期限、复制次数等方面的问题。当某一教材被授权给高校使用，但授权范围和期限可能仅限于特定时间段或特定地点，数字教材的传播途径也使得这些限制更加难以实施。在纸质教材的销售中，版权方可以通过书店、出版社来控制教材的流通，而在数字化环境中，教材可以通过网络传播，版权方很难控制其使用的具体情况，尤其是涉及在线教育平台的多次复用时，版权方面临着授权管理上的困境。教材的合作出版也变得更加复杂。数字教材常常涉及多个创作者与出版方的合作，这使得版权的归属和授权关系变得更加复杂。在合作中，如何清晰划分各方的版权份额、授权使用权限等问题，都需要在合同中进行详细规定。但这些规定很难覆盖所有可能出现的情境，且难以有效执行。

5. 版权政策与法律监管的滞后

数字教材的版权管理还面临着法律和政策的滞后问题。现有的版权法律体系通常基于纸质教材的出版和发行模式，这使得它在应对数字化教材的版权问题时显得力不从心。在许多国家和地区，针对数字化内容的版权保护和管理仍存在法律上的空白，现有法律法规并没有充分考虑到数字教材传播、使用和版权保护的特点。尽管部分国家已经出台了一些针对数字版权的法律法规，但这些法律大多针对网络盗版和侵权行为，对于教材的具体管理要求仍显不足。在一些情况下，数字教材的版权侵犯行为往往发生在跨境平台或多国环境中，现有的国际版权法规在这些跨国版权问题上的适用性和执行力十分有限。法律执行的滞后与不完善使得数字教材的版权管理面临较大的法律风险。

6. 版权技术保护措施的不足

在数字化教材的版权保护中，技术手段的应用至关重要。数字水印、数字指纹、加密技术等版权保护技术已经逐步应用于数字教材的版权管理中。这些技术能够在教材中嵌入不可见的信息，从而在出现侵权行为时进行追溯。尽管这些技术逐渐得到广泛应用，它们仍然存在一定的局限性，无法完全防止教材内容的非法复制与传播。数字水印技术、内容指纹等虽然能够在一定程度上标识教材的版权归属，但当教材内容被修改、重新编码或格式转换时，这些技术的防护效果大打折扣。技术本身也需要不断更新，以应对新型的侵权手段，但部分教育机构和出版方并未能够及时引入先进的技术手段，导致版权保护措施依旧薄弱，无法有效阻止数字教材的侵权和盗版。

(三) 数字版权管理技术的滞后性

随着数字技术的迅猛发展，数字教材的版权保护逐渐成为一项复杂而严峻的任务。传统的版权管理方式无法适应数字化环境下的版权保护需求，导致版权管理面临诸多问题。数字版权管理技术（DRM）作为保护数字内容版权的核心技术，承担着重要的角色。当前数字版权管理技术存在滞后性，无法有效解决数字教材版权保护所面临的诸多挑战。数字版权管理技术的滞后性不仅使得版权方无法对教材内容进行有效保护，也导致侵权行为频发，且维权成本极高。

1. 数字版权管理技术的定义与功能

数字版权管理技术，通常是指通过技术手段来实现对数字内容的授权、访问控制、使用跟踪和版权保护的一系列机制。这些技术主要通过对数字内容的加密、认证、访问控制以及使用限制等方式，来确保版权方的权益不受侵害，并对教材使用过程中的每一个环节进行监控。常见的数字版权管理技术包括加密技术、数字水印技术、访问控制技术以及内容指纹技术等。

数字版权管理技术的核心功能包括：

(1) 防止未经授权的复制。

通过加密和防拷贝技术限制教材的复制与传播。

(2) 限制使用范围。

通过授权和许可证机制，控制教材的使用权限和有效期限。

(3) 版权追溯与监控。

通过数字水印和内容指纹技术，追溯教材的来源并识别侵权行为。

(4) 保护内容完整性。

通过加密和签名技术保证教材的内容未被篡改。

这些技术为数字教材的版权保护提供了基础框架，但它们依然存在许多无法克服的局限，尤其是在应对大规模教材传播的复杂性和跨平台版权管理上，数字版权管理技术的滞后性日益明显。

2. 数字版权管理技术的滞后性表现

(1) 技术成熟度不足。

数字版权管理技术已经在多个领域得到了应用,但针对教育领域,尤其是高校冰雪运动专业教材的版权保护,现有的技术手段仍不成熟。数字水印、加密、内容指纹等技术已经应用于数字版权保护,但它们并未能真正从根本上解决教材内容的侵权问题。现有技术往往只能起到有限的防护作用,无法完全阻止教材内容的非法复制、篡改和传播。数字版权管理技术的更新速度较慢,尤其是对跨平台、跨设备的数字教材管理,现有技术的适应性和灵活性仍然不足。不同平台间的标准不统一,使得在多元化的网络环境下,数字教材的版权保护效果不尽如人意。

(2) 技术实现的高成本与复杂性。

实现有效的数字版权管理通常需要高昂的技术投入。版权方需要购买专门的版权保护软件,部署专门的硬件设备,且这些技术解决方案往往需要与各类平台和系统兼容。技术实施的高成本和复杂性,使得许多教育机构和出版方难以负担,尤其是对一些资金有限的小型出版社和学校来说,数字版权管理技术的成本成为实施版权保护的一大障碍。对于数字教材的管理而言,版权保护不仅是保护教材内容,更包括对教材使用、分发和再分发过程的全程监控。传统的数字版权管理技术无法为所有环节提供无缝的保护,尤其是在内容传输与多平台分发中,往往存在技术漏洞。

(3) 跨平台版权管理的难度。

数字教材的传播方式多样,通常涉及多个平台和设备的跨越。数字教材可以通过电子书平台、在线学习平台、文件分享平台等多个渠道传播,每个平台对版权保护的要求、标准及技术手段各不相同。现有的数字版权管理技术往往针对单一平台或设备进行设计,难以适应复杂多样的跨平台环境。在电子书平台中,数字教材可能需要在不同的操作系统上运行,而每种操作系统对数字版权的支持和管理方式都有所不同。许多平台的版权管理技术并未考虑到跨平台的兼容性,导致数字教材的版权管理在多平台环境下非常困难。

(4) 侵权行为的隐蔽性与技术应对滞后。

数字教材的非法复制和传播往往具有较强的隐蔽性。侵权者可以利用不同的技术手段对教材内容进行篡改、压缩或格式转换,从而使数字版权管理技术的防护能力大打折扣。现有的数字版权管理技术,包括水印和指纹技术,在面对技术迭代较快的侵权手段时,往往难以实现有效的应对。随着新技术的出现,侵权者的手段不断更新。随着智能设备和应用软件的普及,数字教材可能被未经授权的用户直接通过截屏、复制等方式非法获取,现有的技术保护手段未必能够有效阻止此类行为。更为复杂的是,侵权者往往会使用匿名化技术,通过虚拟私人网络(Virtual Private

Network，VPN）等手段隐匿其身份，增加了追溯侵权源头的难度。

3. 技术滞后对数字教材版权管理的影响

（1）版权追溯的困难。

数字教材的侵权行为往往发生在广泛的在线平台之间，涉及的版权管理技术未能提供有效的追溯手段。尽管一些技术手段能够在一定程度上追溯内容来源，但这些技术仍然无法覆盖所有可能的侵权形式。尤其是在教材内容经过修改后，水印和指纹的效果会大打折扣，导致版权方无法及时发现并追溯侵权源头。

（2）防护效果的局限性。

现有的数字版权管理技术更多地关注于防止内容的非法复制与分发，但对于非法修改、篡改以及未经授权的二次使用的防护措施较为薄弱。数字教材的内容保护往往存在局限，无法全方位防止侵权行为的发生。一些非法用户可能通过对教材内容进行编辑，如去除水印或进行格式转换，从而规避了现有技术的防护措施。

（3）版权维权的成本增加。

随着版权保护技术的滞后，版权方在发现侵权行为后的维权成本不断增加。数字教材的侵权行为往往涉及多个地区、多平台、多设备，而版权方难以通过单一技术手段进行有效的监控和维权。这使得维权过程变得更加复杂和昂贵。版权方可能需要依赖第三方平台进行投诉，等待平台审核、处理侵权问题，这一过程不仅耗时长，而且成功率低。维权的高成本和低效率使得许多版权方选择放弃追究侵权责任，从而导致版权管理制度的缺失。

4. 解决数字版权管理技术滞后性的对策

（1）提升技术标准与兼容性。

要解决数字版权管理技术的滞后性，首先需要提升现有技术的标准和兼容性。现有的数字版权管理技术尚未能形成统一标准，不同平台对版权的保护力度也不同。为了适应日益复杂的数字教材管理需求，必须在全球范围内建立统一的版权保护标准，并通过技术手段确保各类平台和设备的兼容性。通过开放式的技术架构和标准化接口，可以实现多平台的无缝版权保护和管理。

（2）推动技术创新与研发。

数字版权管理技术的滞后性需要通过技术创新来解决。随着人工智能、大数据、区块链等新兴技术的发展，数字版权管理的手段可以得到进一步优化。基于区块链技术的版权登记系统可以确保教材版权的透明性与可追溯性，减少版权管理中的争议。人工智能技术可以帮助识别和阻止侵权行为，通过机器学习算法不断提升侵权检测的准确性和效率。

（3）强化版权方的技术培训与支持。

对于许多高校、出版社及教育机构而言，数字版权管理技术并非其核心业务领域，导致其在版权保护方面的投入和技术掌握较为薄弱。为了弥补这一差距，需要加强对教育机构和出版方的技术培训，并提供专业的技术支持。通过提高版权方的技术能力，可以更好地应对数字化教材版权管理中的复杂性与挑战。

（四）高校版权管理机制的不足

随着高校教育的数字化转型，冰雪运动专业教材的数字化成为提高教学质量与效率的重要手段。伴随数字教材的普及，版权保护和管理问题也日益显现。高校在实施数字教材的过程中，由于传统版权管理机制无法适应数字化环境，面临着诸多挑战。高校版权管理机制的不足直接影响到数字教材的版权保护效果，增加了教材盗版、非法传播等侵权行为的发生概率。针对这一问题，深入分析高校现有版权管理机制的不足，揭示其在数字化转型过程中的短板，对于推动高校版权管理体系的优化和完善具有重要意义。

1. 版权管理意识薄弱

在许多高校，特别是一些中小型院校，版权管理仍然未能成为日常运营的重要组成部分。虽然越来越多的高校开始注重知识产权保护，但对数字教材版权的重视程度远远不够。许多高校管理者和教师并未充分认识到数字教材版权保护的复杂性和重要性，缺乏专门的管理人员和资源投入来应对数字教材版权管理的挑战。

（1）缺乏全校范围的版权保护意识。

高校的版权管理往往局限于一些具体的项目或部门，缺少全面的版权保护战略。在数字教材的管理中，版权保护往往仅停留在技术层面，缺乏系统的法律和管理支持。很多教师和行政人员对版权保护的重要性认识不足，导致了教材的数字化过程中没有严格的版权管理程序。

（2）部分教师版权意识淡薄。

高校的部分教师在出版教材时，并未重视版权授权和版权分配的问题。尤其是在一些由教师自主编写的教材中，版权的归属和管理常常处于模糊状态。这种情况下，教材的电子版、网络版等数字化版本可能未经授权，直接传播到互联网上，形成侵权行为。教师未能将教材的版权管理纳入教学资源管理的范畴，缺乏对版权问题的全面理解和重视。

2. 管理机制不完善

高校在数字教材版权保护方面的管理机制存在很多漏洞，导致其无法应对日益复杂的数字教材传播和版权侵权问题。现有的版权管理体系大多还停留在传统的纸质教材管理模式上，未能根据数字教材的特殊性进行有效调整。

（1）缺乏专门的版权管理部门。

很多高校并未设立专门的版权管理机构来负责数字教材的版权事务。尽管一些高校拥有知识产权办公室，但这些部门通常更侧重于专利、商标等传统知识产权的管理，而对教材的数字化版权管理缺乏针对性和专业性。这导致数字教材的版权管理职责往往无法得到充分履行，管理流程复杂，执行力不足。

（2）版权管理流程不清晰。

高校的教材出版和数字化过程中，涉及的版权管理流程往往没有形成标准化、规范化的体系。在一些高校，教材的版权问题没有在初期就明确规定，教师在编写和出版教材时未充分了解版权归属问题，导致许多教材未经授权就进行了数字化处理。一旦教材进入电子化传播环节，相关的版权管理工作缺乏保障，难以做到及时监控与干预。

（3）缺乏有效的版权监管机制。

高校在实施数字教材管理时，往往缺乏对教材使用过程的有效监管。现有的版权管理体系无法对数字教材的在线传播进行全程监控，也未能设立有效的版权追溯机制。很多高校数字教材的传播不受控制，一旦发生侵权行为，往往无法及时发现并追溯源头，造成版权方的经济损失。高校的版权管理机制未能全面覆盖数字教材的所有使用环节，导致对教材的流转和使用情况缺乏有效监控。

3. 技术支持不足

数字化环境下，版权保护的技术支持至关重要。尽管一些高校已经在教材数字化过程中引入了数字版权管理技术，但在实际应用中，技术支持的不足导致版权保护效果大打折扣。

（1）技术设施投入不足。

高校在进行教材数字化过程中，并未给予足够的技术支持，尤其是在数字版权管理技术的投入上。许多高校并未购买先进的版权管理软件或平台，甚至没有配备专门的技术团队来管理和维护数字教材的版权保护。缺乏足够的技术投入使得数字教材的版权管理工作无法高效、持续的推进。

（2）技术实施水平参差不齐。

即便部分高校购买了版权管理系统，实施过程中也存在许多问题。由于数字版权管理的实现需要较高的技术水平，许多高校缺乏对技术实施的专业知识和经验，导致系统运行效果差，甚至出现技术漏洞。一些技术系统不仅无法有效防止教材的非法复制和传播，反而可能因技术问题导致教材内容的损失或损坏，增加了版权管理的难度。

（3）缺乏跨平台版权管理技术。

现有的数字版权管理技术往往针对单一平台或设备进行优化，缺乏跨平台和跨设备的支持。高校的数字教材可能需要在不同的操作系统和设备上使用，但现有的版权保护措施往往无法实现对不同平台的兼容。在 PC、手机、平板等多种终端设备上，数字教材的版权保护机制无法做到无缝对接，导致教材在不同平台上的传播失控。

4. 版权维权机制不健全

数字教材的版权侵权问题往往涉及多方主体，包括出版社、教师、教育机构以及第三方平台等。在数字教材的版权管理中，版权方缺乏有效的维权手段和完善的维权机制，导致侵权行为难以得到及时纠正。

（1）维权渠道不畅通。

在许多高校，数字教材的版权维权渠道不畅通，版权方无法通过正规渠道有效维权。一方面，很多高校缺乏专门的版权维权团队，缺乏应对侵权事件的经验和流程。另一方面，现有的维权机制常常局限于传统的法律诉讼程序，缺乏灵活、高效的网络维权手段。对于侵权行为的处理，大多数高校依赖第三方平台和中介机构进行投诉，维权过程往往较为烦琐且时效性差。

（2）缺乏及时的版权监督机制。

高校在教材出版和数字化过程中，未能建立实时监督和反馈机制。一旦出现侵权行为，相关责任人往往难以及时发现并采取措施。虽然一些高校在教材发布过程中要求提供版权证明，但缺少后续的监管手段。版权侵权的多样化形式让维权变得更加复杂，而高校在维权方面的响应能力较弱，导致侵权行为得不到及时处理，损害了版权方的利益。

5. 政策与法规支持不足

高校在数字教材版权管理中往往缺乏明确的政策和法规支持。现有的版权法律体系尚未充分适应数字教材管理的需求，导致高校在版权管理上处于法理与实际操作之间的灰色地带。

（1）缺乏针对性的政策支持。

目前，许多高校的版权管理政策尚未专门针对数字教材进行系统的规定。在一些高校，数字教材的版权归属问题缺乏明确的界定，导致在教材数字化过程中，版权归属模糊不清，难以保障作者、出版方和学校等多方利益。高校在版权管理上缺乏完善的制度保障，容易导致版权纠纷。

（2）现行法律体系的滞后性。

尽管我国已经建立了相对完善的著作权法体系，但随着信息技术和数字化教学的发展，现行的法律体系仍存在滞后性。在数字教材的版权管理方面，现有法律往往未能及时跟上技术的步伐。对于教材的数字化处理、传播及跨境版权问题，现有法律条款尚未完全覆盖，给高校在实际管理过程中带来法律障碍。高校在数字化转型过程中，面临的版权管理挑战主要源自传统管理机制的不适应性、技术支持的不足以及缺乏有效的维权机制。高校应当进一步加强版权管理意识，建立专门的管理部门，完善数字教材的版权保护体系。必须注重技术投入，提升数字版权管理技术水平，确保其能够应对跨平台、跨设备的管理需求。政策和法律体系的完善也是高校数字教材版权管理的关键。

（五）改革与创新版权管理机制的路径

在数字化环境的推动下，高校冰雪运动专业教材的版权保护工作面临诸多挑战。现有的版权管理机制无法适应数字化的需求，使得版权侵权、权利分配不明晰等问题层出不穷。要有效应对这些问题，高校需要从版权管理机制的改革与创新入手，构建一套适应数字化环境的新型版权管理体系，保障数字教材的权益，为教学资源的高效利用提供制度支持。

1. 健全版权管理法律法规体系

数字教材的版权管理必须依赖完善的法律法规支持。法律是版权保护的基础，高校需要推动相关法规的修订和完善，为数字教材的版权管理提供强有力的法治保障。

（1）完善数字版权相关法律体系。

针对数字教材的特殊性，国家和地方立法机关应在现有著作权法的基础上，进一步细化数字化版权管理的条款。高校应积极参与相关立法的研究和讨论，提出数字教材版权保护的具体需求，并协助明确数字教材的版权归属规则，细化数字版权侵权行为的认定标准和处罚措施。

（2）制定高校内部版权管理制度。

高校应依据国家法律法规，制定适合自身特点的数字教材版权管理制度。制度的内容应包括版权归属规则、数字化流程规范、使用授权细则等具体条款。通过内部制度建设，将版权管理工作嵌入教材开发、出版和使用的各个环节，确保版权保护的全覆盖。

（3）加强法律宣传与培训。

高校需要通过多种形式开展版权法律知识宣传，提高全体师生的版权意识。在教材编写、出版等环节定期举办版权知识讲座和培训课程，帮助相关人员掌握数字版权的管理规范和法律法规。

2. 构建高效的数字版权管理平台

数字版权的管理离不开技术手段的支持。高校需要利用信息化技术手段，建设数字版权管理平台，实现对数字教材从创作到传播全过程的动态监管。

（1）数字版权保护系统建设。

建立涵盖版权登记、内容加密、使用监控等功能的一体化数字版权保护系统。通过加密技术为每份数字教材生成唯一标识，确保其在传播过程中可追溯源头。在教材使用终端植入数字水印，监控教材的合法使用情况，防止非法复制和传播。

（2）打造多平台兼容的版权管理工具。

随着教学方式的多元化，教材使用场景逐渐扩展到移动设备、虚拟现实设备等多种平台。高校需要开发兼容性强的数字版权管理工具，确保教材的版权保护在不同终端设备和平台间无缝衔接。

（3）建立实时监控与预警机制。

借助大数据和人工智能技术，实时监控数字教材的传播路径。一旦发现未经授权的传播行为，系统可自动触发预警并启动相应的版权保护措施。通过分析监控数据，高校还可以发现版权管理中的漏洞并及时修补。

3. 优化数字版权的分配与授权模式

数字教材的版权归属和授权问题是影响版权管理效率的核心内容。高校需要创新版权分配机制，合理界定权利主体，构建透明、公平的授权模式。

（1）明确权利主体与责任划分。

在教材编写初期，明确各方的权利义务，包括教师、学校和出版社等主体的版权归属和使用权范围。对于联合开发的数字教材，制定详细的合作协议，确保权利分配清晰化，避免后续的版权纠纷。

（2）推行灵活的授权机制。

高校可以采用多层次授权方式，根据不同的使用场景设定不同的授权规则。或在校内教学中，可以授权教材免费使用。而在商业推广中，则需要支付相应费用。通过灵活的授权机制，不仅能有效保护版权，还能提高教材的利用效率。

（3）推动公开许可与共享机制。

为鼓励优质教材的传播和使用，高校可以探索采用"开放版权"模式。在一定条件下，允许教材的免费使用，但明确规定使用范围和形式，避免因过度开放导致侵权问题。

4. 完善高校版权管理组织体系

版权管理工作需要系统性和专业性的支持，高校需要建立完善的版权管理组织体系，确保数字教材的版权保护措施落到实处。

（1）设立专门的版权管理机构。

成立高校版权管理中心，专门负责数字教材的版权保护工作。该机构的职责包括版权登记、授权管理、侵权监测等具体任务，协调校内各部门的版权保护工作，形成统一的管理体系。

（2）组建专业化的版权管理团队。

引进版权管理领域的专业人才，组建一支具备法律、技术和管理综合能力的团队。通过定期培训和学习，保持团队对数字版权保护领域前沿技术和法律法规的敏感性，提高管理水平。

（3）推进跨校版权管理合作。

针对冰雪运动专业教材的特殊性，高校之间可以建立版权管理合作机制，共享数字教材的版权保护经验和技术资源，形成集体优势，共同应对版权管理中的难题。

5. 加大版权保护技术创新力度

技术创新是提升数字版权保护能力的重要驱动力。高校应加大对版权保护技术的研发投入，结合实际需求，开发更为高效的技术解决方案。

（1）研发智能化版权管理工具。

运用人工智能技术开发自动化的版权管理工具，实现版权保护工作的智能化。通过图像识别、文本对比等技术自动发现侵权内容，提高版权保护的效率。

（2）应用区块链技术优化版权追溯。

区块链技术具有数据不可篡改、可追溯等特性，可用于构建数字教材的版权追溯体系。将数字教材的版权信息记录在区块链中，每一次使用或传播行为都会被完整记录，形成可信的证据链，有效提高版权管理的透明度和公信力。

（3）提升版权加密与防护技术水平。

针对数字教材传播过程中的安全问题，开发更加安全可靠的加密技术和防护手段。运用多重加密技术保护教材内容，结合动态密钥机制提高教材内容的安全性。

6. 加强与外部机构的合作与协调

数字版权保护需要多方协作，高校应主动加强与政府部门、行业组织和技术企业的合作，共同推动数字版权保护的标准化和规范化。

（1）参与行业标准的制定。

高校应积极参与数字版权管理相关行业标准的制定工作，为政策法规和行业规范的完善提供实践依据，推动建立统一的数字教材版权保护标准。

（2）与技术企业联合开发版权保护方案。

高校可与信息技术企业建立合作关系，共同研发数字版权保护技术和管理工具。通过整合高校的教材开发需求与企业的技术研发能力，提升版权保护工作的科技水平。

（3）加强与执法机构的联动。

针对侵权行为，高校应与版权执法机构建立协作机制，共享侵权线索和证据，联合打击违法行为，营造健康的版权保护环境。

改革与创新版权管理机制是高校推动冰雪运动专业教材数字化转型的重要保障。通过健全法律法规、优化管理模式、提升技术水平，高校能够有效应对数字化环境下的版权挑战，为数字教材的开发、传播与应用提供强有力的支持。版权管理机制的现代化和系统化将为高校冰雪运动专业教材的可持续发展奠定坚实基础。

第四章 高校冰雪运动专业教材数字化转型升级的对策探讨

第一节 技术突破策略：构建完善的数字化教材体系

在当前信息化时代，数字化技术的迅猛发展正在深刻影响着各个领域，尤其是教育行业。高校冰雪运动专业教材的数字化转型升级已经成为教育发展的重要方向。这一转型不仅是适应数字化时代发展的必然趋势，更是提升教育质量、优化教学资源配置和推动学科创新的重要手段。随着信息技术的广泛应用，传统的纸质教材已经难以满足现代教育需求，而数字化教材不仅具有更加灵活的呈现形式，还能够实现内容的多样化、互动性和更新性，极大地提升了教学的有效性和实用性。

数字化教材为冰雪运动专业的教学提供了更为丰富的内容形式。通过视频、动画、虚拟现实等技术，学生可以更直观地理解冰雪运动的技术要领、运动规律以及安全知识。利用虚拟现实技术，学生可以在虚拟场景中模拟滑雪、冰球等运动场景，提升其技能和应对突发情况的能力。这种沉浸式的学习方式远超传统的理论教学，有助于学生更好地理解复杂的运动技巧和战术。

高校冰雪运动专业教材的数字化转型不仅仅是技术手段的应用，更是教育理念的革新。它为教学质量的提升和教学模式的创新提供了新的可能性，也为学生的全面发展提供了更加丰富的学习途径和实践机会。通过这一转型，冰雪运动专业的教学将走向更加高效、灵活和前沿的未来。

一、制定统一的冰雪运动教材数字化技术规范

数字化技术的迅猛发展为高校冰雪运动专业教材的转型提供了宝贵的机遇。随着互联网、人工智能、大数据等先进技术的应用，教材的数字化不仅提升了学习的便捷性，还拓宽了教学内容的呈现方式。目前在冰雪运动专业的教材建设中，数字化进程仍处于起步阶段，尚未形成统一的技术规范，这使得教材的内容、形式以及质量标准差异较大，导致了教学资源的分散，且不能充分满足高校冰雪运动专业日益增长的教学需求。因此，制定统一的数字化技术规范是第一要务。

（一）明确数字化教材内容的标准

数字化教材作为高校冰雪运动专业教学资源的重要载体，其内容标准直接影响

教学效果与学生的学习体验。在数字化转型过程中，制定统一且科学的内容标准至关重要，这不仅有助于保障教学内容的全面性和准确性，还能增强数字化教材的适用性和推广价值。结合冰雪运动专业的学科特点与现代教育技术发展趋势，数字化教材内容标准的制定需要从以下几个方面深入研究。

1. 知识模块化设计

模块化设计是现代教材编写的重要原则，特别是在数字化教材中，更需通过模块化划分将内容组织得更加灵活与高效。模块化设计能够有效满足不同教学场景和学习群体的需求，适应多层次教学内容的呈现与学习路径的选择。

2. 理论知识模块

冰雪运动专业的理论知识模块包括冰雪运动原理、运动生物力学、冰雪运动文化与历史等。理论知识是实践教学的基础，需通过数字化方式呈现复杂概念，增强理解。

3. 实践技能模块

实践技能模块是冰雪运动专业教材的核心部分，涵盖动作技术示范、专项训练方法和教学实操指导等内容。数字化教材可以通过视频、VR 等技术手段，将传统实践教学中难以直观呈现的内容生动地展示出来。

4. 资源补充模块

资源补充模块包括大量辅助学习的材料，如冰雪运动相关法规、数据分析工具和竞赛案例等。通过数字化手段，这些资源可实现动态更新与在线调用，确保内容的时效性。

5. 多媒体资源标准

数字化教材中多媒体资源的合理使用是提升学习效果的重要途径。可是，如果缺乏统一标准，多媒体资源的质量参差不齐，将影响教材的整体表现力。所以，制定清晰的多媒体资源标准，确保资源内容的高质量呈现与流畅加载至关重要。

6. 图片资源标准

图片作为数字化教材中常用的视觉资源，需保证高清显示与适当的文件大小，但是过大的图片可能影响加载速度，降低用户体验。图片的分辨率标准建议为 300DPI 以上，以适应高清屏幕的显示需求；文件格式建议采用压缩效率高且质量损失少的 JPEG 或 PNG 格式。此外，图片需统一风格。

7. 视频资源标准

视频资源是展示动态内容的最佳方式，尤其在冰雪运动专业中，动作分解与示范类视频占据重要地位。视频需采用高效压缩格式，既保证高清画质，又减少存储与传输压力。建议分辨率为 1080P 或更高，帧率为每秒 30 帧以上，确保流畅播放。此外，为满足多终端适配需求，视频应支持自动调整分辨率功能，以适应不同网络环境下的加载速度。

8. 音频资源标准

音频资源包括教学解说、动作指令提示和背景音乐等内容。音频文件需保证清晰无噪声，格式建议采用 MP3 或 AAC，平衡音质与文件大小。音频标准还需涵盖声音时长与音量范围，以避免声音过短影响信息传达，或音量过高导致用户不适。

9. 数据交互与反馈标准

数字化教材的一个重要特点是支持交互式学习，帮助学生主动参与学习过程，提升学习效果。数据交互与反馈功能在数字化教材中的实现，需要明确功能范围与技术规范。

10. 学习数据记录与分析

学习数据记录与分析功能需以标准化方式记录学生的学习过程数据，包括课程完成进度、测试得分、资源调用频率等。数据分析功能需通过可视化方式呈现结果，为教师和学生提供学习诊断信息。

（二）技术架构规范

数字化教材的技术架构是系统设计的核心环节，直接决定了系统的稳定性、灵活性与安全性。科学的技术架构规范能够为开发者提供统一的参考框架，确保开发与部署过程高效且可靠。高校冰雪运动专业数字化教材的技术架构需要充分考虑学科特点和实际教学需求，重点围绕技术平台与语言支持、数据存储与调用、网络与加载优化等方面制定具体的规范。

1. 技术平台与语言支持

技术平台是数字化教材运行的基础，需支持多种主流开发语言与框架，以满足系统兼容性与拓展性的需求。

2. 多语言与多框架支持

技术平台需支持多种常见编程语言与开发框架。后端开发可采用 Java 和 Python 以实现高性能处理与丰富的扩展功能；前端开发则可使用 HTML5、CSS3 和 JavaScript 构建动态交互界面。为了支持移动端与跨平台应用，技术平台还应兼容 React Native、Flutter 等混合开发框架，确保教材能够在手机、平板、电脑等多种设备上流畅运行。

3. 模块化架构设计

模块化架构是实现灵活性与可扩展性的关键。通过将系统划分为功能独立的模块，包括内容管理模块、用户管理模块、多媒体资源模块和数据分析模块等，可以有效降低开发复杂度。模块化设计的另一个优势在于，系统更新或功能扩展时，无须对整个系统进行改动，只需对相关模块进行调整。

4. 跨平台支持

数字化教材需面向多种操作系统与设备，技术架构需支持 Windows、MacOS、

Linux 等常见桌面系统，以及 iOS、Android 等移动系统。这种跨平台支持要求系统的底层逻辑具有高度的兼容性，前端采用响应式设计（Responsive Design），使界面能够根据设备屏幕大小自动调整布局与显示效果；后端通过云端服务支持不同终端的同步访问，确保用户在不同设备上的体验一致性。

5. 统一的数据存储格式

数字化教材的内容包括结构化与非结构化两类数据，需采用适合的存储方案。章节目录、用户信息、学习记录等结构化数据可采用关系型数据库（MySQL 或 PostgreSQL）存储；视频、音频、图片等非结构化数据则适合存储于分布式对象存储系统（Amazon S3、阿里云 OSS）。这种结合的方式既能保障数据的高效管理，又能满足多媒体资源的大规模存储需求。

6. 分层数据存储架构

数据存储需采用分层架构设计，根据数据的访问频率和重要性进行分类管理。核心教学内容与用户学习记录等高频数据可存储于快速访问的固态硬盘（SSD）服务器；较少调用的历史数据或大型资源文件则可转移至廉价的机械硬盘（HDD）存储池或云端冷存储服务。通过分层管理设计，既能提升高频数据的访问速度，又能降低存储成本。

7. 标准化数据调用接口

数据调用接口需遵循统一的标准，如 RESTful API 或 GraphQL，确保数据的可移植性与一致性。接口需支持多种常见的调用方式，包括查询、更新、删除等操作。当学生访问章节内容时，系统通过接口向后端数据库发送请求，返回所需的教材内容；当教师更新资源时，接口自动将修改同步至云端存储，供所有用户访问。接口标准化还能够确保不同终端设备与系统之间的兼容性，实现教材资源的跨平台共享。

8. 网络与加载优化

网络优化对于数字化教材的流畅使用至关重要，特别是在多媒体资源密集的冰雪运动专业中，网络性能的优劣将直接影响用户体验。

9. 多媒体资源的分布式加载

多媒体资源通常占据较大的文件空间，为了保证用户在不同网络环境下的流畅体验，需采用分布式加载技术。使用内容分发网络（CDN）将视频、图片等资源分布至多个地理位置的节点，用户访问时从最近的节点加载资源，从而显著降低加载延迟。大型资源文件可采用分段加载（Chunk Loading）技术，用户仅在需要时加载对应的部分内容，而非一次性加载完整文件。

10. 动态网络适配

为了满足用户在不同网络环境下的需求，教材系统需具备动态适配功能。当检测到网络条件较差时，视频播放系统可自动降低分辨率或切换至音频模式，以减少网络带宽的使用；页面内容加载时优先呈现核心文本内容，延迟加载图片与多媒体资源。这种优化方式能够保障用户即使在低速网络下也能获得基本的学习体验。

11. 缓存机制与断点续传

缓存机制是提升网络性能的重要手段。教材系统需在用户设备端设置本地缓存，用于存储已访问的内容与资源文件，减少重复加载带来的网络消耗。此外，断点续传功能对于大文件下载尤为重要。

（三）用户体验设计规范

数字化教材的用户体验设计是影响教学效果的关键因素。一个优质的用户体验能够显著提升师生对教材的接受度和使用效率。为此，需要在界面布局与交互设计、多终端适配和无障碍设计等方面制定全面而细致的规范，确保不同场景下的教学需求都能被充分满足。

1. 界面布局与交互

用户界面的布局设计直接影响用户获取信息的效率和对系统功能的掌握程度。一个直观、简洁的界面能有效提高用户使用效率，而交互方式的多样性和灵活性是适应不同用户习惯与设备场景的基础。

2. 界面布局设计规范

界面布局需遵循直观性与简洁性原则，模块分布清晰明确，让用户能快速找到所需的功能模块界面布局分为下面3个模块。

（1）课程资源模块。

提供课程内容的目录与分类，支持一键访问具体章节或资源。界面设计需突出重点，采用层级清晰的结构，将主要内容与辅助内容区分开来。

（2）学习进度模块。

实时显示学生的学习进展，包括章节完成度、测试成绩等，采用图表或进度条的形式，方便用户直观了解自身学习情况。

（3）在线测试模块。

提供练习与考试功能，界面需设计为简洁的答题界面，确保测试功能突出且易操作。

模块间需保持一定的视觉分隔，包括使用颜色、边框或留白区分区域。布局设计还需适应教学过程中可能的动态调整。在师生互动过程中，资源模块与讨论模块可并排显示，便于快速切换。

3. 交互方式设计规范

交互方式需支持多样化需求，以满足不同设备与场景下的使用要求。

（1）鼠标点击。

针对桌面设备，采用经典的点击交互方式，功能按钮需设计为显眼且易识别的形状与颜色。

（2）手势滑动。

针对移动设备，设计基于触屏的滑动操作，包括左右滑动切换章节、上下滑动浏览内容。手势操作需具备容错机制，避免误触带来的不便。

（3）语音指令。

支持语音识别技术的教材可通过语音命令完成章节导航、资源搜索等操作，特别适合学习过程中双手不便操作的场景。

（4）动态反馈。

交互过程中需提供即时反馈，包括点击按钮时的颜色变化、加载过程中的进度提示等，以提升用户的操作信心。

4. 多终端适配

数字化教材需要面向多种终端设备，包括台式电脑、平板电脑和智能手机等，不同设备之间的操作方式与屏幕尺寸差异对用户体验提出了更高的要求。

5. 分辨率与屏幕适配规范

针对不同终端设备的屏幕特性，界面需具备响应式设计，能够自动调整布局与内容呈现。

（1）电脑端界面。

以全屏显示为主，界面布局较为宽松，适合信息量较大的场景。

（2）移动端界面。

采用垂直滑动布局，将内容模块依次排列以适应较小的屏幕尺寸。功能菜单可采用折叠式设计，减少主界面信息冗杂度。

（3）平板电脑界面。

结合电脑端与手机端的优点，内容区与功能区可并排显示，保持触控优化。

在分辨率适配中，需确保图片、视频等多媒体资源能够自适应屏幕尺寸，不出现拉伸或压缩的情况。

6. 一致性体验规范

为确保用户在不同设备上的体验一致，教材界面需遵循统一的视觉与功能风格，包括教材的主题色调、字体样式和功能图标等都需保持一致，避免因设备切换导致的适应困难。学习记录与进度需支持云端同步，确保用户无论在哪个设备上登录，均可延续之前的学习过程。

7. 无障碍设计

数字化教材作为教育资源的重要载体，需保障所有学生均能平等获取资源，特别是对特殊人群的学习需求进行重点设计。

为视力障碍者提供屏幕朗读功能，通过语音合成技术将文字内容转化为音频输出。此外,朗读的语速与音调需支持用户自定义设置,以适应不同学习习惯。

为听力障碍者提供字幕支持,特别是在视频资源中,字幕需同步呈现,并支持多语言选择。对于复杂的术语或关键知识点,字幕需提供详细注释或链接至相关资源页面。

针对肢体障碍者,系统需兼容辅助设备(眼控仪、开关控制器等),通过简单的触发方式实现系统功能操作。此外,界面交互设计需避免复杂的多步操作,核心功能应尽量简化。

8. 用户体验优化的评价机制

在用户体验设计中,需建立持续优化的评价机制,通过数据分析与用户反馈不断改进设计。系统可以通过记录用户的点击路径与使用时长,分析哪些功能模块使用频率较高、哪些区域存在操作瓶颈。此外,通过问卷调查或在线反馈收集用户意见,根据实际需求优化界面布局与功能设计。

通过科学的用户体验设计规范,数字化教材能够在界面布局、交互设计、多终端适配以及无障碍设计等方面提供高质量的服务。这样的设计不仅提升了教材的普适性与可用性,也为高校冰雪运动专业的教学改革注入了数字化技术的创新力量。

(四)接口标准化

数字化教材的开发与应用离不开多系统协同。不同的教学平台、资源管理系统、学习终端等需要通过接口实现高效的数据共享与功能调用,而接口标准化则是确保这些系统能够互联互通的核心。通过接口标准化,可以解决系统之间的不兼容问题,提升资源利用效率,为高校冰雪运动专业的数字化教学提供有力支撑。以下从接口设计、安全与隐私保护、版本兼容与更新等方面进行详细探讨。

1. API 接口设计

开放的 API(应用程序接口)是实现系统功能扩展与数据共享的关键。一个合理设计的 API 能够帮助不同系统在数据交互和功能调用上实现无缝对接,简化开发工作流程。

2. 功能支持与操作类型

API 接口需支持数字化教材系统中的核心操作,包括数据的上传、下载、更新与删除。

(1)上传操作:教师可通过接口上传教学资源,包括课程内容、视频、习题等。这些数据通过 API 调用后会自动存储到资源管理系统中,供学生使用。

(2)下载操作:学生可调用接口获取所需的学习资源,系统需根据权限控制学生的访问范围。

(3)更新操作:当教学内容需要修订时,教师可以通过 API 更新已有资源,而无须重复上传整套内容,提升资源管理效率。

（4）删除操作：当资源失效或需要清理时，通过接口实现资源的安全删除，同时保留操作日志以备审计。

3. 标准协议与数据格式

接口设计需采用主流的通信协议与数据格式，以提升跨平台调用的便捷性和一致性。

（1）通信协议。

推荐使用 RESTful API，它基于 HTTP 协议，具有操作简单、易于扩展的优点。针对实时交互需求较高的场景，可结合 WebSocket 提供实时通信能力。

（2）数据格式。

优先使用 JSON（JavaScript Object Notation）格式，它结构清晰、占用资源小，适合在网络环境中传输复杂数据。对于特定需求场景，可结合 XML 提供扩展支持。

4. 标准化接口功能模块

API 的功能模块化设计能够提高系统的灵活性，有以下 3 个方面。

（1）用户模块。

管理用户注册、登录、权限分配等操作。

（2）资源模块。

负责课程内容的上传、查询与下载。

（3）数据分析模块。

支持调用学习进度、测试成绩等教学数据，并生成分析报告。

5. 加密传输

所有通过接口传输的数据需采用加密机制，防止在传输过程中被截取或篡改。

（1）HTTPS 协议。

接口通信需强制使用 HTTPS 协议，为数据传输提供 SSL/TLS 加密保护。

（2）数据加密。

敏感数据在传输前需经过加密处理。用户登录时的账号密码应通过哈希算法加密后再进行传输，常用的加密算法包括 SHA-256 和 RSA。

6. 访问权限管理

接口设计需引入权限控制机制，确保不同用户仅能访问与其身份相符的功能与数据。

（1）身份验证。

通过 OAuth 2.0 等标准认证协议对用户进行身份验证，避免未经授权的访问。

（2）权限分级。

系统需对用户角色进行分级，使教师、学生和管理员，每种角色仅能调用相应的 API 功能。

(3) 访问日志记录。

对每次接口调用的用户、时间和操作内容进行记录，以便出现问题时进行溯源分析。

7. 版本兼容与更新

接口的版本管理是保障系统稳定性与灵活性的核心。一个健全的版本管理策略能够在系统功能更新时确保新旧版本的平滑过渡，避免因接口变化导致的系统崩溃或数据丢失。

8. 版本控制机制

接口设计需通过版本号标识不同的接口版本。

（1）路径版本控制。

在 URL 中添加版本号，明确不同版本的接口功能与参数变化。

（2）参数版本控制。

通过请求参数标识接口版本，便于在同一路径下调用不同版本的功能。

9. 版本更新策略

接口版本的迭代需有明确的更新策略，以降低系统更新对用户使用的影响。

（1）开发与测试。

在接口正式发布前，需经过充分的开发与测试，确保新版本功能稳定、性能优化。

（2）灰度发布。

新接口版本可先在部分用户群体中试运行，观察使用效果并修复可能存在的问题。

（3）分阶段切换。

正式发布后，通过分阶段切换逐步推广新版本，逐步淘汰旧版本，避免因一次性切换带来的大规模问题。

接口标准化的实施不仅有助于数字化教材系统的高效协同，也为未来的功能扩展与技术升级奠定了坚实基础。通过合理的 API 设计、严格的数据安全保护以及科学的版本管理策略，高校冰雪运动专业的数字化教材能够在多系统协同和用户体验优化方面发挥更大价值。

（五）测试与质量保障机制

在数字化教材的开发与应用中，测试与质量保障机制是确保系统稳定性和功能完备性的关键环节。通过科学的测试方法，可以有效发现并解决系统潜在问题，保障用户体验。以下从功能测试、性能测试和安全测试3个方面简要阐述。

1. 功能测试

功能测试的目标是验证系统各模块是否能够按预期正常运行，重点覆盖教材内容显示、数据交互和资源调用等功能模块。

(1) 教材内容显示。

测试各类教学资源（文本、图片、视频、音频等）在多种设备上的呈现效果，确保内容加载完整且无误。

(2) 数据交互。

验证用户输入与系统反馈的准确性。教师上传资源后是否正确显示，学生完成测试后是否能获得即时反馈。

(3) 资源调用。

测试多媒体资源加载路径的正确性，避免资源缺失或加载失败的情况。

功能测试还需涵盖边界场景和兼容性测试。需验证在特殊输入或极端条件下系统的表现，并确保系统适配不同设备与操作系统，为用户提供一致的操作体验。

2. 性能测试

性能测试旨在评估系统在高负载环境下的响应能力和稳定性。

(1) 并发测试。

模拟多用户同一时间访问，验证系统是否能高效处理并发请求，避免因用户量激增导致崩溃。

(2) 响应速度测试。

测试页面加载时间和多媒体资源调用延迟是否符合预定标准，以保障流畅的使用体验。

(3) 资源使用测试。

评估系统运行时的服务器资源占用率，确保 CPU 和内存使用合理。

网络优化也是性能测试的关键部分。系统需在不同网络条件下表现稳定，在低速网络环境中能够逐步加载资源，在高延迟场景中操作响应及时。

3. 安全测试

安全测试重点验证系统在恶意攻击场景下的防御能力和用户数据的保护机制。

(1) 防御恶意攻击。

验证系统是否能够防御 SQL 注入、跨站脚本（XSS）攻击和拒绝服务（DoS）攻击，确保系统安全稳定。

(2) 用户权限管理。

检查权限管理机制是否健全，确保不同角色的用户仅能访问其授权范围内的功能，避免越权访问。

(3) 数据保护。

测试用户数据的加密存储与传输，采用不可逆加密算法存储密码，并强制使用 HTTPS 协议进行数据传输，保护用户隐私。

通过功能、性能和安全多层次测试,结合自动化与持续集成,能够显著提升数字化教材系统的质量,保障其在高校冰雪运动专业教学中的稳定运行,为教学数字化转型提供坚实基础。

二、加大数字化资源开发的技术投入与合作

数字化资源的开发是高校冰雪运动专业教材转型升级的核心环节之一。通过技术投入与合作机制的构建,可以实现教材资源的多样性、实用性与可持续性。在这一过程中,需要结合技术创新、资源整合、产业协同和长效机制的建立,实现优质资源的高效生产与利用。

(一) 增强技术研发的力度

技术研发是数字化资源开发的核心推动力。先进技术的应用不仅能提升教材资源的表现力与互动性,还能满足现代教学对多样化、智能化和个性化学习的需求。以下从虚拟现实与增强现实技术、人工智能技术、多媒体资源优化技术3个方面展开讨论。

1. 虚拟现实与增强现实技术的应用

虚拟现实技术和增强现实技术在数字化教材开发中具有广泛的应用前景,为冰雪运动教学提供了沉浸式学习体验和创新手段。

(1) 构建真实冰雪运动场景。

虚拟现实技术可以模拟逼真的冰雪运动环境,为学生提供模拟训练场景。通过虚拟滑雪模拟器,学生可以在仿真的雪道上学习滑雪技巧,体验实际运动中的速度感与重力感。在虚拟冰场中,学生可以练习冰刀控制和滑行技巧。虚拟场景还可以记录学生的训练数据,供教师分析并改进教学方案。

(2) 增加教学趣味性与代入感。

增强现实技术通过将虚拟内容叠加到现实环境中,使学生能够在实际场景中学习和操作。学生可以通过增强现实设备观察冰雪运动的技术动作分解图,学习复杂技巧的分解过程。增强现实还可以帮助学生理解抽象的运动原理,通过互动的方式提升学习兴趣与效果。

(3) 远程教学与实践支持。

虚拟现实技术还可以为远程教学提供支持,突破时空限制。学生在家中即可通过虚拟设备进入教学场景,与教师和同学进行互动。增强现实技术可以为学生提供实践指导,无须前往冰雪场地,也能高效完成动作学习与训练。

2. 人工智能技术的赋能

人工智能技术通过数据分析和智能决策,为数字化教材注入智能化功能,提升教学效率与个性化水平。

(1) 个性化学习路径优化。

人工智能系统能够基于学生的学习行为数据，分析其学习偏好、知识掌握情况与薄弱环节，推荐有针对性的学习资源。系统可以根据学生在理论测试中的表现，推荐相关补充资料；根据动作训练中的不足，提供技术指导视频。个性化学习路径优化能够帮助学生更高效地达到学习目标。

(2) 智能评测与实时反馈。

人工智能技术可以实现自动化评测与实时反馈功能。学生完成测试后，系统能够即时评分，并给出具体的改进建议。对于实践技能的评估，人工智能可以通过动作捕捉技术分析学生的动作精准度与协调性，提供详细的反馈报告。这种实时互动的评测方式能够显著提升教学效果。

(3) 虚拟助教与学习互动。

人工智能驱动的虚拟助教可以在学习过程中为学生提供帮助。学生可以向虚拟助教提问，获得即时解答。学生在学习过程中遇到冰雪运动历史的问题，可以通过语音或文字向助教咨询，系统基于知识库给出答案，增加学习的便捷性与互动性。

3. 多媒体资源优化技术

多媒体资源是数字化教材的重要组成部分，高质量的图片、视频、音频等能够显著增强学习内容的吸引力与教学效果。通过优化技术，可以提升资源的表现力与传播效率。

(1) 图像与视频的优化。

通过图像压缩算法与视频剪辑工具，可以在保持资源质量的同时减少文件体积，提升加载速度。图片采用高效压缩格式，可以快速加载而不失清晰度；视频资源采用先进的编码技术，如 H.265 编码，既能提供高清画质，又能降低带宽需求。优化后的资源能够在不同网络条件下流畅使用，增强用户体验感。

(2) 音频处理与语言支持。

通过音频优化技术，可以制作清晰、优质的语音讲解与背景音效，利用降噪技术去除录音中的杂音，增强语音清晰度。针对国际化需求，还可以引入多语言语音支持，满足不同语言背景学生的学习需求，推动冰雪运动教学的国际化发展。

(3) 资源的交互性增强。

通过多媒体资源的交互设计，学生可以主动参与学习过程。在交互式视频中，学生可以选择不同的学习路径，观察不同技术动作的详细分解。在动态课件中，学生可以拖动时间轴观看冰雪运动的发展历程，或者点击不同部位查看装备结构的详细说明。

(4) 资源的便捷共享与更新。

通过优化资源管理与分发技术，可以实现教材资源的高效共享与动态更新。通过云平台统一管理教材资源，教师可以快速上传新内容，学生可以随时访问最新资源。分布式资源分发网络（CDN）可以将资源存储在多个节点上，确保不同地区的学生都能快速访问。

通过加强虚拟现实、人工智能和多媒体优化等技术的研发，数字化教材资源能够更好地满足教学需求。技术的应用不仅提升了教材的表现力和互动性，也为个性化学习、远程教学与资源管理提供了全面支持。技术研发的持续投入将为高校冰雪运动专业的教学改革提供重要动力，为学生的专业学习创造更加丰富、便捷的条件。

（二）完善资源开发协同机制

数字化资源的开发不仅需要技术支持，更需要多方合作，构建完善的开发生态体系，充分发挥高校、企业和科研机构的优势，形成资源开发的合力。以下从校企合作模式、产学研协同机制以及区域合作与资源共享3个方面对资源开发协同机制进行详细探讨。

1. 校企合作模式

高校与冰雪运动相关企业的深度合作是推动资源开发的重要方式。校企合作可以弥补高校在设备和行业实践经验上的不足，同时帮助企业拓展在教育领域的业务布局，实现双赢。

（1）行业资源的引入。

高校可以与冰雪运动装备制造企业、赛事运营公司和运动训练中心等行业主体开展合作。企业可提供先进的设备与行业数据支持，为教材开发提供丰富的实践案例。冰雪装备制造企业可以提供专业设备的工作原理、构造设计与维护技巧，高校则可以结合教学需求开发内容，使资源更加贴近实际需求。

（2）真实场景的融入。

通过与赛事运营公司和冰雪运动俱乐部的合作，高校可以将实际赛事中的数据和案例融入教材。将比赛的战术分析、运动员的表现评价和裁判判罚标准整合为教学素材，让学生在学习中感受到真实情境的挑战与乐趣。这种基于实践的教学内容能极大增强学生的学习兴趣与应用能力。

（3）项目驱动的开发方式。

校企合作可以通过共同开发具体的项目推动教材资源的建设。高校与企业合作开发虚拟滑雪训练系统，将冰雪装备使用技巧、滑雪动作示范等内容整合到系统中。项目开发过程中，企业提供技术平台，高校则主导教学设计，最终形成具有商业价值和教学价值的数字化产品。

2. 产学研协同机制

产学研协同机制是提升数字化资源开发深度与技术含量的重要手段。科研机构、高校和企业三方的合作能够打破传统资源开发中的壁垒，实现技术与教育的深度融合。

（1）科研机构的技术支持。

科研机构具备强大的技术研发能力，可以为数字化资源开发提供技术支撑。人工智能实验室可以为教材开发提供智能推荐算法和学习数据分析模型，虚拟现实实验室则可以协助构建沉浸式学习场景。这些前沿技术的引入能够极大提升教材资源的表现力与互动性。

（2）成果转化的加速。

科研机构的研究成果可以通过产学研一体化开发模式快速转化为教学资源。例如，一项关于冰雪运动能量消耗的研究成果可以在数字化教材中展示为互动实验模块，学生可以通过虚拟实验了解运动与能量消耗的关系。这种转化机制能够让教学资源紧跟学术前沿，增强教材的科学性与实用性。

（3）协同开发机制。

高校与科研机构可以通过联合实验室、合作研究项目等形式，共同开发数字化资源。例如，冰雪运动研究中心、高校体育学院和科技企业联合开发冰雪运动模拟平台，将科研成果与教学实践有机结合，形成具有创新性的教学产品。

3. 区域合作与资源共享

区域内高校间的合作能够整合优势资源，提升资源开发效率，避免重复开发与资源浪费。

（1）区域联合开发机制。

在资源开发中，高校可以组成区域性联盟，共同制定教材资源开发的规划与评定标准。区域内的多所高校可以共同开发冰雪运动基础理论教材，分工合作，形成统一的教学资源体系。通过联合开发，资源开发的成本显著降低，同时资源内容更加全面。

（2）资源共享平台建设。

区域高校可以共建数字化教材资源共享平台，实现教材资源的高效流通。通过平台，教师可以获取其他高校开发的优质资源，学生也能在平台上访问更多元化的学习内容。这种共享机制不仅提高了资源的利用效率，也促进了区域间教育资源的均衡发展。

（3）区域合作的示范效应。

区域合作可以为其他地区提供经验借鉴，带动更多区域开展类似的合作模式。例如，某一地区的高校联盟开发了冰雪运动虚拟实验平台，通过平台的实际应用与反馈，其他区域可以借鉴开发经验和实施路径，提升全国范围内冰雪运动数字化教材的整体水平。

通过构建资源开发的协同生态体系，高校、企业与科研机构能够充分发挥各自的优势，形成资源开发的强大合力。这种合作机制不仅能加速数字化教材资源的开发进程，还能提升资源的质量与应用效果，为冰雪运动专业教学的数字化转型提供有力支持。

（三）强化数字化资源的内容创新

数字化资源的核心价值在于优质内容的呈现。内容创新不仅要满足教学目标，还要适应现代学习者的需求，以多样化形式提升学习兴趣与教学效果。在冰雪运动专业教学中，内容创新可以通过场景化教学资源设计、交互式内容开发和知识图谱与技能树构建等途径实现更高质量的教学成果。

1. 场景化教学资源的设计

场景化教学资源通过虚拟或现实场景还原真实教学环境，使学生能够沉浸在模拟的学习场景中，切实感受冰雪运动的氛围与技巧。

（1）构建真实的运动场景。

场景化教学资源的设计需要高度仿真化。通过虚拟现实技术制作模拟冰场或滑雪场景，学生可以在虚拟环境中感受冰雪运动的速度与挑战。模拟冰场场景不仅可以展示标准滑冰技巧，还能通过实时反馈纠正学生的动作细节。

（2）还原比赛氛围。

教学资源还可以将实际比赛的场景融入学习中。通过虚拟比赛环境，学生可以学习裁判规则、分析战术布置，甚至扮演运动员在特定情境中选择最优动作方案。这样的设计能激发学生的学习兴趣，提高课程的吸引力。

（3）体验式学习资源。

通过情境化任务设置，学生可以以"任务完成者"的角色参与学习。资源可以设计一个"教练视角"的模式，让学生模拟带领团队进行冰雪运动训练，学习如何制定训练计划、分析运动员表现。这种体验式资源设计能够提升学习的实用性与趣味性。

2. 交互式内容开发

交互式内容通过增强学生与教材之间的互动，提高学习的参与感与沉浸感，帮助学生更有效地掌握知识与技能。

（1）互动视频与动态课件。

交互式视频可以让学生根据自身需求选择不同的学习路径。在冰雪运动技能学习中，学生可以在视频中选择"初学者模式"或"高级模式"，有针对性地学习滑雪基础技巧或高难度动作。动态课件则可通过动画和可点击内容，展示复杂的技术动作或比赛规则，帮助学生直观理解理论与实践内容。

（2）即时反馈与评估功能。

交互式资源应包含即时反馈机制。学生在虚拟训练中完成某个滑雪动作后，系统可以基于学生的表现提供动作评分和改进建议。这种反馈能帮助学生快速识别并改正错误，提升学习效率。

3. 知识图谱与技能树构建

知识图谱与技能树通过系统化整理知识结构与技能层次，使学生能够有条理地学习冰雪运动的理论。

（1）知识图谱的构建。

知识图谱将冰雪运动专业知识以节点和关系的形式可视化，帮助学生从整体上理解学科框架。冰雪运动的知识图谱可以包括运动生物力学、历史文化、技术训练等模块，各模块之间通过逻辑关系连接，形成完整的知识网络。学生可以根据图谱选择感兴趣的节点深入学习。

（2）技能树的设计。

技能树以层级递进的方式呈现技能学习路径。冰雪运动的技能树可以从基础动作入门开始，逐步进阶到复杂动作和策略运用。每个技能节点下可以配备对应的学习资源与评测任务，学生完成一个节点的学习后可以解锁下一级技能，从而逐步掌握高阶技巧。这种设计能帮助学生明确学习目标，提升学习的条理性与系统性。

通过场景化设计、交互式开发和系统化知识构建，数字化资源的内容创新能够更好地适应现代教育的需求，为冰雪运动专业教学注入新的活力。这种创新不仅能增强学生的学习兴趣与动力，还能有效提升教学成果，为冰雪运动专业教学的数字化转型提供重要支持。

（四）提升资源管理与评价水平

数字化资源的开发和应用不仅需要技术与内容的支持，更需要科学的管理与评价机制。通过明确资源开发流程、构建多维度评价体系以及推动资源的持续更新，可以确保资源开发的高效性与可持续性，为教学的长期发展提供保障。

1. 建立资源开发流程标准

规范化的资源开发流程是提高资源开发效率与质量的关键。科学的流程能够明确开发目标，协调各方参与者的职责，减少无序开发造成的资源浪费。

（1）需求分析阶段。

资源开发应以教学需求为导向，在前期进行全面的需求分析。这一阶段需要调研教师、学生及行业专家的实际需求，明确教材资源的核心目标。冰雪运动的数字化资源开发，可以以学生技能培养为重点，同时兼顾理论知识的可视化展示。需求分析结果需形成详细的开发需求文档，为后续设计与实施提供依据。

（2）内容设计阶段。

在需求分析的基础上，制定具体的内容设计方案。这一阶段需要结合学科特点与技术优势，将教学内容模块化、结构化。设计过程需充分考虑多媒体呈现形式的多样性，如文本、图片、音频、视频与交互式内容的结合方式。内容设计方案需通过专家论证与用户测试，确保设计的科学性与可行性。

（3）技术实现阶段。

技术实现阶段将内容设计方案转化为实际的数字化资源。开发者需按照统一的技术规范与开发标准完成资源的制作，并在技术细节上精益求精。使用高效的多媒体压缩技术提高资源加载速度，采用用户友好的界面设计提升资源的易用性。技术实现阶段还需关注平台兼容性，确保资源能够在不同终端上正常运行。

2. 构建多维度的评价体系

科学的评价体系能够有效衡量资源的质量与应用效果，为后续优化提供依据。

（1）内容质量评价。

内容质量是数字化资源的核心指标。评价需从知识的准确性、科学性与适用性3个方面展开。知识点是否准确无误、内容是否符合学科发展前沿、资源是否符合学生的学习需求，是内容质量评价的关键。

（2）技术实现评价。

技术评价重点关注资源的技术成熟度与用户友好性。需关注资源加载是否迅速、页面布局是否合理、操作交互是否流畅。技术实现的质量直接影响资源的用户体验与教学效果，因此需从用户反馈中获取真实使用体验，并针对不足进行优化。

（3）教学效果评价。

教学效果是数字化资源最终的评价目标。通过对教学效果的评估，可以了解资源是否达成了预期的学习目标。评价方式包括学生成绩的提升幅度、技能掌握程度，以及学生对资源的满意度等。结合教学实践中的具体表现，优化资源的教学功能。

3. 推动资源的持续更新

数字化资源需具备动态适应的能力，以应对教学目标、技术手段与行业发展的变化。

（1）定期更新内容。

内容的动态更新是保持资源先进性的重要途径。资源开发者需定期对内容进行审查，更新学科知识与行业动态。对于冰雪运动专业，随着技术的进步与赛事规则的演变，教材内容也需及时更新。

（2）引入新技术与形式。

资源更新不仅仅是内容的补充，还需引入新技术与新形式，以增强资源的表现力与互动性。结合人工智能技术实现学习数据的精准分析，开发智能推荐功能；利用虚拟现实技术制作更真实的场景模拟；通过云计算技术提升资源的存储与分发效率。这些技术的应用可以显著提高资源的教学效果与用户体验。

（3）构建更新管理机制。

资源更新需通过完善的管理机制保障实施效果。建立资源更新的审核与发布流程，明确内容更新的标准与频率。开发者需通过用户反馈与教学效果分析，制定更新计划，及时修复资源中的技术漏洞与内容错误，确保更新后的资源能够更好地服务教学需求。

通过建立规范化的资源开发流程、科学的评价体系与动态的更新机制，可以确保数字化资源的高质量与高效用。资源开发的每个环节都需结合教学目标与用户需求，进行科学规划与执行。未来，随着技术的发展与教育理念的更新，数字化资源的管理与评价体系将更加精细化，为数字化教材的长效发展提供坚实的支撑。

三、优化教材数字化平台的功能与服务

优化数字化平台的功能与服务是推动冰雪运动专业教材数字化转型的重要举措。平台功能的完善不仅直接关系到教材资源的呈现效果，还影响到教学的实际效率与学生的学习体验。服务的优化能够为教师与学生提供更有针对性的支持，实现教学资源的高效利用和学习效率的全面提升。

（一）提升平台的基础功能

数字化平台的基础功能是实现教学服务和学习支持的关键环节，其优化直接关系到用户体验和教学效果的提升。资源管理、课程组织以及教学活动支持作为平台的核心功能，通过全方位的升级和优化，能够满足教师和学生在数字化教学环境下的多样化需求。

1. 管理功能的优化

资源管理功能是数字化平台的基础能力之一，涉及教材的存储、分类、检索和分发等环节。优化这些功能不仅能够提高资源的使用效率，还能保证教师和学生能迅速、准确地获取所需内容，从而提升平台的服务质量。

2. 存储与分类

平台应为教材资源提供科学合理的存储结构，以便实现有序管理和高效调用。

（1）按学科与模块分类。

根据学科特点和课程内容，按照冰雪运动专业的理论知识、技能训练、教学案例等模块划分资源，确保内容组织清晰，便于用户快速定位所需资源。

（2）按学习阶段划分。

资源应根据学习阶段的不同进行划分，满足不同年级学生的需求。入门阶段的资源可以包括基本知识、基础动作演示等；进阶阶段的内容可以包括更为详细的技术分析与实践指导；专业阶段的资源则涉及高阶技能、专业战术分析和比赛实战技巧。通过这种阶段性划分，平台可以为不同学习需求的学生提供精准的资源推荐，

提升学习的针对性和实用性。

（3）标签管理。

标签管理功能能进一步增强资源的灵活性和检索效率。教师可以为教材资源添加自定义标签，像"初学者""滑雪技巧""冰球战术""战术分析"等，方便学生根据关键词快速查找所需的学习资料。标签还可以帮助资源多维度展示，提高检索的精准性。

3. 检索与分发

检索和分发功能的优化是提升平台资源管理效率的重要环节。一个精准的检索系统和智能的资源分发机制，能够大大提高教师和学生的使用体验。支持关键词、内容摘要、资源类型等多维度的搜索方式，结合模糊匹配技术与语义分析技术，使搜索结果更为精准。通过学习用户的资源使用记录和学习行为，利用推荐算法推送相关资源。例如，学生学习了滑雪技巧模块后，系统可以推荐相关的训练视频或练习题，帮助巩固知识。

4. 课程组织功能的增强

课程组织功能是平台服务教学的重要模块。通过增强课程模块化设计与教学计划管理功能，可以为教师提供更灵活的课程编排工具，提高教学效率。

5. 课程模块化设计

模块化设计让课程内容的组织更加灵活，满足多样化的教学需求。

（1）教材与练习结合。

教师可将教材内容与习题、案例和多媒体资源结合，形成可自主调节的课程模块。例如，在滑雪技巧课程中，教师可以将动作要领的文字讲解、视频演示与实践训练习题整合到一个模块中，方便学生循序渐进地学习。

（2）模块导入与分享。

平台支持模块模板的导入与分享功能，教师可以将精心设计的课程模块分享给其他教师，也可以导入平台推荐的优质模块，进一步优化课程内容。

6. 在线课堂互动

在线课堂互动功能能够增强师生之间、学生之间的互动效果，提升课堂参与度和学习体验。在课程进行中，教师和学生可以通过文本或语音形式进行实时讨论，系统支持问题标记与主题分类，确保讨论条理清晰。教师可在固定时间段内开放在线答疑功能，学生可以针对教材内容或练习中的问题提出疑问，教师实时解答，有助于学生快速理解知识点。通过随机分组或自定义分组功能，学生可以在小组内共同完成任务，系统支持分组讨论记录与任务提交，提高协作学习效率。

（二）优化平台的服务能力

数字化平台的服务能力是提升用户体验和教学效果的关键，其优化直接关系到用户的满意度和平台的长效运营。通过强化用户体验、提升数据支持能力和增强技术保障水平，能够全面提升平台的服务能力，满足教学和学习的需求，为高校冰雪运动专业数字化教材的推广提供坚实保障。

1. 用户体验的提升

用户体验是数字化平台成功与否的重要评判标准，优化用户界面设计和交互方式是提升用户满意度的关键。一个优秀的平台应当易于操作、美观直观，并能为用户提供沉浸式的使用感受。

（1）界面设计。

平台界面设计应注重清晰性、简洁性与美观度的结合。界面设计需注重功能模块的合理布局，确保用户能够快速定位到所需功能。功能区分明确、操作路径清晰，不会让用户因为复杂的界面而产生困扰。学生可以通过主界面轻松进入学习资源区，而教师可以快速访问课程设计和教学管理模块。

（2）视觉舒适度优化。

界面的颜色和字体需贴合教育场景，避免过于明亮或复杂的颜色搭配带来视觉疲劳。字体选择以清晰易读为优先，字号适中，避免影响用户的阅读效率。通过合理的色彩搭配和排版设计，使用户能够在长时间使用平台时仍感到舒适。

（3）交互方式。

多样化的交互方式能够提升用户操作的便捷性和适应性。平台需支持在多种设备上流畅运行，包括桌面电脑、平板和智能手机。针对不同设备优化界面显示和操作方式，确保用户无论使用何种设备都能获得一致的体验。平台可以引入语音操作和智能助手功能，帮助用户以更自然的方式完成操作。学生通过语音指令快速检索学习资源，教师通过智能助手完成教学计划调整。这些功能不仅可以简化操作步骤，还能增强平台的科技感。

2. 数据支持的优化

数字化平台在教学中发挥的作用不仅是资源管理和交付，更重要的是通过数据驱动优化教学和学习过程。平台需充分挖掘学习数据的价值，为教学提供科学支持，并为学生提供个性化的学习体验。

3. 学习记录与分析

平台应具备全面记录学生学习行为数据的能力，并通过数据分析帮助教师优化教学策略。

（1）多维度学习数据记录。

平台需记录学生的学习时长、完成进度、正确率、错误率等多种数据，全面了解学生的学习行为。通过收集这些数据,平台能够呈现学生学习的全景图,帮助教师及时掌握学生的学习状态。

(2)数据可视化展示。

将复杂的数据以图表或仪表盘的形式直观呈现,方便教师快速理解数据背后的意义。通过学习曲线图,教师可以直观观察到学生的进步情况;通过错误分析图,教师能够快速定位学习中的薄弱环节,并有针对性地进行调整。

4. 技术保障能力的提升

技术保障能力是平台平稳运行的基石,涵盖系统性能优化、安全保护和技术支持服务等方面。通过建立全面的技术保障机制,能够确保平台运行的高效性和稳定性,为用户提供可靠的使用体验。

(1)高性能服务器架构。

平台应部署高性能服务器,结合分布式架构,确保能够承载大规模用户的访问需求。通过合理的资源分配和负载均衡技术,平台能够在高峰访问期保持流畅运行,避免出现系统卡顿或崩溃现象。

(2)动态扩展能力。

系统需具备动态扩展的能力,根据用户访问量的变化自动调整计算资源,保证服务的稳定性。这种动态调整机制可以大幅度降低资源浪费,同时提升用户体验。

5. 数据安全性

数据安全是平台建设中不可忽视的重要方面之一,需要从多层次进行保障。要对相关平台所有用户数据和资源采用加密存储方式,防止因外部攻击或内部管理漏洞导致的数据泄露问题。建立严格的权限管理机制,不同角色的用户只能访问与其身份相匹配的数据。学生只能查看自己的学习记录,教师可以访问班级的整体学习数据,而管理员拥有全局管理权限。这种分级管理模式能够有效保护用户隐私。

(三)加强平台的延展功能

延展功能在数字化平台中扮演重要的角色,它不仅可以扩展平台的使用场景,还能为教学与学习提供更多样化的支持。通过优化多终端适配功能、拓展社区与协作功能以及增强平台的开放性与集成性,可以进一步提升平台的灵活性和应用价值。

1. 多终端适配功能的优化

随着学习场景和设备的多样化,数字化平台需要支持多种终端设备,以满足用户随时随地学习的需求。通过针对不同设备优化界面显示和功能体验,可以确保用户在各种设备上的操作一致性和体验优越性。

针对不同分辨率和屏幕大小优化相应界面显示效果,确保资源展示的美观与实用。确保平台采用响应式设计方案，根据终端设备的屏幕分辨率自动调整界面布局和元素比例。在智能手机上呈现紧凑的单栏布局，而在平板或电脑上提供更宽阔的多栏视图，以最大化利用屏幕空间。教材资源的显示方式需灵活可调，包括文字大小、图片比例和视频清晰度的动态调整，以适应不同屏幕尺寸和用户习惯。平台需支持学习进度的实时同步，无论用户在手机上观看教学视频，还是在电脑上完成练习，系统都能自动记录并同步到其他设备，避免重复操作。

2. 社区与协作功能的拓展

通过社交与协作功能的强化，平台可以促进师生之间以及学生之间的互动，营造积极的学习氛围，这些功能也为知识共享和团队合作提供了便利。

在线学习社区是一个开放式的互动空间，师生可以在社区中分享经验、提出问题和交流学习心得。平台可以设置课程主题讨论区，学生可以在其中提出问题，教师或同学能够及时解答。这种互动方式不仅帮助解决学习问题，还能激发学生对课程内容更深层次的思考。学习社区支持用户上传和分享学习资源，包括教学案例、练习题和相关文献。通过资源的共享与评议，社区可以逐渐形成一个丰富的知识库，为后续的学习者提供更多参考。团队协作功能是增强学生合作能力的重要途径，平台需要为团队学习和任务分工提供技术支持。平台需支持教师根据学习需求为学生分组，并为每个小组分配特定任务。学生可以通过平台完成冰雪运动实践项目的策划与模拟操作，提高团队协作和问题解决能力。提供类似文档共同编辑、白板协作等实时工具，方便学生在团队中高效协作。在完成一项课程报告时，组员可以同时在线编辑文档，教师也可以实时查看进展并给予反馈。

3. 开放性与集成性的增强

平台的开放性与集成性决定了其生态体系的广度和深度。通过开放资源接口并与其他系统的集成，可以提升平台的扩展能力和兼容性，为用户提供更灵活的教学工具和学习体验。平台需与高校的学生信息管理系统对接，实现学生学习数据的集中管理和分析。学生在平台上的学习表现可以直接同步到学校系统，用于生成个性化的学业报告。通过标准化接口，平台可以与其他在线教育平台或工具协作。支持接入主流的虚拟实验工具，让学生在学习理论知识的同时通过实验模拟掌握实践技能。平台应支持与其他系统的协同工作，与办公软件结合，便于教师处理教学文档；与视频会议系统集成，为远程教学提供技术支持。这些协同功能不仅提升了平台的适用范围，也为用户创造了更加高效的工作与学习环境。

通过优化多终端适配功能、拓展社区与协作功能以及增强开放性与集成性，数字化平台能够在服务教学与学习的过程中展现更强大的能力。这样的平台不仅是单一的教学工具，更是一个创新、高效、开放的教育生态系统，为冰雪运动专业数字化教材的推广提供了重要支持。

第二节 教学改革策略：促进数字化教材与教学深度融合

一、开展教师数字化教学能力培训与提升计划

（一）深度洞察教师数字化教学能力现状

在推进高校冰雪运动专业教材数字化转型升级的过程中，教师的数字化教学能力是关键。为了精准施策，必须首先深度洞察当前教师的数字化教学能力现状，这包括全面了解教师在冰雪专业教学中数字化技术的应用情况，以及他们的信息技术素养水平。

1. 全方位冰雪专业教学数字化应用调研

（1）数字化教学资源使用情况。

调研的首要任务是了解教师在冰雪专业教学中使用数字化教学资源的情况。这包括教师对数字化教材、在线课程、虚拟实验室、模拟软件等资源的熟悉程度、使用频率及效果评价。通过问卷调查、访谈、课堂观察等方式，收集教师在实际教学中应用数字化资源的具体案例，分析其在教学内容呈现、教学方法创新、学生参与度提升等方面的作用与效果。

（2）数字化教学工具与技术掌握情况。

进一步调研教师掌握和使用数字化教学工具与技术的情况，即在线协作平台、多媒体教学软件、数据分析工具等。了解教师是否能够熟练运用这些工具进行教学设计、课堂管理、学生评估等。考察教师在面对技术难题时的解决能力，以及他们是否具备持续学习和适应新技术变化的意识与能力。

（3）数字化环境下的教学模式创新。

调研还应关注教师在数字化环境下教学模式的创新实践，包括是否尝试过混合式学习、翻转课堂、项目式学习等新型教学模式，以及这些模式在实际应用中的效果与反思。通过收集教师的教学案例、学生反馈和教学效果评估数据，分析数字化教学模式在冰雪专业教学中的适用性、优势与局限性。

（4）数字化教学资源开发与共享。

调研需了解教师在数字化教学资源开发与共享方面的现状，包括他们是否参与过数字化教材、在线课程的开发，以及是否愿意将自己的教学资源与他人共享。通过调研，分析教师在资源开发与共享方面的积极性、能力水平及存在的障碍，为后续的培训提升计划提供有针对性的建议。

2. 细致入微的信息技术素养摸底排查

（1）信息技术基础知识与技能。

摸底排查的首要任务是评估教师的信息技术基础知识与技能水平，包括教师对计算机硬件、操作系统、办公软件等基础知识的掌握程度，以及他们网络搜索、信息筛选、数据处理等基本技能。通过测试、问卷或实操考核等方式，全面了解教师在信息技术方面的基本素养。

（2）信息技术应用能力。

进一步排查教师在信息技术应用方面的能力，即多媒体教学软件的使用、在线协作平台的操作、数据分析工具的应用等。了解教师是否能够将信息技术有效地融入教学设计中，提升教学效果。考察教师在面对新技术时的学习能力和适应能力，以及他们是否具备将新技术转化为教学资源的意识和能力。

（3）信息技术安全意识与素养。

在数字化教学环境中，信息技术安全意识与素养同样重要。摸底排查需关注教师是否了解网络安全、数据保护等方面的基本知识，以及他们在实际教学中是否遵循相关的安全规范。通过案例分析、讨论会等方式，提升教师的信息安全意识，确保数字化教学的顺利进行。

（4）信息技术发展动态与趋势。

最后，摸底排查还需关注教师对信息技术发展动态与趋势的了解程度，包括他们对新兴技术即人工智能、大数据、云计算等在教育教学中的应用前景的认识，以及他们是否愿意尝试将这些新技术融入冰雪专业教学中。通过邀请行业专家举办讲座、组织教师参加学术研讨会等方式，拓宽教师的视野，激发他们的创新思维和实践能力。

通过全方位的冰雪专业教学数字化应用调研和细致入微的信息技术素养摸底排查，我们可以深入了解当前高校冰雪运动专业教师的数字化教学能力现状。这将为后续的培训与提升计划提供精准的数据支持和有针对性的建议，确保培训内容的实用性和有效性，促进教师数字化教学能力的全面提升，也为高校冰雪运动专业教材数字化转型升级的顺利实施奠定坚实的基础。

（二）科学规划分层进阶式培训内容体系

在深度洞察教师数字化教学能力现状的基础上，科学规划分层进阶式的培训内容体系是提升教师数字化教学能力的关键。这一体系旨在通过系统的培训，帮助教师从基础能力到进阶能力，再到前沿能力，实现全面而持续的提升。

1. 扎实稳固的基础能力夯筑模块

基础能力是教师进行数字化教学的基础和前提，包括信息技术基础知识、教学软件操作技能、数据分析与处理能力等。这一模块的培训旨在帮助教师打下坚实的信息技术基础,为后续进阶能力的提升奠定基石。

(1) 信息技术基础知识培训。

培训内容涵盖计算机硬件与软件基础知识、操作系统使用、办公软件(Word、Excel、PowerPoint)等高级功能等。通过理论讲解与实操演练相结合的方式,帮助教师掌握信息技术的基本概念和操作技能,为后续的学习打下坚实的基础。

(2) 教学软件操作技能提升。

针对冰雪运动专业教学的特点,培训教师熟练掌握多媒体教学软件(PowerPoint、Flash等)、在线协作平台(钉钉、腾讯会议等)、虚拟实验室软件等的使用。通过案例分析、实操演练、小组讨论等方式,提升教师在教学设计中灵活运用教学软件的能力,增强课堂的互动性和趣味性。

(3) 数据分析与处理能力强化。

培训教师掌握基本的数据收集、整理、分析与可视化技能。包括使用 Excel 进行数据处理与统计分析,使用图表工具(ECharts、Tableau 等)进行数据可视化等。通过实操演练和案例分析,帮助教师提升从数据中提取有用信息、进行教学效果评估与反馈的能力。

2. 专业精深的进阶能力雕琢模块

进阶能力是教师进行数字化教学所需的专业技能和创新能力,包括教学设计能力、教学资源开发能力、教学评估与反馈能力等。这一模块的培训旨在帮助教师提升专业素养,实现教学能力的质的飞跃。

(1) 教学设计能力优化。

培训内容涵盖数字化环境下的教学设计理念、方法与策略。通过理论讲解、案例分析、实操演练等方式,帮助教师掌握如何根据冰雪运动专业的教学特点和学生的学习需求,进行教学目标设定、教学内容选择、教学方法设计、教学流程安排等。培养教师运用数字化工具进行教学设计的意识和能力,也可以提升教学的针对性和有效性。

(2) 教学资源开发能力提升。

培训教师掌握数字化教学资源(数字化教材、在线课程、虚拟实验室等)的开发与整合技能,包括资源的选择、编辑、优化与发布等。通过实操演练、项目合作、专家指导等方式,帮助教师提升教学资源开发的质量与效率,丰富教学内容和形式,提升学生的学习兴趣和参与度。

(3) 教学评估与反馈能力强化。

培训教师掌握数字化环境下的教学评估与反馈技能,包括如何运用数据分析工具进行学生学习数据的收集与分析,如何根据分析结果进行教学调整与个性化辅导等。通过实操演练、案例分析、小组讨论等方式,帮助教师提升从数据中提取有用信息、进行教学效果评估与反馈的能力,实现教学的持续改进和优化。

3. 高瞻远瞩的前沿能力探索模块

前沿能力是教师进行数字化教学所需的前沿视野和创新思维,包括新兴技术的探索与应用、教学模式的创新与实践等。这一模块的培训旨在帮助教师拓宽视野,激发创新思维,引领数字化教学的未来发展。

(1)新兴技术探索与应用。

培训内容涵盖人工智能、大数据、云计算等新兴技术在教育教学中的应用前景与实践案例。通过讲座、研讨会、实操演练等方式,帮助教师了解新兴技术的发展动态与趋势,掌握其在教学中的应用方法与技巧。鼓励教师积极探索新兴技术在冰雪运动专业教学中的创新应用,从而推动教学模式的变革与创新。

(2)教学模式创新与实践。

培训教师掌握数字化环境下的新型教学模式(混合式学习、翻转课堂、项目式学习等)的设计与实施技能。通过案例分析、实操演练、项目合作等方式,帮助教师理解新型教学模式的核心理念与操作要点,掌握其在实际教学中的应用方法与技巧。鼓励教师结合冰雪运动专业的教学特点,创新教学模式与教学方法,提升教学的针对性和有效性。

(3)教学研究与创新能力培养。

培训教师掌握教学研究与创新能力的基本方法与技巧,包括如何进行教学问题的发现与提出、如何进行文献检索与综述、如何进行实验设计与数据分析等。通过讲座、研讨会、项目合作等方式,帮助教师提升教学研究与创新的能力。鼓励教师积极参与教学研究与改革实践,推动数字化教学的持续发展与创新。

通过科学规划分层进阶式的培训内容体系,我们可以帮助教师从基础能力到进阶能力,再到前沿能力,实现全面而持续的提升。这将为高校冰雪运动专业教材数字化转型升级提供有力的人才支撑和智力保障,推动数字化教学在冰雪运动专业中的深入应用与创新发展。

(三)多元融合打造立体式培训实施路径

在构建分层进阶式培训内容体系的基础上,多元融合打造立体式培训实施路径是确保教师数字化教学能力培训效果的关键。这一路径旨在通过线上与线下、虚拟与实体、校内与校际的多元融合,为教师提供全方位、多层次、个性化的培训体验,促进教师数字化教学能力的全面提升。

1. 线上虚拟学习社区与直播特训融合联动

线上虚拟学习社区与直播特训的融合联动,为教师提供了灵活便捷的学习平台与即时互动的学习体验。

(1) 线上虚拟学习社区建设。

构建线上虚拟学习社区，为教师提供一个持续学习、交流分享的平台。社区内设置不同主题的讨论区，涵盖信息技术基础知识、教学软件操作、教学设计、教学资源开发、教学评估与反馈等多个方面。教师可以在社区内发布学习心得、提问解惑、分享教学资源与经验，形成互帮互助、共同成长的良好氛围。

(2) 直播特训课程安排。

定期举办直播特训课程，邀请行业专家、教学名师进行专题讲座与实操演示。课程内容涵盖数字化教学的前沿理念、新兴技术、创新模式等，旨在帮助教师拓宽视野、提升专业素养。直播课程采用互动问答、实操演练等形式，增强教师的参与感与体验感，提升学习效果。

(3) 融合联动机制构建。

建立线上虚拟学习社区与直播特训的融合联动机制。一方面，将直播特训课程的精华内容整理成文字或视频资料，发布到线上虚拟学习社区，供教师随时查阅与学习；另一方面，鼓励教师在社区内分享直播特训课程的学习心得与实践经验，形成线上线下相互促进、共同提升的良好局面。

2. 线下沉浸式集训与成果展示驱动并举

线下沉浸式集训与成果展示驱动的并举，为教师提供了深度体验与实践操作的机会，以及展示成果与分享经验的平台。

(1) 线下沉浸式集训组织。

定期举办线下沉浸式集训，邀请行业专家、教学名师进行面对面指导与实操演练。集训内容涵盖数字化教学的基础技能、进阶技能与前沿技能等多个方面，旨在帮助教师掌握数字化教学的核心技能与操作方法。通过模拟教学场景、分组实操演练等形式，增强教师的实践能力与应变能力。

(2) 成果展示与经验分享活动。

组织成果展示与经验分享活动，鼓励教师展示自己的数字化教学成果与经验。活动形式包括教学案例展示、教学设计大赛、教学资源开发竞赛等。通过展示与分享，激发教师的创新热情与竞争意识，促进教师之间的交流与学习。为优秀的教学成果与经验提供展示平台，提升教师的成就感与自信心。

(3) 构建驱动机制。

建立线下沉浸式集训与成果展示驱动的并举机制。一方面，将线下沉浸式集训的学习成果与经验分享纳入教师考核与评价体系，激励教师积极参与培训与学习活动；另一方面，为优秀的教学成果与经验提供奖励与表彰，激发教师的创新动力与积极性。通过驱动机制的构建，形成线上线下相互促进、共同提升的良好局面。

3. 校际交流合作与协同创新共进

校际交流合作与协同创新的共进，为教师提供了跨学校、跨学科的交流与合作机会，以及协同创新与实践的平台。

（1）校际交流合作平台搭建。

搭建校际交流合作平台，促进不同高校之间的教师交流与合作。通过组织教学研讨会、教学观摩活动、教学资源共享会等形式，加强教师之间的沟通与联系，促进教学经验的交流与分享。鼓励教师参与校际的教学合作项目，共同开发数字化教学资源、创新教学模式与方法。

（2）协同创新实践项目推进。

推进协同创新实践项目，鼓励教师跨学科、跨领域进行合作与创新。项目内容涵盖数字化教学的前沿技术、创新模式、教学资源开发等多个方面。通过组建跨学科团队、开展联合研究与实践等形式，推动数字化教学的创新与发展。

（3）构建共进机制。

建立校际交流合作与协同创新的共进机制。一方面，将校际交流合作与协同创新纳入教师考核与评价体系，激励教师积极参与跨校际、跨学科的合作与交流；另一方面，为优秀的校际交流合作与协同创新成果提供展示与表彰平台，提升教师的成就感与自信心。通过共进机制的构建，形成校际之间、学科之间相互促进、共同提升的良好局面。

通过多元融合打造立体式培训实施路径，我们可以为教师提供全方位、多层次、个性化的培训体验。线上虚拟学习社区与直播特训的融合联动、线下沉浸式集训与成果展示驱动的并举、校际交流合作与协同创新的共进，共同构成了教师数字化教学能力培训的立体式实施路径。这一路径旨在促进教师数字化教学能力的全面提升，为高校冰雪运动专业教材数字化转型升级提供有力的人才支撑与智力保障。

（四）闭环管理构建动态考核激励保障机制

在推进教师数字化教学能力培训的过程中，构建闭环管理的动态考核激励保障机制是确保培训效果、激发教师学习动力与创造力的关键。这一机制旨在通过全程跟踪的过程性考核监督、严格把关的结果性考核检验以及强效驱动的激励促进保障，形成闭环管理，促进教师数字化教学能力的持续提升。

1. 全程跟踪的过程性考核监督体系

过程性考核监督体系是确保教师数字化教学能力培训质量的重要环节。通过全程跟踪、实时反馈与动态调整，实现对教师学习过程的全面监督与指导。

（1）细化考核标准与指标。

制定详细的过程性考核标准与指标，涵盖教师的学习态度、参与度、实操能力、创新能力等多个方面。通过量化考核，实现对教师学习过程的客观评价。根据考核结果与反馈，及时调整培训内容与方式，确保培训的针对性和有效性。

（2）实时反馈与动态调整。

建立实时反馈机制，对教师的学习过程进行全程跟踪与记录。通过定期评估、小组讨论、个别辅导等形式，及时发现教师学习中的问题与困难，并给予针对性的指导与帮助。根据反馈结果，动态调整培训内容与方式，确保培训的灵活性与适应性。

（3）监督与指导相结合。

将监督与指导相结合，形成过程性考核监督体系的双重保障。一方面，通过严格的监督与考核，确保教师按照培训要求与进度进行学习；另一方面，通过专业的指导与帮助，提升教师的学习效果与创新能力。通过监督与指导的有机结合，实现教师数字化教学能力的全面提升。

2. 严格把关的结果性考核检验机制

结果性考核检验机制是检验教师数字化教学能力培训效果的重要手段。通过严格把关、全面评估与及时反馈，实现对教师培训成果的客观评价。

（1）制定科学的考核标准。

制定科学的结果性考核标准，涵盖教师的数字化教学技能、教学设计能力、教学资源开发能力、教学评估与反馈能力等多个方面。通过量化考核与综合评价，实现对教师培训成果的全面评估。

（2）多样化的考核方式。

采用多样化的考核方式，包括实操考核、案例分析、教学设计大赛、教学资源开发竞赛等。通过多样化的考核方式，全面检验教师的数字化教学能力，激发教师的创新热情与竞争意识。

（3）及时反馈与改进建议。

对考核结果进行及时反馈，为教师提供详细的考核报告与改进建议。通过反馈结果，帮助教师了解自己的优势与不足，明确改进方向与目标。根据考核结果，对培训内容与方式进行持续优化与改进，确保培训的针对性与有效性。

3. 强效驱动的激励促进保障机制

激励促进保障机制是激发教师学习动力与创造力的关键。通过强效驱动的激励措施与保障机制，形成教师数字化教学能力培训的长效动力。

（1）设立奖励机制。

设立奖励机制，对在数字化教学能力培训中表现优秀的教师进行表彰与奖励。奖励形式包括荣誉证书、奖金、晋升机会等。通过奖励机制，激发教师的学习热情与创造力，推动教师数字化教学能力的持续提升。

（2）提供资源与支持。

为教师提供丰富的数字化教学资源与技术支持，包括数字化教学平台、教学软件、在线协作工具等。为教师提供个性化的学习指导与帮助，确保教师能够充分利用数字化教学资源进行学习与实践。

（3）建立持续学习与成长机制。

建立持续学习与成长机制，鼓励教师不断学习与提升自己的数字化教学能力。通过组织定期的学习交流活动、教学研讨会、教学资源共享等形式，促进教师之间的交流与合作，共同提升数字化教学能力。为教师提供持续的学习机会与资源，确保教师能够紧跟数字化教学的发展趋势与前沿技术。

通过闭环管理构建动态考核激励保障机制，我们可以实现对教师数字化教学能力培训的全过程监督与评估。全程跟踪的过程性考核监督体系、严格把关的结果性考核检验机制以及强效驱动的激励促进保障机制共同构成了闭环管理的核心要素。这一机制旨在确保教师数字化教学能力培训的质量与效果，激发教师的学习动力与创造力，推动教师数字化教学能力的持续提升。通过不断优化与改进培训内容与方式，确保教师能够紧跟数字化教学的发展趋势与前沿技术，为高校冰雪运动专业教材数字化转型升级提供有力的人才支撑与智力保障。

二、创新基于数字化教材的教学方法与模式

（一）融合线上线下，打造混合式教学模式

在信息化教育背景下，融合线上线下教学资源的混合式教学模式已成为教育创新的重要方向。这种教学模式不仅能够有效利用线上资源的便捷性与丰富性，还能发挥线下教学的互动性与实践性，实现优势互补，促进教学质量的全面提升。以下从线上线下教学资源整合、混合式教学活动设计、学习效果评估与反馈机制3个方面进行详细论述。

1. 线上线下教学资源整合

线上线下教学资源的整合是打造混合式教学模式的基础。这一整合过程旨在将优质的线上资源与线下教学场景深度融合，为学生提供更加丰富、多元的学习体验。

（1）线上资源的筛选与整合。

线上资源的筛选是首要任务。教师应根据教学目标、学生需求及课程内容，从海量的网络教学资源中筛选出符合要求的优质资源，包括教学视频、在线课程、电子教材、案例库、习题集等。在筛选过程中，教师应注重资源的权威性、时效性和针对性，确保所选资源能够真正服务于教学。

整合线上资源时，教师需考虑资源的呈现方式、使用场景及与线下教学的衔接，可以通过建立线上教学资源库，将筛选出的资源进行分类整理，形成结构清晰、易于查找的资源体系。教师还需关注线上资源的更新与维护，确保线上资源的

时效性和准确性。

（2）线下资源的优化与补充。

线下资源主要包括实体教材、教学用具、实验室设备等。在混合式教学模式中，线下资源应作为线上资源的补充和延伸，为学生提供更加直观、具体的学习体验。

优化线下资源，首先，要确保实体教材与线上资源的内容相衔接，避免重复和冲突；其次，教师应根据教学需要，合理配置教学用具和实验室设备，为学生提供良好的学习环境和实践条件；最后，教师还可以结合教学实际，开发具有特色的线下教学资源，即自制教具、实验案例等，以丰富教学内容和形式。

（3）线上线下资源的深度融合。

线上线下资源的深度融合是实现混合式教学模式的关键。教师应根据教学内容和学生特点，灵活运用线上线下资源，设计具有针对性的教学活动，可以利用线上资源引导学生进行自主学习和预习，然后在线下课堂上进行深度讨论和实践操作；也可以将线上资源作为课后复习和拓展学习的材料，为学生提供持续的学习支持。

在深度融合过程中，教师还需关注学生的学习体验和反馈，及时调整和优化教学资源的使用方式和策略，确保线上线下资源能够真正服务于学生的学习和发展。

2. 混合式教学活动设计

混合式教学活动设计是打造混合式教学模式的核心。这一设计过程旨在通过线上线下教学活动的有机结合，激发学生的学习兴趣和主动性，提高教学效果。

（1）线上教学活动设计。

线上教学活动设计应注重对学生的自主学习和个性化学习需求。教师可以利用在线学习平台或工具，设计具有趣味性和挑战性的学习任务，即在线测试、互动问答、小组讨论等。这些任务应能够激发学生的学习兴趣，引导他们主动探索和学习。

教师还可以利用线上资源为学生提供丰富的学习材料和案例，帮助他们拓展知识面和视野。在线上教学活动中，教师应关注学生的学习进度和学习反馈，及时给予指导和帮助，确保学生能够顺利完成学习任务。

（2）线下教学活动设计。

线下教学活动设计应注重对学生的实践能力和团队协作能力的培养。教师可以根据教学内容和学生特点，设计具有实践性和探究性的教学活动，即实验操作、案例分析、项目制作等。这些活动应能够让学生在实践中学习和成长，提高他们的实践能力和解决问题的能力。

在线下教学活动中，教师应注重学生的参与度和互动性，鼓励他们积极参与讨论和交流，分享自己的学习经验和心得。教师还应关注学生的情感需求和心理健康，为他们提供必要的支持和帮助。

（3）线上线下教学活动的衔接与融合。

线上线下教学活动的衔接与融合是实现混合式教学模式的关键。教师应根据教学内容和学生特点，设计具有连贯性和递进性的教学活动，确保线上线下教学活动能够相互衔接、相互促进。

在衔接过程中，教师应注重线上学习成果的线下应用和展示，让学生在线下课堂上分享自己的学习成果和经验，增强他们的学习成就感和自信心。教师还应注重线下学习活动的线上延伸和拓展，为学生提供持续的学习支持和反馈。

3. 学习效果评估与反馈机制

学习效果评估与反馈机制是打造混合式教学模式的重要保障。这一机制旨在通过科学、全面的评估方式，了解学生的学习效果和学习需求，为教学改进提供有力支持。

（1）学习效果评估方式。

学习效果评估方式应具有多样性和针对性。教师可以采用在线测试、作业提交、小组讨论、课堂表现等多种评估方式，全面了解学生的学习情况。教师还应关注学生的个体差异和学习需求，为他们提供个性化的评估方式和反馈建议。

在评估过程中，教师应注重过程性评价和终结性评价的结合，既关注学生的学习成果，又关注学生的学习过程和学习态度。此外，教师还可以利用大数据和人工智能技术，对学生的学习数据进行深度挖掘和分析，为教学改进提供更加精准的支持。

（2）反馈机制构建。

反馈机制的构建应注重及时性和有效性。教师应及时给予学生反馈和建议，帮助他们了解自己的学习情况和不足之处。教师还应注重反馈的针对性和建设性，为学生提供具体的改进建议和学习指导。

在反馈机制中，教师可以利用在线学习平台或工具，为学生提供实时反馈和互动交流的机会。教师还可以建立学习小组或学习社群，鼓励学生之间相互学习和帮助，形成良好的学习氛围和互动机制。

（3）持续改进与优化。

持续改进与优化乃是实现混合式教学模式长期发展的核心所在。教师需依据学生的学习成效与反馈意见，持续对教学内容、方法及策略予以调整与完善，密切留意教育技术与教学理念的前沿动态，不断学习并更新自身知识技能。在此过程中，团队合作与集体智慧的彰显尤为关键，教师可与同事、专家或行业人士展开交流协作，携手攻克教学难题，并且借助教育研究及教学改革项目等契机，深入探寻并实践混合式教学模式的创新发展路径。融合线上线下构建混合式教学模式，要求教师在教学资源整合、教学活动规划以及学习效果评估与反馈机制等维度进行全方位且深入的钻研与践行。唯有持续优化改进此教学模式，方能为学生缔造更为丰富多元的学习经历与成长契机，有力推动其全面发展与成长。

（二）利用虚拟现实技术，构建沉浸式教学场景

虚拟现实技术作为一种前沿的科技手段，正在逐步渗透到教育领域，为传统教学模式带来革命性的变化。尤其在构建沉浸式教学场景方面，虚拟现实技术展现出了巨大的潜力和优势。以下从虚拟现实技术在冰雪运动教学中的应用、沉浸式教学场景的设计与实现、学生体验与反馈收集3个方面进行详细论述。

1. 虚拟现实技术在冰雪运动教学中的应用

虚拟现实技术在冰雪运动教学中的应用，为学生提供了一个全新的训练平台。这一技术不仅能够模拟真实世界的冰雪运动场景，还能够提供实时反馈和数据分析，极大地提高了训练效果和安全性。

（1）仿真滑雪场景。

虚拟现实技术能够模拟各种滑雪场地，包括山坡、雪道、陡坡等，让学生能够在不受时间和地点限制的情况下进行滑雪模拟训练。这种仿真场景不仅高度逼真，还能够根据训练需求进行灵活调整，满足不同层次和水平的训练要求。

通过虚拟现实技术，学生可以在安全的环境中重复练习滑雪动作，提高技术水平，并减少在真实场地上的风险。这种训练方式不仅节省了时间和成本，还能够提高训练效率和质量。

（2）实时反馈技术还能够提供实时反馈和数据分析功能。教师可以通过虚拟现实系统实时监测学生的动作，并进行数据分析，包括姿势、速度、轨迹等，为他们提供准确的反馈和指导。系统还能够记录和分析训练数据，帮助教练更好地了解学生的表现，制订更具针对性的训练计划。

这种实时反馈和数据分析功能，不仅能够帮助学生及时纠正错误动作，还能够为他们提供更加科学的训练方法和建议，进一步提高训练效果。

（3）多样化的训练模式。

虚拟现实技术还能够提供多样化的训练模式。通过模拟不同的雪地环境和条件，即不同雪质、天气和地形等，学生可以在虚拟环境中进行各种技巧的训练和挑战。这种多样化的训练模式不仅能够帮助他们适应各种复杂的滑雪场景，还能够提高他们的应变能力和决策能力。

2. 沉浸式教学场景的设计与实现

沉浸式教学场景的设计与实现是虚拟现实技术在教育领域应用的关键环节。一个优秀的沉浸式教学场景不仅需要具备高度的逼真性和互动性，还需要能够激发学生的学习兴趣和主动性。

（1）场景设计。

在设计沉浸式教学场景时，首先需要明确教学目标和内容。根据教学目标和内

容，确定需要模拟的场景和元素，即滑雪场地、装备、人物等。还需要考虑场景的物理特性和行为特性，即光照、阴影、碰撞等，以确保场景的逼真性和互动性。

在设计过程中，可以利用虚拟现实技术进行原型制作和测试，不断优化和改进场景设计。通过不断调整场景参数，使其更加符合教学需求和学生特点。

（2）技术实现。

技术实现是沉浸式教学场景构建的核心环节。虚拟现实技术主要包括硬件设备、软件平台和开发工具等方面。硬件设备即头戴式显示器、手柄、传感器等，用于实现用户的沉浸式体验；软件平台即虚拟现实引擎、开发框架等，用于构建和管理虚拟场景；开发工具即建模软件、动画软件等，用于制作和编辑虚拟元素。

在实现过程中，需要充分考虑硬件设备的兼容性和性能要求，以及软件平台的稳定性和易用性，还需要掌握相关的开发技术和方法，即3D建模、动画制作、物理引擎等，以确保场景的高质量实现。

（3）互动设计。

互动设计是沉浸式教学场景的重要组成部分。通过设计合理的互动方式和机制，可以激发学生的学习兴趣和主动性，提高他们的学习体验和效果。

在互动设计中，可以利用虚拟现实技术的交互特性，如触摸、语音、手势等，实现用户与虚拟场景的实时互动，还可以结合教学内容和目标，设计具有挑战性和趣味性的互动任务，如滑雪比赛、技巧挑战等，以激发学生的学习兴趣和动力。

3. 学生体验与反馈收集

学生体验与反馈收集是评估沉浸式教学场景效果的重要环节。通过收集和分析学生的体验和反馈，可以了解场景的优势和不足，为进一步优化和改进提供依据。

（1）学生体验。

学生在沉浸式教学场景中的体验是评估场景效果的重要指标。通过观察学生在场景中的行为和表现，可以了解他们对场景的接受程度和兴趣程度，还可以通过问卷调查、访谈等方式，收集学生对场景的主观感受和意见。

在体验过程中，可以关注学生对场景的逼真性、互动性、趣味性等方面的评价，以及他们在场景中的学习体验和效果。这些评价和反馈可以为进一步优化和改进场景提供重要参考。

（2）反馈收集与分析。

反馈收集与分析对于评估沉浸式教学场景效果极为关键。收集学生的反馈意见和建议能知晓场景设计与实现方面的问题与不足，运用数据分析技术深度挖掘学生反馈数据可发现潜在问题与改进方向。反馈收集可采取问卷调查、访谈、在线讨论等多种方式与渠道，且要保障反馈数据真实客观，防止主观偏见与误导产生。反馈分析运用统计分析和数据挖掘方法对反馈数据分类、整理与归纳，分析反馈数据分布和趋势可找出场景设计实现的优势与不足以及学生的需求与期望,这些分析结果能为场景进一步优化改进提供依据与参考。

(3)持续优化与改进。

持续优化与改进是构建沉浸式教学场景的重要环节。在这一过程中,需持续收集并深度分析学生的体验与反馈,借助先进技术与方法,不断对场景加以优化完善,以提升其逼真性、互动性与趣味性。具体而言,应着力于提高场景的逼真程度与细节水平,让其与真实世界的冰雪运动场景更为契合;强化场景的互动性与趣味性,从而激发学生的学习兴趣与动力;优化场景的性能与稳定性,以此提升用户体验及满意度。此外,结合最新的虚拟现实技术与教育理念,持续创新拓展沉浸式教学场景的应用范围与领域,通过不懈探索实践,为传统教学模式带来极具革命性的转变与突破。利用虚拟现实技术构建沉浸式教学场景,给冰雪运动教学创造了全新体验与机遇,在不断优化场景设计、技术实现以及互动设计等工作时,能为学生提供更为丰富多元且有趣的学习体验与发展契机,而收集分析学生的体验反馈,亦可为场景的进一步优化改进提供科学依据与参考,助力冰雪运动教学持续发展与进步。

(三)推广翻转课堂,增强学习自主性

翻转课堂作为一种创新的教学模式,正在全球范围内受到广泛关注和应用。它通过将传统课堂教学中的知识传授转移到课后,将课堂时间用于探索、讨论和实践,从而极大地增强了学生的学习自主性。在冰雪运动专业中,翻转课堂的实施策略尤为重要,因为它不仅能提高学生的学习效果,还能培养他们的自主学习能力。以下是对翻转课堂教学模式、在冰雪运动专业中的实施策略以及学生学习自主性的培养与评估的详细论述。

1. 翻转课堂教学模式介绍

翻转课堂(Inverted Classroom),又称颠倒课堂,是一种以学生为中心的教学模式。它重新调整了课堂内外的时间,将学习的决定权从教师转移给学生。在这种模式下,教师需要提前准备好教学资源,如教学视频、讲义、练习题等,供学生在课前自主学习。课堂时间则主要用于互动讨论、问题解决和实践操作,使学生能够更专注于主动的基于项目的学习,共同研究解决问题,从而获得更深层次的理解。

翻转课堂的优点在于它提高了课堂的互动性,使学生能够在教师的指导下进行更深入的探讨和实践。它还能满足学生的个性化学习需求,使他们可以根据自己的学习进度和兴趣进行学习。此外,翻转课堂还培养了学生的自主学习能力,使他们能够在课后自主规划学习内容、学习节奏、风格和呈现知识的方式。

2. 翻转课堂在冰雪运动专业中的实施策略

冰雪运动专业具有特殊性,需要学生具备较高的身体素质和专业技能。翻转课

堂的实施策略需要结合冰雪运动专业的特点，以提高学生的学习效果和技能水平。

（1）课前自主学习。

在课前，教师需要提供丰富的学习资源，包括冰雪运动的基本理论知识、技术动作视频、技能讲解等。这些资源可以帮助学生初步了解冰雪运动的基本概念和技术要点，为后续的课堂学习打下基础。教师还可以设置一些预习任务，如观看视频、完成练习题等，以检验学生的自学效果。

（2）课堂互动讨论。

在课堂时间，教师应组织学生进行互动讨论，围绕冰雪运动的技术动作、战术策略、比赛规则等进行深入探讨。通过小组讨论、角色扮演等方式，学生可以更加深入地理解冰雪运动的精髓，并锻炼自己的思维能力和表达能力。此外，教师还可以引导学生进行实践操作，如模拟比赛、技术动作演示等，以提高学生的技能水平。

（3）课后巩固与拓展。

在课后，教师需要布置一些巩固和拓展任务，以帮助学生进一步巩固课堂所学知识，并拓展自己的知识和技能。这些任务可以包括观看相关视频、完成在线测试、参与线上讨论等。教师还可以提供一些拓展学习资源，即冰雪运动的最新技术动态、国际比赛视频等，以激发学生的学习兴趣和动力。

3. 学生学习自主性的培养与评估

翻转课堂的实施需要培养学生的自主学习能力，使他们能够在课后自主规划学习内容、学习节奏和风格。教师还需要对学生的自主学习情况进行评估，以了解他们的学习效果和存在的问题。

（1）自主学习能力的培养。

要培养学生的自主学习能力，教师需从多方面着力。首先，应激发学生的学习兴趣与动力，可凭借设置饶有趣味的学习任务以及提供充裕的学习资源等途径，唤起学生的学习兴致与好奇心，促使其主动投身学习进程。其次，要提供个性化学习指导，教师需明晰学生的学习特质与需求，借助在线平台、小组讨论等形式与学生实时互动，给其契合个人的学习建议与辅导，消解他们的疑难困惑。最后，是培养学生的自我管理能力，教师要引导学生拟定适宜的学习规划与时间表，还可设置诸如学习日志、学习进度报告这类自我评估任务，助力学生透彻认知自身学习状况。

（2）自主学习情况的评估。

要评估学生的自主学习情况，教师可从几个关键方面展开工作。①观察学生学习表现，通过留意学生在课堂上的参与度、讨论情形以及实践操作等方面的状况，来评估学生的自主学习能力与学习成效。②检查学生学习成果，借助查看作业、测试成绩、项目报告等，知晓学生的学习情况和知识掌握程度，并且可要求学生展示研究报告、项目演示等学习作品，进一步对其自主学习能力进行评判。③开展同伴评价与自我评价，教师组织相关活动，同伴评价能增进学生间的交流互动，实现相互学习借鉴，自我评价则利于学生反思自身学习过程与方法，进而找出自身不足与有待改进之处。

在冰雪运动专业中，通过实施课前自主学习、课堂互动讨论和课后巩固与拓展等策略，可以提高学生的学习效果和技能水平。通过培养学生的自主学习能力并进行自主学习情况的评估，可以进一步激发学生的学习兴趣和动力，为他们的未来发展打下坚实的基础。

（四）引入项目式学习，提升综合应用能力

项目式学习（PBL，Project-Based Learning）作为一种以学生为中心的动态学习方法，近年来在全球教育领域得到了广泛应用，它强调学生在真实、复杂的情境中通过自主规划、团队协作、问题解决和成果展示等过程，获得知识和技能。在冰雪运动专业中，引入项目式学习不仅能提升学生的专业技能，还能培养他们的综合应用能力，为未来的职业发展打下坚实基础。

1. 项目式学习模式概述

项目式学习是一种以学生为中心，通过长时间研究、应对真实问题或挑战，从而获得知识和技能的教学方法。其核心特征包括情境真实性、跨学科性、自主性与协作性、探究性与迭代性以及成果导向性。在项目式学习中，学生需要自主规划和实施项目，整合多学科知识，最终以某种成果形式展示他们的学习收获。

情境真实性是指项目基于真实世界的情境，让学生感受到学习内容与实际生活的紧密联系，提高他们解决现实问题的能力。跨学科性则强调整合多学科知识，打破学科界限，培养学生综合运用知识的能力。自主性与协作性要求学生在项目中有较大的自主性，还需要团队协作，共同解决问题。探究性与迭代性鼓励学生深入探究问题，不断寻找解决方案，并允许项目过程迭代。成果导向性则要求项目最终有明确的成果展示，使学生能够清晰地表达自己在项目中的所学所思。

2. 冰雪运动专业中的项目式设计与实践

在冰雪运动专业中，项目式学习的设计和实践需要结合专业的特点，注重提升学生的专业技能和综合应用能力。以下是一些具体的项目式设计与实践策略。

（1）冰雪运动技能提升项目。

该项目旨在提升学生的冰雪运动技能水平。教师可以设计一系列技能提升任务，如速度滑冰、花样滑冰、高山滑雪等技术动作的练习和比赛。学生需要分组进行练习，通过团队协作和相互评价来提高技能水平。教师还可以邀请专业教练进行指导和点评，帮助学生更好地掌握技能要点。

（2）冰雪运动赛事策划与组织项目。

该项目旨在培养学生的赛事策划和组织能力。学生需要分组策划一场冰雪运动赛事，包括确定赛事主题、制定比赛规则、安排比赛日程、招募参赛选手、组织比赛场地和设施等。在项目过程中，学生需要综合运用管理学、市场营销学、体育学等多学科知识，还需要进行团队协作和沟通协调。通过项目的实施，学生可以深入了解赛事策划和组织的全过程，提升综合应用能力。

（3）冰雪运动装备研发与创新项目。

该项目旨在培养学生的创新思维和研发能力。学生需要分组进行冰雪运动装备的研发和创新设计，如滑雪板、滑冰鞋、护具等。在项目实施过程中，学生需要深入了解现有装备的性能和缺点，结合用户需求和市场趋势进行创新设计。学生还需要进行市场调研和成本分析，制定研发计划和预算。通过项目的实施，学生可以掌握产品研发的全过程，提升创新思维和实践能力。

3. 学生综合应用能力的提升路径

在项目式学习中，提升学生的综合应用能力是关键。以下是一些具体的提升路径。

（1）强化跨学科知识整合。

在项目式学习中，学生需要综合运用多学科知识来解决问题。所以，教师需要注重跨学科知识的整合和传授，帮助学生建立跨学科的知识体系。教师还需要引导学生进行跨学科的思考和实践，培养他们的跨学科应用能力。

（2）注重团队协作和沟通协调。

在项目式学习中，团队协作和沟通协调是不可或缺的。学生需要分组进行项目研究和实践，通过团队协作来共同解决问题。所以，教师需要注重培养学生的团队协作和沟通协调能力，帮助他们建立有效的团队合作机制。教师还需要引导学生进行团队反思和总结，不断提升团队协作效率和质量。

（3）鼓励创新思维和问题解决。

在项目式学习中，创新思维和问题解决能力是核心。学生需要在真实情境中面对复杂的问题和挑战，通过创新思维来找到解决方案。所以，教师需要鼓励学生勇于尝试和创新，引导他们从不同角度思考问题和解决问题。教师还需要为学生提供足够的资源和支持，帮助他们克服困难和挑战。

（4）强化实践能力和成果展示。

在项目式学习中，实践能力和成果展示是检验学生学习效果的重要标准。学生需要通过实践操作来验证和完善自己的项目方案，还需要通过学习成果来展示自己的学习收获。所以，教师需要注重培养学生的实践能力和成果展示能力，为他们提供足够的实践机会和展示平台。教师还需要对学生的实践成果进行客观评价和反馈，帮助他们不断改进和提升。

通过设计与实践一系列与冰雪运动相关的项目，结合强化跨学科知识整合、注重团队协作和沟通协调、鼓励创新思维和问题解决以及强化实践能力和成果展示等提升路径,可以全面提高学生的专业技能和综合应用能力,为他们的未来发展奠定坚实基础。

(五) 采用大数据与人工智能技术,实现个性化教学

随着科技的飞速发展,大数据与人工智能技术正逐步渗透到教育领域,为传统教育模式带来深刻的变革。这些技术不仅提高了教学效率,更关键的是,它们为实现个性化教学提供了强有力的支持。个性化教学是根据学生的兴趣、能力和学习风格,为他们量身定制的学习体验,旨在激发学生的学习兴趣,提高学习效果。以下是对大数据与人工智能技术在教育领域的应用、个性化教学方案的设计与实施以及学生学习数据的收集与分析的详细论述。

1. 大数据与人工智能技术在教育领域的应用

大数据与人工智能技术在教育领域的应用,主要体现在以下几个方面。

(1) 智能化教学辅助。

人工智能技术可以应用于教学辅助系统,通过自然语言处理、机器学习等技术,实现对学生作业的自动批改、智能答疑等功能。这不仅减轻了教师的负担,还使学生能够在第一时间获得反馈,及时调整学习策略。人工智能技术还可以根据学生的学习进度和能力水平,提供定制化的学习建议和辅导,实现个性化教学。

(2) 学习数据分析。

大数据技术允许教育工作者收集、存储和分析大量的学生数据,包括学习进度、成绩、学习态度等。这些数据可以帮助教育工作者更好地了解学生的学习行为和需求,发现学生的学习瓶颈和潜在问题。通过对这些数据的深入分析,教育工作者可以制定更加精准的教学计划和干预措施,提高教学效果。

(3) 教学资源优化。

大数据与人工智能技术还可以应用于教学资源的优化。通过对教学资源的收集和分析,可以找出热门的教学资源,为学生提供更丰富的学习选择。人工智能技术还可以根据学生的学习需求和兴趣,智能推荐相关的教学资源,提高学生的学习积极性和参与度。

(4) 智能评测与反馈。

人工智能技术可以通过对学生作业、测试等数据的分析,实现对学生学习成果的智能化评测。这种评测不仅更加客观、准确,还能及时为学生提供反馈,帮助他们了解自己的学习情况,调整学习策略。人工智能技术还可以根据评测结果,为教师提供个性化的教学建议,帮助他们更好地指导学生学习。

2. 个性化教学方案的设计与实施

个性化教学方案的设计与实施是实现个性化教学的关键。以下是个性化教学方

案设计与实施的主要步骤。

（1）明确教学目标。

个性化教学方案的设计首先需要明确教学目标。这些目标应与学生的个性化需求相匹配，既要考虑学科知识的传授，也要注重学生的兴趣爱好和学习能力的发展。通过设定合适的目标，可以帮助学生更好地实现个人的学习目标，提高学习效果。

（2）制订个性化教学计划。

在制订个性化教学计划时，教师需要充分了解学生的学习需求、兴趣和能力水平。通过大数据分析，教师可以获取学生的学习数据，包括学习进度、成绩、学习态度等，从而制订出更加符合学生个性化需求的教学计划。这些计划可以包括定制化的学习路径、自适应的教材和学习工具等。

（3）实施灵活多样的教学策略。

个性化教学需要采用灵活多样的教学策略。教师可以根据学生的不同水平和兴趣，调整课程内容，采用分层教学、拓展教学、扩展学习等方式，满足学生的学习需求。教师还可以引入一些实际案例、趣味性的活动等，激发学生的学习兴趣和动力。

（4）提供个性化的学习资源和工具。

为了实现个性化教学，教师需要为学生提供个性化的学习资源和工具。这些资源和工具可以包括在线课程、电子教材、智能学习软件等。通过这些资源和工具，学生可以更加自主地学习，根据自己的学习进度和兴趣选择学习内容和学习方式。

（5）定期评估与调整。

个性化教学方案的设计与实施需要定期进行评估与调整。教师可以通过学生的学习数据、课堂表现、作业完成情况等，了解学生的学习效果和问题。根据这些信息，教师可以及时调整教学计划和教学策略，以确保个性化教学的效果。

3. 学生学习数据的收集与分析

为了实现个性化教学，收集与分析学生学习数据是至关重要的。以下是学生学习数据收集与分析的主要步骤。

（1）确定数据收集目标。

在收集学生学习数据之前，首先需要明确数据收集的目标。这些目标可以包括了解学生的学习进度、发现学生的学习瓶颈、评估学生的学习效果等。通过明确目标，可以更有针对性地收集和分析数据，提高数据的利用率。

（2）选择合适的收集工具。

收集学生学习数据的工具可以包括在线学习平台、智能学习软件、课堂观察记录等。这些工具可以实时记录学生的学习数据，包括学习时间、学习进度、作业完成情况等。通过选择合适的收集工具，可以确保数据的准确性和完整性。

(3) 数据清洗与整合。

在收集到学生学习数据后，需要进行数据清洗与整合。数据清洗主要是去除无效和重复的数据，确保数据的准确性和完整性。数据整合则是将不同来源的数据进行合并，形成完整的数据集，以便进行后续的分析。

(4) 数据分析与挖掘。

数据分析与挖掘是学生学习数据收集与分析的核心环节。通过统计分析、数据挖掘等方法，可以找出数据中的规律和特点，发现学生的学习问题和需求。可以通过分析学生的学习进度和成绩数据，找出学生的学习瓶颈和潜在问题；通过分析学生的学习态度和行为数据，可以了解学生的学习兴趣和动力。

(5) 数据可视化与报告。

为了使数据分析结果更加直观易懂，可以采用数据可视化技术。通过图表、图形等形式展示数据分析结果，可以帮助教育工作者更好地了解学生的学习情况，还可以生成数据分析报告，为教育工作者提供决策支持。

(6) 数据安全与隐私保护。

在收集和分析学生学习数据时，需要严格遵守数据安全和隐私保护的相关规定。通过数据加密、权限控制等技术手段，确保学生数据的安全性和保密性，还需要建立数据保护机制，防止数据泄露和滥用。

通过明确教学目标、制订个性化教学计划、实施灵活多样的教学策略、提供个性化的学习资源和工具以及定期评估与调整等步骤，可以设计出符合学生个性化需求的教学方案。通过确定数据收集目标、选择合适的收集工具、数据清洗与整合、数据分析与挖掘、数据可视化与报告以及数据安全与隐私保护等步骤，可以收集和分析学生学习数据，为个性化教学提供数据支持。这些措施的实施将有助于提高教学效果，激发学生的学习兴趣和动力，为他们的未来发展奠定坚实的基础。

(六) 建立跨学科教学模式，拓宽学习视野

随着全球化和社会复杂性的增强，单一学科的知识已难以满足解决实际问题的需求。跨学科教学模式应运而生，它通过整合不同学科的知识和方法，培养具有全面视野和综合能力的人才。以下是对跨学科教学模式的提出与意义、冰雪运动专业与其他学科的融合路径以及跨学科教学效果的评估与优化的详细论述。

1. 跨学科教学模式的提出与意义

跨学科教学模式的提出基于对现实问题解决需求的深刻洞察，在快速变化的社会环境下，单一学科知识难以应对复杂多变的问题，其通过打破学科壁垒实现知识交叉融合，以培养学生综合思维、创新及跨学科解决问题的能力。该模式意义非凡，有助于培养学生综合素养，其中学生需跨越传统学科界限，从多角度多层次探

索与解决问题，既关注学科知识深度，又注重知识广度与跨学科应用能力，学生借此接触不同学科知识，形成全面深入理解并提升问题解决与创新能力，而且跨学科教学模式是教育改革的重要方向，可推动教育内容更新、教育方法变革，促进教育创新与人才培养模式转变，使学生能更好适应未来社会发展需求，成长为具备全面视野与综合能力的人才。

2. 冰雪运动专业与其他学科的融合路径

冰雪运动专业作为一门独特的学科，与其他学科的融合路径多种多样。以下是冰雪运动专业与经济学、管理学、文学及新闻传播学等学科的融合路径探讨。

（1）与经济学的融合。

冰雪运动专业与经济学的融合，主要体现在对冰雪体育产业的发展和冰雪体育经济的研究上。通过引入经济学的理论和方法，可以分析冰雪体育产业的供需关系、市场结构、竞争态势等，为冰雪体育产业的发展提供决策支持，还可以研究冰雪体育消费、冰雪体育公共服务等议题，推动冰雪体育经济与区域经济的协同发展。

（2）与管理学的融合。

冰雪运动专业与管理学的融合，主要体现在对冰雪体育赛事的组织和管理上。通过引入管理学的理论和方法，可以制定冰雪体育赛事的策划、运营和管理方案，提高赛事的专业性和观赏性，还可以研究冰雪体育场馆的运营和管理，提升场馆的服务质量和运营效率。

（3）与文学的融合。

冰雪运动专业与文学的融合，主要体现在冰雪文化的传承和创新上。通过引入文学的理论和方法，可以挖掘冰雪文化的内涵和价值，推动冰雪文化的传承和发展，还可以创作与冰雪运动相关的文学作品，如小说、散文、诗歌等，丰富冰雪文化的表现形式和传播渠道。

（4）与新闻传播学的融合。

冰雪运动专业与新闻传播学的融合，主要体现在冰雪运动的宣传和推广上。通过引入新闻传播学的理论和方法，可以制定冰雪运动的宣传策略和方案，提高冰雪运动的知名度和影响力，还可以培养冰雪运动的媒体人才，为冰雪运动的传播和发展提供人才支持。

3. 跨学科教学效果的评估与优化

跨学科教学效果的评估与优化是跨学科教学模式的重要组成部分。以下是对跨学科教学效果评估与优化方法的探讨。

（1）教学效果评估方法。

跨学科教学效果的评估方法主要包括综合考核、学生自评、同行评价、外部评价和学术成果展示等。综合考核可以通过学科考试、项目作业、小组讨论和实践任务等方式，全面评估学生的跨学科能力和知识。学生自评可以鼓励学生反思自己的学习过程，记录研究成果和提出改进建议。同行评价可以通过同学们之间的互评，了解彼此在跨学科学习中的表现。外部评价可以请专家或行业人士对学生的跨学科能力进行评估，提供客观的评价和反馈。学术成果展示可以通过学术论文、研究报告、设计作品和演示文稿等方式，展示学生在跨学科学习中的成果和收获。

（2）教学效果优化方法。

跨学科教学效果的优化方法主要包括教学方法创新、教学资源整合和教学实践拓展等。教学方法创新可以引入项目式学习、探究式学习等多样化的教学方法，激发学生的学习兴趣和探究欲望。教学资源整合可以整合不同学科的教学资源，为学生提供更丰富的学习选择和更全面的学习支持。教学实践拓展可以开展跨学科实践活动，如跨学科竞赛、跨学科项目等，让学生在实践中锻炼跨学科学习能力和解决问题的能力。

此外，还可以建立有效的反馈机制，及时了解学生在学习过程中的问题和需求，为教学改进提供依据。通过定期与学生进行个别会面，讨论研究进展和目标实现情况，教师可以为学生提供个性化的指导和支持，帮助学生更好地适应跨学科学习的要求。

通过对冰雪运动专业与其他学科的融合路径探讨，我们可以看到跨学科教学的广阔前景和实际应用价值。通过对跨学科教学效果的评估与优化方法的探讨，我们可以为跨学科教学的持续改进和发展提供有力支持。

三、建立与数字化教材相适应的教学评价指标体系

在推进高校冰雪运动专业教材数字化转型升级的过程中，建立与数字化教材相适应的教学评价指标体系是确保教学改革成效的关键一环。这一指标体系不仅需要反映数字化教材的特点与优势，还需要兼顾教学实际需求，为教学质量的持续提升提供有力支撑。以下从指标体系构建原则出发，进行详细论述。

（一）指标体系构建原则

1. 科学性原则

科学性原则是构建教学评价指标体系的基础。它要求指标体系的设计必须基于教育教学的科学理论，确保各项指标能够客观、准确地反映数字化教材在教学中的应用效果。在构建过程中，应充分借鉴教育学、心理学、信息技术等多学科的研究成果，确保指标体系的科学性和合理性。指标的选取应经过严格的论证和筛选，避免主观臆断和随意性。

2. 实用性原则

实用性原则是指标体系构建的重要考量。指标体系应具有较强的可操作性，能够方便教师、学生和管理者在实际教学中进行应用。指标的设置应简洁明了，易于理解和操作，避免过于复杂或难以量化的指标。此外，指标体系还应考虑不同教学环境和条件的差异，确保其在不同情况下都能发挥应有的作用。

3. 可操作性原则

可操作性原则强调指标体系在实际应用中的可行性。指标的设计应充分考虑数据的获取和处理的便捷性，确保各项指标的数据能够方便地收集、整理和分析。指标体系还应具备灵活性和可扩展性，以适应未来教学发展的需求。在构建过程中，可以借鉴国内外先进的教学评价指标体系，结合实际情况进行适当调整和优化。

4. 动态调整原则

动态调整原则是指标体系构建的必要补充。随着数字化教材的不断发展和教学改革的深入推进，指标体系也应随之进行调整和完善。这要求指标体系在设计时就需要考虑到未来的发展趋势和变化，预留足够的调整空间，还应建立定期的评估和反馈机制，根据评估结果对指标体系进行适时调整，确保其始终与数字化教材和教学改革的实际需求保持同步。

5. 注意事项

在构建与数字化教材相适应的教学评价指标体系时，除了遵循上述原则外，还需注意以下几点。

（1）指标体系应全面覆盖数字化教材在教学中的各个环节，包括教学内容的呈现、教学方式的创新、师生互动的增强以及教学效果的评估等方面。这有助于全面反映数字化教材在教学中的应用效果，为教学质量的提升提供有力支撑。

（2）指标体系应注重量化与质化相结合。在量化指标方面，可以通过统计数据分析、问卷调查等方式收集数据，对教学效果进行客观评价。在质化指标方面，可以通过案例分析、访谈等方法深入了解教师的教学感受、学生的学习体验以及教学过程中的问题与挑战，为教学改进提供有益参考。

（3）指标体系应与高校冰雪运动专业的教学特点相结合。在构建过程中，应充分考虑冰雪运动专业的特殊性，即运动技能的训练、比赛规则的掌握以及运动员心理调适等方面。通过设计有针对性的指标，更好地反映数字化教材在冰雪运动专业教学中的实际效果。

建立与数字化教材相适应的教学评价指标体系是推进高校冰雪运动专业教材数字化转型升级的重要一环。通过遵循科学性、实用性、可操作性和动态调整等原则，结合冰雪运动专业的教学特点，构建全面、客观、量化的指标体系，为教学质量的持续提升提供有力保障，还需注重指标体系的实际应用和持续优化，确保其始终与数字化教材和教学改革的实际需求保持同步。

（二）核心指标设计

在教育领域，为了评估教学质量和效果，需要设计一系列核心指标。以下是对 4 个核心指标——教学内容数字化程度、学生学习参与度、教学效果即时反馈机制、师生互动与协作能力的详细论述。

1. 教学内容数字化程度

（1）数字化资源的丰富性。

教学内容数字化程度的一个重要体现是数字化资源的丰富性。这包括课程资料的数字化，包括电子教材、在线视频、音频资料、互动课件等。数字化资源应涵盖广泛的主题，满足不同学科的需求，并且资源内容应定期更新，保持与时俱进。此外，数字化资源还应注重多样性和创新性，采用多媒体形式呈现，如动画、虚拟现实等，以增强学生的学习兴趣和参与度。

（2）数字化资源的易用性。

除了丰富性，数字化资源的易用性也是衡量教学内容数字化程度的关键。易用性主要体现在资源的搜索、获取和使用上。用户应能够方便地通过搜索引擎或课程平台找到所需的资源，并且资源的格式应兼容各种设备和平台，确保学生在不同场景下都能顺利访问和使用。此外，资源的呈现方式应简洁明了，易于理解，避免复杂的操作和烦琐的步骤，以提高学生的学习效率。

2. 学生学习参与度

（1）参与度的量化指标。

学生学习参与度是衡量教学质量的重要指标之一。为了量化参与度，可以设计一些具体的指标，如在线学习时长、作业提交次数、课堂互动次数等。这些指标可以帮助学生和教师了解学生的学习状态，及时发现和解决学习中的问题。通过对比不同学生的参与度数据，教师可以更好地了解学生的学习习惯和需求，为个性化教学提供依据。

（2）参与度的质性评估。

除了量化指标，学生学习参与度的质性评估同样重要。质性评估主要关注学生在学习过程中的表现、态度和情感。教师可以通过课堂观察、小组讨论、问卷调查等方式，收集学生的反馈和意见，了解他们对教学内容的兴趣、理解程度和满意度。这些信息有助于教师发现学生在学习中的困惑和难点，及时调整教学策略和方法，提高教学效果。

3. 教学效果即时反馈机制

（1）反馈的及时性与准确性。

教学效果即时反馈机制是确保教学质量的重要手段。及时反馈能够让学生及时了解自己的学习成果和不足，从而调整学习策略和方法。准确的反馈能够帮助学生明确自己的学习目标和方向，提高学习效果。为了实现即时反馈，教师可以利用在线学习平台、智能教学系统等工具，实时监测学生的学习进度和成绩，及时给出反馈和建议。

（2）反馈的多样性与个性化。

除了及时性和准确性，教学效果即时反馈机制还应注重多样性和个性化。多样性体现在反馈形式上，包括文字、语音、视频等，以满足不同学生的需求。个性化则体现在反馈内容上，教师应根据学生的具体情况和学习需求，提供个性化的反馈和建议。对于学习困难的学生，教师可以提供额外的辅导和支持；对于表现优秀的学生，教师可以给予表扬和鼓励，激发他们的学习动力。

4. 师生互动与协作能力

（1）互动方式的多样性。

师生互动与协作能力是衡量教学质量的重要方面。为了实现有效的师生互动，教师应采用多种互动方式，如课堂讨论、在线问答、小组合作等。这些方式能够激发学生的学习兴趣和积极性，促进师生之间的交流和沟通。互动方式的多样性也有助于培养学生的批判性思维和创新能力，提高他们的综合素质。

（2）协作能力的培养与提升。

除了互动方式的多样性，师生互动与协作能力还体现在协作能力的培养与提升上。协作能力是学生未来发展的重要素质之一，它要求学生具备团队合作、沟通协调、问题解决等能力。为了实现协作能力的培养与提升，教师可以设计一些具体的协作任务或项目，让学生在团队中共同完成，体验团队协作的乐趣和挑战。教师还应注重培养学生的沟通能力和解决问题的能力，帮助他们更好地适应未来的学习和工作。

通过设计这4个核心指标，可以全面评估教学质量和效果，为教育教学的持续改进提供依据。这些指标也有助于激发学生的学习兴趣和积极性，培养他们的综合素质和能力，为未来的学习和工作打下坚实的基础。

（三）指标权重分配方法

在评估体系中，指标权重分配是至关重要的环节。合理的权重分配能够确保评估结果的准确性和有效性，进而为决策提供科学依据。以下是对基于专家打分的权重分配、利用数据分析确定权重、权重调整的特性3种指标权重分配方法的详细论述。

1. 基于专家打分的权重分配

（1）专家选择与赋权要求。

基于专家打分的权重分配方法，首先需要选择具有专业知识和丰富经验的专家，这些专家应来自相关领域，对评估指标有深入的理解和准确的判断。在确定专家后，需要明确赋权要求，确保每位专家对指标的打分能够反映其重要程度，并且所有指标的权重之和为 1（或 100%）。

（2）打分过程与结果处理。

专家打分过程通常包括两个阶段：初步打分和反馈调整。首先，在初步打分阶段，专家根据自己对指标重要性的理解，对各项指标进行打分。其次，将各位专家的打分结果汇总，并进行反馈。再次，专家根据反馈结果，对自己的打分进行调整，直到达到符合要求的精度。最后，以各位专家最终打分的平均值作为各项指标的权重。

2. 利用数据分析确定权重

（1）数据收集与预处理。

利用数据分析确定权重的方法，需要收集与评估指标相关的数据。这些数据可以来自历史记录、问卷调查、实验结果等。在收集数据后，需要进行预处理，包括数据清洗、缺失值处理、异常值处理等，以确保数据的准确性和可靠性。

（2）数据分析与权重确定。

数据分析阶段，可以采用多种方法来确定权重。可以利用方差解释率来计算权重，这种方法能够提取出数据中的关键因子，从而确定各个变量的重要性。另外，还可以采用熵值法，通过衡量数据的混乱程度来确定各个变量对整体系统的影响力。此外，层次分析法（AHP）也是一种常用的方法，它通过将问题层次化，建立判断矩阵，计算层次因素单排序值，并进行一致性检验，最终确定各项指标的权重。

3. 权重调整的特性

（1）权重调整的必要性。

权重分配不是一成不变的。随着市场环境的变化、技术的进步以及评估目标的调整，原有的权重分配可能不再适用。所以，需要定期对权重进行调整，以确保评估结果的准确性和有效性。

（2）权重调整的灵活性与周期性。

权重调整具备灵活性与周期性两大特性。灵活性体现于可依实际情况动态改变，一旦某指标重要性有变，便能即刻调整其权重，彰显新的重要程度，且还应具前瞻性，提前预判未来的可能变化并加以调整。周期性表现在需定期开展评估与调整，周期长短依实际状况而定，通常市场环境或评估目标有较大变动时需及时调整权重，也可按评估周期确定权重调整周期，如每年或每两年调整一次。调整权重时，需全面考量多类因素，涵盖市场环境变化、技术进步、评估目标变动以及专家意见建议等，并且要遵循特定原则方法，如维持权重总和恒定、防止权重过度集中或分散等。

基于专家打分的权重分配方法能够充分利用专家的专业知识和经验，但存在一定的主观性；利用数据分析确定权重的方法具有客观性和准确性高的优点，但对数据的质量和数量要求较高；权重调整的灵活性与周期性则能够确保评估结果的准确性和有效性，需要根据实际情况进行动态调整。在实际应用中，可以根据评估目标和实际情况选择合适的方法来确定权重，并定期进行调整和优化。

（四）实施与监测机制

在教育评估体系中，实施与监测机制是确保评估工作顺利进行、评估结果有效应用的关键环节。以下是对定期评估与反馈、数据驱动的持续改进、教师培训与激励机制的详细论述。

1. 定期评估与反馈

（1）定期评估计划制订。

定期评估是确保教育评估工作持续、稳定进行的基础。为此，需要制订详细的定期评估计划。该计划应明确评估的时间节点、评估指标、评估方法以及评估结果的反馈方式等。通过制订计划，可以确保评估工作的有序进行，避免评估工作的随意性和盲目性。

（2）评估过程与质量控制。

在定期评估过程中，需要确保评估的公正性、客观性和准确性。为此，可以采取多种评估方法，包括问卷调查、课堂观察、学生访谈等，以全面、客观地了解教育教学的实际情况。另外还需要对评估过程进行质量控制，确保评估数据的真实性和可靠性。可以通过随机抽样、双重评分等方式来检验评估数据的准确性。

（3）反馈机制建立。

评估结果的反馈是定期评估的重要环节。通过反馈机制，可以将评估结果及时、准确地传达给相关人员，以便他们了解自己的工作表现，及时发现问题并采取改进措施。反馈机制可以包括书面报告、口头汇报、会议讨论等多种形式。另外还需要建立反馈的跟踪机制，确保反馈的问题得到及时解决，评估结果得到有效应用。

2. 数据驱动的持续改进

（1）数据收集与分析。

数据驱动的持续改进需要建立在全面、准确的数据收集与分析基础上。为此，需要建立完善的数据收集系统，确保能够实时、准确地收集到与评估指标相关的数据。另外还需要对数据进行深入分析，挖掘数据背后的规律和趋势，为改进提供科学依据。

（2）问题识别与改进措施制定。

在数据分析的基础上，需要识别出存在的问题和不足。这些问题可能来自教育教学过程、评估指标设计、评估方法选择等多个方面。针对这些问题，需要制定具体的改进措施，明确改进的目标、方法和时间表。改进措施应具有针对性和可操作性，能够切实解决问题，提高教育教学质量。

（3）持续改进的循环机制。

数据驱动的持续改进是一个不断循环的过程。在改进措施实施后，需要对改进效果进行评估，确保改进措施的有效性。如果改进措施未能达到预期效果，则需要重新分析问题，制定新的改进措施。通过不断循环，可以逐步完善评估体系，提高教育教学质量。

3. 教师培训与激励机制

（1）教师培训。

教师是教育教学工作的主体，他们的专业素质和教学能力直接影响到教育教学质量。所以，需要加强教师培训，提高教师的专业素质和教学能力。培训内容可以包括教育教学理论、评估指标解读、评估方法应用等方面。通过培训，可以帮助教师更好地理解评估体系，提高评估工作的准确性和有效性。

（2）激励机制建立。

为了激发教师参与评估工作的积极性和主动性，需要建立有效的激励机制。激励机制可以包括物质奖励和精神奖励两个方面。物质奖励可以包括奖金、晋升等；精神奖励可以包括表彰、荣誉等。通过激励机制的建立，可以激发教师的内在动力，促进他们积极参与评估工作，提高评估工作的质量和效率。

（3）教师参与评估的保障。

为了确保教师能够积极参与评估工作，需要为教师提供必要的保障。这包括为教师提供充足的时间和空间进行评估工作，为教师提供必要的评估工具和资源，以及为教师提供必要的指导和支持等。通过这些保障措施的实施，可以确保教师能够顺利参与评估工作，为评估体系的完善和发展作出贡献。

通过定期评估与反馈、数据驱动的持续改进以及教师培训与激励机制的建立和完善，可以确保评估工作的顺利进行和评估结果的有效应用。这些机制还可以促进教育教学质量的不断提高和教师专业素质的不断提升。在实际应用中，需要根据具体情况灵活调整和完善这些机制，以适应不同教育阶段和不同评估需求的要求。

（五）挑战与应对策略

在教育评估体系的实施过程中，不可避免地会遇到各种挑战。这些挑战可能来自技术融合、教师适应性以及学生接受度与参与度等多个方面。为了有效应对这些挑战，需要深入分析其成因，并制定相应的应对策略。

1. 技术融合难题

（1）技术融合的挑战。

随着信息技术的飞速发展，教育评估体系也越来越依赖于技术手段。可是技术融合并非易事，它面临着诸多挑战。首先，技术更新迅速，评估体系需要不断跟进，确保所使用的技术与最新发展保持同步。其次，技术融合需要投入大量的人力、物力和财力，这对于一些资源有限的学校或地区来说，可能是一个难以承受的负担。最后，技术融合还可能带来数据安全和隐私保护等问题，需要引起高度重视。

（2）应对策略。

针对技术融合挑战可实施如下应对策略：①加强技术研发与引进，通过鼓励支持技术研发机构同学校协作，联合研发契合教育评估的技术产品与服务，并积极引入国际先进评估技术与工具，以此提升评估效率与精准度；②优化资源配置，依学校实际状况合理分配资源以保障技术融合顺畅推进，针对资源匮乏的学校可借助政府补贴、社会捐赠等途径筹措资金助力技术融合工作；③加强数据安全管理，构建完备的数据安全管理制度，强化数据备份与恢复机制，确保评估数据安全可靠，并开展隐私保护意识教育，提升师生对数据安全的重视水平。

2. 教师适应性挑战

（1）教师适应性的挑战。

教师是教育评估体系中的关键角色，他们的适应性直接影响到评估工作的顺利进行。可是在实际操作中，教师可能会面临诸多适应性挑战。首先，教师需要熟悉和掌握新的评估工具和方法，这需要一定的时间和精力。其次，新的评估体系可能会改变教师的教学方式和习惯，需要教师进行一定的调整。最后，评估结果的反馈和应用也可能对教师产生一定的压力。

（2）应对策略。

为有效应对教师适应性挑战，可实施以下策略：①应加强教师培训，定期向教师提供评估工具、方法及其应用方面的培训内容，助力教师熟悉并掌握全新评估体系，且积极鼓励教师相互交流学习，彼此分享经验心得。②提供支持与指导，为教师在评估过程中遭遇的问题给予必要帮助，可通过设立专门咨询机构或平台的方式，为教师提供及时有效的帮助与解答。③建立激励机制，把评估工作同教师职业发展、绩效考核等相联系，充分激发教师参与评估工作的积极性与主动性。

3. 学生接受度与参与度提升

（1）学生接受度与参与度的挑战。

学生是教育评估体系中的另一个重要角色，他们的接受度和参与度直接影响到评估结果的准确性和有效性。可是在实际操作中，学生可能会因为对评估体系的陌生感、对评估结果的担忧等原因而产生抵触情绪，导致接受度和参与度不高。

（2）应对策略。

为提升学生接受度与参与度，可施行一系列策略。①加强宣传教育，借班会、家长会等途径向学生与家长宣传评估体系的目的、意义及作用，以提升他们对该体系的认同感与信任感,还可凭借案例分享、经验交流等形式展现评估体系的实际成效与价值。②优化评估方式,依据学生特性与需求,规划更为灵活多样的评估形式,比如采用项目式学习、小组合作等模式开展评估,从而提升学生参与度与兴趣,且重视评估过程的趣味性与互动性,使学生更乐于投身评估工作。③做到及时反馈与沟通,迅速向学生反馈评估结果,助力他们知晓自身学习状况与进步空间,鼓励学生发表意见建议,推动评估体系持续优化发展,借由及时沟通反馈增强学生参与感与归属感,进而提高他们对评估体系的接受度与满意度。

教育评估体系在实施过程中会遇到技术融合、教师适应性以及学生接受度与参与度等多个方面的挑战。为了有效应对这些挑战,需要深入分析其成因,并制定相应的应对策略。通过加强技术研发与引进、优化资源配置、加强数据安全管理等措施解决技术融合难题;通过加强教师培训、提供支持和指导、建立激励机制等措施应对教师适应性挑战;通过加强宣传教育、优化评估方式、及时反馈与沟通等措施提升学生接受度与参与度。只有这样,才能确保教育评估体系的顺利实施和有效应用。

(六) 未来展望与发展趋势

随着信息技术的不断进步和教育理念的不断更新,教育评估体系正朝着更加智能化、国际化的方向发展。以下是对未来教育评估体系发展趋势的详细展望。

1. 智能化评价体系的探索

(1) 智能化评价体系的兴起。

智能化评价体系是未来教育评估的重要趋势之一。随着人工智能、大数据等技术的不断发展,教育评估体系将逐渐实现智能化,以提高评估的效率和准确性。智能化评价体系能够根据学生的个体差异和学习情况,提供个性化的评估方案,从而更好地满足学生的学习需求。

(2) 智能化评价体系的关键要素。

智能化评价体系的发展需关注多个关键要素。数据采集与分析是重要基础,其依靠大量数据支撑,通过采集学生学习过程数据、作业完成情况、考试成绩等多维度信息并运用大数据技术深度剖析,以此更精准地评估学生学习状态与能力水平。个性化评估方案是其显著特征,能依据每名学生个体差异与学习特点制定涵盖评估内容选择、评估方式确定以及评估结果反馈等方面的方案,借此更好地激发学生学习兴趣与积极性并提升评估有效性。智能反馈与指导不可或缺,可及时向学生反馈评估结果并依据学生表现给予个性化学习建议与指导,助力学生了解自身学习状况并调整学习策略以提高学习效果。此外,隐私保护与数据安全至关重要,在体系发展进程中需构建完备的数据安全管理制度与技术手段,保障学生个人信息不被泄露与滥用。

(3) 智能化评价体系的挑战与应对策略。

智能化评价体系的发展面临着技术成熟度、数据安全、评估结果的准确性等诸多挑战，对此可采取相应策略来应对。①加强技术研发与创新，通过鼓励支持技术研发机构和学校展开合作，共同研发契合教育评估的智能化技术与产品，借由技术创新提升智能化评价体系的准确性与可靠性。②完善数据安全管理制度，构建完备的数据安全管理体系，强化数据备份和恢复机制，保障评估数据安全可靠，并且加强隐私保护意识教育，提升师生对数据安全的重视水平。③加强评估结果的验证与校准，针对智能化评价体系得出的评估结果开展验证和校准工作，确保其具备准确性与可靠性，可通过与传统评估方式作比较、和其他学校的评估结果进行对比等途径来完成验证。

2. 评价指标体系与国际化接轨

（1）与国际化接轨的必要性。

随着全球化的加速发展，教育评估体系也需要逐步实现国际化接轨。通过与国际先进的评估标准和指标体系进行对比和分析，可以发现我国教育评估体系存在的不足和需要改进的地方。此外，国际化接轨也有助于提高我国教育评估体系的国际影响力和竞争力。

（2）与国际化接轨的关键要素。

实现评价指标体系与国际化接轨需着重关注多个关键要素。国际先进的评估标准不可或缺，可借鉴如PISA国际学生评估项目、TIMSS国际数学和科学趋势研究等，其具备全面性与科学性，能为我国教育评估体系的优化提供宝贵参考。跨文化比较与分析至关重要，在国际化接轨进程中应考量不同文化背景下教育的差异，并由此发现不同国家和地区教育评估的异同之处，为我国教育评估体系的完善提供更全面深入的视角。本土化的实践与创新亦不可少，在借鉴国际先进评估标准和指标体系时，需结合我国实际状况开展本土化实践与创新，探索适配我国国情的教育评估方式方法，构建彰显中国特色的教育评估体系。

（3）与国际化接轨的挑战与应对策略。

①加强国际合作与交流意义重大，应积极与国际教育评估机构展开合作交流，共同探究教育评估的发展趋向及热点议题，借此了解国际先进的评估理念与技术手段，为我国教育评估体系的优化提供有益参照。②培养具有国际视野的评估人才亦是关键之举，通过强化评估人才的培育与培训，提升其国际视野及跨文化交流能力，从而推动我国教育评估体系的国际化接轨进程。③加强评估结果的国际比较与分析，把我国的评估结果同国际先进的评估结果予以比较剖析，精准找出我国教育评估体系现存的不足与有待改进之处，进而推动我国教育评估体系持续改进与完善。通过对智能化评价体系的探索以及评价指标体系国际化接轨的推进，能够有力地推动我国教育评估体系不断发展，为培育具备国际竞争力与创新能力的人才提供更为强劲的支撑。

第三节　版权保障策略：健全数字教材版权保护与管理机制

一、明确冰雪运动数字教材版权归属与授权规则

（一）数字教材版权归属的法律框架与高校政策

随着数字技术在教育领域的广泛应用，数字教材在高校教学中的地位逐渐提升。在冰雪运动专业领域，数字教材不仅能提供更高效、灵活的教学体验，还能通过多媒体、交互式内容提升学生的学习效果。教材的数字化转型也带来了一系列版权问题，特别是版权归属和授权规则。明确数字教材的版权归属、合理的版权分配机制以及高校的政策保障，成为推动冰雪运动数字教材健康发展的关键。

1. 数字教材版权归属的法律框架

数字教材版权的归属涉及多个法律领域，主要包括《中华人民共和国著作权法》《中华人民共和国合同法》和相关知识产权保护法规。针对数字教材的特点，尤其是其涉及多种创作内容（文本、图像、视频、音频、交互设计等），版权归属的法律框架需要更加细化和完善。

（1）《中华人民共和国著作权法》与数字教材版权。

《中华人民共和国著作权法》是数字教材版权保护的核心法律依据。根据《中华人民共和国著作权法》的规定，任何原创性作品一旦创作完成，即自动获得著作权。对于冰雪运动数字教材，编写者对教材中原创内容（文本、图表、设计等）的著作权自然属于编写者本人。教材的内容可以包括学术研究成果、教学经验、课程体系和教学计划等，这些都属于版权法所保护的原创内容。对于涉及音视频、图像、动画等多媒体元素的数字教材，著作权的归属问题也要单独界定。若该部分内容是由外部创作者或第三方机构提供，则这些多媒体元素的版权可能归第三方所有，而编写者或高校仅仅是内容的使用方。在这种情况下，编写者和高校应与相关权利人签订授权协议，确保可以合法使用这些资源。

（2）《中华人民共和国合同法》与版权授权。

《中华人民共和国合同法》在数字教材版权归属和授权方面起着关键作用。在数字教材的创作和出版过程中，合同的签署和履行至关重要。编写者、高校以及出版机构等参与方应通过签订明确的合同，规范版权的归属和授权内容。版权合同应当清晰列出各方的权利、义务以及收益分配原则，特别是在教材数字化、衍生作品制作、修改及再授权等方面，需要约定详细条款。合同应明确编写者与高校、出版

机构的合作方式和利益分配。若高校为教材的数字化提供资金、平台等支持，则高校可能会在版权授权方面享有一定的使用权和收益分配权。出版机构则负责教材的数字化转型、推广和销售，其授权条款也应当明确规定。版权合同的管理应确保各方的利益得到平衡，并具有法律效力，以应对可能出现的纠纷。

（3）数字教材版权的特殊性。

由于数字教材涉及的内容不仅限于文字，还包括音视频、多媒体设计、互动功能等，其版权保护的特殊性更加突出。教材中的视频和音频往往由多个创作者共同完成，涉及多个著作权的集合。针对这一问题，版权归属必须经过充分协商，以确保所有涉及创作的各方权益的合法保护。此外，数字教材可能涉及二次创作或修改，这引发了对衍生作品的版权问题的关注。数字教材的用户，特别是教师、学生等，可能会根据个人需求对教材内容进行定制和修改。对于这种二次创作，版权归属和授权使用规则需要明确规定，避免产生不必要的版权纠纷。

（4）跨国版权保护问题。

随着数字教材的推广和国际化，跨国版权保护问题也日益重要。冰雪运动数字教材涉及国际合作或传播，版权保护的法律框架会更加复杂。不同国家对数字教材版权的保护有不同的法律规定，涉及数字版权的跨境使用问题。高校和出版机构在进行跨国合作时，必须遵循国际版权公约《伯尔尼公约》的相关规定，并确保教材的版权能够得到跨国保护。

2. 高校政策对数字教材版权归属的影响

在数字教材的版权归属问题上，高校作为重要的利益相关方，政策的导向和保障起到了关键作用。高校在数字教材版权归属中的作用不仅是教材创作和使用的主体，还在教材的版权保护、利益分配等方面扮演着重要角色。

（1）高校的版权政策与支持。

高校在数字教材的版权管理中，首先需要建立明确的版权政策，以保障各方的权益。高校应鼓励教师积极参与教材的创作与数字化过程，明确教师在教材创作中的版权归属。高校应当对教材创作提供必要的资源支持，包括教学时间、研究资金、学术平台等，这些支持应当在版权政策中明确，确保教师的创作得以保障。高校应当设立专门的版权管理部门，负责教材版权的保护和管理。版权管理部门需要与编写者、出版机构、平台方等保持紧密联系，确保数字教材的版权合规性。高校可以通过内部管理规定，指导教师如何合法使用外部资源、如何进行版权登记，以及如何在教材创作中保护知识产权。

（2）高校的利益分配政策。

高校在数字教材版权归属和利益分配上需要制定公平合理的政策。通常情况下，高校与编写者、出版机构之间会签订版权授权协议，明确教材的使用范围和收益分配方式。高校在授权规则的制定中,可以依据实际情况,确定对编写者和出版机构的合理回报。高校在版权利益分配中通常具有一定的份额。高校可以通过提供教材的教学平台、学术推广、品牌效应等方式获得收益。在这种情况下,高校的收益分配应当体现其在教材创作和推广过程中的作用,避免因高额版权费用或不合理分配引发的冲突。

(3)版权保护的技术手段。

在数字教材的版权管理中,高校的技术保障同样至关重要。数字教材的数字化特征使其面临盗版和非法传播的风险。高校可以通过技术手段保护教材版权,采用数字版权管理(Digital Right Management,DRM)技术进行教材加密,限制教材内容的复制、传播、打印等操作。这些技术措施可以有效防止教材的非法传播,并增强教材的版权保护力度。高校还应推动建立教材的电子版权登记系统,对每本教材的版权进行登记,确保教材版权信息的透明与准确。除以上措施外,高校还可以联合出版机构、平台方等,建立教材版权监控机制,对教材的使用情况进行跟踪,及时发现侵权行为。

(4)版权争议的解决机制。

高校在数字教材的版权管理中,必须设立版权争议解决机制。版权争议可能会涉及编写者与出版机构、编写者与高校、出版机构与平台方之间的矛盾。高校可以通过建立版权争议解决机制,及时协调各方利益,解决因版权归属不清、利益分配不均等引发的纠纷。高校还应当加强版权法规的培训,提高教师、编写者和学生的版权意识,从源头上减少版权争议的发生。

冰雪运动专业教材的数字化转型,涉及版权归属、授权规则和管理机制等多方面的问题。在这一过程中,合理的法律框架与高校政策是保障数字教材顺利发展的基础。高校应当积极建立完善的版权管理体系,确保数字教材的版权能够得到有效保护,合理分配版权利益。在版权授权方面,高校、编写者和出版机构应当通过签订明确的合同,确保各方的权益得到合理保障。通过技术手段加强版权保护,并建立有效的争议解决机制,从而促进数字教材的健康发展,推动冰雪运动教育领域的数字化转型升级。

(二)冰雪运动数字教材的版权归属与利益分配

数字教材作为现代教育的重要组成部分,在冰雪运动等专业的教学中,具有不可忽视的作用。随着科技的进步,数字化教学手段的逐步普及,冰雪运动专业教材的数字化转型也成为当今教育改革的重要趋势。随着数字化教材使用范围的扩大,版权归属和利益分配问题逐渐成为亟待解决的核心问题。如何明确冰雪运动数字教材的版权归属和合理的利益分配规则,既关系到教材创作主体的合法权益,也对教材的推广和应用产生深远影响。

1. 冰雪运动数字教材的版权归属

版权归属问题是数字教材使用过程中的核心问题之一。数字教材涉及多个创作环节、多个创作主体。冰雪运动专业教材，作为一门学科的教学资源，其创作内容通常包括文字性内容、图表、视频、动画、互动内容等多个方面，这些内容的版权归属往往错综复杂，涉及编写者、出版方、高校以及可能的第三方创作人员（图像或视频提供者）等多个利益主体。数字教材的版权归属问题需要从多个角度进行明确。

（1）编写者与创作内容的版权。

编写者是数字教材创作的主要主体，对教材中原创内容享有基本的著作权。编写者的创作不仅限于书面文本，还可能包括教材框架设计、教学内容的安排、教育理念的体现等。这些内容属于创作者的原创性劳动成果，受到著作权法的保护。对于冰雪运动专业教材，编写者的权利可能涉及教材整体的结构性创作和具体章节、内容的编排、理论性的分析、教学方法的总结、研究成果的呈现等方面。这些内容是由编写者自行创作，相应的版权也应归编写者所有。编写者享有的著作权通常包括署名权、修改权、保护作品完整权等。在数字教材中，版权的归属不仅仅局限于文本的撰写，还包括与教材内容配套的图像、视频、动画、音频等多媒体素材的版权。这些素材是通过外部资源获得，编写者仅享有对其合法使用的权利，而版权则归外部创作者或提供方所有。在这种情况下，编写者与外部资源提供方之间的授权协议至关重要，明确版权的归属和使用范围，避免日后因版权纠纷产生麻烦。

（2）高校在数字教材中的版权角色。

高校作为教材的使用方，在数字教材版权问题中扮演着重要角色。在教材创作过程中，对于冰雪运动这类专业教材，教师和高校往往提供学术支持和资源保障。高校在教材版权问题上的角色需要明确。高校为编写者提供创作支持，包括教学平台、资金支持、课程资源等，这为教材创作提供了基础条件。在这种情况下，高校可能与编写者签署版权协议，规定教材的使用权、修改权以及收益分配方式。高校是教材的重要使用方，教材的推广和应用通常是在高校的教学体系内进行。高校有权使用教材内容进行教学，并在教学中对教材内容进行适当的修改或衍生。对于数字教材的版权，许多高校会选择与编写者或出版机构签订合同，获得使用教材的授权，确保教材可以在校内广泛传播和使用。在授权过程中，高校往往享有一定期限的使用权，但是否具备修改和再授权的权利则取决于合同的具体条款。高校与编写者之间应当对版权的使用范围、期限、收益等进行详细约定，确保双方的利益得到保障。

（3）出版机构在数字教材版权中的作用。

出版机构在数字教材的推广和出版过程中扮演着桥梁的角色。出版机构不仅负责将教材转化为数字形式，还负责教材的营销、分发和推广。出版机构的版权归属主要涉及教材的出版权、分发权以及部分修改权。出版机构和编写者、高校通常会签订合同，约定数字教材的版权归属和使用权限。出版机构在对教材进行数字化处理后，可能会涉及对教材内容的适当修改或增删。对于这类修改的权限，出版机构与编写者之间必须达成一致，确保教材内容的版权不被侵犯。出版机构还需要明确教材的版权收益分配方案。在合同中，出版机构和编写者、高校应当共同商定版权收入的分配比例，确保各方权益得到合理保障。出版机构还应当明确在教材推广过程中如何处理版权问题，防止未经授权的复制和传播。

2. 冰雪运动数字教材的利益分配

数字教材的利益分配问题同样具有复杂性，尤其是涉及多个利益方时，如何公平合理地分配利益，成为数字教材成功推广的关键。利益分配的核心问题包括如何划分教材创作、出版和使用过程中的各方权益，并确保各方获得合理的收益。

（1）利益分配的基本原则。

在冰雪运动数字教材的创作和使用过程中，利益分配应遵循公平、公正、透明的原则。首先，教材的创作劳动应当得到应有的回报。编写者作为教材创作的核心主体，其付出的时间和精力应当获得合理的报酬。这一报酬可以通过一次性稿酬、版权分成等方式进行支付。其次，高校在教材推广和使用过程中也应当获得一定的利益分配，特别是在高校为教材创作提供了重要支持和资源的情况下。高校可以通过合理的授权条款，获取部分收益分配。高校的收益通常来源于教材的教学应用、课程培训等。最后，出版机构作为教材推广和销售的主体，也需要获得合理的报酬。出版机构的收益通常来自教材的销售、分发和使用权限的授权。出版机构应当通过与编写者、高校的合同协议，确保版权收入的合理分配，避免利益失衡。

（2）合同中的利益分配方案。

冰雪运动数字教材的利益分配方案通常通过合同来确定。合同应当详细列出各方的权利和义务，明确收益分配的具体比例。编写者、高校和出版机构之间可以根据教材的创作、使用和销售情况，按照一定的比例分配版权收入。合同应明确具体的分配标准，确保所有参与方都能够公平获得应有的回报。对于版权收入的分配，通常采用两种方式。一种是按教材销售额的比例分成，另一种是根据教材使用频次、下载量等指标进行分成。这两种方式都可以根据实际情况进行灵活调整，确保各方的利益得到平衡。除了按销售额的比例分成和根据使用频次、下载量等指标进行分成之外，还可以采用多种灵活的分配方式，以应对数字教材市场中不断变化的需求和使用模式。首先，按教材销售额的比例分成通常适用于教材一次性购买或订阅式购买的模式。在这种方式下，版权收入直接与教材的销量挂钩。合同中会约定一个固定的比例，通常编写者获得的份额与其创作贡献成正比，而出版机构通常会从销售额中获得较高比例的份额，因为其承担了教材的制作、推广和版权保护等工作。高校作为教材的使用方，参与推广或定制教材，亦可根据协议分得一定份额。其次，根据教材使用频次、下载量等指标进行分成的方式适用于按需付费或在线访问模式。此方式更加灵活，能够根据教材的实际使用情况来调整分配比例。当教材被广泛使用时，编写者和出版机构可能会获得更多的收入分配，高校如果对教材的广泛应用起到推动作用，亦可分得部分收益。此外，还可以结合这两种方式，根据教材的不同市场表现进行动态调整。合同中应当设置合理的调整机制，使得分配方案在教材生命周期中能够适时优化，从而确保各方的利益公平、合理。

（3）数字教材版权的收益管理。

在数字教材的使用过程中，高校和出版机构应当共同建立有效的收益管理机制。高校作为教材的使用主体，应该定期统计教材的使用情况，确保收益分配的透明性。出版机构应当根据教材的销售情况，及时将版权收入分配给各方。在数字教材的收益管理过程中，信息技术的应用具有重要意义。通过数字平台的数据分析功能，可以对教材的使用情况进行实时监控，并根据使用数据进行收益分配。在线教育平台可以提供教材的下载量、用户反馈等数据，作为收益分配的依据。高校和出版机构可以通过这些数据，合理调整利益分配比例，确保各方收益的合理性。

（4）跨国版权与利益分配。

在数字教材的国际化过程中，跨国版权和利益分配问题也逐渐浮出水面。如果冰雪运动数字教材被推广到国际市场，版权和利益分配则会涉及不同国家的法律规定。在这种情况下，版权合同的国际化处理尤为重要，跨国版权问题需要依赖国际版权法框架进行协调。国际版权公约《伯尔尼公约》为各国之间的版权保护提供了法律基础。跨国合作时，高校和出版机构需要根据各国的版权法和利益分配情况，制定合理的授权协议。通过国际版权授权，确保数字教材在全球范围内的合法传播和使用。

版权归属问题涉及编写者、高校和出版机构等多方利益，必须明确各方的版权权益。在此基础上，合理的利益分配机制将确保各方的贡献得到应有的回报，推动数字教材的健康发展。

（三）数字教材授权规则的制定与管理机制

1. 数字教材授权规则与管理机制的制定

（1）冰雪运动数字教材版权授权规则与管理机制的构建。

随着信息技术的飞速发展，数字教材已经成为高校教育的重要组成部分，尤其是在冰雪运动专业等特殊领域，数字教材的转型升级逐渐成为促进教育资源共享和教学质量提升的关键手段。随着数字教材的广泛应用，版权问题变得愈加复杂，特别是如何制定合理的数字教材授权规则并建立完善的管理机制，成为数字教材能否成功推广与普及的重要因素。

（2）数字教材版权授权与管理机制的关键要素。

在数字教材的使用过程中，版权授权规则不仅涉及版权归属，还关系到如何合理地分配使用权、传播权、修改权以及衍生作品的制作权等。无论是编写者、出版机构，还是高校，所有参与方都需要在一个规范的框架内合作，确保各自的合法权益得到充分保障，并避免版权纠纷和侵权行为的发生。建立一套科学、公正、可操作的数字教材授权规则和管理机制，是确保数字教材可持续发展的关键。

2. 数字教材授权规则的制定

在冰雪运动专业教材的数字化转型过程中，首先需要明确教材的数字版权归属问题。数字教材的版权不仅包括文字内容的著作权，还涵盖了图像、视频、音频、动画、互动模块等多媒体元素的版权。针对这些多样化的内容，数字教材的授权规则必须根据不同的创作主体进行细化，并且要明确各方的权益范围。

（1）编写者与创作内容的版权授权。

编写者作为数字教材的核心创作主体，其对教材内容的版权拥有主导权。编写者的创作包括教材的文字、结构、知识框架、教学理念等内容。在数字教材中，编写者的版权通常包括署名权、修改权、复制权和传播权等。编写者可以授权其他单位或个人在特定的范围和期限内使用其作品。编写者与高校或出版机构之间应通过合同明确授权的具体条款，避免模糊不清或歧义的发生。编写者可以选择将其作品授权给出版机构进行数字化处理和推广，也可以保留某些使用权或授权给其他学术机构、媒体等。授权规则的制定应当包括以下几个要点：①授权的范围：明确教材的使用范围，包括是否仅限于高校教学使用，还是可以扩展到社会培训、在线教育平台等。②授权的期限：规定授权的具体时长，明确是否为长期授权或有限期授权。③授权的地域范围：明确授权使用的地域范围，是否仅限于国内使用或可扩展到国际市场。

（2）高校的版权授权问题。

在数字教材的版权授权中，高校作为教育提供方，也在版权使用和分配中占有重要地位。高校通常是教材创作的支持方，它不仅为编写者提供教学资源和研究资金，还在教材的推广和应用过程中发挥关键作用。高校在数字教材的版权管理中，需要与编写者达成版权协议，确保高校能够合法地使用教材进行教学，并在教学过程中充分利用教材的各类多媒体内容。高校的授权范围通常包括以下几个方面：①使用权：高校可以使用教材中的内容进行课堂教学，但需要明确是否可以进行电子版的传播。②修改权：高校在使用教材时，是否可以对教材内容进行修改、补充或更新，特别是在教材随着学科发展更新的情况下。③衍生权：是否允许高校根据教材内容制作衍生教材，如在线课程、微课、互动教材等。高校可能还需要授权第三方平台（MOOC平台、智慧课堂平台等）使用其教材内容，使教材内容作为教育资源进一步传播。在这一过程中，高校需要考虑对版权的保护及如何与第三方平台进行授权合作。

（3）出版机构与授权问题。

出版机构在数字教材的出版与推广中发挥着至关重要的作用。出版机构通常承担着数字教材的格式转换、平台搭建、市场推广等职能。出版机构的版权授权规则主要涉及教材的复制权、传播权以及衍生权等方面。在数字教材授权中，出版机构需要与编写者和高校达成协议，确保教材能够合法授权并在市场上进行推广。出版机构的版权授权规则应当包括以下内容：①使用权与分销权：出版机构能够在一定的期限和地域范围内进行教材的出版和销售。②许可与再授权：出版机构是否可以将教材的使用权进一步授权给其他平台或机构，如网络教育平台、出版社等。③版权费用分配：出版机构与编写者、高校之间的利益分配方案，通常依据各方的贡献比例进行合理分配。

3. 数字教材授权规则的管理机制

在数字教材的授权过程中，建立有效的管理机制至关重要。版权授权管理机制不仅要确保各方利益得到合理分配，还要有效监管教材的使用，防止未经授权的复制、传播等侵权行为。数字教材的管理机制应当具有系统性、规范性和透明性，以确保版权的有效维护。

（1）数字教材版权的登记与备案。

版权的登记与备案是保障数字教材版权的重要手段之一。通过版权登记，可以为教材的创作者提供法律证据，证明其对教材内容的合法创作权。高校和出版机构可以通过国家版权局等相关机构对教材的版权进行登记，并获得著作权证书。数字教材的版权备案还可以避免后续产生的版权纠纷，明确教材的版权归属。在数字教材管理机制中，应当对每一本教材进行详细登记和备案，确保教材的版权信息清晰准确。这一机制可以通过建立学校或出版社的版权管理系统来实现，系统中应包含教材的所有版权信息，包括编写者、创作日期、版权归属、授权条款等内容。

（2）数字教材的数字版权管理（DRM）。

数字教材的传播面临着被非法复制和传播的风险，特别是在网络环境下，盗版问题尤为严重。数字教材的管理机制需要采用数字版权管理（DRM）技术来有效保护版权。DRM技术可以对教材进行加密、限制下载次数、限制共享等操作，从而确保教材内容仅在授权范围内传播和使用。高校、出版机构和平台方应当共同合作，选择合适的DRM技术来保护教材内容，防止未经授权的传播。此外，DRM技术的应用还可以跟踪教材的使用情况，确保教材的使用不会超出授权范围。这一技术不仅有助于版权保护，还能够促进正版教材的推广和应用。

(3) 合同与协议管理。

数字教材的授权规则和管理机制需要通过合同和协议来落实。高校、编写者和出版机构之间的合同应当明确教材的版权归属、授权条款、使用范围和收益分配等关键内容。合同的制定应当遵循公平、公正、透明的原则,确保各方的合法权益得到充分保障。在合同管理方面,可以采取数字化管理模式。通过建立合同管理系统,高校、编写者和出版机构可以实时跟踪合同的执行情况,并对教材的使用情况进行监控。合同管理系统应当具备自动化、智能化的功能,能够根据合同条款对教材的使用进行实时监管,并及时发现并解决潜在的版权纠纷。

(4) 版权审查与监督机制。

为了确保数字教材的合法使用,高校、编写者和出版机构应当建立完善的版权审查与监督机制。审查机制的核心在于对教材内容的版权进行全面审核,确保教材的所有内容都符合版权规定。特别是当教材涉及多媒体内容时,必须对图像、视频、音频等素材进行严格的版权审查,避免使用未经授权的素材。在版权监督方面,高校和出版机构可以定期进行版权检查,确保教材在使用过程中没有发生侵权行为。高校可以通过开展版权审计,评估教材的版权使用情况,并对超范围使用或未授权的内容进行纠正。数字教材的管理平台应当提供版权侵权投诉渠道,任何一方在发现版权问题时,均可进行投诉和举报,从而确保教材的版权得到有效保障。

(5) 版权教育与培训机制。

在数字教材的版权管理中,版权教育与培训同样重要。高校和出版机构应当定期组织版权培训,提高教师、编写者、学生以及相关人员的版权意识。通过教育和培训,帮助各方了解版权的基本概念,掌握合理使用版权的基本规则。高校应当在教材创作过程中,帮助编写者明确其创作的权利与义务,特别是在涉及外部资源引用时,应当合理合法地进行使用。学校应当通过学术会议、讲座等形式,普及版权知识,提升全体师生的版权意识。

数字教材授权规则的制定与管理机制的构建,是确保数字教材版权得到有效保护和合理分配的核心环节。通过明确各方的版权归属、授权范围和利益分配,建立版权注册、数字版权管理、合同管理、版权审查与监督机制等一系列管理措施,可以有效降低版权纠纷的发生,促进数字教材的健康发展。随着冰雪运动专业教材数字化转型的深入推进,版权管理机制的完善将为教材的广泛使用和推广提供坚实保障,从而推动我国冰雪运动教育的蓬勃发展。

二、加强版权侵权监测与法律维权力度

(一) 建立数字教材版权侵权监测体系

1. 建立数字教材版权侵权监测体系的必要性与功能

随着数字化教育的普及,冰雪运动等专业的数字教材在教学中的应用越来越广

泛。随之而来的版权问题也愈发显现，使版权侵权行为频发，严重影响了教材创作者、出版机构以及教育机构的权益。因此建立一套高效的数字教材版权侵权监测体系显得尤为重要。该体系应当具备实时监测、侵权识别、追踪溯源以及精准反应的功能，为维护数字教材的版权提供有力的保障。

2. 监测工具与技术手段的选用

数字教材版权侵权的监测首先依赖于先进的技术工具。传统的人工方式已无法应对海量数字教材内容的实时监控，特别是在跨地域、跨平台的背景下，数字教材的复制与传播几乎不受地域限制，盗版行为更加隐蔽。运用现代信息技术，特别是大数据分析、AI 技术、区块链技术等新兴技术，成为版权侵权监测体系的基础。

（1）网络爬虫技术。

网络爬虫技术是版权监测中常用的一种工具，其通过自动化程序扫描互联网中的内容，将各类数字教材的拷贝与盗版信息进行抓取与归类。对于冰雪运动专业教材，爬虫程序可以被配置为搜索特定的教材标题、章节、关键词等，从而迅速锁定潜在的侵权资源。通过爬虫程序，版权管理机构可以建立起实时更新的侵权信息库。爬虫技术的优势在于其自动化与高效性，能够实时检测互联网上是否有未经授权的数字教材拷贝。通过对不同平台、网站的定期或不定期扫描，及时发现盗版教材的传播，在在线教育平台、电子图书平台等数字内容密集的平台中，能够快速定位侵权行为。

（2）数字水印与指纹技术。

数字水印与指纹技术是防止和监测数字内容侵权的有效手段。数字水印技术可以在教材的每一份数字拷贝中嵌入不可见的信息，如出版者、创作者、授权方的标识或版权声明。这些水印在教材的复制过程中不会消失或被轻易去除，一旦发现侵权拷贝，水印信息即可为版权归属提供有力证据。指纹技术是另一种与水印技术类似的技术手段。通过对数字教材的内容进行"指纹"处理，生成唯一的指纹码，即使是经过一定修改或编辑的盗版教材，其指纹码依然可以与原版教材进行匹配。指纹技术在精准识别教材版本及其来源方面具有较强的优势。

（3）内容识别与图像比对技术。

除了文本内容的监测外，图像比对技术也成为数字教材版权监测中不可或缺的一部分。在冰雪运动类教材中，涉及大量的图片、插图、表格、视频等多媒体元素。通过内容识别技术，版权管理机构可以对网络上传播的图片和图像进行比对，确认是否存在未经授权的使用或盗用行为。这类技术通过分析图像的数字特征，如颜色、形状、纹理等，能够识别图像是否为原创内容或是否属于侵权图像。与传统的文本监测不同，图像比对技术能够有效识别修改后的盗版教材，避免因细微修改而导致版权追踪的困难。

3. 数据追踪与版权保护平台的建设

数字教材的版权监测不仅仅依赖于技术工具的运作，还需要通过建立和完善版权保护平台，整合各种资源，进行集中管理与追踪。版权保护平台能够实时监控教材的使用情况，帮助创作者、出版机构和教育机构掌握教材的传播动态。

（1）版权管理平台的构建。

数字教材的版权管理平台是保护版权和追踪侵权的重要工具。通过平台的集中管理，相关方可以对教材的版权归属、授权范围、使用情况等进行全面了解。平台可以集成各类监测工具、报告系统以及通知机制，对数字教材的授权情况和传播范围进行全程追踪。

版权保护平台应具备强大的数据分析功能，能够自动识别出侵权行为的来源，进行动态监控。当发现教材被盗版或未经授权的使用时，平台可立即发出警报，并生成详细的侵权报告，为后续的维权提供依据。

（2）侵权内容的追踪与溯源。

版权监测平台的另一个重要功能是追踪和溯源侵权内容。通过数据追踪功能，平台能够记录教材的传播路径，确认侵权内容的传播源头。在冰雪运动教材领域，一些盗版教材可能会通过不法渠道在互联网上以电子书、视频课程等形式传播。通过追踪技术，可以锁定侵权行为的发布平台、上传者及其所涉及的具体资源。当版权管理机构发现侵权行为时，通过溯源技术可以追查到具体的侵权源头，进而采取法律手段，要求删除侵权内容并追讨损失。这一过程需要平台与执法部门合作，保证侵权行为能够及时得到有效处理。

（3）合作与信息共享。

版权监测平台的效能不仅限于单一机构的使用，还应当与其他教育机构、出版机构以及版权保护组织形成广泛的合作和信息共享机制。通过跨部门、跨机构的数据共享，能够更全面、更迅速地发现和处置侵权行为。高校可以作为版权管理平台的关键用户，将平台嵌入教材管理与使用的过程中。出版机构可以通过平台将其数字教材的版权信息进行备案，而教育机构则可以借助平台监测教材的实际使用情况。通过信息共享与协作，能够实现对数字教材的全方位保护，避免版权受到侵犯。

4. 版权侵权行为识别与预警机制

在建立版权监测体系时，除了依赖于技术手段和管理平台外，必须配套完善的侵权识别与预警机制。这一机制的核心作用是及时发现潜在的版权侵权行为，并对其进行预警和处理，以防止侵权行为的进一步蔓延。

（1）侵权行为的识别。

侵权行为识别首先要求版权监测系统能够准确判断哪些内容属于侵权行为。对数字教材来说，侵权通常包括未经授权复制、盗版传播、修改后再次发布等多种形式。在信息化时代，数字教材的复制和传播几乎是无障碍的，如何准确地识别侵权行为是系统设计中的重点。通过结合数字水印、指纹识别以及图像比对等技术，版权监测系统能够精确识别教材的复制、篡改和盗用情况。结合网络爬虫技术，能够全网扫描，发现未经授权的教材内容。识别过程不仅仅限于教材本身，还可以延伸到教材的附加内容，如视频课程、教学材料等。

（2）预警机制的构建。

版权监测系统的预警机制主要通过自动化的报警和通知功能，及时反馈侵权行为。预警机制需要根据版权管理平台的监测结果，结合一定的算法判断侵权的严重程度和影响范围。对于一些较为严重的侵权行为，系统可以立即向版权方发出警报，并建议采取进一步的法律措施。预警机制的核心在于速度和精度。通过智能化分析，系统可以自动判定侵权内容的范围和传播路径，及时通知版权方进行应对。对于大规模的侵权行为，版权方可以通过预警机制，快速启动维权程序。建立数字教材版权侵权监测体系，是数字教材版权保护和管理的核心环节。通过合理选择技术工具、建设版权保护平台、完善侵权行为识别与预警机制，可以有效地应对数字教材在全球范围内的版权侵权问题。只有通过这些技术手段和管理机制的相互配合，才能够确保冰雪运动数字教材的版权不受侵害，推动数字教材健康、可持续的发展。

（二）加强版权侵权举报与处置机制

1. 加强数字教材版权侵权举报与处置机制的必要性

随着数字教材的普及和网络教育的快速发展，冰雪运动等专业的数字教材也在教育领域逐步应用。数字教材的数字化特性带来了便捷的传播渠道，给学习者提供了更为高效的学习方式。随着教材内容的数字化，版权侵权问题也愈发严重，特别是在数字教材未经授权的复制、分发、传播等方面，频繁发生的盗版问题导致了原创者权益的严重侵犯。为了有效遏制这种现象，必须建立并加强版权侵权举报与处置机制。

版权侵权举报与处置机制不仅能够为教材创作者、出版机构以及教育机构提供法律支持，还能够在全社会范围内形成版权保护的氛围，推动版权文化的健康发展。该机制的核心目标是通过快捷、有效的渠道及时发现侵权行为，并通过法律途径为版权所有者争取应有的权益，最终形成一套完整的版权保护体系。

2. 版权侵权举报渠道的建设

版权侵权的举报渠道是版权保护体系中的第一道防线。举报渠道的建设是确保版权侵权行为能够被及时发现和处置的关键所在。对于数字教材来说，由于其传播的广泛性和跨平台性，侵权行为往往发生在不同的网络平台，涵盖了多个层面。如何为广大教师、学生、出版机构及社会公众提供便捷有效的举报途径，是亟待解决的问题。

（1）多元化举报渠道的设置。

随着网络技术的发展，举报途径的多样化是确保版权保护体系能够全面覆盖的前提。在互联网时代，版权侵权的行为不仅发生在传统的出版物上，还可能出现在各种在线教育平台、社交媒体、论坛等多个互联网空间。版权管理机构需要通过多渠道的方式收集侵权信息，并为社会公众提供便捷的举报入口。一种可行的做法是通过建立专门的版权保护网站或平台，如设立举报窗口。通过该平台，用户可以对侵权行为进行报告，上传侵权证据，包括盗版教材截图、下载链接、相关盗版网站的页面等。平台应当提供用户隐私保护机制，确保举报人的信息不会泄露。此外，除了网站举报外，版权管理机构还可以利用电子邮件、电话热线、社交媒体平台等其他途径，让更多的人能够参与版权保护的工作。社交媒体平台可以设立专门的举报入口，允许用户直接举报盗版内容，并通过平台的自动化工具进行初步筛查，快速锁定侵权信息。

（2）举报渠道的规范与管理。

为了确保举报工作高效运作，版权管理机构应当建立一套规范化的举报机制。举报系统不仅要有畅通的举报渠道，还应当具备严格的受理标准。所有举报信息的受理、审核、反馈等过程都需要进行规范管理，避免出现举报被忽视或处理不当的情况。版权管理机构应当对举报内容进行严格审查，对于明确的侵权行为予以及时处理。对虚假举报或恶意举报进行适当的惩罚，防止滥用举报系统。此外，举报系统还应当具有高效的反馈机制，举报人应当能在规定时间内得到回复，告知其举报是否属实及处理进展情况。

3. 版权侵权行为的调查与取证

侵权行为的调查与取证是版权维权过程中的关键环节。举报机制的作用在于及时发现侵权行为，而调查与取证则是维权工作的核心。只有通过准确的证据，才能在法律诉讼中为版权持有者争取有利的判决。加强版权侵权行为的调查与取证，是完善版权维权机制的必要举措。

（1）数字教材侵权行为的调查方法。

数字教材的侵权行为形式多样，调查手段也应当因不同情况而采取灵活的应对措施。在实际操作中，常见的侵权形式包括但不限于盗版教材的发布、未经授权的复制与传播、篡改原教材内容等。版权管理机构需要采用多种调查手段，确保侵权行为能够被准确识别。一种有效的调查方法是通过数字水印技术进行追踪。数字水印技术可以在教材内容中嵌入唯一的识别码，当教材内容未经授权被复制和传播时，版权管理机构能够通过水印信息追溯其来源。此外，通过网络爬虫技术，可以定期扫描互联网上的各大在线平台，抓取可能存在的侵权教材内容，并通过算法对比原教材，识别出盗版教材。调查过程中，版权管理机构还可以与社交平台、教育平台等第三方渠道合作，获取侵权教材的传播链路和上传者的相关信息。通过与平台方的合作，机构可以快速确定侵权内容的来源，并采取法律手段要求其删除或停止传播侵权教材。

（2）侵权证据的收集与固定。

侵权证据的收集与固定是版权维权的重要步骤。只有通过准确有效的证据，版权方才能在诉讼中获胜。在数字教材的侵权案件中，证据的固定尤为重要，因为数字内容的复制与修改变得极其容易，导致证据的取证与固定过程充满挑战。版权管理机构应当保存举报信息，包括举报人的描述、举报的教材内容截图或盗版教材链接等信息。这些初步的证据可以作为后续调查和维权的基础。在证据固定方面，数字教材本身可以通过数字水印、指纹识别等技术为教材内容提供不可篡改的版权信息，确保证据不被篡改。

（3）法律手段与合作。

当侵权证据被收集并固定后，版权方可以启动法律程序进行维权。针对不同类型的侵权行为，版权方可以选择采取行政维权、民事诉讼或刑事起诉等方式。在这一过程中，版权管理机构应与执法机关、法院、律师等各方紧密配合，共同推动维权工作的开展。对于严重的侵权案件，版权管理机构可以与政府部门合作，要求通过行政手段对侵权行为进行制止。对于侵犯版权的企业或个人，版权方可以提起民事诉讼，要求赔偿损失并删除侵权内容。在必要时，可以通过刑事手段追究侵权者的刑事责任。

4. 版权侵权行为的处置与反应机制

侵权行为的处置是版权维权的核心环节。版权方和版权管理机构不仅要及时发现侵权行为，还应采取有效的反应措施，确保侵权行为得到妥善处置，防止侵权行为的扩散和加剧。

（1）快速响应与处理。

针对数字教材的版权侵权，版权方和版权管理机构应当建立快速响应机制。一旦发现侵权行为，版权方应当立刻启动处理程序，包括对侵权平台的投诉、删除侵权内容等。通过合作渠道与社交平台、教育平台等相关方建立紧密联系，确保在短时间内删除侵权教材，防止侵权行为的进一步传播。

（2）侵权平台的追责与处罚。

对于侵权行为发生的平台，版权管理机构可以通过法律途径追究其责任。平台未尽到合理审查义务，未能及时处理版权侵权问题，版权方可以要求平台赔偿损失，并推动平台落实侵权监测责任。此外，版权管理机构还可以要求侵权平台进行公开道歉，恢复原创教材的合法权益。

（3）侵权赔偿与损失追偿。

对于已经发生的侵权行为，版权方应当追讨相应的经济赔偿。侵权赔偿通常包括侵权方因侵权行为所获的非法利润、版权方因侵权遭受的直接损失等。版权管理机构可以为版权方提供法律支持，协助其提出赔偿要求。对于高额的侵权案件，版权方应当通过诉讼途径，依法追偿经济损失。

5. 加强版权侵权举报与处置机制

通过建立完善的举报渠道、加强侵权调查与取证、及时处理侵权行为，可以有效地保护冰雪运动专业教材的版权，是保障数字教材版权、维护教育市场公平竞争的重要环节。版权管理机构与教育平台、出版机构、政府部门的合作，是推动版权保护体系全面建设的关键。只有通过建立健全的法律维权机制，才能为数字教材的创作者和使用者提供有力的法律保障，促进数字教材产业的健康发展。

（三）推动数字教材版权维权法律支持与合作

1. 推动数字教材版权法律支持与合作的紧迫性

随着数字化时代的到来，冰雪运动等专业领域的教材数字化转型已成为不可逆转的趋势。数字教材作为信息传播的新载体，具有广泛的传播性和较高的便捷性，这不仅促进了教育资源的普及和共享，也加速了知识的更新换代。数字教材在为教育事业带来便利的同时也面临着版权侵权和盗版的问题。冰雪运动专业教材的版权保护和法律维权问题尤为突出，如何推动数字教材版权的法律支持与合作，成为学术界、出版行业和相关政府部门亟待解决的问题。

2. 推动版权法律法规的完善与执行

版权的保护离不开完善的法律法规体系。在当前的版权保护体系下，虽然已有一系列法律保障措施，但随着数字化技术的发展，版权侵权的形式愈加复杂，许多传统的法律规定无法有效应对新的侵权行为。推动数字教材版权的法律支持，首先需要加强相关法律法规的完善与执行，确保版权拥有者的利益不受侵犯。

（1）完善版权法的数字化适应性。

数字教材的传播具有极强的跨地域性和极快的传播速度，涉及许多传统版权法无法覆盖的新情况、新问题。当前，《中华人民共和国著作权法》虽对传统纸质教材和作品提供了较为完善的版权保护，但面对网络环境下的数字化内容传播时，很多侵权行为容易规避传统的法律监管。比如，未经授权的在线传播、网络转载、免费下载等行为，往往由于技术手段的复杂性难以追溯和证实。为此，亟须根据数字时代的特性对现有的著作权法进行调整和完善。

在此过程中，应当引入"技术保护措施"和"信息管理技术"（DRM）等概念，强化对数字内容的保护。这些措施不仅可以通过加密和数字水印技术确保版权内容的完整性和不可篡改性，还可以通过限制复制、分享、下载等方式，降低盗版发生的风险。通过完善相关法律规定，可以使得数字教材的版权保护与当前的技术发展相适应，解决版权侵权日益严重的问题。

（2）强化对版权侵权的法律执行力度。

在数字教材的版权保护过程中，法律执行力的缺失也是一大问题。尽管已有相关法律规定，但在实际执行过程中，由于执行力度不足，很多侵权行为未能得到及时的处理。加强法律执行力，特别是在打击数字教材盗版方面，应当成为版权保护的重要方向。

为此，可以通过设立专门的版权执法机构，强化对数字教材版权侵权的监管。专门机构的设置能够集中精力监测侵权行为，及时查处盗版行为，并与各类互联网平台和网络安全部门合作，通过技术手段加强对侵权行为的发现与打击。对于严重的侵权行为，法律应当设立更为严厉的处罚措施，从经济赔偿、刑事责任追究等多方面入手，形成强有力的威慑力，保障合法版权持有者的利益。

3. 加强数字教材版权维权的行业合作

版权维权工作不仅仅依赖于法律的力量，行业之间的合作和协同也在保障数字教材版权方面起到了重要作用。数字教材的版权维权需要相关教育、出版、网络平台及版权管理部门的紧密合作，形成一个多方联动的保护体系。

（1）教育行业与版权管理机构的合作。

教育行业是数字教材的主要应用领域，在数字教材的版权保护过程中，教育部门和版权管理机构的合作至关重要。教育部门可以通过制定相关政策，推动高校和教师加强版权意识，加强对原创作品的保护。高校和教育培训机构可以联合版权管理机构开展培训和宣传活动，提高教师和学生的版权保护意识，从而减少侵权行为的发生。教育部门应当鼓励和支持数字教材的合法开发和使用，推进数字教材的标准化建设，确保教材内容的知识产权得到合理的管理和保护。对侵权行为的处罚，也应当依托教育管理体系，严格执行版权法规，规范教材的数字化管理。

（2）出版机构与数字平台的协作。

出版机构与数字平台之间的合作也是推动版权维权的重要一环。出版机构可以与数字平台共同制定版权保护的标准和规范，要求数字教材内容必须经过严格的版权审查，确保教材内容的合法性。出版机构还可以建立版权授权协议，在数字平台上传播教材内容之前，确保版权方的授权得到充分保障。对于数字平台而言，除了加强内容审核机制外，还应当建立侵权行为的举报和反馈机制。一旦发现侵权行为，平台应当及时处理并采取必要的法律行动，避免因平台疏忽而导致版权侵权的进一步蔓延。在此基础上，出版机构和数字平台还可以共同开展版权宣传活动，提高社会公众对数字教材版权的认知和重视程度。

（3）行业内外部的跨界合作。

跨行业的合作将为数字教材版权维权提供更多保障。除了教育部门、出版机构和数字平台外，还应当加强与网络安全、技术公司、律师事务所等相关行业的合作。技术公司可为版权管理提供数字水印、加密技术等工具，帮助保护教材内容的数字版权。网络安全公司可以通过技术手段监测互联网平台上的盗版教材，及时发现侵权行为并予以反馈。律师事务所应当积极参与版权维权工作，提供法律支持与诉讼服务。当侵权行为严重影响版权方利益时，律师团队可以协助版权方通过法律手段追究侵权者的责任，保障版权方的合法权益。

4. 强化数字教材版权维权的国际合作

数字教材的版权保护不仅仅局限于国内市场，随着全球化的进程加快，数字教材的传播已经突破了国界。无论是教材的跨境传播，还是盗版教材的跨国盗版行为，都要求加强版权保护的国际合作。

（1）国际版权法律框架的构建。

在国际层面，版权保护已经通过《伯尔尼公约》等一系列国际协议得到了广泛的认可。随着数字时代的到来，传统的国际版权保护框架逐渐显露出局限性，难以应对快速发展的数字教材侵权行为。需要进一步推动国际的法律合作，构建更加完善的国际版权保护框架。对于数字教材，国际版权合作可以从以下几个方面入手：①推动各国版权法律的统一，确保在跨国版权纠纷中，能够有效适用法律并保护权利人的利益；②加强跨国执法合作，共享版权侵权的监测信息和处理经验，形成合力打击侵权行为；③推动国际贸易与版权保护的协调，确保数字教材版权的跨境授权与管理不受障碍。

（2）国际平台与国内合作。

为了应对跨国盗版问题，国内的版权管理机构和出版行业应当与国际性的数字平台（亚马逊、谷歌、苹果等）建立合作关系，通过数字平台实现版权内容的跨境授权和管理。版权方还可以借助国际平台的技术工具，加强对侵权行为的监测和追踪。通过建立与国际平台的合作，国内数字教材的版权保护将更加具有全球性和系统性，版权侵权行为也将得到更有效的打击。

5. 推动社会大众对版权的认知与支持

（1）提升社会公众版权保护意识的关键作用。

除了行业和政府的努力外，社会公众的版权保护意识同样重要。只有通过广泛的宣传和教育，提高社会对数字教材版权的重视，才能从根本上遏制盗版行为。通过多渠道、多形式的宣传活动，加强版权法的普及，使更多的教师、学生、家长了解数字教材版权保护的意义，树立正确的版权观念。媒体和互联网平台可以发挥重要作用，推动版权保护成为全社会的共识。

（2）多方协作推动数字教材版权维权的综合策略。

推动数字教材版权维权的法律支持与合作是一个系统性工程，涉及政府、行业、平台、社会等多个层面的协同作用。在法律法规的完善、行业合作的加强、国际合作的推进以及公众意识的提升方面，都需要各方共同努力。只有通过多维度的支持与合作，才能真正实现数字教材版权的有效保护，促进教育资源的公平共享和教育质量的提升。

三、构建数字化教材版权管理的长效机制

（一）完善数字教材版权管理制度与规范

1. 数字教材版权管理与冰雪运动专业的数字化转型挑战

随着数字化教育的发展，数字教材已经成为教育领域中重要的一部分。冰雪运动专业作为新兴的体育专业，其教材的数字化转型，特别是数字教材版权的管理，面临着前所未有的挑战。数字教材的广泛传播和应用不仅打破了传统教材的局限性，也对版权管理提出了新的要求。要解决这一问题，必须从制度和规范的层面进行系统化建设，形成完善的版权管理框架，确保数字教材的版权得到有效保护，促进教材资源的公平和有序流通。

2. 数字教材版权管理制度的核心要素

数字教材版权管理的核心要素不仅涉及版权归属的明确和授权规则的制定，还包括如何通过法律、技术手段和管理机制形成一套可操作的规范和流程。首先，数字教材版权管理制度需要确保版权的归属清晰、合法授权有据、维权途径畅通无阻。其次，制度设计要具备前瞻性，能够适应未来技术的发展，并在数字教材的使用、共享、传播等环节中提供法律保障。

（1）完善数字教材版权归属与授权管理体系。

数字教材的版权归属问题是版权管理的基础。教材创作者、出版机构、教育机构等多方利益相关者的参与使得版权归属问题变得更加复杂。在数字教材的版权管理中，必须明确版权的归属，保障创作者和出版机构的合法权益。首先，针对高校冰雪运动专业的教材，必须根据创作主体和资金来源，确定版权归属。若教材由高校教师编写并获得高校资助出版，则版权可以归属创作者本人或所在高校，具体情况根据合同约定。为此，建立一个标准化的版权登记系统显得尤为重要。数字教材的版权登记不仅有助于明确版权归属，还能为后续的版权授权和维权提供有力依据。其次，版权登记系统应当具备便捷的操作性，能够有效记录教材的创作、出版、授权和使用情况，从而避免因版权归属不清产生的版权纠纷。最后，授权管理方面，需要建立透明且规范的数字教材版权授权机制。授权的形式应包括但不限于独占授权、非独占授权和有限授权等，授权内容应明确规定教材的使用范围、期限以及受众群体等，以保障版权方的利益不受侵犯，还应通过线上平台或电子合同等形式，简化授权程序，确保授权操作的便捷性和合法性。

（2）数字教材版权保护的技术手段与法律保障结合。

在数字教材的版权保护中，除了法律层面的保障外，技术手段的应用同样至关重要。数字化教材在传播过程中，容易遭遇盗版、复制、篡改等问题。版权管理制

度应当将技术保护手段与法律保护结合起来，形成技术与法律的双重保障体系。数字教材应当通过技术手段，如数字水印、加密技术、DRM（数字版权管理）等方式，增加其版权的保护性。通过在教材中嵌入水印，可以有效追溯教材的来源，并在教材传播过程中有效标识版权信息。加密技术则可以限制未经授权的复制和下载，确保教材内容不被随意传播。数字版权管理技术则可以进一步规范教材的使用权限，控制教材的复制、打印、修改等操作，防止教材被非法篡改或盗用。法律手段的保障同样不可忽视。数字教材的版权需要通过《中华人民共和国著作权法》以及相关知识产权法对其进行保护。当数字教材遭遇侵权时，相关法律应提供有效的维权渠道和追责机制。高校应当与版权保护组织、出版公司等合作，推动版权纠纷的快速解决，确保合法版权能够得到及时、有效的保护。

（3）教材数字化版权管理的协同合作机制。

数字教材版权的管理不仅需要法律和技术的支持，还需要行业和各方的协同合作。出版机构、教育机构、版权管理机构以及政府部门应当密切配合，共同推动数字教材版权管理机制的完善。首先，出版机构和高校应当共同参与数字教材版权管理。高校在使用数字教材时，必须确保教材的版权情况清晰、合法，避免未经授权的教材流入课堂。出版机构则需要提供详细的版权信息，确保教材版权授权情况明确。通过出版机构与高校的密切合作，可以减少教材盗版和侵权的发生。其次，版权管理机构需要为高校提供专业的版权服务，帮助其制定版权管理方案，提供法律支持，并在发生侵权时及时介入处理。最后，政府部门则应加强对数字教材版权的监管力度，推动相关法律法规的完善，确保数字教材的版权能够得到全社会的保护。

3. 数字教材版权管理规范的制定

数字教材版权管理制度的完善不仅依赖于法律法规和技术手段，还需要制定一套规范化的管理标准和流程。制定规范的版权管理流程，是保障数字教材版权得以有效保护的前提。通过流程化管理，可以提高版权管理的透明度和效率，为版权方提供更加可靠的保障。

（1）版权管理流程的标准化。

数字教材的版权管理流程应当具备标准化、规范化的特点。①教材的版权注册应当采用标准化的登记流程，确保教材创作、出版和授权等环节都能得到系统性管理。②版权授权应当明确规定各方的权利义务，授权协议的模板应当统一，并保障授权过程的透明度。③在教材的使用管理中，应当建立标准的许可证和使用协议，明确教材的使用范围和条件，避免教材被非法使用。④在使用数字教材时，应当对教材的使用情况进行定期检查，确保教材仅在合法授权范围内被使用。⑤数字教材的更新和修订也应当按照统一的流程进行管理，确保版权信息和使用权得到及时更新和备案。

（2）版权管理系统的建设。

为了提高版权管理的效率，数字教材版权管理应当依托现代信息技术建立数字化的管理平台。通过建设数字教材版权管理系统，能够高效地实现版权登记、授权管理、维权投诉等工作。该系统不仅可以集中管理教材的版权信息，还可以提供教材的使用记录、流通路径等信息，为版权方提供透明的管理视图。该系统应具备版权信息存储、查询、验证等功能，能够实时监控教材的使用情况，及时发现侵权行为。通过智能化的版权管理系统，数字教材的版权保护将变得更加高效和透明，版权方也能够更好地维护自己的权益。

4. 推动数字教材版权管理制度的实施

制度的完善不仅需要理论上的构建，还需要在实践中得到有效实施。推动数字教材版权管理制度的实施，需要政府、高校、出版机构等多方共同努力。

（1）政府的监管与支持。

政府部门在数字教材版权管理中起着至关重要的作用。政府应当加强对数字教材版权的监管力度，推动相关法律的修订和完善，为数字教材版权的保护提供更加坚实的法律基础。政府还应当支持教育和出版行业的合作，为其提供政策支持和资金支持，帮助其建立更加完善的版权管理制度。

（2）高校和出版机构的责任。

高校和出版机构作为数字教材版权管理的主体，必须承担起相应的责任。高校应当建立健全的版权管理体系，确保所有数字教材的版权问题得到妥善处理。出版机构则应当确保教材内容的版权合法性，严格控制教材的传播和使用范围，防止未经授权的传播行为。高校和出版机构在数字教材版权管理中扮演着至关重要的角色，承担着保障版权合法性和维护教育资源公平的责任。随着信息技术的不断进步，数字教材的应用逐渐普及，给教育领域带来了巨大的便利，但也伴随着版权保护的挑战。高校和出版机构作为数字教材版权管理的主体，必须主动作为，承担起应有的法律和社会责任。高校是教育资源的使用方，拥有广泛的教学需求和教材使用权限。高校在使用数字教材时，必须确保教材的版权问题得到妥善处理。这不仅包括选择符合版权要求的教材，还包括在教材的引进、修改、传播等环节中，严格审查版权合规性。高校应建立健全的版权管理体系，设立专门的版权管理部门，负责监督和管理教材的版权状况，包括对教材作者、出版方的版权授权进行核查，并定期审查教材使用过程中可能出现的版权问题。此外，随着数字教材逐渐向网络平台转移，许多高校还需加强与出版机构、版权代理方的合作，确保教材的版权授权覆盖到所有的使用场景，避免出现未经授权的传播和使用。出版机构在数字教材的版权管理中也负有相应的责任。作为教材的创作者和出版者，出版机构应当确保教材内容的版权合法性，避免侵犯他人的著作权、专利权等合法权益。出版机构应通过合理的版权授权程序，确保教材的原创性和合法性，严格审查教材内容的来源与版权状况，确保没有抄袭、剽窃等侵权行为发生。同时，出版机构应当加强对数字教材的版权保护措施，严格控制教材的传播和使用范围，防止未经授权的传播行为。数字教材的传播渠道繁多，网络平台的开放性和信息流通的便捷性使得教材容易被未经授权的用户复制、传播，出版机构需要加强技术手段的应用，如数字水印、防拷贝技术等，防止教材内容被非法复制和分享。

高校与出版机构应加强合作，共同应对版权保护的挑战。高校在使用数字教材时，应与出版机构明确版权授权的具体条款，确保所有使用行为都在授权范围内进行；出版机构则需根据高校的需求，提供合规的数字教材版本，并加强版权宣传，提醒高校和教师尊重教材版权。只有通过高校与出版机构的紧密合作，才能有效避免版权纠纷，保障教育资源的合理使用和传播。高校和出版机构在数字教材的版权管理中应承担起各自的责任，建立完善的版权管理体系，并通过技术手段和法律措施保护版权的合法性，确保教材能够合法、公平地为教育事业服务。

（3）行业和社会的协同合作。

数字教材版权管理的实施离不开社会各界的支持。教育、出版、版权保护等行业应当形成合力，共同推动版权保护体系的完善。社会公众也应当增强版权保护意识，支持正版教材的使用，积极参与版权保护行动。

数字教材的版权管理是一个系统工程，涉及多个方面的合作与支持。通过完善版权管理制度和规范，加强法律和技术手段的结合，推动各方合作，可以有效保护数字教材的版权，确保冰雪运动专业教材的顺利数字化转型。这不仅有助于版权方的权益保障，还能促进教育资源的公平共享和教育质量的提升。

（二）加强数字教材版权保护技术手段的应用与创新

1. 数字教材版权保护面临的新挑战与技术应对

随着信息技术的飞速发展，数字教材逐渐成为教育领域的重要组成部分。数字教材不仅使教育资源的传播更加高效，还为教师和学生提供了更多的学习选择与便捷的教育体验。数字教材的普及也带来了版权保护的新挑战。特别是在数字教材的复制、分发、传播等方面，版权侵权问题日益严重。盗版、非法复制和分发不仅损害了创作者和出版机构的利益，也影响了教育资源的公平性和可持续发展。如何通过技术手段加强对数字教材的版权保护，成为当前教育行业亟待解决的重要问题。

加强数字教材版权保护技术手段的应用与创新，是对现有问题的回应，也是推动数字教材健康发展的重要措施。有效的技术保护手段可以通过预防、监测和应对机制，减少甚至消除数字教材的侵权行为，从而保障版权方的合法权益。本部分将深入探讨如何通过技术手段加强数字教材版权保护，并展望未来技术在这一领域的创新和应用。

2. 数字教材版权保护的技术手段概述

数字教材的版权保护技术主要是通过先进的技术手段实现对教材内容的保护、追踪和管理。具体而言，技术保护手段可以通过数字水印、加密技术、数字版权管理（DRM）、内容识别技术、区块链技术等方式来防止数字教材的非法复制和传播。通过这些手段，数字教材的版权归属能够得到有效确认，可以对侵权行为进行及时识别和追责。

（1）数字水印技术。

数字水印是一种将版权信息嵌入数字教材内容中的技术手段。与传统的版权标记不同，数字水印通常嵌入在图片、文本、音频或视频等文件中，不影响其正常使用和显示。在数字教材中，水印可以作为唯一的标识，用于证明教材的版权归属。即使教材文件被复制或篡改，数字水印也能够提供有效的版权追溯和识别功能。数字水印技术具有高度的隐蔽性和抗篡改性，能够在教材内容的各个层面嵌入版权信息。通过这种方式，即使数字教材被非法传播或盗用，版权方也能够通过水印信息追踪其来源，识别侵权者。对于冰雪运动专业的教材，数字水印的应用不仅能保护教材创作者和出版机构的利益，还能维护教育资源的健康发展。

（2）加密技术。

加密技术作为数字版权保护的一种重要手段，可以有效防止未经授权的复制、传播和使用。通过加密技术，数字教材的内容会被转化为一种只能通过授权方式解密的格式。这意味着，未经授权的用户将无法访问教材的完整内容，确保教材仅在合法范围内被使用。加密技术的优势在于其能够精确控制教材的使用权限，限制教材的复制、打印、分享等功能。对于冰雪运动专业等教材的保护，采用强加密技术可以确保教材内容在传输过程中的安全性，防止教材被窃取或篡改。此外，加密技术还可以与其他技术手段（如数字水印）结合使用，形成多层次的保护，进一步增强数字教材版权的安全性。

（3）数字版权管理（DRM）系统。

数字版权管理（DRM）是一种通过技术手段对数字内容的访问、使用、复制和分发进行控制的技术。DRM 系统能够在数字教材的使用过程中嵌入授权机制，根据用户的授权等级，限制其访问、复制、打印、分发等行为。通过这种方式，版权方能够精确控制教材的传播路径和使用方式，确保教材的合法使用。在冰雪运动专业教材的数字化过程中，DRM 技术的应用不仅能够保护教材的原创性，还能防止盗版和非法传播。通过 DRM 系统，教材的每个版本都可以被追踪和管理，授权和使用的每一个步骤都能够得到精确记录。这不仅为版权方提供了高效的管理工具，也为用户提供了灵活的使用体验。

（4）内容识别技术。

内容识别技术通过对数字教材内容进行比对和分析，能够在海量的网络环境中发现盗版行为。基于文本、图像、视频、音频等内容的数字指纹，内容识别技术可以帮助版权方快速识别非法传播的教材。内容识别技术不仅能够检测出盗版教材的传播路径，还能够提供侵权证据，便于追责和维权。图像识别技术可以在网络平台上识别出含有教材盗版内容的图片或视频，音频识别技术则能够检测出教材音频的非法复制和传播。这种技术可以帮助版权方及时发现侵权行为，减少盗版教材的传播影响。

（5）区块链技术。

区块链技术是一种去中心化的分布式账本技术，它具有不可篡改、公开透明、可追溯等特性。在数字教材版权保护方面，区块链技术可以用于建立教材版权登记和追溯系统。通过区块链技术，教材的创作、出版、授权等信息可以被永久存储在区块链中，不可更改，且所有交易都可以在公开账本中得到验证和记录。通过区块链技术，数字教材的版权信息可以得到永久的、不可篡改的保障，版权方可以通过智能合约等方式实现版权的自动授权和结算。这不仅提高了版权保护的效率，还降低了版权纠纷的发生概率。区块链技术的应用为数字教材的版权管理提供了一种创新性解决方案，有助于推动冰雪运动专业教材的数字化转型。

3. 技术手段的创新与未来发展

随着科技的不断进步，数字教材版权保护的技术手段也在不断创新和发展。除了上述常见的技术手段外，未来还可能会出现更多的创新技术，进一步提高版权保护的效率和安全性。

（1）人工智能与大数据分析。

人工智能和大数据分析技术的应用为数字教材版权保护带来了新的机遇。人工智能可以通过机器学习算法自动识别和分类教材内容，分析其传播路径，及时发现侵权行为。大数据分析则能够帮助版权方从大量的数据中提取有价值的信息，预测和预防潜在的版权风险。通过大数据技术，版权方可以分析出哪些教材内容最容易被盗版，哪些平台最容易发生侵权行为，从而针对性地加强版权保护。人工智能的加入，使得版权监测变得更加智能化、自动化，大大提高了版权保护的效率和精度。

（2）云计算与分布式存储。

云计算和分布式存储技术也将在数字教材版权保护中发挥重要作用。云计算可以提供高效的数据存储和处理能力，分布式存储则能够将教材内容分散存储在多个节点上，防止数据被集中攻击或泄露。通过云计算和分布式存储，数字教材的版权保护可以更加安全可靠，教材内容的访问和使用也能够更加高效和便捷。云计算和分布式存储技术的应用在数字教材版权保护中具有重要意义，能够有效提升安全性、可靠性和效率。随着数字教材在教育领域的广泛应用，如何确保教材内容的版权不被侵犯，成为一个亟待解决的问题。云计算和分布式存储技术作为现代信息技术的两大重要组成部分，能够为这一挑战提供有效的技术支持。云计算为数字教材提供了强大的计算和存储能力。云平台可以根据实际需求动态调整资源，支持大规模数据的存储和处理。当教材内容以数字化的形式存储在云端时，可以利用云计算的高效处理能力进行加密、访问控制和审计等操作，确保只有经过授权的用户才能访问特定的教材内容。数字教材可以通过数字水印技术进行加密，使得每一份教材的访问记录和版权信息都可以追溯。通过云计算平台的集群资源和强大的计算能力，数字教材内容的加密和保护策略可以得到实时更新和管理，从而有效预防未经授权的复制和盗版。

分布式存储技术能够进一步提高数字教材的安全性。传统的集中式存储往往存在单点故障的风险，一旦主服务器遭受攻击或发生故障，整个数据系统就可能陷入瘫痪。相比之下，分布式存储通过将数据分散存储在多个独立节点上，形成冗余机制，即便某一节点出现问题，其他节点仍然可以提供数据支持，从而保证数据的高可用性和安全性。在数字教材的应用中，分布式存储技术可以防止教材内容因集中存储而遭到黑客攻击或数据泄露。通过将教材内容分散存储在多个地理位置分布的服务器节点上，即使某个节点遭受攻击或数据丢失，教材内容仍可以通过其他节点恢复，确保版权保护措施不被轻易破解。云计算和分布式存储还可以实现教材内容的高效管理和智能化调度。通过云平台，教育机构可以实时监控教材的使用情况，掌握用户的访问行为，及时发现异常操作，并采取相应的防范措施。同时，分布式存储能够提供灵活的数据备份与恢复方案，确保在任何突发情况下，教材数据都能够快速恢复，避免版权保护措施的破坏。云计算和分布式存储技术通过提供强大的计算、存储和数据保护能力，为数字教材的版权保护提供了有力的技术保障。在未来的教育数字化过程中，这些技术将发挥越来越重要的作用，不仅能够保护知识产权，还能提升教材的使用效率和安全性，推动教育领域的数字化转型。

（3）智能合约与版权结算。

智能合约作为区块链技术的一种应用，在数字教材版权管理中具有广泛的应用前景。智能合约能够根据事先设定的条件，自动执行版权授权和结算。这意味着，版权方、出版机构和用户之间的版权交易可以实现自动化，减少人工干预，提高交易的透明度和效率。智能合约还可以为版权方提供更为精确的版权收入统计，推动版权利益的公平分配。数字教材的版权保护不仅仅是法律和管理的问题，更多的是技术创新的结果。通过加强技术手段的应用与创新，数字教材的版权保护将变得更加高效、安全和智能。随着技术的发展，未来数字教材的版权保护将会更加完善，各方利益的平衡也将更加公平。通过技术手段与法律手段的结合，能够为冰雪运动专业教材的数字化转型提供有力保障，推动教育资源的公平共享和教育质量的提升。

（三）推动高校与出版机构的版权合作与共建机制

1. 构建高校与出版机构合作的数字教材版权管理机制

（1）高校冰雪运动专业数字教材版权保护与合作机制研究。

随着数字化教育的迅速发展，数字教材已经成为高等院校教育资源的重要组成部分，特别是在新兴学科领域，高校冰雪运动专业中，数字教材为教学提供了更为灵活和高效的方式。数字教材的版权问题也日益凸显，特别是高校与出版机构在数字教材的使用和管理上存在一定的版权冲突与管理难题。如何在数字教材快速发展的背景下，有效解决版权保护和管理问题，推动高校与出版机构的版权合作与共建机制成为关键课题。

（2）高校与出版机构数字教材版权合作机制的构建与实施路径。

建立一个长效的数字教材版权管理机制，需要高校与出版机构在版权归属、使用权、授权规则等方面形成有效的合作关系。本部分将探讨推动高校与出版机构版权合作的必要性、合作框架和具体实施路径，旨在构建一个高效、有序的数字教材版权管理机制，保障数字教材的合法传播和使用。

2. 高校与出版机构版权合作的必要性

（1）数字教材版权管理中的多方利益冲突与合作机制。

数字教材的版权问题，涉及多方利益主体，包括教材创作者、出版机构、高等院校以及学生等。高校作为教育的直接提供方，承担着教材使用、教学内容传递等责任；出版机构作为教材的生产者和发行者，负责教材的编辑、出版和销售工作。两者在版权管理上存在较大的重合区域，若没有明确的合作与共建机制，容易造成版权纠纷、利益冲突，甚至影响教材的顺利出版与使用。

（2）高校需求与出版机构资源的结合。

高校作为教材的使用主体，需要大量优质的教材资源来支撑教学，而出版机构则拥有丰富的教材编写与出版经验。高校可以通过与出版机构的合作，获得更多优质教材资源，特别是那些符合学科发展需求、具有较高学术价值和实用价值的教材。出版机构通过与高校的合作，可以精准了解高校的教学需求，定制化教材内容，提升教材的市场竞争力。

（3）版权管理的专业性与规范性。

版权保护是一项复杂且具有专业性要求的工作。出版机构通常具备较强的版权管理经验和技术手段，可以帮助高校实现教材版权的高效管理和保护。高校在进行教材的数字化转型时，往往缺乏完善的版权管理体系，难以应对复杂的数字版权保护问题。通过与出版机构的合作，可以借助其专业技术力量，确保数字教材的版权得到合法、规范的保护。版权保护是一项涉及多方面技术与法律的复杂工作，特别是在数字教材的管理和保护上。数字教材相较于传统纸质教材，具有易复制、易传播、难以控制等特点，这使得版权保护面临更高的要求和挑战。数字教材的使用范围广泛，可能会跨越地域、平台和使用形式，在确保版权不受侵害的同时还需要保护创作者、出版机构以及高校等多方的合法权益。出版机构通常具备丰富的版权管理经验和专业的技术手段，这使得它们在版权保护领域具有明显的优势。出版机构拥有完善的版权管理系统，可以实施数字版权管理（DRM）技术，采用加密技术、电子水印等手段来防止教材被非法复制和传播。此外，出版机构通常与版权机构、法律事务所等有长期的合作关系，能够为高校提供版权登记、授权许可、法律咨询等方面的支持，确保教材的版权在不同环节得到有效保护。高校在进行教材数字化转型时，面临着版权管理体系不完善、技术资源不足的问题。许多高校缺乏专业的版权管理部门，版权保护的工作往往仅仅依靠教务或信息技术部门的协作，这使高校在应对复杂的数字版权问题时显得力不从心。如何防止教材被盗版、如何合理分配版权收益、如何维护教材的使用与修改权限等，都是高校在数字教材使用过程中需要解决的难题。高校若能与出版机构合作，将能够借助其专业技术力量和经验，提升版权管理的效率和质量，确保数字教材的版权得到合法和规范的保护。

（4）合作创新驱动教材内容和形式的升级。

高校与出版机构的版权合作还可以促进教材内容和形式的创新。在冰雪运动专业这样的新兴学科中，教材的内容需要紧跟学科的发展，不断更新和升级。出版机构能够借助其出版经验和资源优势，推动教材内容的持续创新与优化。高校可以结合教学需求和实际情况，对教材内容提出个性化需求，推动教材内容的精准化和定制化发展，提高教材的教学效果。

3. 高校与出版机构版权合作的框架设计

高校与出版机构的版权合作涉及多方面的内容，其中版权的归属与分配、教材的使用权限、教材的更新与维护等问题尤为重要。为了实现良好的合作效果，必须从合作框架、版权分配、利益共享等多个方面进行系统设计。

（1）明确数字教材的版权归属与分配。

在数字教材的版权管理中，明确版权归属与分配是首要问题。高校与出版机构在进行合作时，必须清晰约定教材的著作权、使用权、修改权等版权归属。一般而言，教材的著作权属于作者，但高校在使用过程中需要获得教材的使用许可，包括授权复制、传输、修改等权利。出版机构作为教材的出版方，则需要获取一定的出版权与发行权。

为了确保双方的权益得到平衡和保障，版权分配应根据实际情况进行合理设计。比如，在教材内容创作方面，高校教师和出版机构的合作，可以规定教师为教材的主要作者，出版机构负责教材的编辑、出版与传播。对于教材的数字化转型，版权归属可以结合双方的投入进行合理分配。

（2）授权使用规则与权限管理。

数字教材的使用权限分配是高校与出版机构合作的另一个重要问题。在数字教材的使用过程中，除了明确版权归属外，还必须规范教材的使用授权。教材的使用权包括但不限于在教学过程中使用、分发、分享、修改等行为。高校在与出版机构合作时，应该就教材的使用权限进行详细约定，确保高校能够在其教育教学活动中合法、方便地使用数字教材，防止教材的滥用或未经授权的传播。

具体而言，高校可以根据实际需求，按照学期、课程、班级等维度获得教材的使用许可。出版机构则可以根据版权保护的需要，设置教材的授权范围和使用期限。可以规定教材在一学期内只能在特定的教学平台上使用，或者教材在使用过程中不能被复制或转发到未经授权的第三方平台。此外，还可以设定教材更新与维护的周期，以确保教材内容始终处于最新的教学标准和学科发展要求之下。

（3）收益分配与共享机制。

在版权合作中，出版机构与高校之间的收益分配是另一个不可忽视的问题。出版机构往往承担着教材的编辑、出版、销售等工作，其主要的经济收益来自教材的销售与推广。而高校作为教材的使用方，其收益主要来自提高教学质量和学术影响力。双方应就教材的收益分配问题进行详细讨论和明确规定，形成公平合理的共享机制。高校和出版机构可以依据合同约定的比例进行分成，或者根据双方的实际贡献和投入进行灵活调整。除了金钱上的收益分配外，还可以通过品牌合作、共同推广等方式共享教材带来的社会效益和学术声誉。

4. 高校与出版机构版权合作的实施路径

推动高校与出版机构的版权合作并不是一个简单的任务，需要在政策引导、合作模式、技术支持等多个方面进行有力推动。为确保版权合作顺利实施，以下几条路径应当予以重视。

（1）政策支持与法律保障。

首先，政府部门应出台相关政策，支持高校与出版机构在教材版权合作方面的创新与探索。政策可以包括税收减免、资金扶持、版权保护等方面的支持，为高校和出版机构的合作提供制度保障。其次，版权保护法、教育法等法律法规应进一步完善和细化，为高校与出版机构的合作提供法律支持。通过明确教材版权的相关规定，规范教材使用中的版权问题，确保双方在合作过程中的权益得到保护。

（2）创新合作模式。

高校与出版机构的版权合作需要创新合作模式，特别是在数字教材的开发与管理过程中，可以通过共建教材、联合编写、共享平台等方式，实现合作共赢。高校可以根据教学需求提出教材编写的具体要求，出版机构则提供专业的编辑、排版和出版服务。通过联合开发，可以减少教材开发过程中的时间和资源成本，提升教材的质量和适用性，还可以建立高校与出版机构之间的教材共享平台，鼓励多方合作、共同开发、共同推广。通过建立资源共享平台，减少教材版权管理的复杂性，提升教材资源的利用效率。

（3）加强数字版权技术保障。

在数字教材的版权合作中，技术支持是确保版权得到有效管理和保护的关键。高校与出版机构应加强对数字版权管理技术（DRM）、水印技术、区块链技术等的应用，确保数字教材在流通过程中的安全性和合法性。通过先进的技术手段，减少非法复制、传播和盗版的风险，保证教材的知识产权得到有效保护。

（4）推动版权合作的国际化。

随着数字教材的全球化发展，高校与出版机构的版权合作还应放眼国际市场。高校可以通过与国际出版机构的合作，引进国外先进的教材资源，将本国的教材推广到海外市场。跨国版权合作不仅能提升教材的国际竞争力，还能促进学术资源的全球共享，推动教育文化的传播。推动高校与出版机构的版权合作与共建机制，是解决数字教材版权保护问题的重要途径。通过明确版权归属、合理分配使用权、创新合作模式以及加强技术支持等方面的努力，可以实现高校与出版机构之间的良性互动，构建一个高效、可持续的数字教材版权管理机制。这不仅有助于推动冰雪运动专业等新兴学科领域的教材数字化转型，也为数字教材的健康发展提供了保障。

（5）动态管理与持续更新。

数字教材的内容和技术不断发展变化，版权管理工作也需要与时俱进。高校与出版机构应当定期对版权合作进行评估，及时调整合作模式和管理规则，确保合作的长期性与可持续性。在教材的更新与维护过程中，双方应密切合作，及时推出符合教学需求的新版教材，并确保旧版教材的逐步淘汰。随着数字教材的内容和技术的不断更新与发展，版权管理工作也需要不断跟进和调整，以应对新的挑战。数字教材的迭代更新速度较快，教材内容不仅要适应教学需求的变化，还要顺应技术手段的进步。数字教材可能会通过互动功能、虚拟现实技术、人工智能辅助学习等手段进行创新，而这些变化也使得版权保护面临更复杂的技术和法律问题。高校与出版机构的合作必须保持灵活性和动态性，定期对合作协议和版权管理规则进行评估和修订。

定期的评估有助于确保双方在版权保护、内容更新以及收益分配等方面的合作能够与时俱进，保持长期性和可持续性。高校和出版机构应当在合作中明确双方的责任与义务，及时调整合作模式。在教材的更新与维护过程中，双方的密切合作至关重要。出版机构应当根据高校的反馈，及时调整教材内容，推出符合当下教学需求和技术趋势的新版教材。高校也应积极参与教材的更新工作，提供一线教师的使用反馈，确保新版教材能够更好地服务教学。对于旧版教材，应逐步淘汰，避免因过时内容的存在而影响教学效果。这一过程不仅有助于保障教材内容的时效性和创新性，也能确保教材的版权不受过时版本的侵犯和影响。高校与出版机构应当通过持续的沟通和调整，确保数字教材版权管理的高效性与灵活性，适应教育教学需求的变化，推动数字教材的持续发展和优化。

第五章 高校冰雪运动专业教材数字化转型升级的未来展望

第一节 技术发展趋势对教材数字化的影响预测

一、新兴技术在教材中的应用前景

(一) 人工智能在教材中的应用前景

1. 个性化学习路径规划

人工智能具备强大的数据分析能力,可深度剖析学生的学习状况。在冰雪运动专业教材的学习中,它能够全面收集学生的各类数据,涵盖学习时间的长短、学习进度的快慢、知识点的掌握程度以及答题准确率等多方面。凭借这些丰富且详尽的数据,人工智能可为每一位学生精心打造专属的个性化学习路径。

这种基于人工智能的个性化学习路径规划,充分考量了学生的个体差异,具有诸多显著优势。①能有效提高学习效率。学生无须在已掌握的知识上浪费过多时间,也不会因学习内容过难而产生挫败感和畏难情绪,而是能够在适合自己的学习节奏中稳步前进,使学习时间得到充分利用,学习效果得到显著提升。②可激发学生的学习兴趣和积极性。每名学生都能接触到与自身能力和兴趣相匹配的学习内容,能够在学习过程中不断获得成就感,从而更加主动地投入学习中,形成良性循环。③有助于培养学生的自主学习能力。在个性化学习路径的引导下,学生逐渐学会根据自身的学习情况制订学习计划、调整学习策略,提高自我管理和自我学习的能力,为其终身学习奠定基础。

人工智能在冰雪运动专业教材学习中的个性化学习路径规划应用,为学生提供了更加优质、高效、个性化的学习体验,能够满足不同层次学生的学习需求,推动冰雪运动专业教育教学质量的提升,助力冰雪运动专业人才的培养。人工智能对学生学习数据的收集是多维度、全方位的。除了上述提及的学习时间、进度、知识点掌握程度和答题准确率等基本数据外,还包括学生在学习过程中的各种行为数据,如教材页面的停留时间、视频的观看次数和观看时长、对不同类型学习资源的点击频率等。这些数据能够更细致地反映学生的学习偏好和学习习惯。通过对学习时间的分析,人工智能可以了解学生在不同时间段的学习效率和学习投入程度,进而为其推荐更适合的学习时间安排。若发现学生在晚上的学习效率较高，就可以适当在晚上为其推送更多重要的学习内容或安排难度较大的学习任务。学习进度的数据则能帮助人工智能判断学生整体的学习速度和对教材内容的消化能力。对于进度较快的学生，可以提前为其开放后续的学习内容或提供拓展性的学习资源；而对于进度较慢的学生，则可以及时提醒并给予相应的学习支持，帮助其跟上教学进度。

2. 智能辅导与答疑系统

随着人工智能技术的不断发展，其在教育领域的应用日益广泛，其中智能辅导与答疑系统为学生的学习提供了强大的支持。借助自然语言处理和机器学习等先进技术，人工智能构建的智能辅导与答疑系统在冰雪运动专业教材学习中展现出了显著的优势。在学生学习冰雪运动专业教材的过程中，难免会遇到各种问题，而智能辅导与答疑系统的出现，为解决这些问题提供了便捷高效的途径。当学生遇到问题时，只需将问题输入系统，智能辅导与答疑系统便能凭借其强大的自然语言处理能力迅速理解问题的核心，并依据已有的知识体系和数据资源，迅速给出准确、详细的解答。

智能辅导与答疑系统的应用还能够促进学生的自主学习能力的培养。在传统的学习模式中，学生往往依赖教师的讲解和指导来解决问题，缺乏自主探索和学习的机会，而智能辅导与答疑系统则为学生提供了一个自主学习的平台，学生可以在遇到问题时随时向系统提问，并通过系统提供的解答和学习资源进行自主学习和探索。这种自主学习的过程能够培养学生的独立思考能力、问题解决能力和自我管理能力，使学生逐渐成为学习的主人，为其终身学习奠定基础。同时，智能辅导与答疑系统也为教师的教学提供了有益的参考和辅助。教师可以通过系统记录的学生提问数据和学习情况，了解学生的学习难点和困惑，及时调整教学内容和方法，提高教学的针对性和有效性。另外，教师还可以参考系统提供的问题解答和学习资源，丰富自己的教学内容和教学手段，提升教学质量和教学效果。但是，智能辅导与答疑系统在应用过程中也面临一些挑战。系统的知识覆盖范围可能存在局限性，对于一些较为新颖或复杂的问题，可能无法给出准确、满意的解答。另外，系统的解答和推送内容的质量也需要进一步提高，以确保其准确性和有效性。为了克服这些挑战，需要不断地对系统进行优化和完善，增加知识储备，提高自然语言处理和机器学习的性能，并且加强对系统的质量监控和评估，确保系统能够为学生提供高质量的学习支持。

借助自然语言处理和机器学习等先进技术构建的智能辅导与答疑系统，在冰雪运动专业教材学习中具有广阔的应用前景。它能够为学生提供便捷高效的学习支持，提高学习效果和自主学习能力，同时也为教师的教学提供参考和辅助，促进教学质量的提升。随着人工智能技术的不断进步和完善，相信智能辅导与答疑系统将会在冰雪运动专业教育中发挥越来越重要的作用。

3. 知识图谱构建与应用

在冰雪运动专业教材的数字化转型升级中,知识图谱的构建与应用具有重要意义。人工智能能够对教材中的海量知识点进行系统梳理和深度整合,从而构建出全面、精确的知识图谱。首先,人工智能需要对冰雪运动专业教材中的文本数据进行全面的收集和整理。这些数据包含了滑雪、滑冰、冰球、雪橇等多个项目的各类知识点,包括起源与发展、规则与裁判法、技术动作与训练方法、运动生理与心理等。其次,通过自然语言处理技术,对这些文本数据进行分析和处理,从中提取出关键的实体和关系。在滑雪项目中,"滑雪"这一实体与"技术动作""训练方法""运动生理"等实体之间存在着特定的关系,人工智能能够准确地识别和抽取这些关系,为知识图谱的构建奠定基础。最后,在完成数据抽取后,还需要对知识进行融合和加工。由于不同教材、不同来源的知识点可能存在表述差异或重复等问题,人工智能会对这些知识进行整合和优化,消除冲突和冗余,使知识图谱中的知识更加准确和一致。同时,通过知识推理和补全技术,进一步完善知识图谱的结构,使其能够更全面地反映冰雪运动专业知识体系的内在逻辑关系和层次结构。

对于教师来说,知识图谱也为教学提供了有力的参考和指导。教师可以依据知识图谱更合理地组织教学内容。在制订教学计划时,根据知识图谱中知识点的层次结构和逻辑关系,合理安排教学顺序,由浅入深、循序渐进地引导学生学习。在教授冰雪运动的基础理论知识时,可以先介绍各个项目的起源与发展,让学生对冰雪运动有一个整体的历史认知,再逐步深入到具体的规则与裁判法、技术动作与训练方法等内容。知识图谱还能帮助教师设计更科学的教学方案。教师可以根据知识图谱中不同知识点之间的关联,设计多样化的教学活动和教学方法。例如,在讲解冰球的战术配合时,可以结合运动生理和心理知识,分析球员在不同战术情境下的身体和心理状态,让学生更全面地理解战术配合的原理和实施要点。通过这种方式,能够提高教学的针对性和有效性,激发学生的学习兴趣,提升教学质量和效率。另外,知识图谱在冰雪运动专业的教育教学中还具有促进知识传承和创新的作用。对于经典的冰雪运动知识和理论,知识图谱能够将其系统地整合和传承下去,确保学生能够全面、准确地学习和掌握。同时,随着冰雪运动的不断发展和创新,新的技术、规则和理念不断涌现,知识图谱也能够及时更新和扩展,将这些新的知识融入整个知识体系,为冰雪运动专业的教育教学注入新的活力,培养出更符合时代需求的专业人才。

但是,知识图谱的构建与应用也面临一些挑战。一方面,数据的准确性和完整性是影响知识图谱质量的关键因素。如果教材中的数据存在错误或遗漏,可能会导致知识图谱的构建出现偏差。另一方面,知识图谱的更新和维护需要及时、高效,以确保其能反映冰雪运动领域的最新发展。另外,如何让学生和教师更好地理解和运用知识图谱,也是需要进一步研究和探索的问题。

4. 学习过程数据分析与评估

在教育领域的数字化发展进程中,学习过程的数据分析与评估借助大数据分析技术和人工智能的强大功能,正发挥着日益重要的作用。通过对学生学习过程中多维度数据的全面收集、深入挖掘与精准分析,能够为学生的个性化学习和教育质量的提升提供有力支持。

大数据分析技术使人工智能能够对学生在冰雪运动专业学习过程中的各种数据进行全面且细致的记录。其中,学生登录学习平台的时间可以反映出他们的学习习惯和学习积极性。登录时间较为规律且集中在课余时间的学生,往往展现出较强的自主学习意识;而登录时间不固定且间隔较长的学生,可能需要更多的引导和督促来建立良好的学习节奏。

学习不同章节的时长也是重要的数据指标。它能够体现学生对不同知识点的接受程度和对学习难度的感受。对于那些学生花费时间较长的章节,可能意味着其中的知识点较为复杂或抽象,需要教师进一步优化教学方法或提供更多的辅助学习资源。相反,学习时长较短的章节,若学生的掌握程度良好,则说明该部分内容对学生来说相对容易理解和掌握;若掌握程度不佳,则可能需要关注学生是否存在学习态度不够认真等问题。每一次练习、测试的成绩和答题情况更是评估学生学习效果的关键依据。成绩的高低直接反映了学生对知识的掌握程度,而答题情况则能更深入地揭示学生在知识理解和应用方面的具体问题。通过分析学生在滑冰技巧相关测试中的答题情况,可以发现他们在某个具体环节的得分较低,这表明学生在该环节可能存在知识漏洞或技能不足。

人工智能通过对这些海量数据的挖掘和分析,能够准确地评估学生的学习状态和学习效果。在评估学习状态方面,它可以综合考虑学生的学习时间分布、学习进度的连贯性以及不同学习阶段的活跃度等因素。如果一个学生在一段时间内学习时间逐渐减少,学习进度停滞不前,且在平台上的互动和参与度也明显降低,那么人工智能可以判断该学生可能处于学习疲劳期或遇到了较大的学习困难,需要及时给予关注和支持。在评估学习效果时,人工智能不仅仅关注学生的成绩,更注重对学生知识体系构建和能力提升的全面考量。它会分析学生在不同知识点上的得分情况,以及在解决综合性问题时所运用的知识和技能,从而判断学生是否真正理解和掌握了所学内容,并能够将其灵活运用到实际问题的解决中。

(二) 虚拟现实在教材中的应用前景

1. 沉浸式学习体验创建

在高校冰雪运动专业教材数字化转型升级的未来展望中,新兴技术如虚拟现实对沉浸式学习环境的深度构建具有重要意义。虚拟现实技术能够创建高度逼真的虚拟冰雪运动场景，让学生仿佛置身于真实的冰雪环境之中。通过精确的建模和渲染，虚拟的滑雪场、溜冰场等场景能够呈现出与现实几乎无异的视觉效果，包括雪的质地、冰面的光泽、周围的自然景观等。学生在这样的虚拟场景中学习，其视觉感受将更加直观和强烈，能够更好地理解和感受冰雪运动的环境特点，为后续的学习和实践打下基础。除了视觉，虚拟现实还能提供多维度的感知体验。在虚拟的冰雪运动场景中，学生可以感受到风的吹拂、雪的寒冷、冰面的滑度等。借助特殊的设备，如触觉反馈手套等，学生在进行滑雪、滑冰等动作时，能够真实地感受到手中滑雪杖的阻力、脚下滑雪板与雪面的摩擦以及冰刀在冰面上的滑行感觉。这种多感知的体验能够极大地增强学生的身临其境感，使他们更加深入地融入学习情境中，提高学习的专注度和效果。在沉浸式学习环境中，学生不再是被动地接受知识，而是能够与虚拟环境进行自然且流畅的交互。他们可以自主地在虚拟冰雪场景中移动、探索，与虚拟的教练、队友或对手进行交流和互动。在学习花样滑冰的过程中，学生可以随时向虚拟教练请教动作技巧，虚拟教练则可以根据学生的表现给予及时的反馈和指导。学生还可以与虚拟队友一起进行冰上舞蹈的排练，共同完成各种复杂的动作组合，这种互动式的学习方式能够激发学生的学习兴趣和积极性，培养他们的团队合作精神和沟通能力。虚拟现实技术还可以根据学生的学习进度和能力水平，为其提供个性化的沉浸式学习体验。对于初学者，可以设计较为简单、基础的冰雪运动场景和任务，帮助他们逐步掌握基本的动作技巧和知识；而对于有一定基础的学生，则可以提供更具挑战性的场景和任务，如高难度的滑雪跳跃、复杂的花样滑冰动作等，满足他们的学习需求，促进其技能的进一步提升。通过这种个性化的学习环境构建，每名学生都能够在适合自己的节奏和难度下进行学习，提高学习的效率和质量。另外，沉浸式学习环境的深度构建还能够打破时间和空间的限制。学生无须受限于现实中冰雪场地的开放时间和地理位置，只要有虚拟现实设备和相应的教材资源，就可以随时进入虚拟的冰雪世界进行学习。这对于那些地处南方、冰雪资源相对匮乏的地区的高校学生来说，尤为重要。他们可以通过虚拟现实技术，同样享受到优质的冰雪运动教育资源，拓宽自己的学习视野，缩小与北方地区学生在冰雪运动学习上的差距。

虚拟现实技术对高校冰雪运动专业教材中沉浸式学习环境的深度构建具有巨大的推动作用。它能够为学生创造更加逼真、多感知、互动性强且个性化的学习环境，打破时空限制，提高学生的学习兴趣和效果，为培养高素质的冰雪运动专业人才提供有力的支持。

2. 虚拟实验室与实践操作

人工智能与虚拟现实技术在高校冰雪运动专业教材中的应用，为学生实践操作技能的强化训练带来了全新的契机与变革。人工智能可通过动作捕捉与分析技术，精准地记录学生在冰雪运动实践操作中的动作细节。比如在滑雪训练中，借助安装在学生身上的传感器以及摄像头等设备，人工智能系统能够实时捕捉学生的身体姿态、动作幅度、速度等关键数据，并与专业运动员的标准动作模型进行对比分析，从而快速、准确地发现学生动作中的问题与不足，为学生提供详细、个性化的改进建议。这有助于学生及时调整自己的动作，更加高效地掌握正确的滑雪技巧，提升实践操作技能。虚拟现实技术则为学生创造了高度逼真且安全的实践操作环境。以花样滑冰为例，学生可以在虚拟的冰面上进行各种高难度动作的练习，而无须担心摔倒受伤等风险。在虚拟环境中，学生能够反复尝试不同的动作组合，熟悉动作的连贯性和节奏感，逐渐增强肌肉记忆和身体协调性。同时，虚拟现实系统还可以根据学生的练习情况，实时调整环境参数和任务难度，为学生提供更具挑战性的训练内容，进一步激发学生的训练热情和潜力，促进其实践操作技能的不断提高。

将人工智能与虚拟现实技术相结合，可以实现更加智能化、个性化的实践操作技能训练。一方面，人工智能可以根据学生的学习进度、身体条件和技能水平等因素，为学生量身定制虚拟现实训练场景和内容，使训练更具针对性。另一方面，虚拟现实环境中的实时反馈和交互功能，能够让学生更加直观地感受到自己动作的效果，增强学习的主动性和积极性。在冰球训练中，学生可以在虚拟的比赛场景中与虚拟对手进行对抗练习，人工智能系统会根据学生的表现和比赛情况，及时调整对手的难度级别和战术策略，让学生在不断挑战中提升自己的冰球实战技能。同时，新兴技术的应用还能够丰富实践操作技能训练的内容和形式。除了常见的冰雪运动项目训练外，还可以模拟一些特殊场景和紧急情况，如在恶劣天气条件下的滑雪救援、冰上运动中的意外伤害处理等，培养学生的应急处理能力和综合素质。通过这些多样化的训练内容和形式，学生能够更加全面地掌握冰雪运动的实践操作技能，更好地适应未来实际工作和生活中的各种需求。

二、技术进步促进教材内容呈现与交互方式的变革

（一）内容呈现形式的多样化转变

1. 多媒体融合的全方位展示

随着技术的不断进步，多媒体融合在高校冰雪运动专业教材数字化转型升级中展现出了巨大的潜力，为教材内容的呈现带来了全方位的展示效果。

多媒体融合能够整合文字、图片、音频、视频等多种媒体形式，将原本单一的教材内容变得更加生动丰富。在高校冰雪运动专业教材中，文字描述可以准确地传达冰雪运动的理论知识、技术要领和规则等，但对于一些复杂的动作和场景，单纯的文字往往难以让学生充分理解。通过加入高质量的图片和详细的示意图，能够直观地展示各种冰雪运动项目的场地、器材、动作姿势等，帮助学生更好地建立起视

觉认知。

音频的加入则为教材增添了另一种维度的信息传达。在讲解冰雪运动的历史和文化时，可以插入相关的音频资料，如运动员的采访、比赛现场的解说和欢呼、冰雪运动相关的音乐等，让学生在聆听中感受冰雪运动的魅力和氛围，增强学习的趣味性和沉浸感。同时，对于一些动作技巧的讲解，配合准确的语音描述，可以让学生更清晰地理解动作的节奏和要点，提高学习效果。视频更是多媒体融合中的重要元素。它能够动态地展示冰雪运动的全过程，包括运动员的示范动作、比赛的精彩瞬间、训练的实际场景等。在教材中嵌入视频内容，可以让学生更直观地观察到冰雪运动中身体的姿态变化、动作的连贯性以及速度和力量的运用，仿佛置身于真实的冰雪运动场景之中。比如，在教授滑雪技巧时，一段专业运动员的滑雪视频可以让学生清晰地看到如何转弯、如何控制速度、如何保持平衡等，比单纯的文字和图片讲解更加生动形象，有助于学生更快地掌握动作要领。

另外，多媒体融合还可以通过 VR 和 AR 技术实现更加沉浸式的全方位展示。利用 VR 技术，学生可以身临其境地进入虚拟的冰雪运动场景中，与虚拟环境中的人物和物体进行交互。学生可以在虚拟的滑雪场中体验不同的雪道和天气条件，感受滑雪的速度，同时可以在虚拟环境中接受专业教练的指导和纠正，提高自己的滑雪技能。AR 技术则可以将虚拟的信息叠加到现实世界中，使教材中的内容与现实场景相结合。比如，学生在阅读教材时，通过手机或其他设备扫描教材中的图片或文字，就可以看到相应的虚拟动画或视频，展示该知识点在实际冰雪运动中的应用，增强学生对知识的理解和记忆。

多媒体融合的全方位展示还能够满足不同学生的学习风格和需求。有些学生更擅长通过视觉学习，图片和视频能够帮助他们更好地理解和记忆；有些学生则喜欢听觉学习，音频资料可以让他们更专注地接收信息；而对于那些喜欢动手实践和体验的学生，VR 和 AR 技术提供的沉浸式交互体验则能够更好地激发他们的学习兴趣和积极性。通过多媒体融合，教材能够以多种方式呈现内容，让每名学生都能找到适合自己的学习方式，提高学习的自主性和效果。同时，多媒体融合的教材内容也更便于更新和扩展。随着冰雪运动的不断发展和新的研究成果的出现，教材中的内容需要及时更新。通过多媒体形式呈现的教材，只需要对相应的媒体文件进行修改或替换，就可以轻松实现内容的更新，确保学生获取到最新、最准确的知识。同时，多媒体资源的丰富性也为教材的扩展提供了广阔的空间，教师可以根据教学的需要随时添加新的案例、视频、音频等内容，丰富教材的内涵和外延。

2.3D 与虚拟现实技术的沉浸式体验

3D 与虚拟现实技术为高校冰雪运动专业教材的数字化转型升级带来了极具变革性的沉浸式体验。通过 3D 技术，可以对冰雪运动的各种场景、人物和动作进行高精度建模，构建出逼真的虚拟冰雪世界。在教材中，学生能够以第一视角或第三视角自由切换的方式，身临其境地观察和参与冰雪运动。例如，在学习高山滑雪时，学生可以仿佛置身于白雪皑皑的高山雪道之上，清晰地看到雪道的坡度、弯道以及周围的环境，感受滑雪时的速度与激情。这种沉浸式的视觉体验能够极大地激发学生的学习兴趣和积极性，让他们更加主动地投入到学习中。

虚拟现实技术则更进一步，它不仅提供了视觉上的沉浸感，还通过交互设备实现了全方位的交互体验。在虚拟现实环境中，学生可以使用手柄、体感设备等与虚拟场景中的物体和人物进行互动。以花样滑冰为例，学生可以在虚拟的冰面上亲自尝试各种跳跃、旋转等动作，感受身体的重心变化和动作的连贯性，同时能得到虚拟教练的实时指导和反馈。这种互动式的学习方式能够让学生更加深入地理解和掌握冰雪运动的技巧，提高学习效果。

3D与虚拟现实技术还能够突破时间和空间的限制，为学生提供更加丰富多样的学习资源和体验。学生可以在任何时间、任何地点进入虚拟的冰雪运动场景中进行学习和训练，无须受到实际场地、天气等条件的限制。在夏季或没有冰雪条件的地区，学生依然可以通过虚拟现实设备体验冰雪运动的乐趣，保持对冰雪运动的热情和学习状态。另外，虚拟场景还可以模拟不同的难度级别和比赛场景，满足不同层次学生的学习需求，让他们在逐步挑战中不断提升自己的技能水平。对于一些高难度、高风险的冰雪运动项目，3D与虚拟现实技术的沉浸式体验还可以为学生提供更加安全的学习环境。在虚拟场景中，学生可以反复进行练习，即使出现失误也不会造成身体上的伤害。通过这种方式，学生可以在安全的前提下，更加大胆地尝试和探索，逐渐克服恐惧心理，提高自己的心理素质和应对能力。

在教学过程中，3D与虚拟现实技术的沉浸式体验还能够促进教师与学生之间的互动和交流。教师可以根据学生在虚拟场景中的表现，及时调整教学策略和方法，为学生提供更加个性化的指导和建议。同时，学生之间也可以通过网络在虚拟场景中进行协作学习和交流，共同探讨冰雪运动的技巧和心得，培养团队合作精神和沟通能力。但是，要实现3D与虚拟现实技术在高校冰雪运动专业教材中的广泛应用，还面临一些挑战。首先，技术设备的成本问题，高质量的虚拟现实设备价格相对较高，可能会限制一些学校和学生的使用。其次，内容制作的难度和成本，创建逼真的虚拟冰雪运动场景需要专业的技术人员和大量的时间、精力投入。最后，还需要解决虚拟场景中的交互流畅性、真实感等技术问题，以提高学生的沉浸感和体验感。

3. 增强现实技术的现实增强呈现

增强现实技术为高校冰雪运动专业教材的内容呈现与交互方式带来了独特的变革，通过将虚拟信息与现实世界相融合，实现了现实增强呈现，为教学提供了更具创新性和沉浸感的体验。

增强现实技术能够将与冰雪运动相关的虚拟信息，如动作示范、技术讲解、战术分析等，精准地叠加到现实场景中。在高校冰雪运动专业教材中，学生可以利用配备增强现实功能的设备，如手机、平板电脑或专业的增强现实眼镜等，扫描教材中的图片、文字或实际的冰雪运动场地、器材等，即可呈现出相应的虚拟内容。当学生在冰场上时，通过增强现实技术，可以在冰面上方显示出标准的滑冰动作示范，包括正确的姿势、步伐、手臂摆动等，让学生能够直观地对比自己的动作与标准动作之间的差异，从而更有针对性地进行改进。

对于冰雪运动中的复杂技术动作，增强现实技术可以提供多维度的解析。它不仅能够展示动作的外观形态，还可以通过虚拟信息呈现出动作的内部力学原理、肌肉发力顺序等深层次的知识。如在教授滑雪中的转弯技巧时，增强现实技术可以在学生实际做出转弯动作的同时，以虚拟图形和文字的形式，展示身体重心的转移路径、腿部力量的分配以及滑雪板与雪面之间的作用力等，使学生更全面地理解动作的本质和要点，提高学习效果。这种现实增强呈现方式，将抽象的理论知识与具体的实践操作紧密结合，打破了传统教材单一维度的呈现局限，让学生在真实的运动场景中获得更丰富、更深入的学习体验。

增强现实技术还可以实现个性化的学习体验。根据学生的学习进度、技能水平和学习风格等因素，系统可以为每名学生提供定制化的虚拟信息呈现。对于初学者，增强现实教材可以提供更基础、更详细的动作指导和提示，帮助他们快速掌握冰雪运动的基本技能；而对于有一定基础的学生，则可以提供更高级的技术分析和战术应用指导，满足他们进一步提升的需求。在冰球训练中，对于不同位置的球员，增强现实技术可以根据其位置特点和职责，为其提供相应的战术跑位、传球线路、射门技巧等虚拟指导信息，使每名学生都能在适合自己的学习路径上不断进步。

（二）内容组织与结构的优化

1. 知识图谱助力的系统性整合

知识图谱在高校冰雪运动专业教材数字化转型升级中具有重要意义，其能够实现对教材内容的系统性整合，为教学提供更高效、更智能的支持。

知识图谱可对冰雪运动专业教材中的知识进行全面梳理与分类。它能够将分散在不同章节、不同教材中的知识点提取出来，按照其内在逻辑关系进行归类，形成一个层次分明、结构清晰的知识体系。比如，将滑雪、滑冰、冰球、花样滑冰等不同项目的基础理论知识、技术动作要领、训练方法、竞赛规则等分别进行整合，让学生能够对各个知识点在整个知识体系中的位置一目了然，有助于他们建立起全面而系统的知识框架。

通过知识图谱，还能实现知识点之间的关联与融合。冰雪运动是一个综合性较强的领域，各个知识点之间存在着紧密的联系。知识图谱可以清晰地展现这些关联，帮助学生更好地理解和掌握知识。在学习花样滑冰的跳跃动作时，知识图谱可以将与之相关的身体平衡控制、腿部力量运用、旋转技巧等知识点关联起来，使学生明白这些因素之间是如何相互影响、相互作用的，从而更深入地理解花样滑冰跳跃动作的本质和要点，提高学习效果。基于知识图谱的系统性整合，还能够为学生提供个性化的学习路径。根据学生的学习进度、知识掌握程度以及学习目标等因素，知识图谱可以为每名学生量身定制适合他们的学习路径。对于初学者，可以从基础的冰雪运动知识和简单的技术动作开始学习，逐步深入；而对于有一定基础的学生，则可以根据其薄弱环节，推荐相应的强化训练内容和进阶知识点，引导他们在自己的优势基础上不断提升。这样的个性化学习路径能够充分满足不同学生的学习需求，提高学习的针对性和效率。

在教学过程中，知识图谱助力的系统性整合有助于教师更好地组织教学内容和设计教学方案。教师可以依据知识图谱所呈现的知识体系和关联关系，合理安排教学顺序，将相关知识点有机地结合起来进行教学，避免知识的碎片化和孤立化。同时，教师还可以根据知识图谱中的重点、难点和易错点，有针对性地设计教学活动和教学方法，提高教学的质量和效果。在讲解冰雪运动的战术配合时，教师可以借助知识图谱中相关知识点的关联，通过案例分析、模拟演练等方式，让学生更加直观地理解战术配合的原理和应用，培养学生的团队协作能力和战术意识。

知识图谱还可以促进冰雪运动专业教材与其他相关学科知识的融合。冰雪运动涉及物理学、生理学、心理学、管理学等多个学科领域的知识，知识图谱能够将这些跨学科的知识整合到一起，为学生提供更广阔的学习视野和更丰富的知识资源。比如，在学习滑雪时，知识图谱可以将滑雪运动中的力学原理、人体在寒冷环境下的生理反应、运动员的心理调适以及赛事的组织管理等相关知识进行整合，使学生能够从多个角度去理解和研究滑雪运动，培养学生的跨学科思维能力和综合素养。

知识图谱助力的系统性整合为高校冰雪运动专业教材的数字化转型升级提供了有力的支持。它能够优化教材的内容呈现和组织方式，提高学生的学习效果和教师的教学质量，促进冰雪运动专业教育的发展。虽然目前在应用过程中还存在一些困难和挑战，但随着技术的不断进步和相关研究的深入，相信知识图谱在高校冰雪运动专业教材中的应用将会越来越广泛和深入，为培养更多优秀的冰雪运动专业人才发挥更大的作用。

2. 个性化定制的内容编排

随着技术的不断进步，高校冰雪运动专业教材数字化转型升级中个性化定制的内容编排成为重要发展趋势，其为学生的学习带来了更具针对性和适应性的体验。

个性化定制的内容编排能够依据学生的学习进度进行精准设计。在冰雪运动专业教材数字化平台中，通过对学生学习数据的实时监测和分析，系统可以清晰地了解每名学生对不同知识点的掌握程度。对于学习进度较快的学生，教材可以自动推送更深入、更复杂的冰雪运动知识和技能训练内容，如高级滑雪技巧、冰球战术的深入分析等，以满足他们的求知欲和提升需求；而对于学习进度相对较慢的学生，系统则会着重提供基础知识点的强化训练和巩固练习，如冰雪运动的基本安全知识、基础滑行姿势的反复练习等，帮助他们夯实基础，逐步跟上教学进度。同时，根据学生的知识掌握情况，个性化定制的内容编排也有所不同。如果学生在某个冰雪运动项目的技术动作上存在薄弱环节，教材能够自动为其生成专门的辅导内容，包括详细的动作分解视频、常见错误分析以及针对性的训练方法等。例如，学生在花样滑冰的跳跃动作上总是出现失误，教材就会提供该跳跃动作各个环节的慢动作演示、身体重心控制要点的讲解以及辅助练习手段，让学生能够有针对性地进行改进和提高。相反，对于学生已经熟练掌握的知识点和技能，教材则可以减少相关内容的重复呈现，将更多的学习资源分配到其他需要提升的方面，提高学习效率。

学生的学习风格也是个性化定制内容编排的重要依据。有些学生属于视觉型学习者，对于图像、视频等直观的信息呈现方式更容易接受和理解。针对这类学生，教材可以更多地以精彩的冰雪运动赛事视频、专业运动员的动作示范视频、3D动画演示等形式来呈现教学内容，帮助他们更好地掌握冰雪运动的技巧和战术。而对于听觉型学习者，教材则可以增加语音讲解、专家点评的音频内容，让学生通过听的方式来学习和巩固知识。另外，还有动觉型学习者，他们更倾向于通过实际操作和体验来学习，教材可以为他们提供更多的虚拟实践场景和互动式训练项目，如虚拟滑雪训练、冰球模拟比赛等，让学生在实践中不断提升自己的冰雪运动技能。

个性化定制的内容编排还能够结合学生的兴趣爱好来优化教材内容。在高校冰雪运动专业中，学生可能对不同的冰雪运动项目有着不同的兴趣倾向。教材数字化平台可以根据学生的兴趣爱好，为其提供更丰富、更深入的相关项目内容。例如，对于热爱滑雪的学生，可以推送更多关于不同类型滑雪场地的介绍、滑雪装备的选购与保养、滑雪旅游攻略等拓展性知识，激发他们对滑雪运动的更浓厚兴趣和深入探索欲望；而对于喜欢冰球的学生，则可以提供冰球明星的成长历程、冰球赛事的历史回顾、冰球裁判规则的详细解读等内容，满足他们对冰球运动的全方位了解需求。个性化定制的内容编排通过为学生提供符合其自身特点和需求的学习内容，学生能够更加自主地安排学习计划和学习进度，选择适合自己的学习方式和学习资源。他们可以在教材数字化平台上根据自己的时间和精力，灵活地学习和复习冰雪运动专业知识，不再受到传统教材固定内容和教学进度的限制。这种自主学习的过程能够激发学生的学习积极性和主动性，培养他们的独立思考能力和创新精神，为未来的职业发展和终身学习奠定坚实的基础。

要实现个性化定制的内容编排，也面临一些挑战。首先是数据安全和隐私保护问题，学生的学习数据涉及个人隐私，如何确保这些数据的安全存储和合法使用是一个重要问题。其次是技术实现的难度和成本，个性化定制需要强大的技术支持和大量的资源投入，包括数据挖掘与分析技术、智能推荐算法的研发等，这对于高校和教材出版机构来说都需要一定的技术实力和资金支持。最后是教师也需要适应这种个性化的教学模式，提升自己的教学能力和信息技术素养，以便更好地指导学生进行个性化学习。

3. 动态更新与实时推送的时效性保障

在高校冰雪运动专业教材数字化转型升级的过程中，动态更新与实时推送的时效性保障至关重要，其对于提升教学质量、满足学生学习需求以及促进冰雪运动专业教育的发展具有深远意义。技术的不断进步为教材内容的动态更新提供了有力支持。借助互联网和大数据技术，教材编写团队能够实时获取冰雪运动领域的最新研究成果、赛事动态、训练方法等信息，并及时将这些内容更新到教材中。

实时推送则能够确保学生第一时间获取到最新的学习资源。利用智能推送系统，根据学生的学习进度、兴趣爱好以及个性化设置，将更新后的教材内容、拓展阅读材料、相关视频等及时推送给学生。对于正在学习滑雪技巧的学生，如果有新的滑雪教学视频或专业运动员的技术解析发布，系统会立即将其推送给学生，让学生能够及时了解到最新的滑雪技术动态，丰富学习资源，加深对滑雪运动的理解和掌握。同时，实时推送还可以包括学习提醒、作业通知、课程安排变更等信息，帮助学生更好地规划学习时间和安排学习任务，提高学习的自主性和效率。为了保障动态更新与实时推送的时效性，需要建立高效的数据收集与分析机制。一方面，要与冰雪运动领域的专业机构、科研团队、赛事组织等保持密切合作，及时获取权威、准确的一手数据和信息；另一方面，要对学生在数字化教材平台上的学习行为、学习反馈等数据进行全面收集和深入分析，以便准确把握学生的学习需求和学习状态，为更新和推送内容提供依据。通过数据的整合与分析，能够实现教材内容的精准更新和个性化推送，提高教材的适应性和针对性。

强大的技术架构和服务器性能是时效性的基础保障。数字化教材平台需要具备高并发处理能力和快速的数据传输速度，以应对大量学生同时访问和接收实时推送的需求。采用先进的云计算技术、分布式存储技术以及内容分发网络（Content Deliver Network，CDN）等，可以有效提高平台的运行效率和稳定性，减少数据传输延迟，确保动态更新的内容能够迅速、准确地推送给学生，让学生在最短的时间内获取到最新的学习资源。但是，要实现动态更新与实时推送的时效性保障，也面临一些挑战。首先是信息过载的问题，随着冰雪运动领域信息的快速增长，如何筛选出对学生有价值的内容并进行及时更新和推送,需要更加科学合理的方法和策略。其次是技术更新换代带来的兼容性问题,数字化教材平台需要不断升级和优化,以适应新的技术环境和设备终端,确保动态更新与实时推送功能在不同平台和设备上的正常运行。最后是要关注学生的信息接收和处理能力,避免过多的实时推送给学生造成学习压力和干扰,要引导学生合理利用推送资源,提高学习效果。

(三) 交互方式的创新与深化

1. 智能问答系统的即时反馈

智能问答系统的即时反馈是高校冰雪运动专业教材数字化转型升级中,技术进步对教材内容呈现与交互方式变革的重要体现,其对提升教学效果和学生学习体验具有重要意义。

智能问答系统能够为学生提供及时准确的答案。在冰雪运动专业学习中,学生可能会遇到各种问题,如冰雪运动的技术动作要领、竞赛规则解读、训练方法的选择等。智能问答系统通过自然语言处理技术,能够迅速理解学生的问题,并从海量的知识数据库中精准检索出相关答案,以文本、图片、视频等多种形式呈现给学生,满足学生在不同学习场景下的需求。比如,学生在学习花样滑冰的旋转动作时,对身体重心的控制存在疑问,通过智能问答系统输入问题,系统可立即给出详细的文字说明以及专业运动员的动作示范视频,让学生直观地了解正确的技术动作,及时解决学习中的困惑。即时反馈有助于激发学生的学习兴趣和积极性。当学生提出问题后,能够迅速得到系统的回应和解答,这种高效的交互方式让学生感受到学习的便捷性和趣味性,从而更加主动地学习。为了提升智能问答系统的即时反馈效果,需要不断加强技术研发和优化。一方面,要采用先进的知识图谱技术,构建更加完善的冰雪运动专业知识体系,提高知识的关联性和系统性,为系统的准确回答提供更有力的支持;另一方面,要深入研究自然语言处理算法,不断提升系统的语义理解和文本生成能力,使系统能够更加准确、自然地与学生进行交流和互动。同时,需要加强系统的性能优化和服务器架构设计,确保系统在高并发情况下的稳定运行,为学生提供快速、流畅的即时反馈服务。

2. 社交互动功能的协作学习

随着技术的不断进步,高校冰雪运动专业教材数字化转型升级中,社交互动功能的协作学习成为教材内容呈现与交互方式变革的重要方面,其为学生的学习带来了全新的体验和诸多益处。社交互动功能的协作学习能够打破传统学习的时空限制。在数字化教材平台中,学生无论身处何地,只要接入网络,就能够与教师和同学进行实时交流与协作。例如,不同高校的冰雪运动专业学生可以通过在线讨论组,共同探讨某一冰雪运动项目的技术难点或训练方法,分享各自的学习心得和实践经验。这种跨越地域的协作学习方式,极大地拓宽了学生的学习视野,让他们能够接触到更多元的观点和思路，丰富学习资源，提高学习的广度和深度。

第二节 冰雪运动专业教材数字化转型的教育生态构建

一、教材数字化与冰雪运动教育产业链的协同发展

（一）教育资源整合与人才培养

1. 数字化教材平台与冰雪运动培训机构资源对接

在高校冰雪运动专业教材数字化转型升级的进程中，数字化教材平台与冰雪运动培训机构资源对接具有极为关键的意义，其能够有效整合双方优势资源，为冰雪运动教育的全面发展开辟新的路径。

数字化教材平台依托现代信息技术，具备强大的资源整合与传播功能。它汇聚了丰富的冰雪运动专业知识，包括理论讲解、技术示范视频、经典案例分析等，这些内容以数字化的形式呈现，便于学生随时随地进行学习。而冰雪运动培训机构则在实践教学方面拥有独特的资源，如专业的教练团队、先进的训练场地与设施以及丰富的实践教学经验。通过资源对接，数字化教材平台能够引入冰雪运动培训机构的实践教学资源，丰富自身内容体系。培训机构可以将其在实际训练过程中拍摄的优秀学员示范视频、教练的现场教学视频上传至数字化教材平台。这些视频具有很强的实战性和直观性，能够让高校学生更真切地感受到冰雪运动在实际训练中的要点和细节，弥补了传统教材仅注重理论知识传授的不足。同时，培训机构的教练还可以作为线上客座讲师，参与数字化教材平台的课程录制或直播教学，为学生解答实践操作中的疑问，分享他们在一线教学中积累的宝贵经验，使高校冰雪运动专业的教学更加贴近实际应用场景。

为了实现数字化教材平台与冰雪运动培训机构资源的有效对接，需要建立完善的合作机制与技术支持体系。首先，双方应明确合作目标与职责分工，制定详细的资源共享计划和合作流程。其次，要搭建安全稳定的技术对接平台，确保数据传输的顺畅与信息安全。采用云计算技术和加密传输协议，保障教学资源在双方之间的安全共享与高效利用。最后，还需要建立有效的沟通协调机制，定期开展交流活动，及时解决合作过程中出现的问题，促进双方合作的持续深入发展。通过数字化教材平台与冰雪运动培训机构资源的对接，能够打破高校与社会培训机构之间的资源壁垒，实现教育资源的优化配置与共享共赢。这不仅有助于提升高校冰雪运动专业的教学质量和学生的实践能力，也能够推动冰雪运动培训机构的规范化、专业化发展，为整个冰雪运动教育产业链的协同发展奠定坚实基础，进一步促进冰雪运动

教育事业在全社会的广泛普及与深入发展。

2. 高校间冰雪运动专业教育资源的互通有无

在高校冰雪运动专业教材数字化转型升级的大背景下，高校间冰雪运动专业教育资源的互通有无成为构建教育生态体系的重要环节，其对于提升整体教育质量、促进学科发展以及培养优秀冰雪运动专业人才具有深远意义。

不同高校在冰雪运动专业教育方面往往各具特色与优势。一些高校可能在冰雪运动理论研究领域成果斐然，拥有一批高水平的科研团队，他们在冰雪运动的历史文化、运动生理、运动心理等方面进行深入探索，积累了丰富的理论研究资料与科研成果。这些理论成果能够为冰雪运动专业的教学提供坚实的知识基础，帮助学生深入理解冰雪运动背后的原理与规律。例如，某高校在冰雪运动生理研究方面的成果，详细阐述了人体在寒冷环境下进行冰雪运动时的生理反应与适应机制，这对于学生科学地进行训练、预防运动损伤以及提升运动表现具有重要指导意义。而另一些高校则在冰雪运动实践教学方面表现卓越，具备先进的冰雪运动训练场地与设施，以及经验丰富的教练团队。他们能够为学生提供高质量的实践教学环境，让学生在真实的冰雪场景中进行技能训练与实践操作。比如，有的高校拥有国际标准的滑雪场或滑冰场，其教练团队曾培养出众多优秀的冰雪运动员，这些高校在实践教学环节的优势能够使学生更好地掌握冰雪运动的实际技能，培养他们的竞技能力并积累实战经验。

3. 数字化教材对实践型冰雪运动人才培养的推动

在冰雪运动教育领域，数字化教材的出现为实践型冰雪运动人才的培养带来了前所未有的机遇与强大的助力，在多方面产生了积极而深远的影响。

数字化教材以其丰富的多媒体资源为实践型人才培养奠定了坚实基础。它不再局限于传统的文字描述，而是整合了大量高清图片、精彩视频以及生动的动画演示。在冰雪运动技能教学方面，这些资源能够细致入微地展示各种冰雪运动项目的动作要领。以花样滑冰为例，数字化教材中的视频可以全方位地呈现运动员从起跳到旋转、滑行直至结束动作的全过程，同时通过慢动作回放、多角度切换等功能，让学生清晰地观察到身体姿态的变化、肢体的协调配合以及力量的传递路径。这相较于传统教材的文字讲解和简单图示，极大地增强了学生对动作的直观理解，为他们在实际训练中准确模仿和掌握技能提供了有力支持。

数字化教材的实时更新功能使其能够紧密贴合冰雪运动行业的发展动态，从而更好地服务于实践型人才培养。冰雪运动行业技术不断创新、竞赛规则持续变化、训练理念日益更新，数字化教材可以迅速将这些新信息纳入其中。比如，当国际滑冰联盟对花样滑冰的评分规则做出调整时，数字化教材能够及时更新相关内容，并结合新规则对经典案例进行重新分析解读，让学生第一时间了解行业最新要求，使他们在训练和学习过程中始终保持与行业前沿同步。这确保了培养出的人才能够迅速适应行业的变化，在毕业后顺利融入工作岗位，为推动冰雪运动事业的发展贡献力量。

（二）标准规范与质量保障体系共建

1. 教材数字化的技术标准与冰雪运动教育行业规范的协同

在高校冰雪运动专业教材数字化转型升级的进程中，教材数字化的技术标准与冰雪运动教育行业规范的协同是构建稳固教育生态体系的关键环节，二者相互影响、相互促进，共同推动着冰雪运动教育向着标准化、规范化与高质量化的方向发展。

教材数字化的技术标准涵盖了多个重要方面，其与冰雪运动教育行业规范的协同首先体现在数据格式与编码规范上。在数字化教材中，文字、图像、音频、视频等各类信息资源需遵循统一的数据格式与编码规则，以确保在不同的数字平台、设备终端以及软件系统之间能够实现无障碍传输与精准呈现。这一技术标准与冰雪运动教育行业规范相契合，因为行业规范要求教材内容无论以何种形式呈现，都必须保证信息的准确性与完整性。在冰雪运动技能教学视频中，视频的编码格式应确保动作画面的流畅性与清晰度，使学生能够清晰地观察到每一个技术细节，这与行业规范中对教学内容精准展示的要求高度一致。只有当技术标准与行业规范协同作用时，才能避免因数据格式不兼容或编码错误而导致的信息失真或丢失，从而为学生提供高质量的数字化学习资源。

信息安全技术标准在教材数字化过程中同样占据着重要地位，其与行业规范的协同关系密切。数字化教材涉及大量的教学资料、学生学习数据以及知识产权信息，必须建立严格的信息安全防护机制。这包括数据加密技术，防止信息在传输与存储过程中被非法窃取或篡改；用户身份认证与授权管理，确保只有合法的教师、学生及相关教育工作者能够访问和使用教材资源。冰雪运动教育行业规范也对信息安全提出了明确要求，强调保护学生隐私、维护教育资源的合法权益以及保障教学秩序的正常运行。在行业规范中，对学生的学习成绩、训练记录等敏感信息的保护有着严格的规定，这就要求教材数字化的信息安全技术标准能够与之相匹配，通过加密算法、访问控制列表等技术手段，切实保障学生信息的安全与隐私，使数字化教材的使用在合法合规的框架内进行。

交互性技术标准是教材数字化的重要特征，其与冰雪运动教育行业规范的协同对于提升教学效果具有重要意义。数字化教材应具备良好的交互功能，如在线答疑、学习讨论区、知识测验与反馈等，以促进学生与教材、学生与教师以及学生之间的互动交流。这些交互功能的实现需要遵循一定的技术标准，包括界面设计的友好性、操作流程的便捷性以及数据交互的实时性等。冰雪运动教育行业规范注重培养学生的自主学习能力、团队协作精神与创新思维，而数字化教材的交互性技术标准正是实现这些教育目标的重要手段。在行业规范中鼓励开展小组合作学习与项目式学习，数字化教材的交互功能可以通过创建小组学习空间、设置协作任务等方式，为学生提供便利的合作学习平台，使学生在互动交流中更好地理解和掌握冰雪运动知识与技能，符合行业规范对教学方法与学习模式的要求。另外，教材数字化的更新与维护技术标准也与冰雪运动教育行业规范协同发展。随着冰雪运动技术的不断创新、竞赛规则的持续变化以及教育理念的更新换代，数字化教材需要及时进行更新与维护，以保证教学内容的时效性与先进性。技术标准规定了教材更新的流程、频率以及数据迁移与版本管理的方法。这与冰雪运动教育行业规范中对教材内容动态调整的要求相呼应，行业规范要求教材能够及时反映行业的最新发展动态，为学生提供与时代同步的知识体系。例如，当国际滑冰联盟对花样滑冰的评分规则做出重大调整时，数字化教材应依据更新技术标准迅速启动内容更新程序，按照行业规范的要求对相关章节进行修订，确保学生所学的竞赛规则知识与实际赛事要求相一致，使教材在技术标准与行业规范的协同作用下保持活力与适应性。

为了实现教材数字化的技术标准与冰雪运动教育行业规范的有效协同，需要建立多方面的合作与沟通机制。教育部门、行业协会、教材出版机构以及技术研发企业应加强合作，共同制定和完善相关的技术标准与行业规范。定期组织跨领域的研讨会议与培训活动，促进各方之间的信息交流与经验分享，使技术标准的制定者能够深入了解行业规范的要求，行业规范的制定者也能充分认识到技术标准的可行性与局限性。同时，建立监督与评估机制，对教材数字化过程中的技术标准执行情况与行业规范遵守情况进行定期检查与评估，及时发现并解决存在的问题，确保二者在协同发展的道路上不断优化与完善，为高校冰雪运动专业教材数字化转型升级提供坚实的保障，推动冰雪运动教育生态的健康可持续发展。

2. 质量评估机制在教材数字化与冰雪运动教育中的应用

在高校冰雪运动专业教材数字化转型升级的背景下，质量评估机制在教材数字化与冰雪运动教育中的应用至关重要，其对于保障教育质量、推动教育发展具有不可忽视的作用。

首先，质量评估机制能够确保教材数字化内容的准确性与科学性。数字化教材作为冰雪运动知识的重要载体，其内容质量直接影响学生的学习效果。通过建立严格的质量评估机制，可以对教材中的文字、图片、视频等各种信息进行细致审查，确保所呈现的冰雪运动理论知识、技术动作要领、赛事规则等内容准确无误，符合冰雪运动的科学原理和实际情况。在评估关于高山滑雪技术动作的数字化教材内容时，专业人员会依据科学的运动力学原理和实际的滑雪教学经验，检查教材中对滑雪姿势、转弯技巧、速度控制等方面的描述和演示是否准确，从而避免学生因学习错误的内容而影响技能的掌握和提高。其次，质量评估机制有助于提升教材数字化资源的适用性与有效性。不同高校的冰雪运动专业教学目标、学生基础和教学条件存在差异，因此数字化教材需要具备较强的适用性。质量评估机制可以从教学目标的达成度、学生的学习反馈、教师的教学应用效果等多个维度，对教材数字化资源进行评估。根据评估结果，教材开发者能够了解到教材在哪些方面能够满足教学需求，哪些方面还需要进一步改进和优化，从而有针对性地调整和完善教材内容及功能。比如，若评估发现某数字化教材中的案例分析对于基础较弱的学生来说难度过高，影响了他们对知识的理解和应用，开发者就可以对案例进行简化或补充更多基础案例，以提高教材的适用性，使教材更好地服务于冰雪运动教育教学。再次，质量评估机制在促进教材数字化与冰雪运动教育教学方法的融合方面发挥着重要作用。随着教育技术的不断发展，数字化教材不再仅仅是传统纸质教材的简单电子化，而是融合了多种创新教学方法和手段的新型教学资源。质量评估机制能够对教材中所采用的教学方法的合理性和有效性进行评估，如在线互动教学、虚拟实践教学、个性化学习路径推荐等功能是否能够真正激发学生的学习兴趣，提高学习效果。通过评估，教育者可以发现哪些教学方法在冰雪运动教育中取得了良好的效果，哪些需要进一步改进或与其他方法进行更好的结合。例如，在评估某数字化教材的虚拟实践教学功能时，发现学生在虚拟环境中进行冰雪运动技能训练时的参与度和技能提升效果显著，但在与实际场地训练的衔接方面存在不足，据此可以对教学方法进行优化，加强虚拟实践与实际训练的结合，提升冰雪运动教育的整体质量。最后，质量评估机制对于保障教材数字化的技术性能和用户体验同样不可或缺。数字化教材的正常使用依赖于稳定的技术支持，包括软件的兼容性、运行速度、数据安全性等方面。质量评估机制可以对教材数字化的技术性能进行全面检测，确保教材在不同的设备和网络环境下都能够流畅运行，不会出现卡顿、死机或数据泄露等问题，为学生和教师提供良好的使用体验。同时，评估机制还可以关注用户界面的设计是否简洁直观、操作是否便捷，以及教材与其他教育技术工具的整合是否顺畅等方面，从而不断优化教材的技术性能和用户体验，提高教材数字化在冰雪运动教育中的应用价值。

3. 知识产权保护与教材数字化及教育产业发展的平衡

在高校冰雪运动专业教材数字化转型升级的过程中，知识产权保护与教材数字化及教育产业发展的平衡是一个至关重要的问题。

一方面，知识产权保护是教材数字化健康发展的基础保障。数字化教材作为一种知识产品，其创作凝聚了作者、编辑、制作团队等多方面的智慧和心血，理应受到法律的保护。对于高校冰雪运动专业教材而言，其独特的教学内容、专业的知识体系以及精心设计的教学资源等，都是具有重要价值的知识产权。若这些知识产权得不到有效保护，侵权行为将会泛滥，如未经授权的复制、传播、改编等，这不仅会损害创作者的合法权益，打击他们创作和创新的积极性，还会导致市场上出现大量低质量甚至错误的数字化教材，影响教育教学质量，扰乱正常的教育市场秩序。另一方面，教材数字化及教育产业的发展也离不开合理的知识产权保护机制。在数字化时代，教材的传播方式和使用方式发生了巨大变化，其传播速度更快、范围更广，这为教育产业的发展带来了新的机遇。通过教材数字化，可以实现教育资源的共享和优化配置，提高教育教学的效率和质量，促进教育公平，推动教育产业的创新和发展。但是，如果知识产权保护过于严格，限制了教材数字化及教育资源的合理使用和传播，将会阻碍教育产业的发展。一些教育机构可能因担心侵权风险而不敢对数字化教材进行开发和应用，或者在使用过程中受到过多的限制，无法充分发挥数字化教材的优势，这对于教育产业的数字化转型和升级是极为不利的。

因此，要实现知识产权保护与教材数字化及教育产业发展的平衡，需要从多个方面入手。首先，要建立健全数字化教材的知识产权保护法律法规体系。明确数字化教材的版权归属、使用权限、侵权认定标准等，为知识产权保护提供明确的法律依据。同时，加强执法力度，严厉打击各种侵权盗版行为，维护良好的市场秩序，保护创作者和版权所有者的合法权益。其次，要探索建立合理的授权机制和利益分配机制。在确保知识产权得到保护的前提下，促进数字化教材的广泛传播和合理使用。可以通过建立版权交易平台、制定统一的授权协议等方式，简化授权流程，降低交易成本，使教育机构、教师和学生能够合法、便捷地获取和使用数字化教材资源。同时，要合理分配知识产权所带来的利益，充分调动各方参与教材数字化的积极性，实现创作者、版权所有者、教育机构和使用者等多方面的共赢。随后要加强教育产业界的知识产权意识培养。通过开展培训、宣传等活动，提高教育机构、教师和学生对知识产权保护的认识和重视程度，使其自觉遵守知识产权法律法规，抵制侵权行为。同时，鼓励教育机构和企业加强自身的知识产权管理，建立完善的知识产权管理制度，规范内部的创作、使用和传播行为，从源头上预防侵权风险的发生。再次，还可以推动知识产权保护技术的创新和应用。利用数字水印、加密技术、区块链等先进技术，为数字化教材提供有效的技术保护手段，防止教材被非法复制、篡改和传播。最后，通过技术手段实现对教材使用情况的监测和统计，为知识产权的授权管理和利益分配提供数据支持，提高知识产权保护的效率和精准度。

在高校冰雪运动专业教材数字化转型升级的过程中，只有实现知识产权保护与教材数字化及教育产业发展的平衡，才能既保护好创作者的合法权益，又充分发挥教材数字化的优势，推动教育产业的健康、快速发展，构建良好的教育生态环境。

二、数字化教材在促进冰雪运动文化传承与创新中的作用

（一）丰富冰雪运动文化传承的载体与形式

1. 多媒体融合，生动展现冰雪运动文化

在高校冰雪运动专业教材数字化转型升级的背景下，多媒体融合为生动展现冰

雪运动文化提供了强大助力。通过将文字、图像、音频、视频、动画等多种媒体形式有机结合，数字化教材能够以更加丰富、立体的方式呈现冰雪运动文化的内涵与魅力。

多媒体融合的数字化教材为冰雪运动文化的传承与展现提供了全新的途径和方式。它打破了传统教材单一的文字表述模式，通过多种媒体形式的协同作用，让冰雪运动文化更加生动、形象、立体地呈现在学生面前，激发学生对冰雪运动的热爱和对冰雪运动文化的认同感与自豪感，为冰雪运动文化的传承与创新奠定了坚实的基础。

2. 打破时空限制，扩大文化传播范围

在高校冰雪运动专业教材数字化转型升级的进程中，其打破时空限制的特性对于扩大冰雪运动文化传播范围具有重大意义。

传统的冰雪运动文化传播受限于时间和空间的因素，往往只能在特定的季节、特定的地域开展相关活动和教学，文化的传播范围较为狭窄。数字化教材则完全突破了这些限制，使得冰雪运动文化能够在更广泛的时空维度中得到传播。

数字化教材打破时空限制的特点为冰雪运动文化的传播提供了前所未有的广阔空间和强大动力，有力地促进了冰雪运动文化在更广泛范围内的传承与创新，让更多的人能够领略到冰雪运动文化的独特魅力，为冰雪运动的普及和发展奠定了坚实的基础。

3. 整合多元资源，系统呈现冰雪运动历史与发展

在高校冰雪运动专业教材数字化转型升级的背景下，整合多元资源对于系统呈现冰雪运动历史与发展具有至关重要的意义。通过对多种类型资源的有效整合，数字化教材能够以更为全面、深入且有条理的方式，将冰雪运动的历史脉络与发展进程展现给学习者。

数字化教材还可以整合在线互动平台、虚拟现实体验等新兴技术资源，为学习者提供更加丰富多样的学习方式和体验。在线互动平台可以促进学习者之间的交流与讨论，让他们分享自己对冰雪运动历史与发展的见解和感悟，拓宽学习视野；虚拟现实体验则能够让学习者身临其境地感受冰雪运动的历史场景和文化氛围，如虚拟参观古代的冰雪运动场所、体验早期的冰雪运动项目等，进一步增强学习的趣味性和沉浸感。通过整合多元资源，数字化教材能够系统地呈现冰雪运动的历史与发展，为高校冰雪运动专业的学生以及广大冰雪运动爱好者提供一个全面、深入、生动的学习平台。这种整合不仅有助于传承和弘扬冰雪运动文化，还能激发学习者对冰雪运动的创新思维和探索精神，为冰雪运动的未来发展培养更多具有深厚文化底蕴和创新能力的专业人才，推动冰雪运动在新时代的持续发展和创新。

(二) 激发冰雪运动文化创新的活力与动力
1. 互动性学习，促进学习者对冰雪文化的创新思考

在高校冰雪运动专业教材数字化转型升级的背景下，互动性学习为促进学习者对冰雪文化的创新思考提供了强大动力与广阔空间。

数字化教材的互动性学习打破了传统学习模式中学习者的被动接受状态，使学习者能够积极主动地参与冰雪文化的学习与探索。通过在线讨论平台、学习社区等功能，学习者可以与教师、同学以及其他冰雪运动爱好者进行实时交流与互动。这种交流互动不再局限于课堂时间和校园空间，学习者能够在任何时间、任何地点，就冰雪文化的相关话题展开深入讨论。在学习某一冰雪运动项目的历史起源时，学习者可以在讨论平台上分享自己所了解到的不同版本的起源故事，与他人交流探讨其真实性与合理性，从而激发对冰雪文化历史研究的兴趣和创新思考。

通过互动性学习，学习者不再是孤立地学习冰雪文化知识，而是能够在交流、合作与互动中不断拓展思维边界，深化对冰雪文化的理解和认识。这种互动性学习环境培养了学习者的创新意识和创新能力，促使他们以更加积极主动的态度参与冰雪文化的创新实践。他们可能会从不同的角度对冰雪文化进行重新审视和解读，提出新颖的观点和见解；也可能会将其他领域的知识和技术引入冰雪文化中，创造出全新的冰雪文化表现形式和传播方式。互动性学习为冰雪运动文化的创新发展注入了源源不断的活力与动力，推动着冰雪文化在新时代不断焕发出新的生机与魅力。

2. 虚拟实践体验，为冰雪运动文化创新提供实践基础

在高校冰雪运动专业教材数字化转型升级的进程中，虚拟实践体验作为一种创新的教育手段，为冰雪运动文化创新奠定了坚实的实践基础。

虚拟实践体验通过先进的虚拟现实技术，能够高度还原冰雪运动的各种场景和环境。学习者无须受限于现实中的季节、场地、设备等因素，随时可以进入虚拟的冰雪世界，进行滑雪、滑冰、冰球等多种冰雪运动项目的实践体验。以滑雪为例，在虚拟实践中，学习者可以置身于不同难度等级的雪道上，感受雪地的质感、坡度的变化以及风速的影响，如同在真实的滑雪场中一样进行滑行、转弯、刹车等动作。这种高度逼真的体验，让学习者能够更加深入地了解冰雪运动的技术要领和运动特点，为其在现实中进行冰雪运动提供了宝贵的实践经验，也为冰雪运动文化的创新提供了更丰富的素材和灵感。

虚拟实践体验在高校冰雪运动专业教材数字化转型升级中具有重要的作用，它为冰雪运动文化创新提供了丰富的实践机会、有力的保障以及良好的氛围，能够激发学习者的创新思维和创造力，推动冰雪运动文化在技术、艺术、教育等多个领域的创新与发展，为冰雪运动文化的传承与创新注入新的活力和动力。

3. 借助数字化平台，促进冰雪运动文化与地域文化交流

在高校冰雪运动专业教材数字化转型升级的背景下，数字化平台为冰雪运动文化与地域文化的交流搭建了广阔而高效的桥梁，有力地推动了二者的深度融合与协同发展。

数字化平台能够突破地域限制，将不同地区的冰雪运动文化与地域文化汇聚一堂。通过网络的连接，无论是北方的冰雪重镇，还是南方的新兴冰雪城市，甚至是国外的冰雪运动发达地区，其独特的冰雪运动文化和地域文化都能够在同一数字化平台上得以展示和传播。比如，东北地区的冰雪运动文化深受其地域文化的影响，具有浓郁的民俗风情和豪放的风格特点，而北欧地区的冰雪运动文化则带有其独特的自然环境和历史传统所赋予的印记。这些不同地域的冰雪运动文化在数字化平台上相互碰撞、交流，使学习者能够更全面地了解冰雪运动文化在不同地域的多样性和丰富性，拓宽了视野，增进了对多元文化的理解和尊重。

借助数字化平台，冰雪运动文化与地域文化得以在更广阔的空间、更深入的层面进行交流与融合。这不仅有助于丰富冰雪运动文化的内涵和外延，提升其文化价值和影响力，还能够促进地域文化的传承与创新，增强不同地区之间的文化认同感和凝聚力。同时，也为高校冰雪运动专业教材的数字化转型升级提供了丰富的文化素材和实践案例，推动了冰雪运动专业教育的发展与创新，培养出更具文化素养和创新能力的冰雪运动专业人才，为冰雪运动文化与地域文化的持续发展注入源源不断的活力。

（三）培养适应冰雪运动文化发展的创新型人才

1. 提升学生的数字素养与创新能力

在高校冰雪运动专业教材数字化转型升级的背景下，提升学生的数字素养与创新能力对于培养适应冰雪运动文化发展的创新型人才至关重要。

数字素养的提升是基础。随着信息技术的飞速发展，数字化资源在冰雪运动专业学习中的应用日益广泛。学生需要具备熟练获取、评估和运用数字资源的能力，以便更好地学习冰雪运动知识和技能。高校应开设相关的信息技术课程，系统地教授学生信息检索、数据分析、多媒体制作等基础数字技能，使他们能够在海量的数字信息中快速找到所需的冰雪运动资料，并能对其进行有效的整理和分析。通过学习数据统计软件的使用，学生可以对冰雪运动赛事的数据进行深入挖掘，了解运动员的表现趋势、赛事结果的影响因素等，从而为冰雪运动的训练和竞赛提供科学依据。同时，数字素养还包括对数字伦理和信息安全的认知。在冰雪运动专业的数字化学习过程中，学生可能会接触到大量的个人信息、赛事数据以及专业知识资源等，他们需要明白如何合法、合规地使用这些信息，保护自己和他人的隐私，避免信息泄露和侵权行为的发生。这不仅关乎个人的道德责任，也关系到冰雪运动行业

的健康发展。

提升学生的数字素养与创新能力是高校冰雪运动专业教材数字化转型升级的重要目标之一。通过系统的数字素养教育和多样化的创新实践活动，培养出既具备扎实的冰雪运动专业知识，又掌握先进数字技术和创新能力的复合型人才，将有力推动冰雪运动文化在数字化时代的传承与创新，为冰雪运动产业的发展注入新的活力。

2. 引导学生参与冰雪运动文化创新实践

在高校冰雪运动专业教材数字化转型升级的背景下，引导学生参与冰雪运动文化创新实践对于培养适应冰雪运动文化发展的创新型人才意义重大。

引导学生参与冰雪运动文化创新实践是一个系统工程，需要学校、教师、企业等多方面的共同努力。通过激发学生的创新兴趣、搭建实践平台、发挥教师引导作用、加强校企合作以及建立科学评价体系等多种措施，能够有效地培养学生的创新能力和实践能力，为冰雪运动文化的传承与创新培养出更多高素质的创新型人才，推动冰雪运动文化在数字化时代的蓬勃发展。

第三节　持续推进高校冰雪运动专业

一、建立政策支持与资金保障的长效机制

（一）政策支持

1. 制定专项政策法规

（1）明确政策导向与目标设定。

专项政策法规应首先明确高校冰雪运动专业教材数字化转型升级的政策导向和目标。从政策导向上看，要紧密围绕国家教育信息化战略以及冰雪运动发展规划，强调教材数字化对于提高冰雪运动专业教育质量、促进教育公平、推动冰雪运动文化传承与创新的重要意义，引导各方力量积极参与教材数字化建设。在目标设定方面，需制定短期、中期和长期相结合的具体目标。短期目标可以是在1~2年内，推动一定数量的高校开展冰雪运动专业教材数字化试点工作，初步建立数字化教材的基本框架和资源库；中期目标则是在3~5年内，实现大部分高校冰雪运动专业教材的数字化转型，完善数字化教材的内容体系和功能模块，提高教师和学生对数字化教材的应用能力；长期目标应着眼于构建一个全面、高效、可持续的高校冰雪运动专业教材数字化生态系统，使数字化教材在冰雪运动专业人才培养中发挥核心支撑作用，为冰雪运动产业的发展提供有力的人才保障。

(2) 规范教材数字化建设流程。

为确保高校冰雪运动专业数字化教材的质量和规范性，专项政策法规要对教材数字化建设的流程进行严格规范。①教材编写环节，明确规定编写团队的组成结构，应包括冰雪运动领域的专家学者、教育技术专家、一线教师等，以保证教材内容的专业性、科学性和实用性。同时，要求编写过程充分考虑数字化特点，融入多媒体资源、互动元素、在线测试等，使教材更具吸引力和教学效果。②审核环节，建立严格的审核标准和程序，从政治性、思想性、科学性、知识性等多个维度对数字化教材进行全面审核，确保教材内容准确无误、符合教育教学规律和学生认知特点。对于不符合要求的教材，应责令编写团队进行修改完善，直至审核通过。③出版与发行环节，规范数字化教材的出版格式和技术标准，确保教材在不同的数字平台上能够兼容和稳定运行。同时，加强对教材出版发行市场的监管，打击盗版和非法传播行为，维护教材编写者和出版者的合法权益。

(3) 保障教材数字化版权与利益分配。

数字化教材的版权保护和利益分配是制定专项政策法规时需要重点关注的问题。一方面，要完善版权保护法律法规，明确数字化教材的著作权归属，保障教材编写者、开发者和出版者的合法权益。加强对数字化教材的加密保护和数字水印技术应用，防止教材被非法复制、传播和篡改。对于侵犯版权的行为，要依法予以严厉打击，提高侵权成本，营造良好的版权保护环境。另一方面，合理确定利益分配机制，平衡各方利益关系。既要考虑到教材编写者和开发者的创作付出，给予其合理的经济回报，又要兼顾教育的公益性，确保数字化教材能够以合理的价格为广大师生所用。可以通过建立版权授权使用制度、制定合理的分成比例等方式，实现版权所有者、使用者和社会公共利益的有机统一。

(4) 推动资源共享与整合。

专项政策法规应积极推动高校冰雪运动专业数字化教材资源的共享与整合。①建立国家级和省级的数字化教材资源共享平台，制定平台的建设标准和管理规范，鼓励高校将各自开发的优质数字化教材资源上传至平台，实现资源的集中管理和共享。平台应具备资源检索、分类浏览、在线预览、下载使用等功能，方便师生查找和使用所需教材资源。②加强高校之间、高校与企业之间的合作与交流，打破校际和行业壁垒，促进数字化教材资源的共建共享。鼓励高校之间开展联合编写、共同开发数字化教材项目，实现优势互补；支持高校与企业合作，引入企业的技术和资金，共同推动数字化教材的创新与应用。③制定资源共享的激励机制，对积极参与资源共享的高校、企业和个人给予表彰和奖励，提高各方参与资源共享的积极性和主动性。

(5) 加强教师数字化能力培训与支持。

教师是高校冰雪运动专业教材数字化转型升级的关键力量，专项政策法规应加强对教师数字化能力培训与支持的规定。①要求高校设立专门的教师数字化培训经费，制定详细的培训计划，定期组织教师参加数字化教学技能培训。培训内容应包括数字化教材的使用方法、多媒体课件制作、在线教学平台操作、数字化教学资源整合与应用等方面，提高教师的信息技术应用能力和数字化教学水平。②鼓励高校与教育技术机构、企业合作，建立教师数字化培训基地，为教师提供实践操作和交流学习的平台。基地可配备先进的数字化教学设备和软件，邀请专家进行现场指导和答疑，帮助教师更好地掌握数字化教学技术。③建立教师数字化教学能力评价机制，将教师的数字化教学能力纳入教师绩效考核和职称评定体系中，激励教师不断提升自身的数字化素养，积极探索数字化教学新模式、新方法。

（6）建立监督与评估机制。

为确保专项政策法规的有效实施和高校冰雪运动专业教材数字化建设的顺利推进，必须建立健全监督与评估机制。①设立专门的监督机构，负责对政策法规的执行情况进行监督检查，及时发现和纠正数字化教材建设过程中存在的问题。监督机构应定期对高校的教材数字化工作进行巡查，检查高校是否按照政策法规要求开展教材编写、审核、出版、应用等工作，对于违反规定的行为要依法予以处理。②制定科学合理的评估指标体系，从教材质量、教学效果、资源利用效率、师生满意度等多个维度对高校冰雪运动专业数字化教材进行综合评估。评估结果应向社会公开，接受社会各界的监督，并作为高校教育教学质量考核、项目资金分配、示范校评选等的重要依据，促使高校重视教材数字化建设，不断提高数字化教材的质量和应用水平。

制定专项政策法规是构建政策支持与资金保障长效机制的基础和核心，通过明确政策导向、规范建设流程、保障版权利益、推动资源共享、加强教师培训以及建立监督评估机制等多方面的措施，能够为高校冰雪运动专业教材数字化转型升级提供有力的政策支持和制度保障，推动冰雪运动专业教育的数字化发展，为培养适应时代需求的冰雪运动专业人才创造良好的条件。

2. 完善教育规划统筹

（1）强化顶层设计。

教育规划统筹需从强化顶层设计入手。国家及地方教育部门应充分认识到高校冰雪运动专业教材数字化转型升级的重要性和紧迫性，将其纳入教育信息化发展的整体战略规划中。制定明确的数字化教材建设目标和任务，明确不同阶段的发展重点和实施步骤，确保教材数字化建设与教育现代化进程相适应。在未来五年内，规划实现一定比例的高校冰雪运动专业核心教材的数字化，并逐步推广至全部专业教材。同时，要加强对数字化教材建设的宏观指导，根据不同地区、不同层次高校的特点和需求，制定差异化的发展策略，引导高校合理配置资源，避免重复建设和资源浪费。

（2）整合多方资源。

完善教育规划统筹还需注重整合多方资源。一方面，要整合高校内部的资源，打破学科壁垒和部门界限，促进体育学院、教育技术中心、信息学院等相关部门之间的协同合作。共同组建数字化教材编写团队，充分发挥各学科专业优势，融合冰雪运动专业知识、教育教学理论和信息技术，打造高质量的数字化教材。另一方面，加强高校之间的资源共享与合作。鼓励高校之间开展联合编写教材、共享数字化教学资源等活动，实现优势互补。一些在冰雪运动专业教学和科研方面具有优势的高校，可以与在教育技术应用方面较为突出的高校合作，共同推进教材数字化建设。另外，积极引入社会资源，加强与企业、科研机构的合作。企业可以提供技术支持和资金投入，科研机构可以为教材数字化提供理论指导和前沿技术研究成果，共同推动高校冰雪运动专业教材数字化的发展。

（3）优化课程体系。

教育规划统筹应与优化课程体系紧密结合。根据冰雪运动专业的特点和数字化教学的需求，对课程体系进行全面梳理和优化。增加与数字化技术相关的课程内容，如数字媒体技术、在线教育平台应用、教育大数据分析等，培养学生的数字化素养和应用能力。同时，对传统的冰雪运动专业课程进行数字化改造，将数字化教学资源融入课程教学中，如制作多媒体课件、在线课程视频、虚拟仿真实验等，丰富教学内容和形式，提高教学效果。另外，要注重课程之间的衔接和融合，构建一体化的数字化课程体系，使学生在学习过程中能够系统地掌握冰雪运动专业知识和数字化技能，为未来从事冰雪运动相关工作打下坚实的基础。

（4）加强师资队伍建设。

师资队伍是高校冰雪运动专业教材数字化转型升级的关键，完善教育规划统筹必须加强师资队伍建设。制订教师培训计划，定期组织教师参加数字化教学技能培训，提高教师的信息技术应用水平和数字化教材编写能力。培训内容可以包括数字化教材的设计与开发、多媒体素材的制作与处理、在线教学平台的使用与管理等方面。同时，鼓励教师开展数字化教学改革实践，探索创新教学方法和模式，将数字化教材与课堂教学深度融合。建立教师激励机制，对积极参与教材数字化建设和教学改革的教师给予表彰和奖励，在职称评定、绩效考核等方面给予适当倾斜，激发教师的积极性和主动性。另外，还可以引进具有数字化专业背景和冰雪运动专业知识的复合型人才，充实师资队伍，为教材数字化建设提供人才支撑。

（5）建立评估与反馈机制。

为确保教育规划统筹的有效实施，需要建立科学合理的评估与反馈机制。制定数字化教材建设的评估指标体系，从教材内容、教学效果、技术应用、资源共享等多个维度对教材数字化建设进行全面评估。定期对高校冰雪运动专业教材数字化建设情况进行检查和评估，及时发现存在的问题和不足，并提出改进意见和建议。同时，建立畅通的反馈渠道，广泛听取教师、学生、企业等各方的意见和建议，根据反馈信息及时调整教育规划和建设策略，不断优化教材数字化建设的过程和效果。可以通过问卷调查、师生座谈会、在线评价等方式收集反馈信息，以便更好地满足教学需求和市场需求。

（6）促进国际交流与合作。

在全球化背景下，完善教育规划统筹还应注重促进国际交流与合作。加强与国外高校、教育机构在冰雪运动专业教材数字化建设方面的交流与合作，学习借鉴国际先进的数字化教材建设经验和技术，引进优质的数字化教学资源，提升我国高校冰雪运动专业教材数字化的水平和质量。开展国际合作项目，共同编写和开发具有国际视野的冰雪运动专业数字化教材，推动冰雪运动专业教育的国际化发展。同时，鼓励高校教师和学生参加国际学术会议和交流活动，了解国际前沿动态，拓宽视野，提高我国高校在冰雪运动专业教材数字化领域的国际影响力。

完善教育规划统筹是构建政策支持与资金保障长效机制的重要内容，通过强化顶层设计、整合多方资源、优化课程体系、加强师资队伍建设、建立评估与反馈机制以及促进国际交流与合作等措施，能够为高校冰雪运动专业教材数字化转型升级提供有力的保障，推动我国高校冰雪运动专业教育的高质量发展。

3. 加强知识产权保护

（1）明确知识产权保护范围。

高校冰雪运动专业教材数字化过程中涉及多种知识产权，明确其保护范围是加强保护的基础。首先是教材内容的著作权，包括文字、图片、图表、音频、视频等各种形式的教学资源，无论是原创编写的理论知识、实践指导，还是对传统纸质教材的数字化改编，其内容的创作者都应享有相应的著作权。未经授权，任何单位和个人不得擅自复制、传播、修改或用于商业目的。其次是数字化技术的知识产权，如教材数字化所采用的软件工具、平台架构、数据加密技术等，这些技术的研发者拥有相关的专利或软件著作权，保障其权益能够鼓励技术创新，推动教材数字化技术的不断进步。最后，还应包括教材品牌和标识的商标权，独特的教材品牌和标识是其质量和声誉的象征，对其进行保护有助于维护教材的市场形象和商业价值，防止他人的冒用和混淆。

（2）建立完善的法律法规体系。

为了加强高校冰雪运动专业教材数字化的知识产权保护，需要建立一套完善的法律法规体系。一方面，要依据我国现有的《中华人民共和国著作权法》《中华人民共和国专利法》《中华人民共和国商标法》等法律法规，明确数字化教材知识产权的保护标准和侵权认定方法，确保在数字化环境下，知识产权所有者的合法权益能够得到充分有效的保障。另一方面，针对高校冰雪运动专业教材数字化的特点，制定专门的法规或政策文件，对教材数字化过程中的知识产权归属、使用许可、利益分配等问题做出详细规定。规定高校、教师、技术开发团队等各方在教材数字化项目中的知识产权份额和权益分配方式，避免因产权不清而引发的纠纷；明确数字化教材在网络传播、在线教学、资源共享等环节中的使用规则和授权机制，规范市场秩序，促进教材数字化产业的健康发展。

（3）加强行政监管与执法力度。

行政监管部门应加强对高校冰雪运动专业教材数字化领域的知识产权监管力度。教育部门、版权管理部门等要建立协同监管机制，定期对高校及相关机构的教材数字化项目进行检查和监督，确保其遵守知识产权法律法规。对于未经授权擅自使用他人教材内容、侵犯技术专利或商标权等侵权行为，要依法予以查处，责令侵权方停止侵权行为，赔偿损失，并根据情节轻重给予相应的行政处罚。同时，要加强对网络平台和数字内容市场的监管，建立侵权举报机制，鼓励社会公众对侵权行为进行监督和举报，及时发现和处理各类侵权盗版行为，维护良好的市场环境。另外，还应加强对高校知识产权管理工作的指导和培训，提高高校的知识产权保护意识和管理水平，使其能够更好地履行知识产权保护的主体责任。

（4）提高知识产权保护意识。

提高高校冰雪运动专业教材数字化相关人员的知识产权保护意识是加强保护的关键。对于高校教师和教材编写者，要加强知识产权法律法规的培训，使其了解自己在教材创作过程中的权利和义务，增强自我保护意识，在教材数字化过程中能够主动采取措施保护自己的知识产权成果。同时，要教导教师和学生尊重他人的知识产权，在使用数字化教材时严格遵守相关规定，不得擅自传播、复制或篡改教材内容。对于高校管理人员和技术人员，要提高其对知识产权保护工作的重视程度，将知识产权保护纳入教材数字化项目的管理流程，从项目规划、资源采购、技术应用到运营维护等各个环节，都要充分考虑知识产权保护问题，确保项目的合法合规运行。另外，还可以通过开展知识产权宣传活动、举办专题讲座等方式，提高全社会对高校冰雪运动专业教材数字化知识产权保护的关注度和认知度，形成共同保护知识产权的良好社会环境。

加强知识产权保护是高校冰雪运动专业教材数字化转型升级过程中政策支持与资金保障长效机制的重要组成部分。通过明确保护范围、建立完善法律法规体系、加强行政监管与执法力度、推动行业自律与合作、强化技术保护措施以及提高保护意识等多方面的措施，能够有效保护高校冰雪运动专业教材数字化的知识产权，激发各方的创新动力和积极性，为高校冰雪运动专业教材数字化的持续健康发展提供有力保障。

(二) 资金保障

1. 加大政府财政投入

(1) 政府财政投入的必要性。

高校冰雪运动专业教材数字化转型升级具有重要意义，加大政府财政投入十分必要。首先，冰雪运动专业教材数字化需要大量的资金支持来进行技术研发与创新。从教材内容的数字化转换，到适配数字化平台的多媒体资源制作，再到构建智能化的教学辅助系统等，都离不开先进技术的支撑，而这些技术的研发需要投入大量资金。其次，数字化教材的推广与普及也需要资金保障。要让更多的高校、教师和学生能够使用到高质量的数字化教材，就需要建设相应的数字化基础设施，如高速稳定的网络环境、大容量的数据存储设备等，同时还需开展相关的培训与宣传活动，提高师生对数字化教材的认知度和应用能力，这些都需要政府财政的有力支持。最后，冰雪运动专业教材数字化是一个长期的、系统的工程，需要持续不断地投入资金进行更新与维护，以保证教材内容的时效性和技术的稳定性，满足不断变化的教学需求。

(2) 投入方向。

政府财政投入应明确重点方向，以实现高校冰雪运动专业教材数字化的全面升级。①要投入数字化教材的内容建设中。支持专业教师团队和教育专家对教材内容进行深度挖掘和优化，结合冰雪运动的最新理论与实践成果，融入虚拟现实、增强现实等先进技术，开发出更具吸引力和互动性的数字化教材内容，如制作虚拟的冰雪运动场景、模拟赛事等，让学生能够更加直观地学习和体验冰雪运动知识与技能。②要投入技术平台的搭建与升级中。建设专业的数字化教材平台，提供强大的搜索功能、个性化学习推荐功能、在线交流互动功能等，满足师生在教学过程中的多样化需求。同时，要不断升级平台的技术架构，提高其稳定性、安全性和兼容性，确保数字化教材的流畅使用。③要投入人才培养与培训中。组织开展针对冰雪运动专业教师的数字化教学能力培训，提高教师的信息技术应用水平和数字化教材设计能力，培养一批既懂冰雪运动专业知识又掌握数字化教学技术的复合型人才。另外，还可以设立专项奖学金或资助项目，鼓励高校学生参与冰雪运动专业教材数字化的相关研究与实践，为行业发展储备人才。

(3) 投入方式。

政府可以通过多种方式加大对高校冰雪运动专业教材数字化的财政投入。①设立专项财政资金。政府专门设立高校冰雪运动专业教材数字化转型升级专项资金，每年安排一定的预算额度，专款专用，确保资金能够稳定、持续地投入教材数字化项目中。这些资金可以根据项目的需求和进展情况，分阶段、有重点地进行分配，如前期重点支持技术研发和平台搭建，后期侧重于内容更新和人才培养等。②提供项目补贴和奖励。对于高校或相关企业开展的冰雪运动专业教材数字化项目，政府可以根据项目的质量、规模和创新性等给予相应的补贴，降低项目实施的成本和风险。同时，对于在教材数字化领域取得突出成果的单位或个人，给予一定的奖励，激励各方积极参与教材数字化工作。③引导社会资本投入。政府可以通过政策引导、税收优惠等方式，吸引社会资本参与高校冰雪运动专业教材数字化项目。建立政府与社会资本合作的（Public-Private Partnership，PPP）模式，共同投资建设数字化教材平台或开展相关技术研发，充分发挥政府和社会资本的各自优势，实现资源的优化配置和效益最大化。

（4）效益评估与监督。

为了确保政府财政投入的有效性和合理性，需要建立健全效益评估与监督机制。一方面，要制定科学合理的效益评估指标体系，从教材质量提升、教学效果改善、人才培养质量提高、产业发展带动等多个维度对财政投入的效益进行全面评估。通过定期收集和分析相关数据，如数字化教材的使用频率、学生的学习成绩和满意度、教师的教学反馈等，客观评价财政投入所产生的实际效果，并根据评估结果及时调整投入方向和方式，提高资金使用效益。另一方面，要加强对财政资金使用的监督管理，建立严格的财务管理制度和审计制度，确保资金专款专用，防止出现挪用、浪费等现象。同时，要加强对项目实施过程的监督，确保项目按照预定的计划和要求推进，保证项目质量和进度。对于发现的问题要及时督促整改，情节严重的要依法追究相关责任，确保政府财政投入能够真正发挥作用，推动高校冰雪运动专业教材数字化转型升级取得实效。

（5）区域协调与均衡发展。

在加大政府财政投入时，还应注重区域协调与均衡发展。由于不同地区的经济发展水平和教育资源存在差异，高校冰雪运动专业教材数字化的发展也不平衡。政府应根据各地区的实际情况，合理分配财政投入，向经济欠发达地区和教育资源薄弱地区倾斜，缩小区域之间的差距。在中西部地区和东北地区等冰雪资源丰富但经济相对落后的地区，可以加大对当地高校冰雪运动专业教材数字化的扶持力度，帮助其改善数字化教学条件，提升教材数字化水平，促进当地冰雪运动专业教育的发展，为区域冰雪产业的发展提供人才支持。同时，要加强区域之间的合作与交流，通过开展联合项目、共享数字化资源等方式，实现优势互补，共同推动高校冰雪运动专业教材数字化的整体发展。

（6）与其他政策的协同配合。

加大政府财政投入不能孤立进行，还需与其他政策协同配合，形成政策合力。教育部门可以出台相关政策，鼓励高校将冰雪运动专业教材数字化纳入学校的发展规划和教学改革重点项目，在课程设置、教学评价、职称评定等方面给予相应的政策支持,引导高校积极推进教材数字化工作。科技部门可以制定针对教育数字化领域的科技计划和项目指南,支持高校和企业开展与冰雪运动专业教材数字化相关的科研项目,推动技术创新和成果转化。另外,文化体育部门可以加强对冰雪运动文化的宣传和推广,提高社会对冰雪运动的关注度和参与度,为高校冰雪运动专业教材数字化创造良好的社会氛围,促进冰雪运动教育与产业的协同发展。通过各部门政策的协同配合,共同为高校冰雪运动专业教材数字化转型升级提供全方位的政策支持和保障。

加大政府财政投入是持续推进高校冰雪运动专业教材数字化的重要策略,通过明确投入的必要性、方向、方式,建立效益评估与监督机制,注重区域协调与均衡发展,以及加强与其他政策的协同配合等措施,能够充分发挥政府财政投入的引导和保障作用,推动高校冰雪运动专业教材数字化转型升级,提高冰雪运动专业教育质量,为我国冰雪运动事业的发展培养更多优秀人才。

2. 引导社会资本参与

(1) 引导社会资本参与的重要意义。

引导社会资本参与高校冰雪运动专业教材数字化转型升级具有多方面的重要意义。首先,社会资本的注入能够有效缓解政府财政压力。高校冰雪运动专业教材数字化需要大量的资金投入,仅依靠政府财政支持往往难以满足全部需求。社会资本的参与可以为项目提供额外的资金来源,分担政府的财政负担,使更多的资源能够投入到教材数字化的建设中。其次,社会资本的参与有助于提高项目的运作效率。与政府部门相比,社会资本通常具有更强的市场敏锐性和更灵活的运营机制。它们能够在教材数字化项目中引入先进的管理经验和技术手段,优化项目的运作流程,提高资源配置的合理性和有效性,从而加快教材数字化转型升级的进程。最后,引导社会资本参与还能够促进产业协同发展。社会资本的介入可以将高校的教育资源与社会的产业资源紧密结合起来,推动冰雪运动教育与相关产业的深度融合,如冰雪运动装备制造、冰雪旅游、冰雪赛事运营等,形成互利共赢的发展格局,为高校冰雪运动专业教材数字化提供更广阔的应用场景和市场空间。

(2) 引导社会资本参与的方式。

政府可以通过多种方式引导社会资本参与高校冰雪运动专业教材数字化项目。①制定优惠政策。政府可以出台税收减免、财政补贴等优惠政策,降低社会资本参与教材数字化项目的成本和风险,提高其投资回报率,从而吸引更多的社会资本进入该领域。对投资高校冰雪运动专业教材数字化项目的企业给予一定比例的税收减免,或者根据其投资金额给予相应的财政补贴,鼓励企业加大对项目的投入。②建立合作机制。政府可以与社会资本建立多种形式的合作机制,共同推进教材数字化项目的实施。如采用公私合营(PPP)模式,政府与企业按照一定的比例共同出资建设数字化教材平台或开展相关技术研发。在合作过程中，双方充分发挥各自的优势，政府提供政策支持和监管指导，企业则负责项目的具体运营和管理，实现优势互补、风险共担、利益共享。③搭建沟通交流平台。政府可以组织举办各类招商会、洽谈会等活动，为高校与社会资本之间搭建沟通交流的平台，促进双方的信息共享和项目对接。通过这些平台，高校可以向社会资本介绍教材数字化项目的规划、需求和发展前景，社会资本则可以了解项目的具体情况，寻找合适的投资机会，从而推动双方达成合作意向。

（3）风险防控与利益分配。

在引导社会资本参与高校冰雪运动专业教材数字化项目时，需要注重风险防控与利益分配机制的建立。一方面，要建立健全风险防控体系。由于教材数字化项目具有一定的风险性，如技术研发失败、市场需求变化、政策调整等，可能会导致项目投资受损。因此，政府和社会资本应共同制定风险防控预案，明确各方在不同风险情况下的责任和应对措施。在技术研发方面，可以通过引入专业的技术评估机构，对项目的技术可行性和可靠性进行评估，降低技术风险；在市场需求方面，可以加强市场调研和预测，根据市场变化及时调整项目的内容和方向，减少市场风险。另一方面，要合理确定利益分配机制。利益分配是社会资本参与项目的核心问题之一，直接关系到各方的积极性和项目的可持续性。政府和社会资本应在平等协商的基础上，根据各方的投资比例、贡献大小等因素，合理确定利益分配方案。同时，可以建立动态调整机制，根据项目的实施情况和市场变化，适时对利益分配方案进行调整，确保各方的利益得到充分保障。

（4）监管与评估。

为了确保社会资本参与高校冰雪运动专业教材数字化项目的规范运作和质量效益，必须加强监管与评估。政府要建立严格的监管制度，对项目的资金使用、建设进度、质量标准等进行全程监管。要求社会资本按照合同约定的用途使用资金，防止资金挪用和浪费现象的发生；监督项目按照预定的进度推进，确保按时完成建设任务；对项目的质量进行严格把关，保证教材数字化的质量和效果符合相关标准和要求。同时，要建立科学合理的评估机制，定期对项目的实施情况进行评估。评估指标应包括教材数字化的质量提升、教学效果改善、市场推广与应用、产业带动效应等多个方面。通过评估，及时发现项目存在的问题和不足，并提出改进措施和建议，为项目的后续发展提供决策依据。对于评估优秀的项目，可以给予适当的奖励和表彰，激励社会资本更好地参与高校冰雪运动专业教材数字化项目；对于评估不达标的项目，要责令其限期整改，直至达到要求为止。

（5）创新合作模式与案例借鉴。

随着社会资本参与高校冰雪运动专业教材数字化项目的不断深入，需要不断创新合作模式，以更好地适应项目的发展需求。可以探索建立产业联盟模式，由高校、企业、科研机构等共同组成冰雪运动教育产业联盟，整合各方资源，共同开展教材数字化项目的研发、推广和应用。在联盟内部，各方通过资源共享、优势互补，实现协同创新和共同发展。另外，还可以借鉴国内外一些成功的案例经验。如国外一些高校与科技企业合作，利用虚拟现实、增强现实等先进技术开发数字化教材，取得了良好的教学效果和市场反响；国内也有一些地区通过政府引导、社会资本参与，打造了具有地方特色的冰雪运动数字化教育平台，为当地冰雪运动专业教育和产业发展提供了有力支撑。通过学习和借鉴这些成功案例，可以为我国高校冰雪运动专业教材数字化项目的社会资本参与提供有益的启示和参考。

引导社会资本参与高校冰雪运动专业教材数字化转型升级是一项系统工程，需要政府、高校、社会资本等各方共同努力。通过制定优惠政策、建立合作机制、搭建沟通平台等方式，吸引社会资本积极参与项目建设；同时，通过加强风险防控、合理分配利益、强化监管评估等措施，确保项目的规范运作和质量效益。只有这样，才能充分发挥社会资本的作用，为高校冰雪运动专业教材数字化提供充足的资金支持和强大的动力保障，推动我国高校冰雪运动专业教育的快速发展。

3. 合理分配资金

（1）合理分配资金的重要性。

合理分配资金对于高校冰雪运动专业教材数字化转型升级意义重大。首先，有助于优化资源配置。高校冰雪运动专业教材数字化涉及多个方面，包括教材内容的数字化制作、教学平台的搭建与维护、相关技术的研发与应用等，通过合理分配资金，能够确保各项工作都能得到相应的资金支持，避免资金过度集中或不足，从而使有限的资金发挥最大的效益，推动教材数字化工作全面、协调地发展。其次，能够提高资金使用效率。合理的资金分配可以根据不同项目的重要性、紧迫性和预期收益等因素，有针对性地进行投入，使资金能够流向最需要和最能产生效益的地方，减少资金浪费和无效投入，加快教材数字化转型升级的进程，提高项目的整体质量和效果。最后，合理分配资金还有利于促进高校冰雪运动专业教材数字化的可持续发展。通过科学合理地规划资金分配，不仅能够满足当前教材数字化的建设需求，还能够为后续的更新、维护和升级预留足够的资金，保障教材数字化工作的长期稳定推进，使其能够更好地适应冰雪运动专业教育不断发展的需求。

（2）合理分配资金的原则。

在进行高校冰雪运动专业教材数字化资金分配时，需要遵循以下几个原则。①需求导向原则。要根据教材数字化转型升级的实际需求来分配资金，优先满足关键环节和重点项目的资金需求。对于数字化教学资源的开发和更新，这是教材数字化的核心内容，应给予足够的资金支持，以确保教材内容的质量和丰富度；对于教学平台的建设和优化，要根据用户体验和教学功能的需求，合理安排资金，提高平台的稳定性和易用性。②效益优先原则。注重资金投入的效益，将资金分配到能够产生最大经济效益和社会效益的项目上。比如，对于一些能够提高教学效果、促进学生学习积极性和参与度的数字化教学工具和技术的研发，应加大资金投入，因为这些项目能够带来更显著的教学效益；对于能够推动冰雪运动专业教育与产业融合发展的项目，如与冰雪运动企业合作开发数字化教材等，也要给予重点支持，以实现更大的社会效益和经济效益。③坚持平衡兼顾原则。要兼顾不同方面的利益和需求，确保资金分配的公平性和合理性。既要考虑到教材数字化建设的整体目标和长远发展，也要关注不同地区、不同层次高校的实际情况和差异，避免出现资金分配不均衡的问题。对于一些经济条件相对较差、数字化基础薄弱的高校，应适当给予更多的资金支持，以促进区域间、校际间冰雪运动专业教材数字化的协调发展。④坚持动态调整原则。资金分配应根据教材数字化工作的进展情况和市场变化等因素进行动态调整。随着技术的不断更新和教学需求的变化，一些项目的资金需求可能会发生变化，或者出现新的更具潜力的项目，此时就需要及时调整资金分配方案，以适应新的形势和要求，确保资金始终能够合理有效地投入最需要的地方。

（3）合理分配资金的具体措施。

为了实现高校冰雪运动专业教材数字化资金的合理分配，可以采取以下具体措施。首先，建立科学的预算编制体系。在编制教材数字化项目预算时，要充分调研和论证，明确各项工作的具体内容、目标和资金需求，制定详细的预算方案。预算编制应涵盖教材数字化的各个环节，包括前期的研发投入、中期的制作与建设费用、后期的运营与维护成本等，确保预算的完整性和准确性。同时，要根据项目的重要性和优先级，合理确定各项预算的比例和额度，为资金分配提供科学依据。接下来，设立专门的资金分配管理机构，该机构应由政府相关部门、高校代表、行业专家等组成，负责对教材数字化项目的资金分配进行统筹规划和管理。其主要职责包括制定资金分配政策和标准、审核项目资金申请、监督资金使用情况等，通过专业的管理和监督，确保资金分配的公平、公正、公开，提高资金使用的透明度和规范性。其次，加强项目评估与绩效评价，建立完善的项目评估和绩效评价机制，对教材数字化项目的实施情况和资金使用效果进行定期评估和考核。评估指标应包括教学效果提升、教材质量改善、技术创新应用、市场推广与应用等多个方面，通过量化指标和定性评价相结合的方式，全面客观地评价项目的成效。根据评估结果，对资金分配进行相应的调整和优化，对于实施效果好、绩效突出的项目，可以适当增加资金支持；对于未达到预期目标或存在问题的项目，要及时削减或暂停资金投入，督促其进行整改。最后，还可以引入市场机制，拓宽资金来源渠道。除了政府财政投入外,鼓励高校通过与企业合作、社会捐赠、项目融资等方式筹集资金,实现资金来源的多元化。在与企业合作时,可以根据双方的投入和贡献,合理确定利益分配和资金使用方式,共同推进教材数字化项目的实施;对于社会捐赠和项目融资等方式筹集的资金,要按照相关规定和协议进行管理和使用,确保资金专款专用,提高资金的使用效益。

(4) 合理分配资金的风险防控。

在合理分配高校冰雪运动专业教材数字化资金的过程中,还需要注重风险防控。一方面,要防范资金不足的风险。由于教材数字化转型升级是一个长期而复杂的过程,可能会出现预算超支或资金缺口等问题。因此,在资金分配时要预留一定的应急资金,以应对可能出现的资金短缺情况。同时,要加强资金使用的计划性和预算控制,严格按照预算方案执行,避免不必要的开支和浪费,确保资金能够满足项目的基本需求。另一方面,要防控资金分配不合理的风险。如果资金分配不合理,可能会导致一些项目因资金不足而无法顺利实施,影响教材数字化的整体进度和质量。为了避免这种情况的发生,要加强对资金分配的前期调研和论证,充分听取各方意见和建议,确保资金分配方案的科学性和合理性。同时,要建立健全资金分配的监督和反馈机制,及时发现和纠正资金分配过程中存在的问题,确保资金能够按照预定的方案合理分配和使用。

合理分配资金是高校冰雪运动专业教材数字化转型升级政策支持与资金保障长效机制中的重要组成部分。通过遵循科学的分配原则,采取有效的分配措施,并加强风险防控,能够确保资金的合理使用和有效配置,为高校冰雪运动专业教材数字化转型升级提供有力的资金支持,推动我国高校冰雪运动专业教育的数字化发展,提高冰雪运动专业人才培养的质量和水平。

4. 强化资金管理监督

(1) 强化资金管理监督的重要性。

强化资金管理监督对于高校冰雪运动专业教材数字化转型升级至关重要。首先,它能够确保资金的合理使用。在教材数字化过程中,涉及诸多环节和项目,如教材内容的数字化制作、技术平台的搭建与维护、人员培训等,都需要大量资金投入。通过有效的管理监督,可以避免资金被滥用或浪费在不必要的项目上,保证每一笔资金都能流向最关键、最急需的地方,从而提高资金的使用效率,使有限的资金发挥最大的效益。其次,有助于保障资金的安全。高校冰雪运动专业教材数字化项目通常需要较长时间才能完成,期间资金的流动较为频繁。强化管理监督能够防止资金被挪用、侵占等情况的发生,确保资金的安全完整,为项目的顺利推进提供稳定的资金支持。最后,能够提高项目的质量和效益。严格的资金管理监督可以促使项目实施者按照预定的计划和标准使用资金,保证教材数字化的各个环节都能达到预期的质量要求，从而提高教材数字化的整体质量，使其更好地服务于高校冰雪运动专业的教学和人才培养，最终实现良好的社会效益和经济效益。

（2）强化资金管理监督的具体措施。

建立健全资金管理制度：制定详细、完善的资金管理办法和规章制度，明确资金的来源、分配、使用、报销等各个环节的具体要求和操作流程。规定资金的申请必须经过严格的审批程序，包括项目负责人提出申请、相关部门审核、专家论证等环节，确保资金申请的合理性和必要性；明确资金的使用范围和标准，严禁超范围、超标准使用资金；建立资金使用的报销制度，要求报销凭证必须真实、合法、有效，严格审核报销金额和内容，杜绝虚假报销等问题。

加强预算管理：科学编制教材数字化项目的资金预算，确保预算的准确性和合理性。在编制预算时，要充分考虑项目的各项费用支出，包括设备购置、软件开发、人员薪酬、资料收集等，进行详细的成本核算和预测。同时，要根据项目的实施进度和阶段目标，合理安排资金的拨付和使用，避免资金的闲置或过度集中。另外，还要建立预算执行情况的跟踪和监控机制，定期对预算执行情况进行分析和评估，及时发现并解决预算执行过程中出现的问题，如预算超支、资金不足等，确保预算的严格执行。

实施资金使用的全程监控：利用现代信息技术手段，对资金的使用情况进行实时监控和动态管理。建立资金管理信息系统，将资金的收支、流向、使用情况等信息及时录入系统，实现资金数据的信息化、网络化管理，方便相关部门和人员随时查询和监督。同时，通过设置预警指标和监控阈值，对资金使用过程中的异常情况进行自动预警和提示，如资金支出过快、超预算支出等，以便及时采取措施进行调整和纠正。另外，还可以定期或不定期地对资金使用情况进行现场检查和审计，确保资金使用的真实性和合规性。

强化内部监督和外部监督相结合：一方面，要加强高校内部的监督管理。建立健全内部审计制度，定期对教材数字化项目的资金管理情况进行审计，检查资金使用是否符合规定、财务核算是否准确、内部控制是否有效等，及时发现和纠正内部管理中存在的问题。同时，充分发挥高校纪检监察部门的监督作用，对资金管理过程中的违规违纪行为进行严肃查处，确保资金管理的廉洁性。另一方面，要接受外部监督。主动接受政府有关部门的监督检查，如财政部门、教育主管部门等，按照要求及时报送资金使用情况和项目进展情况等相关信息，配合做好各项监督检查工作。另外，还可以邀请社会中介机构对项目资金进行审计和评估，提高资金管理的透明度和公信力。

（3）强化资金管理监督的责任追究机制。

建立严格的责任追究机制是强化资金管理监督的重要保障。明确相关部门和人员在资金管理监督中的职责和义务，对于因管理不善、监督不力导致资金浪费、挪用、侵占等问题的，要依法依规追究相关责任人的责任。对于情节较轻的，给予批评教育、责令整改等处理；对于情节严重、构成犯罪的，移交司法机关依法追究刑事责任。同时，要将资金管理监督的责任落实情况与相关部门和人员的绩效考核、评先评优等挂钩，对于认真履行职责、资金管理监督效果良好的部门和人员给予表彰和奖励，对于失职渎职的部门和人员进行严肃问责，从而增强相关部门和人员的责任意识和担当精神，确保资金管理监督工作的有效落实。

（4）强化资金管理监督的效果评估与反馈。

定期对资金管理监督的效果进行评估和反馈，及时总结经验教训，不断完善资金管理监督机制。通过建立科学的评估指标体系，对资金管理监督的各项工作进行量化评价，如资金使用的合规性、效益性、预算执行率、问题发现与整改情况等，全面客观地反映资金管理监督的成效。根据评估结果，及时发现资金管理监督中存在的薄弱环节和问题，深入分析原因，提出针对性的改进措施和建议，并将其反馈到资金管理监督的各个环节中，不断优化管理监督流程和方法，提高资金管理监督的水平和效果，为高校冰雪运动专业教材数字化转型升级提供更加有力的资金保障。

强化资金管理监督是高校冰雪运动专业教材数字化转型升级政策支持与资金保障长效机制中的关键环节。通过建立健全管理制度、加强预算管理、实施全程监控、强化内外监督、落实责任追究、做好效果评估与反馈等一系列措施，能够有效提高资金管理监督的质量和效率，确保资金的安全、合理、有效使用，推动高校冰雪运动专业教材数字化转型升级工作的顺利开展，促进我国高校冰雪运动专业教育的高质量发展。

二、高校、企业与社会各方的合作与协同创新机制

（一）高校与企业的合作模式与机制

1. 联合研发教材数字化内容

（1）优势互补，奠定研发基础。

高校在冰雪运动专业领域拥有深厚的学术积淀和专业的教学团队，教师们具备扎实的理论知识和丰富的教学经验，能够准确把握教材内容的科学性、系统性和教育性。而企业则在数字化技术研发、市场需求洞察以及资金投入等方面具有显著优势，能够为教材数字化内容的开发提供强大的技术支持和资金保障。通过高校与企业的合作，双方优势得以互补，为联合研发高质量的教材数字化内容奠定了坚实基础。高校的冰雪运动专家可以提供专业的知识框架和教学内容，企业的技术团队则利用虚拟现实、增强现实等先进技术，将这些内容转化为生动形象、互动性强的数

字化教材，使学生能够更加直观地学习和理解冰雪运动知识与技能。

（2）明确分工，提高研发效率。

在联合研发过程中，高校与企业需要明确各自的分工与职责。高校主要负责教材数字化内容的策划、编写以及审核等工作，确保教材内容的准确性、权威性和实用性。教师们根据教学大纲和学生的学习需求，精心设计教材的章节结构、知识点分布以及教学案例等，使数字化教材能够紧密贴合高校冰雪运动专业的教学实际。企业则专注于数字化技术的应用与开发，包括多媒体素材的制作、交互功能的设计以及学习平台的搭建等。通过合理分工，高校与企业能够充分发挥各自的专业优势，提高研发效率，缩短教材数字化内容的开发周期。比如，企业可以根据高校提供的教材初稿，快速地进行数字化加工和处理，将文字、图片、视频等元素有机结合，打造出具有吸引力和感染力的数字化教材页面，同时开发出在线测试、虚拟实践等交互功能，增强学生的学习体验。

（3）深度融合，创新教材形式。

高校与企业的合作不仅是简单的内容与技术相加，更是深度融合与创新。双方应紧密合作，共同探索如何将冰雪运动专业知识与数字化技术深度融合，创新教材的呈现形式和教学方法。可以利用三维建模技术构建虚拟的冰雪运动场景，让学生在虚拟环境中进行滑雪、滑冰等项目的模拟练习，提高学生的实践操作能力；借助人工智能技术实现个性化学习推荐，根据学生的学习进度和掌握程度，为其提供有针对性的学习内容和辅导建议，满足不同学生的学习需求；开发移动学习应用程序，使学生能够随时随地通过手机或平板电脑进行学习，打破时间和空间的限制，提高学习的灵活性和便捷性。通过这种深度融合与创新，能够使高校冰雪运动专业教材数字化内容更加丰富多样，教学效果更加显著。

（4）建立机制，保障研发质量。

为了确保联合研发的教材数字化内容质量，高校与企业需要建立健全的合作机制和质量保障体系。双方应定期召开沟通会议，及时交流研发过程中的问题与进展，共同商讨解决方案，确保研发工作的顺利进行。同时，要建立严格的教材审核制度，对数字化教材的内容、技术、版权等方面进行全面审查，确保教材符合教育教学要求和相关标准。另外，还应加强对研发过程的监督与管理，明确各阶段的任务和目标，制订详细的工作计划和时间表，确保研发工作按时、按质、按量完成。高校可以成立教材审核小组，对企业提交的数字化教材进行严格审核，提出修改意见和建议；企业则要建立内部的质量控制流程，对技术研发、素材制作等环节进行严格把关，确保数字化教材的质量和稳定性。

（5）成果共享，推动产业发展。

高校与企业联合研发的教材数字化内容不仅能够服务于高校的教学工作，还具有广阔的市场应用前景和产业发展价值。双方应在合作协议中明确成果共享的方式和范围，共同推动教材数字化内容的推广与应用。一方面，高校可以将数字化教材应用于本校的冰雪运动专业教学中，提高教学质量和人才培养水平；另一方面，企业可以将数字化教材推向市场，为其他高校、培训机构以及冰雪运动爱好者提供优质的教育资源，实现经济效益和社会效益的双赢。同时，通过成果共享，还能够促进高校冰雪运动专业教材数字化产业的发展，吸引更多的企业和社会力量参与教材数字化建设，形成良好的产业生态环境，为高校冰雪运动专业教育的发展提供更加有力的支持。

高校与企业联合研发高校冰雪运动专业教材数字化内容具有重要意义和广阔前景。通过优势互补、明确分工、深度融合、建立机制以及成果共享等措施，能够充分发挥高校与企业的各自优势，共同打造出高质量、创新性的教材数字化内容，推动高校冰雪运动专业教材数字化转型升级，为冰雪运动专业人才培养和冰雪运动产业发展做出积极贡献。

2. 共建数字化教材技术平台

（1）行业协会的资源与协调优势。

行业协会作为连接高校、企业与市场的桥梁，拥有丰富的行业资源和广泛的信息渠道。在冰雪运动领域，行业协会汇聚了众多专业人士、科研机构以及相关企业，能够充分整合各方力量，为教材数字化标准制定提供强大的智力支持和实践经验。同时，行业协会凭借其协调职能，可以有效组织各方参与标准制定的工作，平衡不同利益主体的诉求，确保标准制定的科学性、公正性和实用性。行业协会可以组织高校的专家学者、企业的技术骨干以及一线教师等共同参与研讨，充分发挥各自的专业优势，为教材数字化标准的制定贡献力量。

（2）推动标准的规范化与统一化。

高校冰雪运动专业教材数字化的发展需要统一的标准来规范和指导。借助行业协会的力量，可以制定出符合行业发展需求、具有权威性和通用性的教材数字化标准。这些标准能够明确教材的内容架构、技术要求、数据格式、交互设计等方面的规范，使得不同高校、企业开发的数字化教材在质量和功能上具有一致性和可比性，有利于教材的推广与共享。同时，规范化的标准有助于提高教材的兼容性和互操作性，避免因技术差异导致的资源浪费和使用障碍，促进冰雪运动专业教材数字化市场的健康发展。比如，规定统一的数字化教材数据格式，能够方便教师和学生在不同的教学平台和设备上使用教材，提高学习的便捷性和效率。

（3）促进技术创新与应用。

行业协会能够敏锐地洞察行业内的技术发展趋势和创新需求，引导高校与企业在教材数字化标准制定中融入先进的技术理念和应用。通过与行业协会的合作，高校和企业可以及时了解到最新的数字化技术在冰雪运动教育领域的应用情况，如虚拟现实、增强现实、人工智能等，并将这些技术合理地应用到教材数字化标准中，推动教材的表现形式和教学功能不断创新。在标准中规定虚拟现实技术在冰雪运动技能训练中的应用要求，促使企业研发相应的虚拟教学场景，让学生能够更加真实地体验和学习冰雪运动技能，提高教学效果。同时，标准的制定也为技术创新提供了明确的方向和目标，激励高校和企业加大在相关技术研发方面的投入，加速技术成果的转化与应用。

（4）提升标准的认可度与执行力。

行业协会在行业内具有较高的权威性和影响力，其参与制定的教材数字化标准更容易得到高校、企业以及社会各方的认可和接受。高校在选择和使用数字化教材时，会更倾向于遵循行业协会制定的标准，以确保教材的质量和适用性；企业在开发教材数字化产品时，也会按照标准进行生产，提高产品的市场竞争力。另外，行业协会还可以通过组织培训、宣传推广等活动，加强对教材数字化标准的解读和宣传，提高各方对标准的理解和执行能力，确保标准能够在实际工作中得到有效落实。举办教材数字化标准培训班，邀请专家对标准的内容和要求进行详细讲解，帮助高校教师和企业技术人员更好地掌握标准，从而在教材编写和开发过程中准确地贯彻执行。

（5）加强国际交流与合作。

随着冰雪运动在全球范围内的广泛开展，高校冰雪运动专业教材数字化的国际交流与合作日益频繁。行业协会可以凭借其国际合作渠道和资源，积极推动我国高校冰雪运动专业教材数字化标准的国际化进程，促进国内外标准的交流与互认。通过与国际相关行业组织和机构的合作，借鉴国际先进的教材数字化标准和经验，不断完善我国的标准体系，提高我国教材数字化的国际水平和影响力。同时，也有利于我国的高校冰雪运动专业教材数字化产品走向国际市场，提升我国在冰雪运动教育领域的国际话语权和竞争力。

借助行业协会力量促进高校冰雪运动专业教材数字化标准制定，能够充分发挥行业协会的资源优势和协调作用，推动教材数字化标准的规范化、统一化，促进技术创新与应用，提升标准的认可度与执行力，加强国际交流与合作，为高校冰雪运动专业教材数字化的持续发展提供有力保障。

3. 合作开展师资培训项目

（1）明确培训目标与需求。

高校冰雪运动专业教材数字化的发展对师资队伍提出了新的要求，教师不仅需要具备扎实的冰雪运动专业知识，还需掌握数字化教学技术和教材应用能力。因此，高校与企业应共同明确师资培训项目的目标，即培养既懂专业又懂技术的复合型教师人才，以满足教材数字化教学的需求。通过深入调研和分析，确定教师在数字化教材应用、教学资源整合、在线教学平台操作、数字化教学方法创新等方面的具体培训需求，为培训项目的设计和实施提供依据。

（2）整合培训资源。

高校拥有丰富的教育教学资源，如专业的教师团队、教学设施、学术研究成果等，而企业则在数字化技术、行业实践经验、资金投入等方面具有优势。双方应充分整合各自的资源，为师资培训项目提供有力支持。高校可以选派优秀的冰雪运动专业教师担任培训讲师，传授专业知识和教学经验；同时，提供教学场地和设备，保障培训的顺利进行。企业则投入资金用于培训项目的开展，提供先进的数字化技术设备和软件平台，安排具有丰富实践经验的技术专家和工程师参与培训，分享数字化实践案例和行业最新动态，使教师能够接触到前沿的数字化技术和应用。

（3）设计科学的培训课程。

根据培训目标和需求，高校与企业应共同设计科学合理的培训课程体系。课程内容应涵盖冰雪运动专业知识的数字化呈现、数字化教材的设计与开发、在线教学平台的使用与管理、数字化教学方法与策略、教育大数据分析与应用等方面。培训课程要注重理论与实践相结合，通过案例分析、项目实践、模拟教学等多种教学方式，让教师在实践中掌握数字化教学技能。安排教师参与实际的数字化教材开发项目，使其熟悉教材数字化的流程和技术要求；组织教师进行在线教学平台的操作演练，提高其运用平台开展教学活动的能力。

（4）建立有效的培训管理与评估机制。

为确保师资培训项目的质量和效果，高校与企业需要建立一套完善的培训管理与评估机制。在培训管理方面，制订详细的培训计划和规章制度，明确培训的时间、地点、内容、方式等，加强对培训过程的组织与管理，确保培训的有序进行。同时，建立培训档案，记录教师的培训考勤、学习表现、考核成绩等情况，为后续的评估和反馈提供依据。在培训评估方面，采用多元化的评估方式，如教师自评、学员互评、专家评价等，对教师的学习效果进行全面评估。评估内容包括教师对数字化知识和技能的掌握程度、教学方法的改进与创新、教学效果的提升等方面。根据评估结果，及时调整和优化培训方案，不断提高培训质量。

（5）促进培训成果转化与共享。

师资培训项目的最终目的是将培训成果应用于高校冰雪运动专业教材数字化教学实践中，提高教学质量和人才培养水平。因此，高校与企业应共同关注培训成果的转化与共享，为教师创造良好的应用环境和条件。一方面，鼓励教师将所学的数字化教学技能应用于日常教学中，积极探索数字化教材与传统教学的融合模式，创新教学方法和手段；另一方面，建立培训成果共享平台，让教师之间能够交流和分享培训心得、教学案例、资源素材等，促进优秀教学经验的推广和应用。另外，高校与企业还可以联合开展教学研究项目，进一步深化培训成果的转化与应用，推动高校冰雪运动专业教材数字化教学的持续发展。

高校与企业合作开展师资培训项目对于推动高校冰雪运动专业教材数字化转型升级具有重要意义。通过明确培训目标与需求、整合培训资源、设计科学的培训课程、建立有效的培训管理与评估机制以及促进培训成果转化与共享，能够提高教师的数字化教学能力，为高校冰雪运动专业教材数字化的发展提供有力的人才支持。

（二）高校与社会机构的协同创新路径

1. 与科研机构合作推动教材数字化理论研究

（1）确定研究方向与重点。

高校与科研机构应携手确定教材数字化理论研究的方向与重点。结合冰雪运动专业特点和教育教学需求，聚焦于数字化教材的设计理论，研究如何根据冰雪运动的技能特点和学习规律设计教材结构与内容；学习效果评估理论，研究如何准确评估学生通过数字化教材学习冰雪运动知识与技能的效果；以及交互性理论，探索如何增强教材与学生之间的互动性，提高学习参与度等，为教材数字化实践提供坚实理论支撑。

（2）共享资源与数据。

高校拥有丰富的教学实践数据、学生学习反馈等资源，科研机构则在数字化技术研发、前沿理论研究等方面有深厚积累。双方应建立资源共享机制，高校向科研机构提供冰雪运动专业的教学案例、学生学习行为数据等，科研机构则向高校开放其数字化研究成果、先进技术工具等。通过资源共享，丰富研究素材，拓宽研究视野，为教材数字化理论研究注入新动力。

（3）开展合作研究项目。

共同开展合作研究项目是推动教材数字化理论研究的重要方式。高校教师与科研机构研究人员组成联合研究团队，针对冰雪运动专业教材数字化的关键问题进行深入研究。开展关于虚拟现实技术在冰雪运动教材中的应用研究，探索如何通过虚拟现实技术提升学生对冰雪运动场景的感知和技能训练效果；或进行数字化教材对冰雪运动专业学生自主学习能力培养的研究，分析不同数字化教材模式下学生自主学习的特点与规律，为教材的优化提供依据。

（4）促进人才交流与培养。

人才是推动研究的核心力量。高校可派遣教师到科研机构参与数字化项目研究，提升教师的科研能力和数字化技术的应用水平；科研机构也可安排研究人员到高校开展讲座、培训等活动，向高校师生传授最新的数字化理论与技术知识。另外，双方还可联合培养研究生等高层次人才，共同制定培养方案，让学生在高校与科研机构的双重指导下，深入参与教材数字化理论研究，为该领域培养后备力量。

2. 借助行业协会力量促进教材数字化标准制定

(1) 明确行业协会的引领作用。

行业协会作为连接高校、企业和社会的桥梁，在教材数字化标准制定中应发挥引领作用。其拥有丰富的行业信息和专业资源，能够准确把握冰雪运动专业教材数字化的发展趋势和市场需求。行业协会可组织相关专家和企业代表，对教材数字化标准制定的必要性和紧迫性进行深入研讨，形成共识，为后续工作奠定基础。同时，通过制定相关的行业规范和指南，引导高校和企业在教材数字化建设中遵循统一的标准，提高教材的质量和通用性。

(2) 参与标准制定的全过程。

行业协会应积极参与教材数字化标准制定的全过程。在标准制定的前期，协会可开展广泛的调研，收集高校、企业和社会各方的意见和建议，了解不同主体在教材数字化实践中遇到的问题和需求。在此基础上，组织专家团队进行深入研究，借鉴国内外先进的数字化教材标准和经验，结合我国高校冰雪运动专业的特点，制定出具有科学性、实用性和前瞻性的教材数字化标准框架。在标准制定的过程中，行业协会要充分发挥协调作用，组织高校教师、企业技术人员等各方力量共同参与，确保标准的制定能够充分反映各方利益和诉求。同时，加强与相关政府部门的沟通与合作，争取政策支持和指导，使标准制定工作与国家教育信息化战略相契合。在标准制定完成后，行业协会还应负责标准的宣传推广和实施监督，确保高校和企业能够严格按照标准执行，推动教材数字化建设的规范化发展。

(3) 促进资源整合与共享。

借助行业协会的力量，可以有效促进高校、企业和社会各方的资源整合与共享，为教材数字化标准制定提供有力支持。行业协会可搭建资源共享平台，将高校的教学资源、科研成果，企业的技术资源、市场资源等进行整合，实现资源的优化配置。高校可以将其在冰雪运动专业教学中积累的优质课程资源、教学案例等共享到平台上，为教材数字化内容的丰富提供素材；企业则可以将其先进的数字化技术、软件开发经验等分享出来，为教材数字化平台的建设提供技术支持。通过资源整合与共享，不仅能够降低教材数字化标准制定的成本，提高工作效率，还能够促进各方之间的交流与合作，形成协同创新的良好氛围。

(4) 加强人才培养与交流。

人才是推动教材数字化标准制定的关键因素。行业协会可通过组织各类培训、研讨会和学术交流活动，加强对高校教师和企业技术人员的培养，提高其在教材数字化领域的专业素养和技术水平。举办教材数字化设计与开发培训，邀请专家讲解数字化教材的设计理念、制作方法和技术应用；开展教材数字化标准研讨活动，组织各方人员共同探讨标准制定中的关键问题和解决方案。另外，行业协会还应积极推动高校与企业之间的人才交流与合作，鼓励高校教师到企业挂职锻炼，了解企业的数字化需求和技术应用情况，同时安排企业技术人员到高校担任兼职教师，将企业的实践经验和前沿技术引入高校教学中。通过人才培养与交流，为教材数字化标准制定培养一批高素质的专业人才，为标准的不断完善和更新提供人才保障。

借助行业协会力量促进教材数字化标准制定，能够充分发挥行业协会的优势，整合各方资源，提高标准制定的科学性和合理性，推动高校冰雪运动专业教材数字化建设的健康发展，为培养高素质的冰雪运动专业人才提供有力支撑。

3. 联合社会组织开展教材数字化推广活动

（1）明确推广目标与受众。

社会组织应首先明确教材数字化推广活动的目标，即提高高校冰雪运动专业教材数字化的知晓度、使用率和影响力，促进教育教学质量提升。同时，精准定位受众，包括高校师生、教育管理人员、冰雪运动爱好者等。针对不同受众，制定有针对性的推广策略，如对高校师生强调数字化教材对学习和教学的便利性与有效性；对教育管理人员突出其对教育改革和管理创新的推动作用；对冰雪运动爱好者则展示数字化教材在普及冰雪运动知识与技能方面的独特价值。

（2）整合推广资源。

整合各方资源是推广活动成功的关键。高校可提供冰雪运动专业的优质教材内容、教学案例、师资力量等资源；社会组织则发挥其在渠道拓展、宣传推广、活动组织等方面的优势。双方共同打造丰富多样的推广资源，如制作精美的宣传资料，包括宣传册、海报、视频等，生动展示数字化教材的特点与优势；开发线上线下相结合的培训课程，为受众提供深入了解和使用数字化教材的机会；建立教材数字化资源库，方便受众随时获取和使用相关教材资源。

（3）开展多样化推广活动。

通过多种形式的推广活动，扩大教材数字化的影响力。举办专题研讨会和学术交流活动，邀请教育专家、学者、一线教师等共同探讨教材数字化的发展趋势、应用案例和实践经验，促进知识共享与交流；开展教材数字化应用示范校、示范课程的评选与推广，树立典型，带动更多高校积极参与；组织线上线下的教材展示与体验活动，让受众亲身体验数字化教材的交互性、趣味性和实用性；举办数字化教材设计与制作比赛，激发高校师生和社会各界对教材数字化的创新热情，推动教材质量提升。

（4）加强合作与交流。

在推广活动中，高校与社会组织要加强合作与交流。建立定期沟通机制，及时协调解决推广过程中遇到的问题；共同制订推广计划和活动方案，确保各项推广活动有序开展；加强人员交流与培训，提高推广团队的专业素养和业务能力；分享推广经验与成果，不断优化推广策略和方法。另外，还应积极与其他相关机构和组织开展合作,形成全方位、多层次的推广网络,共同推动高校冰雪运动专业教材数字化的发展。

(5) 建立评估与反馈机制。

为确保推广活动的效果,需建立科学合理的评估与反馈机制。制定明确的评估指标,如教材下载量、使用频率、用户满意度等,对推广活动的成效进行量化评估;通过问卷调查、用户访谈、在线评论等方式,广泛收集受众的反馈意见和建议,了解其对数字化教材的需求和期望;根据评估结果和反馈意见,及时调整推广策略和活动内容,不断改进和完善数字化教材的质量与服务,提高推广活动的针对性和实效性。

联合社会组织开展教材数字化推广活动,能够充分发挥高校与社会组织的各自优势,形成强大的推广合力,有效推动高校冰雪运动专业教材数字化的广泛应用和深入发展,为冰雪运动专业教育教学改革和人才培养提供有力支持。

(三) 企业与社会各方在高校冰雪运动专业教材数字化中的合作与互动

1. 企业之间的合作与资源整合

(1) 优势互补与协同发展。

不同企业在高校冰雪运动专业教材数字化中具有各自独特的优势。技术型企业往往掌握着先进的数字化技术,如虚拟现实、增强现实、人工智能等,能够为教材数字化提供强大的技术支持,打造出更具交互性和沉浸感的数字化教材。而内容制作企业则在冰雪运动专业知识的梳理、教学内容的设计与创作等方面具有专长,能够确保教材内容的科学性、系统性和实用性。通过企业之间的合作,可以实现优势互补,将技术与内容深度融合,共同开发出高质量的数字化教材。技术型企业利用其专业的编程和软件开发能力,为教材搭建起稳定、高效的数字化平台;内容制作企业则负责提供丰富、准确的冰雪运动专业知识和教学案例,使教材内容更加贴合教学实际需求,双方协同发展,提升教材的整体质量和市场竞争力。

(2) 资源共享与降低成本。

企业之间的合作能够促进资源的共享与优化配置。在高校冰雪运动专业教材数字化过程中,需要投入大量的人力、物力和财力资源,包括专业人才、技术设备、资金等。通过合作,企业可以共享这些资源,避免重复建设和浪费,从而降低成本。多家企业可以共同出资建立数字化教材资源库,集中采购先进的技术设备,共享专业的编辑、设计、开发等人才资源,共同分担教材数字化的研发成本和风险。同时,资源共享还能够提高资源的利用效率,使企业能够在更短的时间内完成教材数字化的开发工作,加快教材的推广和应用。

(3) 联合推广与市场拓展。

企业之间的合作有利于联合开展教材数字化的推广活动,扩大市场份额。单个企业在市场推广方面的力量往往有限,而通过合作,企业可以整合各自的渠道、客户资源和市场推广经验,形成强大的推广合力。企业可以联合举办教材数字化产品发布会、研讨会、展销会等活动,提高产品的知名度和影响力;共同制定市场推广策略,针对不同的客户群体进行精准营销;合作建立销售网络,拓宽销售渠道,将数字化教材推向更广泛的高校和教育机构。通过联合推广,企业不仅能够提高教材的销售量和市场占有率,还能够提升整个行业的市场认可度,为高校冰雪运动专业教材数字化的持续发展创造良好的市场环境。

(4) 推动行业标准制定与规范发展。

企业之间的合作有助于推动高校冰雪运动专业教材数字化行业标准的制定。在教材数字化领域,目前尚缺乏统一的标准和规范,这给教材的开发、应用和互操作性带来了一定的困难。通过企业之间的合作与交流,可以共同探讨和制定教材数字化的技术标准、内容规范、质量评估标准等,为行业的发展提供明确的指导和依据。企业可以联合成立行业协会或标准制定委员会,组织专家和技术人员进行深入研究和论证,制定出符合教育教学规律和市场需求的行业标准。这不仅有利于提高教材的质量和规范性,促进企业之间的公平竞争,还有助于推动整个行业的健康、有序发展,提升高校冰雪运动专业教材数字化的整体水平。

企业之间的合作与资源整合是高校冰雪运动专业教材数字化发展的重要动力。通过优势互补、资源共享、联合推广和推动行业标准制定等方式,企业能够共同应对教材数字化过程中的各种挑战,实现互利共赢,为高校冰雪运动专业教育教学的改革与发展提供有力支持。

2. 企业与社会组织的合作模式创新

(1) 项目合作模式。

企业与社会组织可围绕高校冰雪运动专业教材数字化开展项目合作。双方共同确定具体的数字化教材项目,明确各自在项目中的职责与任务。企业凭借其技术和资金优势,负责教材数字化的技术研发、平台搭建以及后期的运营维护等工作。社会组织则利用其广泛的社会资源和专业的教育背景,参与教材内容的策划、组织编写以及推广应用等环节。通过这种项目合作模式,能够充分发挥双方的优势,实现资源的优化配置,提高教材数字化项目的质量和效率。例如,某企业与专业教育社会组织合作开发冰雪运动技能培训教材的数字化项目,企业负责开发虚拟教学场景和互动式学习模块,社会组织邀请专家编写教学内容并组织教师进行试用和反馈,共同打造出了一套高质量、实用性强的数字化教材。

(2) 共建共享模式。

建立共建共享模式有助于企业与社会组织实现深度合作。双方共同投入资源,建设高校冰雪运动专业教材数字化资源库。企业提供技术支持和资金保障,社会组织协调各方力量，整合优质的教材内容、教学案例、视频资料等资源。通过共建共享，不仅丰富了数字化教材的资源种类和数量，还提高了资源的质量和权威性。同时，这种模式能够打破企业与社会组织之间的信息壁垒，促进知识和经验的交流与共享，推动双方在教材数字化领域的共同发展。比如，多个企业和社会组织联合建立了一个冰雪运动专业教材数字化资源共享平台，各方将自己拥有的优质资源上传至平台，供高校师生和社会学习者免费使用，大大提高了教材数字化资源的利用效率和传播范围。

（3）产学研用融合模式。

推动产学研用融合是企业与社会组织合作的重要创新模式。企业作为市场主体，能够敏锐地捕捉到市场需求和技术发展趋势；社会组织则在教育教学研究和人才培养方面具有丰富的经验和专业的知识。双方与高校紧密合作，将企业的技术创新、社会组织的教育资源以及高校的科研力量和人才培养相结合，形成一个完整的产学研用链条。在高校冰雪运动专业教材数字化过程中，通过这种融合模式，可以共同开展教材数字化的理论研究和实践探索，推动教材内容和形式的创新，培养适应数字化教学需求的专业人才，加速教材数字化成果的转化和应用。例如，某企业与社会组织联合高校共同成立了产学研用合作基地，围绕冰雪运动专业教材数字化开展科研项目攻关、实践教学改革以及人才培养等工作，为教材数字化的持续发展提供了有力支撑。

（4）战略联盟模式。

企业与社会组织还可通过建立战略联盟，实现长期稳定的合作。双方在高校冰雪运动专业教材数字化领域达成战略共识，制定共同的发展目标和合作规划，在技术研发、市场推广、资源整合等方面开展全方位、多层次的合作。战略联盟模式能够增强企业与社会组织的合作稳定性和协同效应，提高双方在教材数字化市场中的竞争力和影响力。一些知名企业和权威社会组织组成战略联盟，共同制定高校冰雪运动专业教材数字化的行业标准和规范，携手推广数字化教材的应用，提升了整个行业的发展水平和社会认可度。

企业与社会组织的合作模式创新为高校冰雪运动专业教材数字化的发展提供了强大动力。通过项目合作、共建共享、产学研用融合以及战略联盟等多种创新模式，能够充分发挥企业与社会组织的各自优势，实现优势互补、资源共享、协同发展，共同推动高校冰雪运动专业教材数字化转型升级，为冰雪运动专业教育教学改革和人才培养做出更大贡献。

3. 多方合作促进教材数字化产业发展

（1）整合资源，优化产业基础。

高校拥有丰富的冰雪运动专业知识资源和教育教学经验，企业则具备先进的技术和资金优势，社会组织在社会资源调配和行业协调方面有着独特作用。多方合作能够将这些分散的资源进行整合，形成强大的资源合力。高校可以提供冰雪运动专业教材的内容框架、教学案例等基础资源，企业投入资金和技术力量进行数字化转化和平台搭建，社会组织则负责协调各方关系，促进资源的有效对接和共享。通过这种方式，优化了教材数字化产业的基础资源配置，为产业的发展提供了坚实的物质和知识保障。

（2）协同创新，推动技术升级。

多方合作能够促进不同主体之间的协同创新，加速教材数字化技术的升级和应用。高校的科研力量可以与企业的研发团队紧密合作，共同开展针对冰雪运动专业教材数字化的技术研究和创新。比如，研究如何利用虚拟现实、增强现实等新兴技术提升教材的交互性和沉浸感，使学生能够更加直观地学习冰雪运动技能；探索人工智能技术在教材个性化推荐和学习效果评估中的应用，为学生提供更加精准的学习支持。社会组织则可以通过组织行业交流活动、搭建合作平台等方式，促进各方之间的技术交流与合作，推动教材数字化技术的快速发展和广泛应用。

（3）拓展市场空间，扩大产业规模。

企业与社会各方的合作有助于拓展教材数字化的市场空间，扩大产业规模。高校作为教育机构，拥有庞大的学生群体和稳定的教育市场需求，为教材数字化产业提供了广阔的应用场景。企业通过与高校合作，可以将数字化教材直接推向高校市场，提高产品的市场占有率。同时，社会组织可以利用其广泛的社会网络和行业影响力，帮助企业和高校将数字化教材推广到更广泛的社会领域，如冰雪运动培训机构、体育爱好者群体等，进一步扩大教材数字化产业的市场规模。另外，多方合作还可以共同探索国际市场，推动高校冰雪运动专业教材数字化产品的国际化发展，提升我国教材数字化产业的国际竞争力。

（4）制定标准，规范产业发展。

在多方合作的过程中，高校、企业和社会组织可以共同参与制定高校冰雪运动专业教材数字化的行业标准和规范。高校凭借其在教育领域的专业权威，能够为标准制定提供教育教学理论和实践方面的指导；企业则根据市场需求和技术发展趋势，提出关于教材数字化产品的技术标准和质量要求；社会组织可以发挥其协调和组织功能，促进各方在标准制定过程中的沟通与协商。通过共同制定科学合理的行业标准和规范，能够有效规范教材数字化产业的发展秩序，提高产品质量和服务水平，保障产业的健康可持续发展，为消费者提供更加优质、可靠的数字化教材产品。

（5）培养人才，提供智力支持。

多方合作还能够为教材数字化产业的发展培养大量专业人才。高校作为人才培养的主阵地，可以根据教材数字化产业的需求，调整和优化相关专业的课程设置和教学内容，培养既懂冰雪运动专业知识又掌握数字化技术的复合型人才。企业可以为高校学生提供实习实训基地和就业岗位，让学生在实践中积累经验，提高实际操作能力。社会组织则可以组织开展各类人才培训和交流活动，促进人才之间的知识共享和技术交流。通过多方合作培养的专业人才，将为教材数字化产业的持续发展提供强大的智力支持和人才保障。

多方合作是促进高校冰雪运动专业教材数字化产业发展的有效途径。通过整合资源、协同创新、拓展市场、制定标准和培养人才等多方面的合作与互动，能够充分发挥各方的优势，推动教材数字化产业的快速发展，为高校冰雪运动专业教育教学的改革与发展提供有力支撑。

参考文献

[1] 加玉婷. 北京市首批52所冰雪运动特色学校建设成效研究[D]. 北京：首都体育学院，2023.

[2] 何宇，潘宏伟. 冬奥会背景下东北高校冰雪体育理论课程改革研究[J]. 经济师，2021（8）：186-187.

[3] 魏洪峰，曹旭. 大学冰雪项目教学改革的特殊策略[J]. 黑龙江科学，2021，12（7）：88-89.

[4] 李纲. 冬奥背景下河北省高校冰雪运动推广策略研究[J]. 当代体育科技，2020，10（12）：225-226.

[5] 胡佳哲. 高等体育院校冰上舞蹈表演专业方向课程设置研究[J]. 哈尔滨体育学院学报，2016，34（3）：53-57.

[6] 邵帅. 吉林省普通高校体育专业越野滑雪课程开展的可行性研究[D]. 长春：吉林体育学院，2016.

[7] 张大春，王守文. 黑龙江高校冰雪体育课程内容调查与分析[J]. 旅游纵览（下半月），2015（24）：252，254.

[8] 杨春雨. 东北三所专业体育学院冰雪运动方向本科培养模式现状研究[D]. 沈阳：沈阳体育学院，2014.

[9] 陈鑫朋. 黑龙江省高校体育教育本科专业冰雪类课程教学现状与对策研究[D]. 石家庄：河北师范大学，2012.

[10] 彭杰. 黑龙江省普通高校冰上教学中存在的问题及对策研究[D]. 北京：北京体育大学，2012.

[11] 张宇. 北方高校冰雪体育欣赏课程的开设[J]. 冰雪运动，2011，33（1）：76-79.

[12] 李晓东，张瑜. 高山滑雪教学质量提高的途径[J]. 冰雪运动，2010，32（4）：83-86.

[13] 张艳，姜宇琼. 黑龙江应用型高校开设冰雪雕塑艺术课程的立体化建设[J]. 教育教学论坛，2009（8）：173-174.

[14] 张武卫. 黑龙江省高等职业院校滑冰教学现状调研报告[J]. 冰雪运动，2009，31（4）：82-87.

[15] 闫雷. 黑龙江省高职学院滑冰教学现状及其发展对策研究[D]. 苏州：苏州大

学，2008.

[16] 张才成. 北方学校冬季体育冰雪项目基础发展的研究[J]. 冰雪运动，2001（1）：67-68，84.

[17] 陈德明,朱志强. 冰雪专业冰陆双周期教学体系建立与建设的系统研究[J]. 冰雪运动，1999（4）：61-63，68.

[18] 李健夫,杨树人. 关于冰雪专业人才素质培养综合教学模式的研究[J]. 哈尔滨体育学院学报，1995（1）：14-17.

[19] 韦月,许艳丽. 知识生产模式变革下数字化教材开发的理论、逻辑与路径[J]. 教育与职业，2024（24）：85-92.

[20] 刘炜,邓素. 大学体育教材数字化建设的时代价值、现实困境与突破对策[J]. 湖南第一师范学院学报，2024，24（5）：75-81.

[21] 徐国庆. 数字化教材开发的理论、技术与政策[J]. 中国职业技术教育，2024（23）：3-9.

[22] 宋毅,王繁. 教育数字化背景下高等教育数字教材的内涵特征、发展现状与建设思路[J]. 中国大学教学，2024（3）：4-7.

[23] 熊璋. 推进教材数字化转型是时代要求和趋势[J]. 人民教育，2024（2）：45-46.

[24] 孙燕,李晓锋. 教育数字化转型背景下的数字教材发展需求、现状与对策[J]. 中国大学教学，2023（12）：85-91.

[25] 姚彬蓉. 数字化转型时代数字教材的价值意蕴、现实挑战与优化路径[J]. 教育科学论坛，2023（35）：3-7.